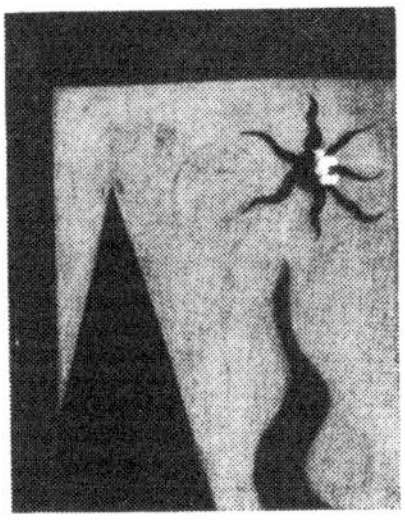

BECK & GLÜCKLER

Der Raub des Ganymed

Titel der Originalausgabe:
Le Rapt de Ganymède

Deutsche Erstausgabe
1. Auflage 1992

Holbeinstr. 8, D - 7800 Freiburg
Übersetzung: Verena Vannahme
Umschlagdesign: Book Graphics
unter Verwendung eines Bildes (Ausschnitt) von Sebastiano del Piombo
Satz: Barbara Herrmann, Freiburg
Belichtung: Johannes Schimann, Ingolstadt
Druck und Bindung: Freiburger Graphische Betriebe
Printed in Germany

ISBN: 3-89470-110-2

Dominique Fernandez

Der Raub des Ganymed

Aus dem Französischen
von Verena Vannahme

BECK & GLÜCKLER

Inhalt

Einführung

Natur oder Kultur?

Angeblich sucht sich der Mensch natürlicherweise mit einem Partner des anderen Geschlechts zu paaren. Die Homosexualität wäre danach ein Kulturprodukt und – so fügen ihre Schmäher hinzu – sie fände ihr bevorzugtes Terrain in reifen, dekadenten Kulturen. Wie jedenfalls könnte man leugnen, daß sie häufiger in den oberen Gesellschaftsklassen als bei Bauern, Arbeitern und kleinen Angestellten zu beobachten sei, und daß dort, wo das finanzielle und Bildungsniveau höher sei, sich auch das Sexualverhalten mit weniger Widerwillen an Formen der Lust orientiere, die unabhängig von der Fortpflanzung sind.

Zahlreiche Beispiele scheinen dieses Argument zu belegen. Oscar Wildes Dandys sind keine Lokomotivführer. Man mußte auf Proust warten, um die einzige von Zola vernachlässigte Leidenschaft beschrieben zu finden. Weder von Michelangelo noch von Lord Byron, ebenso wenig von Tschaikowsky wie von Diaghilew läßt sich behaupten, daß sie dem Proletariat angehörten. Homosexuelle bescheidener Herkunft wie Leonardo Da Vinci, ein uneheliches Kind, oder Johann Joachim Winckelmann, ein Schusterssohn, begriffen von allein, daß sie, um ihren Neigungen gemäß zu leben, das Milieu wechseln, sich an Fürstenhöfen, in Kardinalspalais Zutritt verschaffen mußten. Ohne eine durch Luxus und Eleganz raffiniert pervertierte Atmosphäre könnten «anormale» Tendenzen sich nicht entfalten, so wie manche giftige Pflanzen die künstliche Üppigkeit von Gewächshäusern brauchen, um nicht zu verkümmern.

In Wirklichkeit lassen sich solche Unterstellungen durch zwei Bemerkungen leicht entkräften. Einmal ist klar, daß die privilegierten Klassen in den Dokumenten, die wir zu den vergangenen

Jahrhunderten besitzen, unendlich mehr Spuren ihrer Gefühle und Sitten hinterlassen haben als die niederen Schichten. Durch die Briefe seiner Frau, Liselotte von der Pfalz, wissen wir genauestens Bescheid über die Neigungen von Monsieur, dem Bruder Ludwigs XIV. Als der Marquis Astolphe de Custine am 28. Oktober 1824 im Dickicht bei St. Denis von den Kamaraden jenes Soldaten verprügelt wurde, dem er dort ein Stelldichein gegeben hatte, lachte ganz Paris über sein Mißgeschick. Der englische König Edward II., der französische König Henri III., der bayrische König Ludwig II. machten genug von sich reden. Sollen wir deshalb jedoch annehmen, daß die Homosexualität in diesen verschiedenen Epochen nur in den Kreisen der Hocharistokratie praktiziert wurde und ein Dr. Kinsey von einer Umfrage bei Bürgerlichen damals unverrichteterweise zurückgekehrt wäre? Dichter, Chronisten, Historiker interessierten sich früher nur für die Reichen und Mächtigen. Daß es keine Zeugnisse gibt, in denen ein skandalöses Verhalten der unteren Klassen erwähnt ist, bedeutet nicht, daß die Homosexualität das Vorrecht jener Persönlichkeiten war, die Tallemant des Réaux oder Saint-Simon[1] Revue passieren ließen, sondern einfach, daß Pariser Kleinbürger, Dörfler, Landbewohner keinen Tallemant des Réaux, keinen Saint-Simon fanden, die ihre Lebensweise beschrieben hätten.

Wenn heutzutage die Homosexualität in manchen Berufen verbreiteter zu sein scheint – bei Schriftstellern, Künstlern, Schauspielern und Tänzern etwa – heißt das nicht, daß diese Kreise besonders «verderbt» wären, sondern daß sie, da Persönlichkeiten des öffentlichen Lebens, mehr Aufmerksamkeit auf sich lenken als Leute mit gewöhnlichen Berufen. Zudem sind Schriftsteller und Künstler durch ihre Stellung in der Presse, durch die Immunität, die ihre Berühmtheit ihnen gewährt, vor Mißachtung sicher, und Kritik kann ihnen gleichgültig sein. Die Amouren von Cocteau und Jean Marais waren für niemanden ein Geheimnis, während der Klempner sein Verhältnis mit dem Mechaniker verbergen mußte. Kultur, Geld und Ruhm begünstigen die Entwicklung der Homosexualität nicht, sie rücken sie ins Scheinwerferlicht und stellen jene über Sanktionen, die so privilegiert sind. So verbreitete sich die Illusion, daß, wer unbeobachtet und ruhig in seiner Ecke lebt, einen «gesunderen» Lebenswandel und ein «natürliches» Sexualverhalten hat.

Gewiß zählen Paris, Berlin oder New York einen erheblich höheren Anteil an Schwulen als die Kleinstadt Romorantin an der Loire, der hessische Kurort Arolsen oder das auf Rinderzucht spezialisierte Handelszentrum Springfield, Missouri. Die Verworfenheit in den modernen Babylons anzuprangern und die stärkende Kraft eines Lebens auf dem Lande zu loben, bietet unerschöpflichen Gesprächsstoff. Tatsächlich ziehen Metropolen Außenseiter aus persönlicher Bequemlichkeit an, weil sie ihnen die Möglichkeit bieten, in der Menge zu verschwinden, unbemerkt zu bleiben und sicher vor Klatsch Kontakte zu knüpfen. Man lebt nicht in der Großstadt, um sich in Dorian Grays Kaschmir-Morgenmantel zu hüllen, sondern viel prosaischer, um dem gehässigen Blick seines Nachbarn zu entgehen.

Natur oder Kultur? Die Griechen stellten sich nicht einmal die Frage. Sie hielten die Anziehung für völlig natürlich, die ein Mensch für die Schönheit eines anderen empfindet, gleich welchen Geschlechtes. Es wimmelt von Zeugnissen dazu. Der Redner Aischines erwähnt, als er über die Gesetze spricht, die die Beziehungen zwischen einem Mann und einem Jungen festlegten und Sklaven jede Beziehung zu einem freien Bürger gesetzlich untersagten, «was es von Natur notwenigerweise Gutes und Böses gibt.» (*Gegen Timarchos, 138)*. Der Historiker Xenophon läßt den Tyrannen Hieron sagen: «Denn ich begehre an Dailochos das, worum die schönen Knaben zu bitten wohl die Natur die Menschen zwingt; was ich aber von ihm zu erlangen begehre, wünsche ich sehnlichst durch seine Liebe und mit seinem freien Willen zu erlangen.» (*Hieron, 1,33*) Der Komödiendichter Aristophanes sieht homosexuelles genau wie heterosexuelles Begehren als «natürliche Notwendigkeit» an, wie auch das Bedürfnis zu essen, zu trinken oder zu lachen (*Die Wolken*, 1075). Der Tragödiendichter Euripides findet zur Rechtfertigung Laios, der den jungen Chrysippos entführt hat, nichts Besseres als ihn sagen zu lassen: «Ich wußte es wohl, aber die Natur zwang mich dazu» (*Fragment*, 840). Der Philosoph Aristoteles drückt den realistischen Standpunkt der Griechen über die menschliche Natur in folgendem, von jeder moralischen Wertung freien Urteil aus: «Wo nun die Natur die Ursache ist, wird niemand von Unbeherrschtheit sprechen, wie auch nicht bei den Frauen deswegen, weil sie nicht beschlafen, sondern beschlafen werden» (*Die Nikomachische Ethik, 7, 5, 3*).

Der Moralist Plutarch ist noch eindeutiger: Der edle Liebhaber der Schönheit empfinde Liebe immer, wenn er auf hervorragende natürliche Eigenschaften treffe, ohne Unterschiede körperlicher Art zu beachten ... (*Von Liebe und Ehe*).

Gewiß (und ich werde später auf diesen sehr wichtigen Punkt zurückkommen), die Homosexualität war im alten Griechenland nicht «frei», sondern strengen Regeln unterworfen, wonach nicht nur die Verbindung zwischen Sklaven und freien Männern verpönt war, sondern auch passive Wollust und Prostitution, sowie jede Beziehung, die sich nur auf die Lust gründete, unabhängig von einem pädagogischen Ziel. Dies waren jedoch Beschränkungen im Rahmen der Bürgerrechte, die den «natürlichen» Charakter der Homosexualität nicht in Frage stellten. Im Gegenteil, in ihnen drückt sich die Absicht aus, der Ausdehnung eines Triebes Grenzen zu setzen, der als zu gefährlich «natürlich» galt, um nicht im Interesse aller einer strengen Aufsicht unterworfen zu werden.

Die Griechen suchten niemals nach den «Ursachen» der Homosexualität, es läßt sich bei ihnen kein Bemühen feststellen, sie zu erklären: Wie Aristophanes hielten sie sie also für so wenig seltsam wie die Lust zu trinken, zu essen, zu lachen. Michel Foucault zog in *Der Gebrauch der Lüste* (Kapitel IV,1)[2] aus den neueren historischen Arbeiten über die antiken Sitten den zwingenden Schluß, daß die moralische Demarkationslinie in Griechenland nicht zwischen Homosexuellen und Heterosexuellen verlief, sondern zwischen Mäßigen und Wüstlingen. Einem Jungen nicht widerstehen zu können, war nicht schwerwiegender als der Anziehung einer Frau zu erliegen, allein der Mangel an Selbstkontrolle wurde abgelehnt. Um die Enthaltsamkeit eines Mannes zu loben, wurde dagegen hervorgehoben, daß er Knaben wie Frauen entsagen könne.

Sokrates' Vorbehalte, die Bedingungen, die er für die Knabenliebe aufstellt, seine Sorge, ein Band zwischen der Homosexualität und der Suche nach Weisheit, moralischer Erhöhung, dem Streben nach dem Guten zu knüpfen, enthüllen die Absicht, das irrationelle Element des Sexes zu beherrschen, doch verraten sie keinen Argwohn gegen die Legitimität der Homosexualität. So erklären sich auch die Widersprüche und der offensichtliche, späte Gesinnungswechsel Platons, über den so häufig hergezogen wurde.

Im gesamten ersten Teil seines Werkes stellt der Philosoph

sexuelles Begehren als fast ausschließlich homosexuelles dar. *Das Gastmahl*, das Hauptwerk seiner Reifezeit, enthält die berühmte Apologie auf die männliche Liebe. Wenn sich Männer spontan von Menschen ihres eigenen Geschlechtes angezogen fühlten, sich schließlich verheirateten und fortpflanzten, dann zufällig, irrtümlich, unter dem Druck ihrer Umgebung, behauptet er. Sie heirateten und zeugten Kinder, weil sie von den Bräuchen dazu gezwungen würden, ohne daß die Natur sie dazu treibe. Ein wichtiger Satz, den es nicht zu vergessen gilt in der Debatte über den jeweiligen Anteil von Kultur und Natur in der heutigen Homosexualität.

In *Die Gesetze*, seinem Alterswerk, verurteilt Platon die Homosexualität, scheinbar im Namen der Natur. Die Lust, uns mit einem Menschen des anderen Geschlechts zu verbinden, wird uns «von der Natur gewährt», erklärt er, während die homosexuelle Lust «widernatürlich» sei. Eine gute Gesetzgegung hätte solche Beziehungen zu verbieten. Entspricht es wirklich Platons Denken, *para physin* mit «widernatürlich» zu übersetzen? Es wurde vorgeschlagen in diesen Worten eher zu lesen: «nicht auf die Fortpflanzung gerichtet». Was der Philosoph an der Homosexualität tadelt, ist weit eher die Folgenlosigkeit der Lust, «weil sie ihre Lust nicht bemeisterten» (I, 636, c), die stürmische Suche nach der Wollust als die Unmoral des männlichen Eros. In *Die Gesetze* geht es darum, den Staat aufzubauen, indem alles gestärkt wird, was den Zusammenhalt des sozialen Gefüges fördert, darunter das Band der Ehe, Faktor von Eintracht und Stabilität, indem jene Betätigungen so weit als möglich eingeschränkt werden, deren einziges Ziel körperliches Vergnügen ist, Quelle von Ausschweifungen und Maßlosigkeit. Die Verurteilung der Homosexualität, die Kritik am Mythos des Ganymed als ein Alibi, das die Menschen erfunden hätten, um in Zeus' Namen die Päderastie zu rechtfertigen, entspringen nicht einem philosophischen, sondern einem sozialen Urteil. Die Homosexualität enthülle bei jenem, der sich ihr hingebe, daß er der Sinnlichkeit nicht widerstehen, des «Maßhaltens» (VIII, 836,d) unfähig sei, und das schade der Gesundheit und dem Wohlstand des Staates.

Der beste Beweis, daß Platon weniger eine spezielle Art von Erotik meint als daß er die drohende soziale Auflösung fürchtet, die in jeder sich selbst hingegebenen erotischen Praktik enthalten ist, finden wir in seinem Urteil über die freie Liebe zwischen Personen unterschiedlichen Geschlechts. Der Mann, der Frauen nur zu seinem Vergnügen suchte, ohne an die Fortpflanzung zu denken, stellt eine ebensolche Gefahr dar und setzt sich der gleichen Mißbilligung aus wie ein Ephebenliebhaber. Das einzige Ziel, das die Sexualität rechtfertigte, sei die Zeugung von Kindern. Zwei Bedingungen seien zu erfüllen, um dieses Ziel zu erreichen: «daß man sich des Umgangs mit Männern enthalten» müsse natürlich, aber auch «daß man auch die Befruchtung jedes weiblichen Ackerbodens meiden soll, wo man nicht möchte, daß die Saat darin Frucht bringt» (VIII,838e, 839a).

Das christliche Abendland wird sich dieser Meinung anschließen und den Lustverzicht zur Grundlage seiner Sexualmoral machen. Um die Homosexualität zu untersagen, hätte der heilige Paulus Platon zitieren können: «Daß man seinen Samen nicht zwischen Felsen und Steine werfen darf, wo er niemals zur Hervorbringung der eigenen Natur Wurzel fassen kann.» *(Die Gesetze*, VIII, 838e) Noch ehe man untersucht, ob die Regeln für die «griechische Liebe» mit dem vereinbar waren, was wir heute unter Homosexualität zwischen Erwachsenen verstehen, brächte dieser Satz davon ab, sich auf das klassische Altertum zu beziehen, ließe sich nicht anzweifeln, daß Platons Spätwerk, geschrieben von einem Greis, den seine Gebrechen gemäßigt hatten, sein Denken in Vollendung widergebe.

Um zu beweisen, daß die Homosexualität «widernatürlich» sei, argumentiert er in *Die Gesetze*, auch die Tiere seien frei von derartigen Neigungen und paarten sich nur zur Fortpflanzung. Der Bezug auf die Tierwelt nahm in Debatten über die Homosexualität immer breiten Raum ein. Es ist amüsant festzustellen, wie die Ansichten von Zeitalter zu Zeitalter wechselten und die gleichen Vergleiche dienten, Gegensätzliches zu beweisen. Platon, der erklärt, daß die Tiere den Menschen als Vorbild dienen könnten und ihnen die Regeln der Sexualmoral beibringen könnten, steht der Pseudo-Lukian der *Liebeleien* gegenüber. Dieser griechische Moralist des II. Jahrhunderts nach Christus behauptet, daß sich der Mensch nur durch seine zivilisatorische Kraft vom Tier unterscheidet, da die es ihm erlaube, Häuser, Kleider, die Landwirtschaft und alles zu erfinden, was nicht unbedingt notwendig sei zur Erhaltung der Art auf der Erde wie die Kunst und auch die Knabenliebe, die nicht notwendig und menschlicher Erfindung entsprungen seien. Man mußte die Höhlen verlassen, lernen, Felder zu bestellen, in Gesellschaft zu leben, um das Ursprungsstadium heterosexueller Verbindungen hinter sich zu lassen und bis zu den Raffinements des männlichen Eros aufzusteigen. Später, als Naturforscher herausgefunden hatten, daß selbst Tiere die homosexuelle Paarung kennen, benützte man diese Beobachtung, um die Homosexualität auf den Rang einer tierischen Tätigkeit herabzusetzen. Bis André Gide in *Corydon* dieselbe Beobachtung nutzte, um zum entgegengesetzten Schluß zu kommen: Die Homosexualität sei bei Tieren nur deshalb verbreitet, weil sie natürlich sei, insofern also die beste Rechtfertigung menschlicher Homosexualität ...

Argumente aus der Tierwelt bleiben immer zweifelhaft. Untersuchen wir das Problem von einer anderen Seite und fragen wir uns, ob die Öffentlichkeit, wenn sie behauptet, daß die Heterosexualität allein der Natur entspreche, sich nicht einer Illusion hingibt. Es stimmt, daß sich der Junge in unseren Gesellschaften meist Mädchen zuwendet; genauso fühlt sich das Mädchen von Jungen angezogen. Aber ist diese heterosexuelle Orientierung der Jugendlichen, die sie im allgemeinen in die Ehe führt, wirklich ein Naturprodukt? Wie kann man sicher sein, daß der Druck auf die Kinder von frühester Kindheit an diese nicht determiniert, die Gefühle zu empfinden, von denen man wünscht, daß sie sie empfinden? Puppen für kleine Mädchen, Blcisoldaten für kleine Jungen: Mit dem ersten Spielzeug beginnt die große Verschwörung, um jedes Geschlecht in einer bestimmten Rolle einzuschließen. Was lesen sie in der Schule? Welche Mythen nähren ihre Phantasie? Wen sollen sie nachahmen? Man erzählt ihnen von Adam und Eva, nicht von David und Jonathan; von Hektor und Andromache, nicht von Hadrian und Antinous, von Romeo und Julia, nicht von Edward II. und Gaveston, von Musset und George Sand, nicht von Verlaine und Rimbaud. Was sehen sie auf den Plakaten an Hausmauern, im Kino, im Fernsehen? Immer wieder Bilder heterosexueller Paare. Wen laden ihren Eltern ein? Paare wie das ihrer Eltern. Und wem sehen sie Mode, elegante Kleidung, koketten Schmuck vorbehalten? Frauen, als ob die Verführung Monopol eines Geschlechtes sei. Diese ungeheure kulturelle Verschwörung wird ungestraft ausgeübt. Unsere Zivilisation zwingt den Jugendlichen, die Verbindung mit dem anderen Geschlecht als einzig achtbaren

Ausweg aus seinen Lehrjahren anzusehen. Niemals, weder in der Literatur, noch in der Kunst, noch im Alltag werden ihm homosexuelle Paare als Vorbild hingestellt.

Seit kurzem geraten die Dinge in Bewegung. Es gibt heute eine Männermode, Männerwerbung, homosexuelle Paare, die in aller Öffentlichkeit zusammenleben und bei verheirateten Freunden in Gegenwart ihrer Kinder eingeladen werden. Viel weniger wichtig erscheint mir das Auftauchen einer homosexuellen Presse, von homosexuellen Filmen und Romanen, denn solche Produkte kreisen nur innerhalb des homosexuellen Gettos. Nur in Ausnahmefällen gelangten sie bisher zu universeller Anerkennung. Spricht man von *Mein wunderbarer Waschsalon* oder *Der verführte Mann* wird nach wie vor gesagt: welch guter (oder schlechter) homosexueller Film! Unfehlbar betonen die Journalisten diesen Aspekt des Werkes, um es zu loben oder zu verreißen. Käme es ihnen bei der Wiederaufnahme von *Vom Winde verweht* oder bei der Lancierung von *Love Story* in den Sinn, als bedeutsames Detail anzumerken, daß junge Mädchen sich in schöne Männer verlieben? Die Kultur unserer Gesellschaften bleibt von Grund auf heterosexuell. Allenfalls kann man seit ein paar Jahren von einer homosexuellen Subkultur sprechen.

Darin liegt übrigens nicht das Problem. Um zu erfahren, ob die Homosexualität Teil von Natur oder Kultur ist, müßte man Kinder unter idealen Bedingungen geistiger Unberührtheit aufwachsen lassen, unter denen kein Bild, kein Vorbild ihr Empfindungsvermögen beeinflußte, sie in die eine oder andere Richtung lenkte. In der kein Druck in eine Richtung sie davon abhielte, sich in die andere zu wenden, weil die zu überwindenden Hindernisse zu hoch sind. In der sie sich allein nach ihrer Neigung entscheiden, nur ihren Wünschen folgen könnten, ohne Mißbilligung oder Sanktionen befürchten zu müssen, ohne Angst, jene zu bestürzten und ihnen Kummer zu bereiten, die sie aufgezogen haben und sie lieben. Zum augenblicklichen Zeitpunkt verlangt es die Aufrichtigkeit zu sagen: Erstens wissen wir nicht, für welchen Weg sich die Mehrheit der Jugendlichen, Jungen wie Mädchen, entscheiden würde, denen man völlig freie Wahl ließe. Zweitens sind sie von Kindheit an durch ihr kulturelles Umfeld zu sehr konditioniert, als daß ihre massive Hinwendung zur Heterosexualität als Beweis ihrer natürlichen Neigung angesehen werden kann.

Ich erwähnte Platons Haltung, wonach viele Erwachsene heiraten und Kinder zeugen, weil sie die Bräuche dazu zwingen, ohne daß die Natur sie dahin drängt. Nicht weniger interessant ist Goethes Meinung, wie er sie dem Kanzler Müller darlegte. Die Knabenliebe sei so alt wie die Menschheit, und man könne daher sagen, sie liege in der Natur, ob sie gleich gegen die Natur sei[3]. Eine noch ziemlich vorsichtige Bemerkung: Man könnte sie vertiefen und vorschlagen, daß die starke Propaganda zugunsten der Heterosexualität das beste Anzeichen für den natürlichen Charakter der Homosexualität sei, so natürlich, so augenfällig deutlich, daß die Menschheit, um die Art nicht aussterben zu lassen, diese gigantische Verschwörung literarischer Vorbilder, künstlerischer Bilder, Reklame aller Art, diese aufdringliche Werbung organisieren mußte, um die Schwäche des Triebes zu überwinden. «Lassen wir nicht mehr entweichen, was die Kultur gewonnen hat» ...

Die völlige Freiheit der Wahl, die vollständige Emanzipation der angeborenen Neigungen führte vielleicht zum Verschwinden der Art und zum Ende der Menschheit. Die Homosexualität jedoch drastisch zu unterdrücken, wenn sie als natürliches Bedürfnis im Menschen liegt, führte sicher zu schädlicher Unordnung der Gesellschaft insgesamt. Die intelligenteren Gesetzgeber haben das begriffen. Zu Anfang der Geschichte haben wir das Beispiel der Griechen, an der Schwelle zur Moderne das Freuds. Ich werde auf beide Fälle länger zurückkommen. Hier begnüge ich mich mit der Feststellung, daß die Griechen wie auch Freud eine doppelte Gefahr vermieden: Homosexualität ganz zu verbieten, aber auch, ihr ganz das Feld zu überlassen. Die Griechen wiesen ihr eine einführende, vorübergehende, auf die Jugendjahre beschränkte Rolle zu und machten aus der Päderastie eine Art Propädeutikum für Erwachsenendasein und Ehe. Auch Freud erkannte einer vorübergehenden Homosexualität einen Platz im physischen und psychologischen Werden des Menschen zu, und er empfahl, sie als vorübergehende Etappe in der Entwicklung des Individuums zu dulden.

Die Natur würde sich rächen durch jene zerstörerischen Folgen, die eine übertriebene Verdrängung hervorruft, wenn man ihr nicht zum gegebenen Zeitpunkt Tribut zollte. Die Menschheit ginge zugrunde, wenn man die Natur nicht eindämmte. Ein besonnener Erzieher weiß, daß es zwischen diesen beiden Gefahren die Balance zu halten gilt. In den Mittelmeerländern, in Nordafrika, Ägypten, im Nahen Osten benötigt man keine Erzieher oder Gesetzgeber, um zu wissen, was erlaubt und was verboten ist. Man schließt die Augen vor jugendlicher Päderastie unter der Bedingung, daß sie nicht andauert und anschließend einem reiferen, «männlicheren» Verhalten weicht. So weise sind Sitten, die gleichermaßen Rücksicht nehmen auf die Bedürfnisse des Individuums und die Notwendigkeit sich fortzupflanzen. Die Homosexualität allzu streng zu verbieten führt zu Neurose, Existenzekel, Selbstmord und Verbrechen. Sie von jeglichem Zwang freizumachen, führte zur Vernichtung des Lebens.

Die Natur ist homosexuell, die Kultur organisiert das Überleben der Menschheit.

Lehnt man diese Auffassung nicht vollständig ab, dann darf man sich nicht länger wundern oder erregen, daß die Weltkultur fast ausschließlich heterosexuell ist, seitdem Odysseus auf Korfu beim Anblick der jungen Nausikaa in Verzückung geriet. Werke des Geistes, Kunstwerke sind vielleicht ohne Wissen ihrer Schöpfer die instinktive Antwort, das rettende Aufschrecken der Gattung Mensch, die besorgt ist, sich durch ihre natürlichen Triebe zum Tode verurteilt zu sehen. Epen, Theaterstücke, Romane, Gemälde, Opern und Filme wären der Gegenangriff des gesunden Menschenverstandes und der Vernunft, die beste Propaganda, das beste Kampfmittel zur Erhaltung des Menschengeschlechtes.

Eine Verherrlichung der Homosexualität ist heute in Literatur und Film nicht mehr selten: Im Namen der menschlichen Freiheit sollte man sich darüber freuen, doch die Mittelmäßigkeit der meisten Werke macht sprachlos. Auch das hat nichts wirklich Überraschendes, legt man die oben ausgeführten Folgerungen zugrunde. Schon der Ausdruck «homosexuelle Kultur» ist grundlegend widersprüchlich. Knabenschönheit zu preisen, kann nur in Pleonasmus und Redundanz münden. Lobgesänge auf den männlichen Eros anzustimmen, ist ein ebenso schwieriges Unterfangen und entgeht ebenso wenig der Plattheit, als wenn man beim Anblick eines Sonnenunterganges oder eines Weizenfeldes in Verzückung gerät. Sicher, was von Natur aus prächtig und strahlend ist, braucht keine große Hilfe durch die Macht von Bildern oder Worten. Die «homosexuelle Kultur» breitet sich im Augenblick, zu Ende des

XX. Jahrhunderts schrankenlos, ungebremst aus – mit den enttäuschenden Resultaten, die ich im zweiten Teil des Werkes ausführen werde, der einigen Aspekten literarischen und künstlerischen Schaffens gewidmet ist.

Diese Arbeit war anfangs, voller Begeisterung über die Befreiung der Sitten, als eine Bilanz der Errungenschaften und der Siege gedacht. Ich dachte daran, was im staatsbürgerlichen und moralischen Bereich erreicht worden war, daß die Lockerung der öffentlichen Meinung, die freieren Gesetze, die Befreiung des Individuums sich in den Produkten einer neuen Kultur, entspannt und erfinderisch, widerspiegeln würde. Es war schlecht oder zu kurz nachgedacht über die Beziehungen zwischen Kultur und Natur, zu glauben, was dem Körper Freude und Befriedigung bringe, ließe die Geisteskräfte im gleichen Maße anwachsen. Zu leben, wie es einem gefällt, nach seinen Vorstellungen, ohne sich verstecken zu müssen, macht gewiß glücklicher, macht aber nicht zum besseren Dichter. Eher das Gegenteil tritt ein. Ich stelle fest, daß durch ein unerfreuliches Paradox die großen Zeugnisse homosexueller Kultur auf die Zeiten von Heimlichkeit und Scham zurückgehen.

Mit Ausnahmen natürlich, und ich werde mich bemühen, in meinen Betrachtungen zu Literatur, Kunst, Musik oder Film zu retten, was zu retten ist. Nicht ohne mir mit Bedauern zu sagen, daß die uralte Lebensweisheit richtig ist, daß künstlerisches Schaffen von Zwängen lebt und in Freiheit stirbt. Im Bereich homosexuellen Schaffens scheinen mir Zwänge nicht nur wohltuend, sondern unerläßlich zu sein. In der zeitgenössischen Literatur gibt es keine Romanfiguren mehr wie Prousts Charlus oder Balzacs Vautrin; die neoklassizistischen Maler unter der Revolution und in der Empirezeit hätten den männlichen Körper nicht mit so viel Talent verherrlicht ohne den Zwang, auf mythologische Verkleidungen zurückgreifen zu müssen. Schubert hinter seinem Bierkrug rührt uns weit mehr, als wenn er hätte sagen können, was er auf dem Herzen hatte. Angesichts eines Eisenstein, hinter der hartnäckigen Ablehnung seiner selbst verschanzt, zählen die Fassbinder, Chéreau und Paul Morrissey recht wenig in der Filmgeschichte.

Einige Themen also, die hier behandelt werden sollen, nicht ohne Skrupel oder Zögern, denn es gilt vorsichtig zu sein, wenn man auch nur eine Spur nostalgischer Gefühle für eine verabscheuungswürdige Epoche zeigt. Wieviele potentielle Künstler wurden durch das Gefühl ihres Unglücks bezwungen oder zur Unfähigkeit verdammt, durch die Feindseligkeit ihrer Umgebung zum Schweigen verurteilt für einen Proust, Girodet, Schubert oder Eisenstein, die sich auszudrücken vermochten, indem sie öffentliches Verbot wie innere Zensur umgingen? Zu große Freiheit macht lasch, zu viele Zwänge lähmen. Jedenfalls bedeutet es, sich zu einem ungeheuren Preis in den Genuß einiger Meisterwerke zu bringen, sie mit dem Leiden und der Vernichtung von Millionen Menschen zu bezahlen, denen Kunst und Literatur die geringste Sorge bedeuten.

Von der Familie Doni beauftragt, eine *Heilige Familie* zu malen, stellte Michelangelo in den Hintergrund seines Gemäldes fünf nackte Epheben von unendlich strahlenderer Schönheit, als wenn er frei gewesen wäre, sie in den Vordergrund zu stellen. Hätte er an der Decke der Sixtinischen Kapelle die unverschämte körperliche Pracht der *Ignudi* so kühn entfaltet, wenn das hohe Gewölbe und die Schwierigkeiten für den Betrachter, von unten die Einzelheiten ihrer Anatomie zu sehen, ihm nicht als Ausrede gedient hätten? Gleichwohl möchte ich wetten, daß für die riesige Mehrheit der Homosexuellen der Welt die Existenz dieser wunderbaren Figuren keine angemessene Entschädigung für die Frustrationen und die Misere ihres Alltags darstellt. Sie gäben die Uffizien und den Vatikanpalast, sowie alle Gemäldegalerien der Welt für das Glück, das Äquivalent eines einzigen der Modelle Michelangelos mit nach Hause zu nehmen.

Der Tod Lucien de Rubemprés, dessen wahre Ursache Balzac sich zu kaschieren gezwungen sah, ist zweifellos ein eindrucksvolleres Mahnmal für einen Toten als das Ertrinken Thomas Manzonis in *Die Konsequenz*[4], einem faden Roman des Schweizers Alexander Ziegler. Aber wer wäre bereit wie Oscar Wilde zu behaupten, daß der größte Schmerz seines Lebens die Erhängung von Balzacs jungem Helden war? Zwang begünstigt das Genie, aber Genie begeistert, unterjocht, rettet aus der Verzweiflung nur jenes ganz kleine Häuflein Privilegierter, für die es kein bedeutsameres Ereignis gibt als ein starkes ästhetisches Gefühl.

Ich setze mich noch einer anderen Gefahr aus, indem ich die heutige Permissivität nicht in allen Bereichen positiv finde und sie unter manchen Aspekten kritisiere: All jene, von den Kommunisten zur extremen Rechten, die aus Gründen, die nichts zu tun haben mit der Sorge um gute Bücher oder schöne Bilder, die Ausbreitung des Laxismus mißbilligen und auf die Gelegenheit lauern, die Schraube wieder anzuziehen, wären nur allzu glücklich, meine Vorbehalte zu hören und beuteten sie böswillig aus. Ihnen ist gleich, daß die Filmwirtschaft, seitdem sie nicht mehr zu Anstand genötigt ist, eher *Abendanzug* als *Tod in Venedig* produziert oder daß Roger Peyrefittes *Roy* verglichen mit den *Heimlichen Freundschaften* eine Schandtat ist. Sie wollen nicht Bedingungen wiederherstellen, wie sie zur Schaffung von Meisterwerken notwendig sind, sondern die individuellen Freiheiten beschneiden, Ordnung herstellen, Abweichlertum ersticken, ganz gleich aus welcher Ecke sie kommen. Eines sollte jedoch klar sein: selbst wenn ich bezweifle, daß der Fortschritt der Sitten Literatur und Kunst nützt, halte ich ihn nichts destoweniger für die wertvollste Errungenschaft unserer Zeit.

Ansonsten beweisen die gelungensten Werke von Dichtern wie Kavafis, Lorca und Penna, bei denen das freiwillige Gleichgewicht zwischen Gesagtem und Ungesagtem zu Formen höchster Schönheit führt, daß Selbstdisziplin die beste Lösung ist. Die ideale Gesellschaft wäre jene, in der jeder frei wäre, nach seinen Vorstellungen zu leben, zu schreiben oder zu drucken, was er will, zu malen oder zu filmen, wie er es versteht, in der die wirklich Kunstschaffenden im Namen der höheren Notwendigkeiten der Kunst sich selbst Grenzen setzten.

Im ersten Teil des Werkes werden einige historische Momente abgehandelt. «Homosexuelle Kultur» bedeutet auch ein Erinnern an ertragene Leiden, ein Erinnern an die Verfolgung von Homosexuellen. Dieser Bereich ist leichter zu bearbeiten; die einander entgegenstehenden Kräfte sind genau definiert und ihre Konfrontation eindeutig. Auf der einen Seite stehen alle Erfindungen der Mächtigen, um die Natur zu bändigen; auf der anderen die Opfer dieser Gewalt, die nur selten den Mut oder die Mittel haben, sich aufzulehnen.

Wie zu Beginn des XVIII. Jahrhunderts die Mißachtung der Eunuchen in der Abhandlung des lothringischen Hugenotten Charles Ancillon die Ächtung der Homosexuellen vorwegnahm; wie unredlich die französische Polizei und Medizin im XIX. Jahrhundert die Begriffe Korruption und Verderbtheit verbreiteten;

wie in Bismarcks neuem Deutschland König Ludwig II. von Bayern an der Strenge der preußischen Gesetze zerbrach; unter welchen Umständen eine kleine Anzahl von Pionieren Anfang des XX. Jahrhunderts vor allem in Deutschland und England versuchte, sich der Unterdrückung entgegenzustellen, Versuche, die mit dem Aufstieg des Nazismus untergingen; dann die etwa hundertjährige Herrschaft der Psychiater und Psychoanalytiker, die es sich augenscheinlich zur Aufgabe gemacht hatten, die Homosexualität von Schuldgefühl und Strafe zu befreien, um sie noch besser zu kontrollieren, indem sie die veralteten Vorstellungen von «Laster» und «Makel» durch die von «Krankheit» und «Neurose» ersetzten; und schließlich als Folge welcher Entdeckungen wir seit kurzem unser Urteil über das antike Griechenland und das christliche Mittelalter revidieren müssen: Das werden die sechs Etappen dieses Weges in die Vergangenheit sein. Eine Sittengeschichte, die auch eine Geschichte der Vorurteile und Lügen ist, eine Illustration geistiger Enge und menschlicher Dummheit. Eine neue Untersuchung von Freuds Texten wird unsere Betroffenheit nicht lindern.

Man könnte mich beschuldigen, mir zu widersprechen, wenn ich die Argumente der Organisatoren dieser Verfolgung für aufrichtig hielte. In Wirklichkeit ließen sie sich nie von ihren eigenen Thesen an der Nase herumführen. Sie wußten sehr gut, was sie taten, genau wie sie heute wissen, was sie tun. Mit Absicht geben sie Ungeheuerlichkeiten von sich. Sie für ihre politische Intelligenz zu beglückwünschen, wäre genauso gerechtfertigt wie sie des Betruges zu zeihen. Sie lügen und täuschen aus gutem Grund. Zur Erhaltung der menschlichen Art begingen sie jede Niedrigkeit. Dummköpfe, Gutgläubige waren ihre Opfer, sogar die Homosexuellen, die sich so lange überzeugen ließen – ob man nun je nach Epoche an Gott oder an Freud glaubte –, daß ein geheimer Fluch sie zu Parias erniedrigte oder daß ein Defizit in ihrer psychischen Ordnung sie zu einem gescheiterten Leben verurteilte. Man wird sich nie genug wundern über die Unterwürfigkeit, die sie im Laufe der Jahrhunderte an den Tag legten, während das Verhalten ihrer Gegner durch seine Kohärenz und Entschlossenheit auffällt.

Es ist keine Übertreibung erkennbar in der Menge der seit zweitausend Jahren über die Homosexualität angehäuften Irrtümer und Verleumdungen, ein wohlüberlegtes Kalkül, das dem methodischen Denken ihrer Erfinder zur Ehre gereicht. Die Menschheit, die für ihr Überleben fürchtet und die natürliche Neigung der Art mit allen Mitteln zu bekämpfen sucht, hat zwei Arten von Antworten gefunden. Die eine, durchdachtere und feinere, zu der manchmal die unbefangene Frische und der Schwung einer echten Begeisterung für die Frauen beitragen, besteht darin, große heterosexuelle Mythen aufzubauen und diese periodisch zu erneuern. Greta Garbo und John Gilbert, Marlene Dietrich und Gary Cooper, Catherine Deneuve und Gérard Depardieu lösten Armand Duval und Marguérite Gautier, Natascha Rostow und André Bolkonsky, Julien Sorel und Mathilde de la Mole ab, die ihrerseits Dido und Aeneas, Tristan und Isolde, Corneilles Rodrigue und Chimène gefolgt waren. Dies ist die Antwort der Kultur auf die tödliche Gefahr, die Antwort der schöpferischen Phantasie. Die andere Replik, offener, brutaler, besteht im Aufstellen von Wachhunden, deren Name und Fachgebiet wechselten, die sich nacheinander Gesetzgeber, Inquisitor, Polizist, Arzt, Bischof, Psychiater oder Psychoanalytiker nannten, deren Aufgabe jedoch die gleiche blieb: Zwang auszuüben, sobald der Bann durch Legendenpaare nicht mehr stark genug war, um den Sieg der Kultur über die Natur zu garantieren.

Erster Teil

Ein Blick in die Geschichte

Hatz auf die Eunuchen

Eunuch, vom Griechischen *eunukhos* heißt wörtlich: «der das Bett (*eunè*) der Frauen hütet (*échein*)». Um die Frauen ihres Harems bewachen zu lassen, kamen die Sultane im Nahen Osten auf den Gedanken, Sklaven kastrieren zu lassen. Das hinderte die entmannten Argusse, der Versuchung zu erliegen, und brachte die Ehre des Paschas nicht in Gefahr. Hier liegt bekanntermaßen der Ursprung einer Institution, die sehr bald für unendlich viele Gegebenheiten vorteilhaft erscheinen mußte, die nichts mehr mit der Überwachung von Frauen zu tun hatten. Seit grauer Vorzeit nämlich und bis in die Neuzeit (deutlich nach 1707, dem Erscheinungsdatum von Charles Ancillons *Traité des eunuques* (Abhandlung zu den Eunuchen)[1], sind rund ums Mittelmeerbecken Eunuchen verzeichnet als Oberste Kämmerer, Palastoffiziere, Minister, Würdenträger aller Art mit einer deutlichen Blütezeit im Spätreich Roms, einer anderen Glanzzeit (von der Ancillon nichts weiß, die aber durch zahlreiche Zeugnisse belegt wird) im arabischen Palermo des X. Jahrhunderts und, bekanntermaßen, in Montesquieus Persien und Mozarts Türkei immer noch rege. Jene mit Impotenz geschlagenen Männer waren im politischen Leben potent geworden: Dies erste Paradox regte die Phantasie der Öffentlichkeit an. Ein zweites Paradox: Diese Hüter weiblicher Keuschheit und ehelicher Pflichten waren in aufsehenerregende libertinistische Intrigen verwickelt. Wir hingegen wundern uns eher, daß so wenige Forscher versuchten, als Antwort auf die Verblüffung über dies doppelt Unglaubliche, das Geheimnis jener Menschen zu lüften, die im Französischen «hommes-femmes» (Mann-Frauen) genannt wurden oder auch «spadons» (vielleicht als Antiphrase: Nichts belegt, daß das Wort eher von «Spada», einem persischen Dorf als von *spada*, Schwert abgeleitet ist.).

Im XVII. Jahrhundert ein paar obskure Ärzte: Melchior Inchoffer in Köln, Gaspar Loischerus in Leipzig, Samuel Smith in London, Amoya in Genf, Francolinus in Venedig. Und dann jener rätselhafte C. d'Ollincan, der es nicht länger bleibt, wenn man hinter dem Pseudonym seinen wirklichen Namen erkannt hat: Charles Ancillon. Eine sicher nicht unwesentliche Persönlichkeit: Pastorensohn aus einer bekannten protestantischen Familie, 1659 in Metz geboren, Mitglied der Anwaltschaft der Stadt. Durch die Aufhebung des Ediktes von Nantes ins Exil gezwungen. Mit seinem Vater Flucht nach Berlin, wo er die Freundschaft des Kurfürsten von Brandenburg und späteren Königs Friedrich I. erlangt. Er wird Richter und Leiter der französischen Kolonie, Hofrat, brandenburgischer Hofhistoriograph. Etwa ein Dutzend Werke, gedruckt im Ausland. Die meisten behandeln Verfolgung und Exil der Reformierten. Eine *Histoire de Soliman II, empereur des Turcs* (Geschichte von Soliman II., Kaiser der Türken): ein erstes Ausscheren dieses nüchternen Geistes in die dunklen Geheimnisse des Orients. Starb 1715 in Berlin, hinterließ preußische Nachkommen.

Der *Traité des eunuques* ist dem großen Pierre Bayle gewidmet, einem Paladin des Rationalismus und Verfechter der Gewissensfreiheit, der sich in Holland niederlassen mußte, um der Zensur zu entgehen und seine Kritik an Dogmen, Autorität und Tradition weiterzuführen. Er sieht aus wie ein wissenschaftlicher Beitrag zur Untersuchung einer kontroversen Frage. Auf den ersten Blick eine seltsame Wissenschaft. «Eunuchen sind niemals kahlköpfig, weil ihr Gehirn vollständiger ist als das anderer Männer, die Venus einen guten Teil verlieren läßt, hat doch ihr Samen dort seinen Ursprung.» Trotzdem jedoch eine Wissenschaft, zu einer Zeit, in der Spuren von Magie sie noch würzten. Wie unbedeutend sein kleiner Schnitzer, Fontenelles vollständig erfundener *Relation sur Bornéo* Glauben zu schenken, und auch, daß Ancillon so häufig auf die Anekdote zurückgreift, um seine Behauptungen zu beweisen. Ein zweifelhaftes Vorgehen, das wir jedoch gewiß nicht bedauern.

Ist die Geschichte von Combabus nicht rührend? Der junge Edelmann, Architekturfachmann am Hof des syrischen Königs, wurde vom Monarchen erwählt, Königin Stratonice auf einer langen Reise zu begleiten, die diese machen sollte, um einen Junotempel zu errichten. Combabus war ein schöner junger Mann, der die Auswirkungen der Eifersucht des Herrschers vorhersah und diesen bat, ihn von seiner Aufgabe zu entbinden. Umsonst. Nach Hause zurückgekehrt und unter Seufzen und Klagen über seine unglückliche Lage «schnitt sich der junge Mann jene geheimen Körperteile ab, die man nicht benennt» (Ancillon gibt ihnen übrigens den schönen Namen griechischen Ursprungs «crémastères» zurück (zu Deutsch etwa «Gehänge»)), balsamierte sie ein, verschloß sie in einer Schachtel, versiegelte diese und überreichte sie vor seiner Abfahrt dem König, damit der sie während seiner Abwesenheit verschlossen und versiegelt aufbewahre. Als er nach drei Jahren zurückkehrte, die im Kopf des Königs auch die vorhergesehene Wirkung gezeigt hatten, beglückwünschte sich Combabus zu seiner Vorsichtsmaßnahme: Er lieferte den Beweis seiner Unschuld. Seine engen Freunde, fügt der Erzähler hinzu, taten es ihm nach, um ihn in seiner Erniedrigung nicht allein zu lassen.

Stendhal hätte aus dieser Begebenheit eine «italienische» Chronik gemacht. Eine andere hätte ihn vielleicht noch mehr entzückt, ihn, den Octaves Unglück zu dem melancholischen Roman *Armance* inspirierte. Ein Edelmann hatte endlich die letzten Widerstände seiner Mätresse überwunden und war im entscheidenden Augenblick nicht Herr der Werkzeuge seiner Leidenschaft: Sie wollten ihm nicht gehorchen. Herz in Flammen, Glied aus Eis. Ob dieser Niederlage gedemütigt, kehrte er heim, «schnitt sie sich ab» und schickte sie der Dame, «als blutiges Opfer zur Sühne der erlittenen Beleidigung». Zum Thema von *Armance* ist anzumerken, das der von Stendhal aufgebrachte Ausdruck «babilan» zur Benennung solcher Oktaviane nicht mehr Erfolg hatte und nicht länger im Sprachgebrauch blieb als das von Ancillon vorgeschlagene klangvolle «bagoas»: als weigere sich das abendländische Bewußtsein, mit ein paar poetischeren Silben jene zu schmücken, die man weiterhin pejorativ und platt «Eunuchen» oder «Kastraten» nennen muß.

Beschränkte sich der Leser darauf, jene Seiten wie eine Sammlung pikanter Histörchen zu überfliegen, eine Fundgrube für heute verschwundene Bräuche darin zu sehen, die «Barbarei» jener Zeiten heraufzubeschwören, als Nero seinen kastrierten Liebhaber

Sporus als Frau kleidete, als Origenes sich verstümmelte, um sich der Vollkommenheit Christi anzunähern, als Heloises Verwandte sich an Abaelard rächten, indem sie ihn seiner Männlichkeit beraubten, dann verschlösse dieser Leser die Augen vor der Neuartigkeit und Bedeutung dieser Abhandlung. Ancillon dachte wahrscheinlich reine Archivarbeit zu leisten, doch interessiert uns sein Werk weit weniger durch das, was wir über Eunuchen erfahren als wegen der Einblicke, die er uns in seine eigene Denkweise eröffnet und allgemeiner in die Denkart seiner Klasse und seiner Zeit.

Man muß sich von einem Thema mächtig angezogen fühlen, um ihm so viele Stunden Studier- und Schreibarbeit zu widmen. Zu Anfang hat man sehr wohl den Eindruck, daß Ancillon die gesamte psychologische und philosophische Komplexität für sich selbst vorhersah. Auf der Suche nach den Ursprüngen der Eunuchisierung und bei der Frage, warum sie auf Semiramis zurückgeführt wird, berichtet er, daß die Königin der Assyrer, um ihre Soldaten von einer kopflosen Flucht abzuhalten, «wie ein Mann» ein langes Kleid anzog, sie sammelte, sich an ihre Spitze setzte und über die Feinde triumphierte. Die persischen Frauen seien von diesem Kleidungsstück so angetan gewesen, daß sie es übernommen hätten. «Vielleicht gab jenes Kleidungsstück Veranlassung zu sagen, daß Semiramis unvollkommene Männer gemacht habe, Halbmänner, und daß seitdem vermutet wurde, daß sie Männer wirklich verstümmeln ließ.» Eine schlüssige Bemerkung. So vermutet der Autor denn, daß die erste Kastration nicht wirklich, sondern symbolisch gewesen sei. Wie die Kleidung zeigt: Halbmänner. Und die Haartracht: denn eine andere Sage erzählt, daß Semiramis, um ihr aufständisches Volk zu bändigen, «mit halb aufgelöstem Haar» eilig durch die Straßen Babylons gelaufen sei. Kommentar: «Das aufgelöste Haar zusammen mit der Kleidung, die sie angelegt hatte, verwandelte sie noch mehr in einen Mann.» Daraus können wir zu unserem großen Entzücken schließen: 1. Der erste «Kastrat» war eine als Mann verkleidete Frau. 2. Die Zeichen dieser Vermännlichung waren ein langes Kleid und aufgelöstes Haar. Die «Kastration» erschien ihrem ersten Theoretiker also weit weniger als physiologische Kuriosität oder Ungeheuerlichkeit denn als ein Zeichen einer sexuellen Ambivalenz, unabhängig von jeder chirurgischen Manipulation. Und was uns restlos verwirrt: Semiramis – schon wieder sie – erzog ihren Sohn Ninus wie ein Mädchen, kleidete sich jedoch als Mann. (Diesen Aspekt der Sage untermauerte Rossini, indem er mehr als hundert Jahre später die Rolle des Ninus für eine weibliche Altstimme schrieb.) Rollentausch, Transvestiten, sexuelle Identitätskrise: Der Autor hätte uns nicht klarer zeigen können, daß er das Studium der Eunuchen nicht mit einem Zweig der Teratologie verwechselte. Man kastriert sich, um den Begrenzungen seines Geschlechtes zu entgehen. Wäre Ancillon etwas kühner gewesen, so hätte er zu diesem Schluß kommen können.

Am Mut jedoch haperte es. Nach dieser vielversprechenden Einleitung beginnt einige Seiten später eine Flut von Verunglimpfungen. Der Eunuch sei ein Ochse mit abstoßendem Äußeren. Seine Stimme sei dünn und schmachtend, seine Manieren verweiblicht, ihm fehlten Mut und Kühnheit. Sein Körper sei schon schmächtig und verachtenswert, sein Geist jedoch noch wertloser. Eunuchen seien abscheuliche, ehrlose Menschen, eifersüchtig, grausam, gefräßig, geizig, unbeständig, argwöhnisch, heftig und unersättlich. Ancillon versteckt sich hier hinter den Aussagen des heiligen Basilius. Paßte es zu einem Bayle-Schüler, sich auf vorschnelle Argumente zu stützen? Mit seiner eigenen Meinung hält er nicht hinterm Berg: «Es läßt sich sagen, daß Eunuchen wie Bastarde gewöhnlich schlecht sind, es jedoch manchmal gute gibt.»

«Wie Bastarde»: Beachten wir diesen Vergleich, der uns über die wirklichen Ursachen dieser von Seite zu Seite erdrückenderen Strenge aufklärt. Die Eunuchisierung müsse als beschämend angesehen werden, widerwärtig und der Gesellschaft wie dem Menschen abträglich, an dem sie vorgenommen werde. Es sei eine gottlose Handlung, feige, unehrenhaft und kriminell. «Der Eunuch ist wie ein ewig Kranker, ewig Schwächlicher, *morbosus*; also unfähig, Aufgaben im aktiven Leben zu erfüllen; er ist ein machtloser Kranker, der Gelegenheit zum Handeln sieht und es nicht kann», usw. Dagegen läßt sich einwenden, daß dieses Urteil dreifach widersprüchlich ist. Erstens ist es mit der wissenschaftlichen Unparteilichkeit des Gelehrten nicht zu vereinbaren; zweitens mit dem den Eunuchen historisch zuerkannten Platz als Würdenträger und Minister und in neuerer Zeit als Opernsänger; drittens mit der Faszination, die solche Menschen auf so gebildete und aufgeklärte Menschen wie Ancillon weiterhin ausüben.

Warum also so bissig? Weil der Papst, der schwarze Mann der Protestanten, kleine Jungen entmannte, um den Chor der Sixtinischen Kapelle zu bestücken? Beachten wir den Aufbau dieser Abhandlung: Drei Teile, von denen nur der erste einer Art Phänomenologie des Eunuchen gewidmet ist, die beiden anderen erörtern die – abschlägig beantwortete – Frage, ob Kastraten das Recht haben zu heiraten. Die Heirat: hier liegt also der Stein des Anstoßes. Die Ehe als Fortpflanzungs- und Reproduktionsanstalt. Schon im Vorwort kündigt der Autor es an. Er schreibt dieses Werk nur, um eine Dame seines Freundeskreises davon abzuhalten, den Heiratsantrag eines Eunuchen (eines geschlechtslosen Sängers) anzunehmen. Ziel der Ehe ist nicht, unreine Gelüste zu kaschieren. Sie soll eine keusche, religiöse Vereinigung sein «voller Frömmigkeit und Segnungen» (also Kinder hervorbringend). Warum sind Eunuchen geldgierig, warum stolz und bitter? Weil sie keine «häuslichen Bindungen und natürlichen Verpflichtungen» haben wie andere Männer. Eine seltsame Antwort auf den Wunsch eines Kastraten, der eben eine natürliche Verpflichtung eingehen und sich häusliche Bindungen zulegen wollte! Ancillon verrät sich, und er verrät sich doppelt. Indem er die Charaktermängel fehlenden «häuslichen Bindungen» zuschreibt, nimmt er jene große Polemik vorweg, die im XVIII. und XIX. Jahrhundert[2] alle Propheten der demokratischen, republikanischen Linken – von Voltaire bis Rousseau, von Hugo bis Michelet, von Proudhon bis Zola – gegen den immer wieder suspekten Ehelosen führten. Indem er andererseits einem Kastraten die Erlaubnis verweigert zu heiraten, gibt er zu, daß eine zwangsläufig steril bleibende Verbindung ein Fehler, ein Verbrechen und kein Akt der Frömmigkeit ist. Die große, die einzige Sünde des Kastraten ist seine mangelnde Eignung, nicht zu Gefühl und Zuneigung, die seine Heirat rechtfertigten, sondern zur Fortpflanzung.

An dieser Stelle sollte man Abstand nehmen und die Hetze gegen die Eunuchen in den Rahmen des europäischen Denkens des klassischen Zeitalters stellen. Sicher ist Ancillon ein Mann «der Linken»: Protestant, Bayle-Anhänger; er kämpft gegen Dogmen, gegen Privilegien und die Tradition. 1707, um die Jahrhundertwende also, verkörpert er sehr gut jene neue Klasse aus Kleinadel oder Großbürgertum, die wirtschaftliche Macht erlangt und ihren Ärger darüber nur mühsam zügelt, daß sie von der politischen Macht ferngehalten wird. Die Wirtschaft hat jedoch ihre Gesetze. Die sich von diesem Zeitpunkt an in voller Entwicklung befindende Technokratie zwingt zu einer Familien-, Ehe- und Geburtenpolitik. Man versteckt sich noch hinter der Autorität Gottes und der Bibel, obwohl es von nun an nicht mehr um religiöse oder moralische, sondern um wirtschaftliche Erfordernisse geht. Alles muß der Ertragsdisziplin weichen. Deshalb argumentieren Ancillon als erster und nach ihm alle linken Denker, Voltaire und Rousseau, Hugo und Michelet, Proudhon und Zola «rechts», jedesmal wenn es um Familien- und Geburtenfragen geht. Und noch heute: gibt es peniblere Sittenwächter als die Kommunisten? Kapitalist oder Marxist, die Polizei für sexuelle Beziehungen duldet keine «Ausfälle» im Privatleben.

Der Vergleich zwischen Eunuch und Bastard ist mühelos erklärbar. Wie der Bastard bringt der Eunuch ein Element der Unordnung ins Familiengebäude, die Grundlage einer auf Produktion ausgerichteten Gesellschaft. Daß er wie Origenes versucht, wie Gott zu werden? Das ist Gotteslästerung, jedoch schön und respektabel. Daß er auf die Bühne steigt, um zu singen? Nun ja. Aber er hat sich nicht in Angelegenheiten einzumischen, die die Familie berühren. Ihm erlauben, ein Kind zu adoptieren, gerade ihm? «Es hieße die Adoption mißbrauchen, sie Menschen zuzugestehen, die nie Kinder hatten und auch keine bekommen konnten.» «Wic könnte ein feiger und schüchterner Mensch wie ein Eunuch einem Minderjährigen in seiner Obhut Stütze und Hilfe geben?» Es folgt der enthüllendste Satz der Abhandlung: «Man braucht nur eine sehr oberflächliche Vorstellung vom Recht, um zu wissen, daß der Personenstand aus drei Dingen besteht, die *die Freiheit, die Bürgerlichkeit und die Familie* sind. Und wenn jemand einer dieser drei Dinge verlustig gegangen ist, erfährt er eine beträchtliche Veränderung seines Standes.» Zwar bedeutet «Bürgerlichkeit» hier mit Besitz verbundenes Bürgertum, doch ist die Absicht des Autors klar erkennbar: Eunuchen sollte man dulden, wenn sie nur singen, sie aber ächten, wenn sie durch Ehe oder Adoption eines Kindes eine Rolle im Staat zu spielen beabsichtigen.

Michel Foucault beschrieb den Ausrottungskrieg des bürgerlichen Denkens im XVII. und XVIII. Jahrhundert gegen alle, die irgendein «Unterschied» für die gerade entstehende neue Welt nicht akzeptierbar machte: Geschlechtskranke, Sodomiten, Selbstmörder, Verschwender, Gotteslästerer und Alchimisten. Alle wurden für verrückt erklärt, um sie im Namen einer vorgeblich medizinischen, in Wirklichkeit jedoch wirtschaftlichen Vernunft bequemer in Anstalten sperren zu können. Reihen wir in diese Galerie Unerwünschter die Eunuchen ein: Wahrscheinlich rechtfertigte die Beliebtheit, die sie als Opernsänger eben erlangten, als Ancillon schrieb, daß dieser Vertreter des aufstrebenden Bürgertums auch sie hinter Gitter abschob. «Eunuchen sind nach den Worten Isaias nur abgestorbene Äste jener trockenen Bäume, die es bis zur Wurzel sind und die, wie Hosea sagt, keine Früchte mehr tragen werden. Jener Bäume, die man abschneiden, also zerstören muß und aus dem Gedächtnis streichen; denn warum sollen sie weiter auf der Erde stehen? Jeder wollte den ersten Schlag führen, um sie zu kippen oder auszureißen. Sie sind unvollkommene Geschöpfe, mit einem Wort Monster, an denen die Natur nicht gespart hat, die jedoch Geiz, Lasterhaftigkeit oder Bosheit der Menschen entstellt haben.» So empörte Worte aus der Feder eines Wissenschaftlers zeugen von großer gesellschaftlicher Angst, die über das eigentliche Thema seiner Studie weit hinausgeht. Im Frankreich von 1707, das nach wirtschaftlicher Hegemonie strebte, galt es einen Sündenbock zu benennen, den auszugrenzen, im entehrenden Kreis eines Bannfluches einzuschließen, um alle Gefahren aller möglichen Abweichungen von der Norm zu bannen. «Die Völker verachteten diese Art Mensch nicht nur, sie betrachteten sie mit Widerwillen. Zwar galt ihr Name als würdevoller Titel, er war jedoch auch eine Beleidigung, und man konnte einen ehrenhaften Mann nicht empfindlicher treffen als ihn *Eunuch* zu nennen.»

Ancillon spricht von einer sozusagen vergangenen Gefahr (trotz der sich ausbreitenden Mode der Kastratensänger), sein Text ließe sich, so wie er ist, auf jenes neue Gespenst anwenden, das den Eunuchen als Bürgerschreck folgen sollte: die Homosexuellen. Der moderne Leser wird von selbst Vergleiche anstellen. Als Künstler toleriert, als Bürger geschmäht; für unwürdig erachtet, die Vormundschaft Minderjähriger zu übernehmen, öffentlicher Verachtung preisgegeben, obwohl sie eine geheimnisvolle Faszination ausüben: gestern die Eunuchen, heute die «Andersgläubigen». Auch sie sind Halbmänner in den Augen all jener, die Männlichkeit und Zeugungskraft verwechseln. Objekt von Neugier und Bewunderung in einer Welt, die der Ideologie von Arbeit und Ertrag unterworfen ist, bis die «Vernunft» sie in einem entsetzten Aufbäumen hinter die Mauern einer «gesellschaftlichen Geißel» abschiebt. Nehmen wir die von Ancillon für die Eunuchen versammelten Bezeichnungen wieder auf: «scheußlich», «verachtungswürdig», «schändlich», «widerwärtig», wie «Monster», «gottlos», «widerwärtig», Inkarnation von unglaublicher «Schändlichkeit». Vergleichen wir sie mit den Bezeichnungen, die Pierre Larousse 1874 in seinem *Dictionnaire universel du XIXe siècle* in dem Artikel «Pédérastie» aneinanderreiht («Homosexualität» kam erst 1907 im französischen Wortschatz vor, genau zwei Jahrhunderte nach dem «*Traité des eunuques*», als ob die Ablösung einer Normabweichung durch eine andere damit markiert und den Anhängern der neuen Häresie ein Name gegeben werden sollte, der sie brandmarkt): «widerwärtiges Laster», «schändliche Liebe», «tiefe Korrumpierung», «die widerwärtigste Schändlichkeit», «gräßliche Annäherungen», «greuliches Laster». Es ist fast wörtlich die gleiche Leier aus Verachtung und Haß, denn es gilt die gleiche Art von Verstoß anzuprangern.

Der Eunuch kann sehr wohl sexuelle Lust empfinden; er ist Meister in der Kunst, sie mitzuteilen. Die Liebesabenteuer der Kastraten, der tragische Tod des berühmtesten von ihnen, Siface, den 1697 in Ferrara die Eltern jener jungen Gräfin ermorden ließen, die er erobert hatte, lehrten unseren Kalvinisten, daß solche «Halbmänner» von Frauen nicht dafür gehalten wurden oder zumindest, daß Frauen eine weniger sexistische Vorstellung von Männlichkeit hatten als Männer. Für Ancillon ein zusätzlicher Skandal. Er sieht rot, palavert, stottert. «Hingegen ist gewiß, daß ein Eunuch nur fleischliche Gelüste befriedigen kann, solche der Sinnlichkeit, der Leidenschaft, der Ausschweifung, der Unreinheit, der Wollust, der Lüsternheit. Da sie nicht zeugungsfähig sind, sind sie anfälliger für Verbrechen als vollkommene Männer, und lasterhafte Frauen bemühen sich eher um sie, da sie ihnen die Vergnügungen der Ehe geben, ohne deren Risiken einzugehen.» Welch bewundernswürdige Logik! Erotik, die nicht in die Kategorie von Geschlechtlichem und Fortpflanzung paßt, kann nur ausschweifend, unrein und lüstern sein. «Einige Eunuchen sind fähig, manche Gelüste einer Frau zu befriedigen, aber all jene Gelüste sind illegitim und können in der Ehe nicht erlaubt sein. Eine Frau mit solchen Gelüsten ist eine Metze und ein Eunuch, den sie in ihrem Bett duldet, Werkzeug ihres Verbrechens.»

Hier liegt der Kern des Problems. So sehr ist der Eunuch nun auch wieder nicht Eunuch. (Tatsächlich diente der «historische» Eunuch des Harems nicht so sehr, die Ehre des Paschas zu schützen, als die für einen einzigen Mann allzu zahlreichen Frauen erotisch zu beschäftigen.) Vielleicht ist der Kastrat infolge seine örtlichen Verstümmelung sogar ein besserer Kenner von tausend Kleinigkeiten und Feinheiten der Lust als ein genitaler Rüpel, der nur darauf aus ist, sein Ziel zu erreichen. Da der Eunuch solche Beweise nicht antreten kann, kann er wirklich lieben. Der Eunuch als idealer Liebhaber? Das hieße zugeben, daß der von Freud beschriebene «polymorph Perverse» dem Sexualleben ein unendlich weiteres Feld öffnet als orthodoxe eheliche Beziehungen. Kaum ist Ancillon das Wort «Lust», «eheliche Lust» entfahren, als er sich auch schon zurückzieht: «Das legitime und erlaubte Begehren einer Frau ist es, Kinder zu bekommen.» Ein Eunuch, der sich damit begnügen würde, steril zu sein, wäre vielleicht noch tolerabel, aber steril und Lust spendend und empfindend, nein, nein und nochmal nein. Welch unsühnbare Untat, Lust im Reinzustand zu verkörpern, unabhängig von jedem Endzweck also, von jedem familiären oder sozialen Nutzen!

Die berühmte Erklärung der Kongregation für die Glaubensdoktrin vom 15. Januar 1976 unterschriebe Ancillon unbesehen. Paul VI. verdammte darin jene «neuen Eunuchen», die Homosexuellen, jene die sich selbst befriedigen, die Anhänger der freien Liebe und vorehelicher Beziehungen. «Der eigentliche Grund für diese Beurteilung ist, daß der freiwillige Gebrauch der Geschlechtskraft, aus welchem Motiv auch immer, außerhalb der normalen ehelichen Beziehungen seiner Zielsetzung wesentlich widerspricht.» «Nach der objektiven sittlichen Ordnung sind homosexuelle Beziehungen Handlungen, die ihrer wesentlichen und unerläßlichen Zuordnung beraubt sind.» Das Ganze in Latein, worüber Ancillon sich gefreut hätte, entschuldigt er sich doch, so «frei» und «natürlich» zu schreiben mit dem Argument, daß er es in Form lateinischer Einfügungen tun werde «einer unter den Frauen wenig verbreiteten Sprache». Auch zwischen dem Latein als Sprache der Unterdrückung (die aber allen, die mit ihr umzugehen verstehen, verbotene Genüsse erlaubt), den Worten des Evangeliums, auf die sich die Kardinäle des Heiligen Stuhles stützen, und der Sexualphilosophie des sich ausbreitenden protestantischen Bürgertums ist der gemeinsame Nenner die demographische Vernunft, die Angst vor einer freien Welt, die Jagd auf Abweichler aller Art.

In einem der lateinischen Texte, die er zitiert, stolpert Ancillon über ein Beiwort, das ihn aufschreckt: *pretiosor*, «wertvoller», auf ein kastriertes Kind angewendet. «Dies Wort *pretiosor* bleibt unverständlich. Wie konnte ein verstümmelter, in seiner Eigenschaft als Mann erniedrigter Mann, um es einmal so auszudrücken, wertvoller werden? Sinn dieses Wortes ist, daß, weil die Eunuchen von den Fürsten geliebt und verzärtelt wurden, weil sie zu höchsten Würden im Staates aufgestiegen waren, ihr Ansehen zumindest in dieser Hinsicht beträchtlich höher war.» Trugschluß, mein lieber Ancillon. Weil Sie in jener scheußlichen «Erniedrigung» nicht das Zeichen einer geheimen Wahl zu erkennen vermochten. Welcher Mann, der durch die gesellschaftlichen Verpflichtungen der Männlichkeit aus dem ursprünglichen Eden vertrieben wurde, träumte nicht davon, wie Adam wieder Mann und Frau zu werden?

Über die wenigen Informationen zu Kastratensängern wird der Leser enttäuscht sein. Insgesamt werden sie nur dreimal erwähnt: Einmal, um auf diese Art von Eunuchen aufmerksam zu machen. Beim zweiten Mal, um anzumerken, daß nur Italien solche Sänger hervorbrachte und sie dort «tugendsam» genannt wurden (in Wirklichkeit *virtuosi*, ein Wort dessen Ethymologie den Doppelsinn des Ausdrucks *pretiosus* wiederaufnimmt). Beim dritten Mal, um mitzuteilen, daß Cortona (der einzige im *Traité* genannte Kastrat), Musiker am Hof des Herzogs von Mantua, den Papst um eine Heiratserlaubnis bat, die dieser ihm aber verweigerte. Warum dieses fast vollständige Schweigen? Frankreich ist das einzige Land, das der Invasion italienischer Kastraten im XVII. und XVIII. Jahrhundert widerstand. Im Land Descartes und Voltaires hatte ein Mann ein Mann zu sein. Wollte Ancillon etwa ihre Bedeutung verringern, indem er sie nicht nannte? Oder erfreuten sie sich im Gegenteil solcher Berühmtheit, daß er es für unnütz hielt, sein Werk mit nur allzu bekannten Namen und Histörchen zu schmükken? Von den vier Arten der Kastration, über die er berichtet, war die in Italien gebräuchliche Methode die, dem vorher mit Opium berauschten Kind im warmen Bad die Hoden erst aufzuweichen und dann zu zerquetschen. Wir hätten gern, wenn schon nicht die Wahrheit über gewisse heute in grauer Vorzeit verschwundene Legenden, so doch wenigstens die zu Beginn des XVIII. Jahrhunderts herrschende Meinung gekannt. Gab es in Rom schon Kastraten vor 1599, zu dem Zeitpunkt also, als in den Registern der Sixtinischen Kapelle erstmals die Namen Pietro Paolo Folignato und Girolamo Rossi auftauchten? Ein allzu müßiges Detail für den Hofrat in Berlin! Stimmt es, daß Königin Christine von Schweden, die mit Polen im Krieg lag, wo der Kastrat Baldassare Ferri sang, einen Waffenstillstand mit jenem Staat schloß, um den *divo* nach Stockholm einzuladen? Für den Gast des preußischen Königs eine zu frivole Anekdote!

1734 erschien der *Traité des eunuques* in London in englischer Übersetzung mit eine Ergänzung über die Kastratensänger. Das britische Volk war schon immer musikalischer als die Franzosen. Wer sich über die sagenhaften Geschicke der *musici* oder Diskantstimmen während des gesamten XVIII. Jahrhunderts in Europa von Lissabon bis Moskau informieren möchte, dem raten wir zu folgenden gut dokumentierten Werken: *The Castrati in Opera* (Kastraten in der Oper) von Angus Heriot[3] ,*Dieux et Divas de l'Opéra* (Operngötter und -diven) von Roger Blanchard und Roland de Candé[4] und besonders *Les Castrats* (Die Kastraten) von Patrick Barbier[5]. Beim Lesen der Geschichte von Caffarelli, Farinelli, Marchesi und Carestini, um nur die berühmtesten zu nennen, wird er entdecken, daß die Trennung von erotischem Vergnügen und Familienpflicht mittels solcher verehrten und begehrten Helden in jenem glücklichen Jahrhundert so hervorragend funktionierte wie später nie wieder. «*O che sciagura d'essere senza coglioni*»: diese Worte des Kapauns, der sich im elften Kapitel von Voltaires *Candide* umsonst an der Tochter des Papstes abarbeitet, lassen sich nicht auf die gesamte Gattung anwenden. Welche Entrüstungsschreie hätte Ancillon das Spektakel der Tausenden von Frauen (und Männern) entrissen, die vergingen beim Hören ihrer Lieblingssänger und die sich beim Verlassen des Theaters nur wieder faßten, um Intrigen anzuzetteln und die Spender solcher Lust zu intimeren Rendezvous zu locken! Keine Geschichtsepoche brachte «Männer der Lust» so im Reinzustand hervor. Gleichzeitig Männer und Frauen, Erwachsene und Kinder, an allen Körperteilen erotisiert, im Unterschied zu «vollständigen» Männern, die gewöhnlich nur kümmerlich auf einen Ort begrenzte Gefühle zu geben und zu empfinden vermögen. Verurteilt von Philosophen und Enzyklopädisten, verachtet von de Brosses und Parini, vergöttert vom jungen Mozart. Casanova amüsierten sie sehr; er fand Gefallen an ihnen. In London stellte ihm Tenducci seine legitime Ehefrau und ihre beiden Kinder vor. Er war *triorchis* geboren, mit drei Hoden, und durch die Operation waren ihm nur zwei genommen worden. Kommentar: «Die Natur hatte ihn zum Monster gemacht, damit er Mann bleiben konnte.» Hätte jenes Beispiel genügt, um die erzürnten Manen unseres Pastorensohnes zu besänftigen? Die Verteidiger der bürgerlichen Vernunft hatten nicht alle das Ohr Jean-Jacques Rousseaus, der in seinem für die Öffentlichkeit bestimmten *Dictionnaire de musique* diese Einrichtung öffentlich als «barbarisch» und «infam» brandmarkte, sich jedoch in Venedig heimlich in seiner Loge des Theaters San Giovanni Crisostomo an der «süßen Harmonie» und den «engelsgleichen Gesängen» ergötzte, die Carestinis Kehle in bezaubernder Fülle entströmten.

Heute wo Impotenzphänomene einerseits und der «Kastrationskomplex» andererseits einen so wichtigen Platz einnehmen in der Neugier der Öffentlichkeit und der Spekulation der Wissenschaftler, ist es verblüffend, daß das ernsthafteste französische Werk zu dieser Frage ein 1707 beendetes Buch ist. Eunuchen, Kastraten bleiben ein Tabuthema im Zeitalter Freuds (einer seiner brillantesten Schüler, Victor Tausk, kastrierte sich übrigens, bevor er sich das Leben nahm). Mit Vorliebe werden Theorien erörtert und nicht versucht, Männer zu befragen, die das doppelte Geschlecht gelebt haben. Könnte ihr Beispiel etwa wieder gefährlich werden? Im Kampf Gesetz gegen Begehren, Pflicht gegen Lust, Produktion gegen Wollust schien das XIX. Jahrhundert das Spiel definitiv gewonnen zu haben. Keine Eunuchen mehr. Keine Kastraten. Kein intersexueller Karneval. Keine Zweideutigkeiten à la Äon, Casanova oder Choisy mehr. Eine immer deutlichere Verschiedenheit zwischen Mann und Frau. Eine zivilisierte Rollenverteilung. Gleichwohl scheint der Hang zum Androgynen (der metaphysischen Grundlage der Eunuchen und der «neuen Eunuchen», die ihnen folgten) in der zweiten Hälfte unseres Jahrhunderts wieder zu erwachen und nicht ohne Frische. In den Sitten läßt er sich an der neuen Mode und an Frisuren feststellen, an der «flower power» der sechziger Jahre und den feministischen Forderungen. In der Musik an den unerwarteten Erfolgen der englischen Männer- und Knabenchöre, der Wiederentdeckung des Kontratenors und der Mode der Falsettstimmen in der Popmusik. Von Alfred Deller bis David Bowie, von Pink Floyd bis René Jacobs und Henri Ledroit schreien die hohen Stimmen den selben Abscheu vor allzu kleinkarierter Männlichkeit hinaus.

Plötzliche Furcht vor den Exzessen der industriellen Zivilisation? Angst vor zu rascher demographischer Vermehrung? Oder der echte Wille, das Leben zu ändern, indem man der Religion des Wirtschaftsfortschrittes solche vorzieht, die das Glück des Einzelmenschen einbeziehen?

Das wachsame Auge von Polizei und Medizin

Der Leiter der Pariser Sitte von 1850 bis 1870, Carlier, veröffentlichte 1887 seine Beobachtungen zu einem Phänomen, das noch nicht Homosexualität hieß, sondern nach griechischem Vorbild Päderastie, was dem Frankreich des Zweiten Kaiserreiches jedoch überhaupt nicht mehr entsprach. (Erinnern wir uns, daß das Wort Homosexualität mit stark medizinischer Konnotation von dem ungarischen Schriftsteller Benkert 1869 aufgebracht wurde.) Außerdem muß man hinzufügen, daß «Päderastie» für Carlier von Prostitution nicht zu trennen war. «Prostitution antiphysique» nennt er seinen Text.[1] Wer sich dem «schändlichen Laster» hingibt, zahlt oder wird bezahlt. Eine «widernatürliche» Verbindung kann nur käuflich sein. Diese Ausgangsbehauptung schließt die Hypothese aus, daß zwischen zwei Menschen gleichen Geschlechtes (zwei Männern, um genauer zu sein; Carlier ignoriert Lesbierinnen noch) eine Liebesbeziehung entstehen könnte. Deshalb sind jene Seiten zunächst einmal interessant für uns: Sie bestätigen, daß die Homosexualität in der zweiten Hälfte des XIX. Jahrhunderts weit entfernt und ein gutes Stück unterhalb der Gefühlssphäre eingeordnet wurde: ein Makel, eine Monstruosität, ein untermenschlicher Trieb, den man nur gegen ein Entgeld befriedigen konnte. Widernatürliche Beziehungen galten wie Fetischismus oder Koprophagie als eine Verirrung, wie «anständige» Menschen sie sich nicht vorstellen konnten: keine Herzenssache, sondern pure Sinnlichkeit. Weder Freundschaft noch Zärtlichkeit: nur niedrige Begierde und das Verkommen jeder Menschenwürde.

Carliers Bedürfnis, die beschriebenen Fakten auf jeder Seite als «schändlich», «greulich» und «Verworfenheit» etwa anzuprangern, spiegelt die nicht nachlassende Empörung der noch fanatisch haßerfüllten Öffentlichkeit wider. Nichts Neues in diesem Protokoll. Gleichwohl wüßten wir gern, ob der Leiter der Brigade hinter seiner Entrüstung nicht eine Neugier verbarg, vielleicht sogar eine heimliche Anziehung, die ihm nicht einmal bewußt war. «Vor allem im gesellschaftlichen Umgang muß man Aushaltende und Ausgehaltene beobachten, um sich über die Leidenschaft klar zu werden, mit der die einen die Gewohnheiten der Gesellschaft nachahmen und die anderen Kokotten und sogar ehrsame Frauen nachäffen. Solche Beobachtung ist nötig, um abzuschätzen, welchen Grad an Schändlichkeit die einen wie die anderen erreicht haben.» Geben Sie sich doch dem Vergnügen hin zu beschreiben, was sie gesehen haben, ohne eine moralische Mission als Alibi vorzuschieben, Herr Kommissar!

Einen Verriß des Textes können wir uns sparen und auch, uns über den Wust an Dummheit und Vorurteilen darin zu empören. Im Zweiten Kaiserreich und in der jungen Dritten Republik, im Frankreich von Thiers und Mac-Mahon konnte die Homosexualität nur so dumm verachtet werden. Der Siegesschrei «Bereichert Euch!» enthielt die Schmähung aller, die nicht zur Fortpflanzung der Art beitrugen. Eine Sexualpolitik der wirtschaftlichen Entwicklung: ein inzwischen wohlbekannter Aspekt bürgerlichen Denkens. Suchen wir in Carliers Buch lieber nach wirklich Neuem für uns: ein genüßliches Sittenbild, aus dem viele Aspekte verschwunden sind, eine Sammlung gesellschaftlicher Typen, die es nicht mehr gibt.

Erst einmal die Namen: «Jésus», und «petits Jésus» zur Bezeichnung von Jungen, die mit ihren Reizen nicht geizen[2]; und «insoumis» für jene, die wir heute ganz platt «honteuses» nennen, und «persifleuses» für jene, die im Gegenteil auffallen wollen. Welch hübsche Namen, so viel bunter als das triste und uniforme «Homo» heute, in denen das Paris der Kleingewerbe, der Handwerker und Lädchen wieder ersteht![3] So sehr Carlier sich von seiner hohen moralischen Warte aus auch entrüstet, er macht uns die Welt der Gigolos und der schönen Knaben doch sympathisch, die um ihr Überleben kämpft. Das Paris von 1870 gleicht sonderbarerweise dem Wien von 1920, wie Pabst es in seinem Film *Die freudlose Gasse* beschreibt. Auf der einen Seite gibt es die «Barone», die «Vicomtes», alle superreich, Müßiggänger und selbstverständlich auf die unterste Stufe der Verderbtheit hinabgesunken; auf der anderen die Söhne armer Familien, die Opfer, die Gestrandeten der Großstadt. Jäger und Beute, die sich verfolgen, anziehen, kaufen und verkaufen in einem eher brutalen als subtilen Spiel, das jedoch sein festes Ritual kennt, dessen einzelne Phasen an Orten ablaufen, wo die Anmache zur Zeremonie erhoben wird.

«Kutscher» und sonstige «Diener» nehmen einen Vorzugsplatz ein in dem Bericht (oder den Phantasmen?) des Kommissars. «Grafen in der Sommerfrische» erhalten in Badeorten pikante Briefe ihrer Kammerdiener. Ist er nur empfänglich für das «barokke» (wie er sagt) dieser Liebschaften? Oder wittert er in dieser Umwälzung der Beziehung zu den Herrschenden eine Gefahr für die bestehende Ordnung? «Die Leidenschaft ist für die echten Anhänger der Päderastie derartig vordringlich, daß sie unter sozialem Blickwinkel zu den monstruösesten Paarungen führt. Herr und Diener, der Dieb und der ehrsame Bürger, der zerlumpte Rüpel und der Elegante treffen sich, als gehörten sie zur selben Gesellschaftsklasse. Einer, der als Diener angefangen hat, wird heute von seinem Herrn ausgehalten.»

Dies Thema taucht in der modernen Literatur seit Proust immer wieder auf: Mit der sprühenden Episode von Charlus und Jupien wird die Homosexualität als gesellschaftliche Überschreitung, Zerstörung der Klassenschranken und folglich als echte Befreiung des Individuums hoffähig. In einem kurz nach dem Krieg veröffentlichten Roman, *Die Haut* (1949)[4], ein wenig in Vergessenheit geraten, doch immer noch kraftvoll, beschuldigt Curzio Malaparte die blasierten Bürgersöhne der Nachkriegszeit, ihre Anziehung für proletarische Epheben mit Hilfe des Marxismus zu rechtfertigen. «Ihr glaubt, Päderast zu werden (auch er! auch er gebraucht die ungenaue Bezeichnung noch!), sei ein Mittel wie alle anderen, Kommunist zu werden». Zwischen dem «Hochadel der Invertierten» (Ästheten, Schriftsteller, usw.) und «den proletarischen Homosexuellen» habe sich ein Netz aus Komplizenschaften gesponnen, woraus Malaparte, bekanntermaßen faschistoid, auf eine «homosexuelle Internationale» schloß. Blauäugigkeit oder Pathos der damaligen Zeit, nun ja! Doch welchen Anspruch erhob die Schwulenbewegung in den siebziger Jahren? Man diene als revolutionärer Hebel und bereite die radikale Umwälzung der Gesellschaft vor. Vielleicht ist es nicht falsch zu denken, das jeder sexuell

Gesetzlose potentiell subversiv ist, eine explosive politische Kraft, eine Bedrohung der Macht. Gar nicht so dumm, der Kommissar, in seiner durch seine Funktion sehr wohl gerechtfertigten Bestürzung. Außerdem, war er nicht unfreiwilliges Echo zu Bismarcks tiefsinniger Äußerung? Die Homosexualität stelle eine schwere Gefahr für den Staat dar, weil sie die sozialen Schranken aufhebe, urteilte der Kanzler, besonders darauf bedacht, die hierarchische Ordnung der Armee aufrechtzuerhalten.

Nur selten schwingt sich Carlier zu solchen Höhen auf. Er fesselt uns eher durch sein Talent, amüsante Anekdoten zu erzählen. Manches scheint uns einer vergangenen Zeit anzugehören, wie Hochzeitsfeiern zwischen «antiphysiques», Hochzeitsreisen, das Anmieten spezieller Hotels, in denen die männlichen Gäste in Kleidern erschienen, Tranvestitenbälle auf Einladung. Die verschiedenen Erpressungstechniken veralten vielleicht weniger, obwohl mit dem Verschwinden der Droschken einfallsreiche Methoden wegfielen. Ein Freudenhaus hinter der ehrsamen Fassade eines Antiquitätengeschäftes fehlt zugestandenermaßen im heutigen Paris. Draußen vor dem Schaufenster standen die «Jésus», als wären sie einfache Passanten, die gerade das Schaufenster ansehen. Jede Ware trug ein Etikett mit einer Zahl, die scheinbar den Preis angab. Der Kunde trat ein, nahm die falschen Kunden in Augenschein und nannte der Chefin den seiner Wahl. Diese entnahm dem Schaufenster die entsprechende Zahl: Zahlender und Bezahlter trafen sich dann im Hinterzimmer, an dem zwei Ausgänge waren. Nur träumen kann man auch von denen, die sich wie berühmte Kurtisanen damals aushalten ließen und über ein eigenes Haus verfügten mit Dienern, Kutschen und einem ordentlichen Rentenpaket.

Carlier fand einen Mann, der sich schlagen und bestehlen ließ und auch noch Vergnügen daran fand, «entwürdigend» und «grotesk», liefert uns dabei jedoch das klinische Porträt eines Masochisten, wie es die klassischen Studien eines Havelock Ellis oder Wilhelm Stekel zieren würde.

Die Modernität des Kommissars läßt sich auch an seiner Beobachtung ablesen, daß die «einzige Neigung, der sie sich nicht zu schämen brauchen», und die man Homosexuellen allgemein zuerkennen könne, ihre Leidenschaft für die Musik sei. Man treffe sie häufig im Konzert, vermerkt er, und noch öfter in der Oper. Eine Opernkarte oder besser eine für eine Loge zu verschenken, stelle eine besonders zartfühlende Aufmerksamkeit dar und ein wirksames Lockmittel bei einer Eroberung. «Musik macht nachsichtig», schrieb ein deutscher Baron an einen jungen Miltärmusiker, «und da ich Sie sehr liebe, wird sie zu meinen Gunsten bei Ihnen vorsprechen.» Und nicht irgendeine Musik, denn der Baron sandte seinem Erwählten eine Karte für Verdis *Sizilianische Vesper*. Ein Detail, das viele Leser heute berühren wird, jedenfalls diejenigen, die die Opernhäuser der Welt besuchen und feststellen, daß ein Drittel der Besucher «Päderasten» sind. Carlier beachtete diese noch unvollständig erklärte Verbindung zwischen lyrischer Musik und Homosexualität als erster (Verehrung der Diva als Ausgleich für die Entfernung von der Frau?), benutzte sie jedoch nicht – seien wir gerecht –, um die Oper zu verurteilen, sondern um den Ruf der geächteten Sippe der «Widernatürlichen» ein wenig aufzupolieren (falls sie Barone oder Vicomtes waren) oder sie vor völliger Verachtung zu retten (für gewöhnliche Strichjungen).

Einen anderen «Blick» (das Wort ist hier berechtigt, und wir werden gleich sehen warum) auf die französische Homosexualität im XIX. Jahrhundert verdanken wir einem Vertreter der Universität, Professor Ambroise Tardieu, Krankenhausarzt, Mitglied des Beratungskomitees für öffentliche Hygiene, Autor eines 1857 erschienenen Werkes *Die Vergehen gegen die Sittlichkeit in staatsärztlicher Beziehung betrachtet*[5]. Mit Sicherheit kannte Carlier diesen Text, dem er einige Formulierungen entnahm. Tardieu zeigt sich noch empörter, noch «schmerzhafter» überrascht von der Scheußlichkeit des Lasters, das er beschreiben will, selbst wenn er Sodomie und Päderastie angemessener zu unterscheiden vermag als der Kommissar. «Ich werde mich von der Schändlichkeit des Tableaus nicht abschrecken lassen», behauptet er tapfer und macht sich an die Beschreibung von Schandtaten, die er eng mit der Kriminalität verknüpft (während Carlier nur die Verbindung zur Prostitution herstellte). Auch er spielt auf die Musik an: wenn er Penisdeformationen bei Sodomiten mit Lippenveränderungen mancher Instrumentalisten vergleicht. Wußte er, daß Alkibiades im alten Griechenland sich weigerte, Flöte spielen zu lernen, um die schöne Zeichnung seines Mundes nicht zu beeinträchtigen? Und zitiert er Sokrates' Freund und Geliebten nur aus Abscheu vor ihren «abstoßenden» Sitten nicht?

Im Unterschied zu Carlier findet Tardieu bei den «Widernatürlichen» nicht einen Charakterzug haltbar. Er überhäuft sie unterschiedslos mit Ablehnung. Sollen wir die Behauptung wagen, daß eine solch übertriebene Ächtung dazu diente, eine gewaltsam unterdrückte Anziehung zu kaschieren? Die Leidenschaft ist schon verdächtig, mit der der Professor Ani untersucht und sogar seinen Finger hineinsteckt (bis zur Faust als Vorläufer des *fist fucking*) und die «infundibuliforme» Deformierung (in Trichterform: das Wort gefällt ihm gar zu gut) von Sodomiten beschreibt und «das Ausleiern des Schließmuskels, das Verschwinden der Falten, Kämme und Karunkeln rundherum», Schrunden und Fisteln. Seltsam auch sein Rückgriff aufs Lateinische, um genaue Auskünfte über erotische Techniken etwa der «Schwanzlutscher» zu geben, als ob seine «noble» Sprache die «dreckigen» Einzelheiten reinwaschen könnte, in denen er sich suhlt; und seltsam auch die Hartnäckigkeit, mit der er Glieder befühlt, wiegt, mißt unter dem Vorwand, den Lebenswandel derer herauszufinden, die er untersucht.

«Ich wage zu behaupten, daß die Penisform bei Päderasten etwas Charakteristisches aufweist», schreibt er. Und er fügt hinzu, ohne daß ihm klar würde, daß er sich durch solche Worte verrät: «Ich weiß, wie unterschiedlich die Form und Größe dieses Organs ist, und um mich so weit als möglich gegen Irrtümer abzusichern, habe ich seit mehreren Jahren alle Männer daraufhin untersucht, die in der mir unterstellten Krankenhausabteilung untergebracht waren.» Alle Männer und nicht nur «Päderasten»: eine «lange Vergleichsarbeit», deren er sich zu Unrecht rühmt. Wir wissen, daß niemand soviel Strenge gegen Homosexuelle fordert und lauter nach Repressionen ruft als jemand, der mit sich selbst nicht im Reinen ist und Neigungen in sich trägt, die er bei anderen verurteilt.

Tardieu ist weit repressiver als Carlier. Der Vergleich jener beiden Texte lehrt uns, was wir bereits vermuteten, was hier ins Auge fällt: daß die große Hatz auf Homosexuelle in der zweiten Hälfte des XIX. Jahrhunderts weniger von der Polizei als von der Medizin veranstaltet wurde, und zwar auf pseudowissenschaftlicher Grundlage, deren schädliche Auswirkungen noch heute zu spüren sind. Wer hat in der Öffentlichkeit das Denken verbreitet, daß Homosexuelle zwangsläufig Frauen nachäffen durch ihre Aufmachung und lächerliche Affektiertheiten? Niemand anders als Tardieu. «Über das Äußere von Päderasten» nennt er ein Kapitel. Die Überschrift gibt vor, das Thema abzudecken, läßt jedoch all jene außer acht, die sich wie «normale» Männer geben und dem geringen Scharfblick des Professors deshalb entgingen. «Das Haar gelockt, die Haut geschminkt, mit offenem Kragen, die Taille so eingeschnürt, daß die Formen hervortreten, Finger, Ohren, Brust schmuckbeladen, der ganze Mensch verströmt aufdringlichste Parfums und in der Hand ein Taschentuch, Blumen oder irgendeine Nadelarbeit: so ist das seltsame, abstoßende und mit Recht suspekte Äußere, das den Päderasten verrät.»

Wirklichkeit oder Einbildung? Jedenfalls geht der weitverbreitete Glaube auf diese Seiten Tardieus zurück, daß jeder Mann, der die maskuline Rolle ablehnt, in der die Gesellschaft ihn einzwängen will, eine «Tunte», die Karikatur des anderen Geschlechtes sei. Genau wie ein anderes Vorurteil, wonach die Homosexuellen in zwei Kategorien zerfielen, die «Aktiven» und die «Passiven». Tardieu schreibt, «Die Päderastie beinhaltet gewissermaßen zwei Rollen, manchmal vermischt, meist jedoch voneinander getrennt, deren Stempel sich den verschieden Menschen immer aufdrückt, je nachdem, ob sie eher aktive oder eher passive Gewohnheiten pflegen.» Ergebnis wissenschaftlicher Beobachtung! behauptete der Professor, um unsere Einwände zu entkräften. Der Anus in Trichterfom bei den einen, bei den anderen das Glied, das zur Eichel hin dünner wird, sich verjüngt und spiralförmig ist wie die Rute eines Hundes (wie glücklich er über dieses Bild ist: er wiederholt es, auf Französisch und Latein : *canum more*), sind sie nicht Beweis genug? Tardieus Irrtum besteht darin, daß er eine Regel ableitet aus einer sehr geringen Zahl von untersuchten Fällen (251, präzisiert er) und besonders daß er sie nicht als unparteiischer Wissenschaftler untersucht, sondern als Bourgeois des Zweiten Kaiserreiches, für den außerhalb des heterogenen Vorbildes kein Liebespaar vorstellbar ist.

Besessenheit zu durchdringen und zu besitzen: auch sie ist nur eine Kopie der kapitalistischen Wirtschaftspraxis. Angesichts von zwei Männern, die sich lieben, legte Tardieu seine Hand dafür ins Feuer, daß der eine die Rolle der Frau, der andere die des Mannes spielt. Er vermutet keine andere Art von Zärtlichkeit. Er ahnt nicht, daß einer der Gründe, sich für die Homosexualität zu entscheiden, der ist, dem ehelichen Stereotyp zu entgehen und dem Abhängigkeitsverhältnis, das die abendländische Familie noch allzu häufig zusammenschweißt.

«Angesichts von zwei Männern, die sich lieben», sagte ich. Ein Lapsus, der den bodenlosen Abgrund enthüllt, der Tardieus Zeit von unserer trennt. Hundertdreißig Jahre nach der Geschichte, Tausende von Jahren jedoch nach den Geisteshaltungen. Denn Liebe zwischen zwei Menschen des gleichen Geschlechts war etwas, das das Hirn des Professors sich vorzustellen weigerte. Und vielleicht läßt sich daran der einzige Fortschritt ablesen, den man unserer Zeit zugute halten kann: nicht das Ende der medizinischen Fortschrittsfeindlichkeit – denn die Psychoanalytiker, Ablösung der Ärzte für Allgemeinmedizin, schlagen den Familien vor, abweichende Söhne durch eine entsprechende Behandlung umzukrempeln, zu «heilen», eine kaum weniger barbarische Form der Unterdrückung als die gesetzmäßige Internierung, die Kommissar Carlier wünschte –, auch nicht das Ende polizeilicher Schikanen, die in manchen Ländern anstelle der harmlosen Bezeichnung Schikane eher die der Verfolgung verdiente, sondern jene unbestreitbare Neuheit, das Auftauchen von Paaren, in denen Freundschaft, Herz, Achtung und gegenseitiger Respekt eine ebenso große Rolle spielen wie das Begehren.

Das Bild der Homosexualität hat sich in einem Jahrhundert verändert. Prostitution und Kriminalität sind nicht mehr ihr offizielles Gefolge. Freundlichkeit, Zärtlichkeit, Heiterkeit begleiten sie nunmehr. Lange Zeit machte man sich über Gide und sein ein wenig abgeschmacktes *Uns nährt die Erde*[6] lustig, über seine allzu graziösen Corydone, seine arkadischen Schäfereien, kraftlos im Vergleich zu den schneidenden und verzweifelten Ausschweifungen, wie Proust sie in Szene setzte. Abgesehen von der Frage nach dem literarischen Talent, wird heute klar, daß Gide ein modernerer Geist war als Proust. Seine Vision schloß die Zukunft ein. Durch Proust, den Mann der Vergangenheit, stehen die Vorurteile, Phobien und Schrecken des XIX. Jahrhunderts wieder auf. Hatte Proust Tardieu und Carlier gelesen? Oder nährte das Gift in ihren Texten ihn unbewußt? Dieser Punkt bleibt zu erhellen. Die finstere Schönheit der Hölle zu bewundern ist eine Sache, einen Virgil zu finden, der die Fatalität des Schreckens bricht und einen Weg zum Himmel öffnet eine andere. Heutzutage kommt man nicht mehr nur nach Sodom, um sich am Schwefel zu verätzen, sondern auch in der Hoffnung, die Süße des Honigs zu kosten.

Der andere Richard

Wie tragisch das Schicksal Ludwigs II. von Bayern war, war nie ein Geheimnis, und das vor dem Erscheinen seines *Geheimen Tagebuches*[1], das anläßlich seines hundertsten Todestages 1986 in Deutschland erstmals komplett erschien.

Man mußte nur die drei nach dem Willen des Königs erbauten Schlösser besichtigen. Neuschwanstein, die Parodie einer mittelalterlichen Burg mit Spitztürmen, Zinnentürmchen, Pechnasen, Burgwarten, zwei- und dreibögigen Fenstern, die sich zum Abgrund hin öffnen – aus der Ferne ziemlich imposant wegen der schönen Landschaft und des wilden Felsvorsprungs, den es kühn verlängert, innen jedoch absolut lächerlich: vom byzantinischen Thronsaal, der mit falschen Mosaiken überladen und falschen Säulen verziert ist, zum Schlafzimmer nach gotischem Vorbild, von der laubenartigen Waschnische zur künstlichen Grotte aus Stuck, vom Arbeitszimmer im römischen Stil zum Musikzimmer, das kitschiger ist als ein Operettendekor. Jedes dieser Zimmer erinnert an Wagners Dichtungen und Helden durch Fresken zu den Abenteuern Tristans, Tannhäusers oder Parsivals, holzgeschnitzte, metallgegossene oder aus Porzellan geformte Schwäne zur Erinnerung an Lohengrin.

Linderhof, eine Parodie des Petit Trianon, in dessen goldstrotzenden Sälen Louis XV.-Stil mit Elementen aus der italienischen Renaissance und Details aus dem Barockrepertoire verquickt sind. Herrenchiemsee schließlich, eine Nachbildung Versailles' mit einer Spiegelgalerie, die fünf Meter länger ist als ihr Vorbild, mit Zierleisten, Spiegeln, Lüstern und Kandelabern überladen, erdrückt unter der verschwenderischen Fülle protziger Verzierungen. Wie in Linderhof fällt in Herrenchiemsee die ungewöhnliche, blattvergoldete Balustrade auf, die im Schlafzimmer des Königs

Bett abtrennt. Man dachte, er wolle wie in Versailles so die Pracht und die Distanz des absoluten Monarchen betonen, eine Meinung, die man beim Lesen des Tagebuches revidieren könnte.

Ich sagte: Imitationen, Nachbildungen, Parodien. In der Vorstellung des Königs jedoch waren diese Schlösser wundervolle Schöpfungen, die der Welt von der Wiedergeburt der Architektur, Bildhauerei, Malerei, der Wiedererstehung der Schönheit künden sollten in einer durch schlechten Geschmack verdorbenen Zeit. Schon als kleines Kind zeigte Ludwig eine übersteigerte ästhetischen Sensibilität. Mit zehn Jahren drehte er sich zur Wand und schrie, trampelte, wenn er in den Fluren der Münchner Residenz einen Diener traf, den er für häßlich hielt. Als König wollte er einem Hofadligen mit unschönem Äußeren seine Heroldcharge zum Fest der Ritter von Sankt Georg entziehen.

Am 8. November 1864 – er hatte den Thron gerade erst bestiegen und war durchdrungen von seiner Erneuerungsmission – schrieb er an Richard Wagner: «Meine Absicht ist, das Münchener Publikum durch Vorführung ernster, bedeutender Werke, wie die des Shakespeare, Calderon, Goethe, Schiller, Beethoven, Mozart, Gluck, Weber in eine gehobenere, gesammeltere Stimmung zu versetzen, nach und nach dasselbe jenen gemeinen, frivolen Tendenzstücken entwöhnen zu helfen und es so vorzubereiten auf die Wunder Ihrer Werke und ihm das Verständnis derselben zu erleichtern, indem ich ihm zuerst die Werke anderer bedeutender Männer vorführe; denn von dem Ernste der Kunst muß Alles erfüllt werden.» Am 10. Mai 1865 wieder an Richard Wagner: «Die Schranken der Gewohnheit müssen wir durchbrechen, die Gesetze der gemeinen, egoistischen Welt einstürzen, das Ideal wird und muß in das Leben treten.»[2]

Gewiß, Ludwig II. trug einen Sieg davon. Den Sieg des «Vulgären», das sich heute an der dichten Menge ablesen läßt – des nach Bier stinkenden *vulgus* –, die sich drängt, um diese Schlösser zu besichtigen, die zu einem Mekka des Massentourismus geworden sind, einer Art laizistischem Ferien-Lourdes. Tragisch, d. h. bemitleidenswürdig erscheint mir ein solcher Abgrund zwischen dem erhabenen Streben des Königs, seinem Hunger nach Schönheit und Ideal und der Häßlichkeit jener drei Bauten. Man könnte meinen, es sei der Traum eines Parvenü, dessen Geld seinen Mangel an Phantasie wettmachen soll.

Innen sind die drei Schlösser nicht nur scheußlich, es fehlt ihnen auch jede Originalität. Genauso wie der Milliardär Paul Ghetty sich in Kalifornien nur die stattliche und pompöse Nachbildung der Villa Papiri in Herkulaneum zu bauen lassen wußte, schöpfte Ludwig II. erst im deutschen Mittelalter, dann in den Jahrhunderten des französischen Absolutismus. Formen, die seit langem tot waren, denen er neues Leben geben wollte, indem er sie in Neureichenluxus erstickte. Das Wort *Kitsch* tauchte in Bayern um 1870 auf, kurz nach Baubeginn von Neuschwanstein und Linderhof. Das kann einfach kein Zufall sein. So sehr sich Ludwig II. auch wünschte, sein Jahrhundert zu erneuern, es gelangen ihm nur grobe Nachahmungen, Stil-Mischmasch, Trödel.

Diese Unzulänglichkeit hing nicht nur mit seinen geistigen Fähigkeiten zusammen, sie reichte bis an die Wurzeln seiner Persönlichkeit. Bald identifizierte er sich mit Wagners Helden, bald schlüpfte er in Kleider Ludwigs XIV. oder Ludwigs XV.. Ludwig II. erweckt den Eindruck, ein Stellvertreterleben geführt zu haben: Lohengrin oder Sonnenkönig. Doch wo war er selbst? Wer war er? War er überhaupt jemand? In Linderhof ließ er für die Salons, die an sein Schlafzimmer angrenzen, Porträts der Mätressen und Minister Ludwigs XV. malen. In Herrenchiemsee hing eine Kopie des offiziellen Porträts Ludwigs XIV. von Hyacinthe Rigaud über seinem Schreibtisch. Er ließ sich von dem Maler Georg Schachinger in der gleichen Pose darstellen, geschmückt mit dem gleichen Samt- und Hermelinmantel, Faust auf der Hüfte, die andere Hand auf das Zepter gestützt. Umsonst suchte man unter den unzähligen Verzierungen der drei Schlösser ein neues Emblem, das die persönliche Handschrift Ludwigs II. trüge wie die Bienen der Barberini in Rom. Zwischen Wagnerschen Schwänen hier und Bourbonenlilien dort findet sich nichts, was nicht seinem unbändigen Bedürfnis entsprungen wäre, in seinen Vorbildern aufzugehen.

Überrascht es wirklich so sehr, daß der König bei seinen nächtlichen Schlittenpartien Kleider und Krone der französischen Könige anzog? Daß er vor dem Porträt Ludwigs XIV. niederkniete? Daß er vor der Büste Marie-Antoinettes auf der Terrasse von Linderhof mit größter Ehrfurcht den Hut zog? Daß er Ludwig XIV., Ludwig XV. und Marie-Antoinette zum Dîner lud und für sie seinem eigenen Platz gegenüber decken ließ? Die Psychiater und zuerst die Ärzte, die ein paar Tage vor seiner Gefangennahme das berühmte *Ärztliche Gutachten über den Geisteszustand Seiner Majestät des Königs Lugwigs II. von Bayern*[3] verfaßten, benutzten diese Fakten, um daraus auf den Wahnsinn des Herrschers zu schließen. Gewiß, es mangelte ihm so sehr an Persönlichkeit, daß er nicht mehr wußte, in welchem Jahrhundert er lebte. Er ließ sich von der Persönlichkeit eines anderen durchdringen, versetzte sich so sehr in sie hinein, daß er ein anderes Leben als sein eigenes lebte. Ich würde in jenen Wunderlichkeiten des Königs jedoch eher Zeichen einer Identitätskrise sehen – «Wer bin ich? Habe ich ein eigenes Wesen?» –, wofür ich beim Lesen des *Geheimen Tagebuches* eine Erklärung zu finden hoffe.

Mangelte es ihm aus angeborenem Ungenügen an Persönlichkeit? Oder war er durch eine Gewalt, der er nicht standzuhalten vermochte, seines Wesens entblößt, beraubt worden?

«Ich bin der König», konnte er sich sagen. Was aber für jeden anderen ein Grund zur Beruhigung gewesen wäre, war für Ludwig II. Quelle zusätzlicher Pein. Die Unvereinbarkeit seiner Staatspflichten mit seinen natürlichen Neigungen ist ein weiteres tragisches Moment seines Schicksals.

Sehen wir uns das *Ärztliche Gutachten* an. Die Nähe anderer war Ludwig II. so unangenehm, daß er eine Reihe von Maßnahmen traf, um sich von seinen Untertanen abzukapseln. Aus Abneigung gegen öffentliche Orte, Kirchen sogar, ließ er sich im Park seines Schlosses zu Berg eine Kapelle bauen, in der niemand außer ihm die Messe hören durfte. Das gleiche Verbot galt für Theater, wo für ihn allein vor leerem Saal gespielt wurde. Nach München zu fahren und sich um die Staatsgeschäfte zu kümmern, wurde ihm bald zur Marter. Vor offiziellen Banketten stürzte er zur Beruhigung acht bis zehn Gläser Champagner hinunter. Er befahl, auf dem Bankettisch vor seinem Platz riesige Blumensträuße aufzustellen, die die Tischgäste vor ihm verbargen. Außerdem gebot er dem Orchester, möglichst laut zu spielen, um sich Gespräche zu ersparen.

Höflinge, Politiker, seine Minister und Räte verursachten ihm eine besondere Abneigung. Hingegen gefiel es ihm in Begleitung seiner Diener, Reitknechte und Stallmeister. Es kam vor, notieren die Verfasser des *Gutachten*, daß seine Stalleute in irgendeiner seiner Berghütten auf Fellen ruhten und mit dem König Sorbet tranken und türkische Pfeifen rauchten. Das Personal zechte «aus großen Trinkhörnern Met. Notorisch dagegen ist, daß Seine Majestät seit einer längeren Reihe von Jahren persönlich nicht mehr mit den Inhabern der höchsten Hofstellen, mit dem königlichen Staatsministerium verkehren, daß (...) Allerhöchst dieselben in den letzten Jahren sogar den Kabinettssekretär nur vielleicht zweimal, den Hofsekretär aber gar nicht mehr sehen.»

Diagnose jener Herren: Wahnsinn natürlich, wieder einmal Wahnsinn. Laut Thomas Szasz[4], dem Apostel der Antipsychiatrie, war die Gefangennahme Ludwigs II. vier Tage nach Beendigung des *Gutachtens*, das verfaßt worden war, ohne daß die vier unterzeichnenden Ärzte ihn untersucht hätten «der erste erfolgreiche psychiatrische Mord am hellichten Tag an einer wichtigen Persönlichkeit».

Dabei wäre es bestimmt nicht schwierig gewesen, die vernünftigsten Gründe für das Verhalten des Königs zu finden. Als Philosoph würde man sagen, daß Ludwig II. eher im ästhetischen Bereich als im ethischen lebte. Als Psychanalytiker würde man mit Freud suggerieren, der dreißig Jahre alt war, als das *Gutachten* erstellt wurde, daß bei Ludwig II. das Lustprinzip über das Realitätsprinzip siegte. Und aus der Sicht eines Hippies, Umweltschützers oder auch Dichters ehrte man denjenigen als einen freien Mann, den Zeremonien, offizielle Zwänge, städtisches Getriebe und gesellschaftliche Pflichten abstießen, der sich nur zu Pferd im Gebirge, inmitten verschneiter, stürmischer Landschaften wohlfühlte. Zu seinem Unglück wurde er als König geboren. Als irgendeiner seiner Untertanen hätte man ihn mit Gefährten seiner Wahl umherstreifen lassen. Charakterzüge, die der Ärzteschaft wie den meisten Historikern noch heute als Symptome einer Geisteskrankeit erscheinen, gälten dann als Zeichen von Kühnheit, Phantasie und Unabhängigkeit.

Gipfel des Pechs: der König, der den Thron als absoluter Monarch bestiegen hatte, erlebte während seiner Regierungszeit den Aufstieg des Preußen Bismarck und das Aufgehen Bayerns im neuen Deutschen Reich. Der Sieg der Hohenzollern, der daraus folgende Niedergang der Wittelsbacher, die politische Dekadenz Bayerns konnten nur zur Demoralisierung Ludwigs II. beitragen. Die Identitätskrise des Königreiches fiel auf den Herrscher zurück. Er verlor das bißchen Selbstvertrauen, das ihm noch geblieben war.

Wenn er mehrfach an Abdankung dachte, dann weil er kaum Lust hatte, Geisterkönig zu spielen, mit seinen Ministerpuppen dazu verurteilt, stereotype Gesten in sinnentleerten Parademechanismen zu wiederholen.

Das *Geheime Tagebuch* enthält keine Anspielung auf die politischen Wechselfälle. Es geht nur um das Privatleben Ludwigs II. und nur um einen einzigen Aspekt seines Lebens: den unaufhörlichen, aufreibenden Kampf gegen Masturbation und Homosexualität. Sicher ist es das tragischste Moment dieses Schicksals, das jedoch heute schwer zu begreifen wäre, wenn man sich nicht wieder in Erinnerung riefe, wie die Homosexualität vor hundert Jahren besonders in Deutschland angesehen war. Grob gesagt, bevor ich ins Detail gehe: Wer «anders» geboren wurde, empfand sich nicht nur als Ketzer seines Geschlechts – letztlich eine rühmliche Sache – er hielt sich für einen Irrtum der Natur, einen Versager in der Weltordnung, weniger als nichts. Ludwig II. wurde bereits gepeinigt vom ästhetischen und politischen «Wer bin ich?» und wurde nun von dem grundsätzlicheren existentiellen «Wer bin ich?» gequält. Lebe ich überhaupt? Gibt es einen Platz für mich in der Welt?

Untersuchen wir diese Frage Punkt für Punkt.

Das *Ärztliche Gutachten*, Ursache für die Gefangennahme des Königs, wiederholen wir es, enthält keine Anspielung auf die Sexualität des Königs. Ein absichtliches Ausweichen, wissenschaftlicher Betrug, eine raffinierte Form der Unterdrückung. Die Ärzte mußten das Gerücht gehört haben, das überall in Bayern und über die Grenzen des Königreiches hinaus umging. Indem sie in dem Glauben ließen, daß die Homosexualität, *croce e delizia* Ludwigs II., für die Absonderlichkeiten des Königs keine Rolle spielte. Indem sie in keiner Form berücksichtigten, was ihn quälte, beschämte und verzweifeln ließ, leugneten sie das Wesen selbst seines Seins.

Die ersten Biographen gingen bei diesem Betrug zur Hand. Der sehr ernsthafte Jacques Bainville[5] fragte sich in einem 1900 veröffentlichten Buch, warum Ludwig II. sein Verlöbnis mit Sophie löste und dann endgültig auf eine Heirat verzichtete. Dabei berief er sich auf jenes «physiologische Geheimnis», das Stendhal zur Triebfeder seines Romanes *Armance* machte. Und wie Taine geschrieben hatte, daß er sich lieber mit dem Klempner unterhalte, der einen Rohrbruch reparieren komme, als mit einem Herrn beim Essen, schloß Bainville daraus, daß Ludwig II. nichts anderes tue, indem er den Münchner Hof vernachlässigte zugunsten von Bauern und Dienstboten. «Es wurden jedoch für die Phantasie weit einleuchtendere Erklärungen vorgebracht. Schändliche Laster wurden ihm zugeschrieben.» Oh, diese Prüderie der Historiker! Anscheinend hatte ein König für sie über jeden Verdacht erhaben zu sein. Impotent, das mag ja noch angehen, aber homosexuell – um keinen Preis. 1985 veröffentlichte Pierre Chevallier[6] ein dickes Buch über Heinrich III. von Frankreich, in dem er gegen die mit diesem Fürsten verknüpfte Überlieferung zu Felde zieht und entgegen aller Wahrscheinlichkeit und Wahrheit zu beweisen sucht, daß die «mignons» nur Kampf- und Spielgefährten waren.

Die nur langsam fortschreitende Enthüllung der Wahrheit über die Lebensweise Ludwigs II. könnte der Illustration der Sittengeschichte dienen. 1900 sind es noch «schändliche Laster». 1928 handelt es sich für Guy de Pourtalès[7], der ein paar verrätselte Seiten des *Geheimen Tagebuches* zitiert, um «sexuelle Verirrungen», die er ohne weitere Präzisierungen streift. 1947 veröffentlichte André Fraigneau[8] unter dem Titel *Le Livre de raison d'un roi fou* (Das vernünftige Buch eines verrückten Königs) ein fiktives Tagebuch Ludwigs II., in dem er mit dem ungreifbaren Beben à la Julien Green darauf anspielt, was sich zwischen dem Herrscher und seinen jungen Gästen in den Berghütten abgespielt haben mag.

Zumindest in Frankreich mußte man bis nach 1968 warten, um die Neigungen des Königs ohne Umschweife abgehandelt zu finden: erstmals von Pierre Combescot[9], dann von Jean de Cars[10]. Viscontis Film stammt von 1972. Aber für alle ist die Sache noch nicht ausgestanden. Der deutsche Kommentator des *Geheimen Tagebuchs*, Siegfried Obermeier, behauptet, daß Ludwig II. niemals intime homosexuelle Beziehungen hatte, die über Umarmungen und Küsse hinausgingen.

Wer waren seine Liebhaber? Mehrere Namen lassen sich mit einiger Sicherheit nennen. Laut Desmond Chapman Huston[11] fand die körperliche Initiation Ludwigs sehr früh statt. Er war noch keine sechzehn Jahre alt, als er von *Lohengrin* überwältigt aus der

Münchner Oper kam. Er schenkte dem Tenor Albert Niemann ein Paar mit Schwänen verzierte goldene Manschettenknöpfe. Anscheinend beschränkte sich die Gabe nicht auf den Schmuck.

Nachdem der Thronerbe am 25. August 1863, seinem achtzehnten Geburtstag, für volljährig erklärt worden war, trat der junge Fürst Paul von Thurn und Taxis als Flügeladjutant in sein Haus ein. Im Herbst verbrachten Paul und Ludwig drei Wochen zusammen in den Bergen bei Berchtesgaden – allein, dem Protokoll zum Trotz. Daraus folgte ein intensiver Briefwechsel, derart, daß die Familie von Thurn und Taxis die Briefe Ludwigs später vernichtete.

Baron de Varicourt, Chevaulegers-Offizier, den er 1873 traf und mit glühenden Erklärungen und feurigen Briefen bedrängte, wich aus. Das gilt offensichtlich nicht für den Schauspieler Joseph Kainz, dem er im Münchner Theater in Victor Hugos *Marion Delorme* applaudiert hatte. Er lud ihn gleich nach Linderhof ein, nahm ihn mit auf eine Reise in die Schweiz und verabschiedete ihn übrigens nach dem stürmischen Ritual von Leidenschaft und Bruch bald.

Unter den jungen Männern, zu denen man zahlreiche Bauern, Bergbewohner und Diener, Objekte von Strohfeuern, hinzuzählen muß, gab es jedoch einen, mit dem die Liebschaft dauerhaft und konstruktiv war.

Gewöhnlich läßt man sich lang und breit über seine Beziehung zu Richard Wagner aus. Ein anderer Richard zählte jedoch viel mehr für Ludwig II.: Richard Hornig, dem Herz und Sinne des Königs mehr als zehn Jahre lang gehörten. Die Begegnung schildert Pierre Combescot: Am 6. Mai 1867 war Ludwig noch keine zweiundzwanzig Jahre alt. Er hält sich in Schloß Berg am Starnberger See auf (wo er auch ertrank). Er will nach Possenhofen auf der anderen Seeseite reiten, um seine Verlobte Sophie zu besuchen. Er geht die Stufen der Freitreppe hinunter. Ein Unbekannter, der seinen gewohnten Stallmeister ersetzt, hält sein Pferd am Zügel: ein großer, blonder junger Mann mit schönen blauen Augen in einem kurzen, grünem Lodenjanker mit blauen Aufschlägen und Hornknöpfen zu einer dunklen Wildlederhose und schwarzen Stiefeln. Erstaunt, daß dieser nicht die königliche Livrée trägt, fragt der König ihn nach seinem Namen. Richard hilft seinem Herrn beim Aufsitzen, dann springt er selbst aufs Pferd. Die beiden Reiter verschwinden im

Wald. «An jenem Tag empfing Prinzessin Sophie nicht den Besuch ihres Verlobten», folgert der Biograph.

Als Eintragung vom 6. März 1872 findet sich im *Geheimen Tagebuch* folgende Notiz: «Gerade 2 Monate, bevor es 5 Jahre sind, daß wir uns an jenem seligen 6ten Maitag 1867 kennen lernten, um uns nie mehr zu trennen und nie voneinander zu lassen bis zum Tode. Geschrieben in der indischen Hütte.» Und am 22. April desselben Jahres: «quinze jours avant le 6. Mai cette journée si importante pour toute ma vie.» (vierzehn Tage vor dem 6. Mai, jenem für mein ganzes Leben so bedeutsamen Tag).

Richard Hornig war 1841 – vier Jahre eher als der König – in Basedow in Mecklenburg geboren. Sein Vater kam nach München, wo er in den königlichen Ställen beschäftigt war. Nach dem 6. Mai 1867 wurde Richard Stallmeister, seine Aufgaben beim König gingen jedoch weit über seine dienstlichen Verpflichtungen hinaus. Ludwig nahm ihn gleich auf eine Reise mit: zuerst zu einem Besuch der thüringischen Burgen, besonders der Wartburg, wo Wagner nach mittelalterlichem Vorbild den Sängerwettstreit in *Tannhäuser* stattfinden ließ. Der Bruch zwischen Wagner und Ludwig II. fand Ende des Jahres 1865 statt: Der Komponist mußte auf Befehl des Königs München verlassen und ließ sich im Dezember in Triebschen in der Schweiz nieder. Die Geste Ludwigs, Hornig zur Wartburg mitzunehmen, läßt sich als devote oder auch ironische Würdigung des ersten Richard deuten, den der zweite eben verdrängt hatte.

Dann im Sommer 1867 kam die Reise nach Paris, wo die Weltausstellung stattfand. In Begleitung Hornigs entdeckte der König erst das von Viollet-le-Duc restaurierte Pierrefonds, das zu einem Ort von Mittelalterschwärmerei geworden war und zum Ursprung für Neuschwanstein wurde, danach Versailles, dem Ausgangspunkt für Linderhof und Herrenchiemsee. Zurück in Bayern löste Ludwig II. seine Verlobung mit Sophie und gab alle Heiratspläne endgültig auf. Die zeitliche Folge spricht für sich. Hornigs Auftauchen fällt mit entscheidenden Ereignissen im intellektuellen und privaten Leben des Königs zusammen, wenn es sie nicht gar auslöste. Richard II. wurde bald ein enger Berater, Privatsekretär, der mit den seltsamsten Aufgaben betraut wurde, wie der nach Capri zu fahren, um in der berühmten Grotte den genauen Blauton zu studieren für den Bau der Grotte in Linderhof. Er scheint ein rechtschaffener Diener, ein treuer Freund, ein diskreter Gefährte und kultivierter Geist gewesen zu sein. Anstatt Verrat zu schreien, schenkte ihm der König ein Gut am Ufer des Starnberger Sees, als er heiratete. Zum Zerwürfnis kam es, als Ludwig bemerkte, daß eine Statue, die er in Marmor bestellt hatte, aus Gips war. Dabei war dies eine vernünftige Maßnahme zu einem Zeitpunkt, als die Finanzen des Königreiches, vom Schloßbau mitgenommen, sich gefährlich dem Ruin näherten. Hornig wurde 1885 seines Postens enthoben und auf das Gestüt Rohrenfeld versetzt, wo er 1911 starb, nachdem er vom Prinzregenten Luitpold geadelt worden war.

Luitpold, ein Onkel Ludwigs II., hatte am psychiatrischen Mord seines Neffen mitgewirkt, indem er dem *Ärztlichen Gutachten* glaubte. Die Festnahme des König verschaffte ihm Zugang zum Thron, den er bis 1912 innehatte. War die außergewöhnliche Gunst, die Hornig zuteil wurde, Ausdruck von Gewissensbissen, über den ehemaligen Liebhaber eine späte Wiedergutmachung an die untröstlichen Manen des Verstorbenen?

Daß Ludwig und Richard eine große Liebe verband, darüber ist kein Zweifel möglich. Daß dem König diese Liebe genauso viele Qualen wie Freuden brachte, ist genauso gewiß. Die Homosexualität, ja selbst die Masturbation, jede Form von nichtfortpflanzerischer Erotik war zu jener Zeit streng verboten – ich werde noch darauf zurückkommen. Der König war zu schwach, um sich von den Tabus seiner Zeit freizumachen, und blieb so sein Leben lang Gefangener eines fürchterlichen Schuldgefühls, das ihn schließlich zerstörte. Der größte Teil des *Geheimen Tagebuches* hält die Wechselfälle eines gnadenlosen Krieges gegen den Geschlechtstrieb fest. Schwüre für sich selbst, keinen Widerspruch duldende Befehle an seine Liebhaber, Anrufungen an die Schutzmächte, ihn vor einem Rückfall zu bewahren, setzen in diesem Text verzweifelte Akzente.

«De par le Roy, il est ordonné *sous peine de désobéissance* de ne jamais toucher au Roy, et defendu à la nature d'agir trop souvent.» (Der König befielt bei Strafe, den König niemals zu berühren und verbietet der Natur, sich allzu häufig zu regen) «Das *ganze* Jahr nicht mehr küssen.» «Au nom du Roy Louis XIV et du Roy Louis XV. Il est ordonné que dans la nuit du quatorzième au quinzième octobre 1872 on s'ait touché pour la *dernière fois*.» (Im Namen des Königs Ludwig XIV. und des Königs Ludwig XV. ist befohlen, daß man sich in der Nacht vom 14. zum 15. Oktober 1872 zum letzten Mal berührte.)

Der Gebrauch des Französischen mußte für ihn die Funktion eines magischen Sühneopfers haben, so wie für viele Gläubige das Lateinische Bußgebeten die Wirksamkeit eines Talismans verleiht. Bemerkenswert ist auch, daß Ludwig XIV. und Ludwig XV. in der Nacht vom 14. auf den 15. angerufen werden: ein Spiel mit Zahlen, typisch für Menschen mit Zwangsvorstellungen. Aber einmal mehr, beim Autor dieser Zeilen von da ausgehend Wahnsinn zu vermuten, ist ein Schritt, den man nicht tun sollte. Die Aufrechnung begangener Fehler und der Schwur, nicht rückfällig zu werden, füllte und füllt immer noch die Notizbücher unzähliger junger Leute, die wie Ludwig II. eine verbotene Sexualität quält.

Symbol von Kampf und Verbot: die Balustrade. Vermuten die Touristen, die ins Schwärmen geraten angesichts jener überladenen Goldgeländer in den Schlafzimmern von Linderhof und Herrenchiemsee, daß diese viel weniger ästhetische als moralische Bedeutung hatten? Sie sollten den König vor der Versuchung bewahren, eine Schranke zwischen sich und seinen Liebhabern errichten, jene hindern, bis ans Bett zu gelangen. «...innerhalb der nie zu durchschreitenden, unverletzlichen Balustrade, die das Königliche Bett einschließt.» notiert er in der Neujahrsnacht 1873 als Kommentar zu einem seiner unzähligen «heiligen Schwüre». Und ein Stückchen weiter in seinem ungefähren Französisch: «Donné dans la chambre du Roy, dans le balustre, sacré et infranchissable, agenouillé sur l'estrade la tête protégée par le dai du lit Royal.» (Gegeben im Schlafzimmer des Königs, innerhalb der heiligen, unüberwindlichen Balustrade, auf der Empore kniend, den Kopf durch den Baldachin des Königlichen Bettes geschützt.) Unüberwindlich! Welch lächerliches Beiwort: Welch ein Hindernis stellte wohl diese winzige Abgrenzung für einen Hornig dar, der es gewohnt war, aufs Pferd zu springen?

Trotz der schrecklichen Kämpfe, die seine Energien verbrauchten, blieb der König geistig gesund. Die Inkohärenz, die abweichende Zeichensetzung, die eigenwillige Orthographie der meisten seiner Notizen können keinesfalls belastende Beweise darstellen. Es handelte sich um «geheime» Hefte, schnell dahingekritzelt, vielleicht versteckt vor der Umgebung, in einer Kürzelsprache und mit der festen Absicht, sie niemals jemandem zu zeigen. Die Stilverschlechterung im Laufe der Jahre entspricht dem schwächer werdenden inneren Widerstand gegenüber der Allianz seiner Verfolger.

Als Indiz dafür, daß der König nicht nur keine Anzeichen einer geistigen Störung zeigte, sondern ganz im Gegenteil mehrfach eine seltene Hellsicht, will ich nur seine Haltung gegenüber Preußen nennen. Überall beschränkt man sich darauf, die Reaktionen Ludwigs II., sein Mißtrauen Bismarck gegenüber, seine Furcht vor dem Aufstieg des Königreiches Wilhelms I. damit zu erklären, daß ihm bewußt war, daß die Hegemonie Preußens früher oder später den Niedergang Bayerns nach sich ziehen würde. Das heißt bereits, ihm einen beachtlichen Weitblick zuzusprechen. Aber man hat sich nie gefragt, welche geheimeren Motive seine Politik diktiert haben könnten.

Erinnern wir uns, Bismarck hatte sehr genaue Ansichten zu sexuellen Problemen. Man gebe der Liebe zwischen Männern die Freiheit, sagte er, und es folge bald der Ruin des Staates. Darunter verstand er, daß Armee, Verwaltung, Justiz und Polizei auf einer strikten Hierarchie beruhen, unkontrollierte Gelüste also zu gefährlicher Zersetzung führten. Ein Offizier erklärt einem einfachen Soldaten seine Liebe, würde der ihm dann noch gehorchen? Wieviel Autorität behielte ein Lehrer, wenn er einem seiner Schüler den Hof machte? Übrigens stellte Ludwig II., der die Gesellschaft seiner Minister zugunsten der Gemeinschaft mit seinen Dienern vernachlässigte, für den Kanzler ein gutes Beispiel dar. Der König war ein «populärer» Herrscher (noch heute verehrt ihn das einfache Volk in Bayern) zulasten «Seiner Majestät».

Ende der sechziger Jahre des 19. Jahrhunderts wurde im Preußen Bismarcks ein neues Strafgesetz verkündet, wonach Geschlechtsakte zwischen männlichen Erwachsenen mit Gefängnis bis zu fünf Jahren bestraft wurde. Frauen wurden in diesem Gesetz nicht berücksichtigt.

Während des Krieges 1870/71 begeisterte sich ganz Deutschland und besonders Wagner, dessen hysterischer Jubel in Cosimas *Tagebuch* sichtbar wird, für die preußischen Siege. Nur Ludwig II. nicht. Die Verfasser des *Ärztlichen Gutachtens* machen auf des Königs Haltung aufmerksam wie auf ein eindeutiges Symptom. «Die Siegesnachrichten im Feldzuge 1870-71 wurden von Seiner Majestät mit Trauer begrüßt, das «arme Frankreich» lebhaft bedauert, – Versailles durch den Einzug der Deutschen für entehrt erklärt.»

Was Ludwig II. in seinem Scharfblick befürchtete, ließ nicht lange auf sich warten. Das Deutsche Reich wurde 1871 in Versailles ausgerufen. Noch im selben Jahr fügte der Reichstag des neuen vereinten Deutschlands in das Strafgesetz des Reiches den preußischen Artikel gegen die Homosexuellen ein, der zum Paragraphen 175 wurde. Diese Gesetze wurden auch in Österreich angenommen. Zentralisierung des Staates und Unterdrückung der Homosexualität: diese beiden Dinge gehen immer zusammen. Ohne zu wissen, daß die Geburt des modernen Staates in Frankreich und vor allem in Spanien im XII. Jahrhundert zeitlich zusammenfiel mit den ersten Scheiterhaufen für Geschlechtshäretiker, entdeckte Ludwig II. von sich aus jenes große Gesetz der Geschichte, daß eine Macht, die ihre Stärke zeigen will, zuerst einmal ihre Randgruppen vernichtet.

Warum begeisterte er sich so für Frankreich? Vielleicht weil im Strafgesetz, das die konstituierende Versammlung bereits 1791 angenommen hatte, gleichzeitig mit anderen «eingebildeten Verbrechen» wie Magie, Gotteslästerung oder Frevel auch sexuelle Beziehungen zwischen Personen gleichen Geschlechtes aus der Liste der Delikte gestrichen worden waren. Im Code Napoléon, verfaßt unter dem Einfluß Cambacérès', der selbst homosexuell war, wurde diese liberale Maßnahme 1810 bestätigt.

Der Paragraph 175 blieb bis 1969 in Kraft. Von dieser Zeit an wurden die Beziehungen zwischen erwachsenen Männern in ganz Deutschland wie ein Verbrechen bestraft. Ludwig II. hatte die seinerzeit übliche puritanische Erziehung genossen, die auf Triebunterdrückung beruht. Zur ursprünglich religiösen und moralischen Unterdrückung kam nun die offizielle Verurteilung hinzu. Vorher fühlte der König sich von den Sitten unterdrückt, jetzt auch vom Gesetz. In gewisser Weise aus der Gemeinschaft der Deutschen ausgeschlossen, auch wenn er Herrscher war. Erst ein biblischer Fluch, dann ein Verbrechen. «Wer bin ich?» Nicht nur von Gott verdammt, sondern ein Paria der Gesellschaft. So wurde Ludwig II. einmal mehr sich selbst enteignet. Aus seinem Wesen vertrieben. Entpersönlicht.

Dabei hatte der Kampf um die sexuelle Befreiung in Europa begonnen, und in Deutschland, einer Zitadelle der Unterdrückung, blies erstmals der Wind der Revolte.

1869 schrieb der ungarische Schriftsteller Benkert unter dem Pseudonym Kertbeny einen offenen Brief an den preußischen Justizminister, in dem er dafür eintrat, daß der Staat sich nicht in das Privatleben der Leute einzumischen habe, und verlangte die Abschaffung des Paragraphen über sexuelle Beziehungen zwischen Männern. Im selben Jahr schmiedete Benkert das Wort «homosexuell» als einen Aufruf zur Freiheit. Der Ausdruck setzte sich rasch durch. Bevor es den unangenehm medizinischen Beigeschmack bekam, denn es heute noch hat, bezeichnete es nach dem Willen seines Erfinders ein Verhalten, das als einfache Spielart der Natur angesehen wurde, eine menschliche Wirklichkeit, losgelöst von religiös oder moralisch entehrenden Konnotationen, wie sie mit Begriffen wie «Sodomit», «Päderast», «invertiert» oder «widernatürlich» u. a. verbunden waren. Ob Ludwig II., der genau verfolgte, was in Berlin geschah, wohl direkt oder vom Hörensagen von den Schriften Benkerts erfuhr?

Noch vor Benkert war ein Deutscher zum ersten Pionier der Befreiung der Sitten in Europa geworden: Karl Heinrich Ulrichs. Dieser 1825 geborene hohe Beamte trat 1848 im Königreich Hannover in Dienst – ich breite mich ein wenig über ihn aus, denn so einzigartig diese Figur auch ist: kein Wörterbuch und kein Lexikon erwähnen ihn. Von 1864 an, dem Jahr der Thronbesteigung Ludwigs II., veröffentlichte er – hinter einem lateinischen Pseudonym versteckt: Numa Numantius – eine Reihe von Aufsätzen unter dem verallgemeinernden Titel *Forschungen über das Rätsel der mannmännlichen Liebe*[12], in denen er mit absolut revolutionärer Kühnheit behauptete, eine solche Neigung sei ein angeborener Zug der menschlichen Natur, die er sich erklärt durch eine weibliche Seele in einem männlichen Körper. Diese Liebe – er nannte sie «Uranismus», ein Neologismus, den er aus der Rede des Pausanias (in Platons *Gastmahl*) herleitet, der die Anziehung eines männlichen Wesens für ein anderes von der Aphrodite Urania ableitet.

Wie man hier sieht, waren die Anstrengungen zur Rechtfertigung der Homosexualität von Anfang an auf zwei verschiedenen Wegen unternommen worden: Der anthropologische Weg, den Benkert beschritten hatte, führte, einmal medizinisiert, zu den

Arbeiten Freuds. Der geistige, hellenisierende Weg, den Ulrichs gewählt hatte, mündet in Gides *Corydon*. Ich möchte wetten, daß Ludwig II. diesen eher gemocht hätte, hatten doch seine Naturburschen-Liebhaber Virgils Hirtengedichte und Hirten als ferne Vorfahren.

1866 fiel das Preußen Bismarcks in Hannover ein und annektierte es. Ulrichs protestierte, unterstützte die Rebellion und kompromittierte sich in subversiven Tätigkeiten, weshalb er zweimal eingesperrt wurde. Das zweite Mal, im April 1867, wurde sein Haus durchsucht, seine Korrespondenz und seine Unterlagen beschlagnahmt, sowie ein Gedichtband über die uranistische Liebe mit dem Titel *Nemus sacrum* («Heiliger Wald»).

Diese Episode illustriert auf neue Weise die enge Beziehung zwischen Sexualität und Politik. Das Protestbanner gegen das zentralisierende Preußen hatte ein Homosexueller geschwungen. Vielleicht wußte Ludwig II. in München nichts von diesen Vorgängen. Ein anderes Ereignis fand in München statt, und es ist nur schwer vorstellbar, daß es dem König entging. Am 29. August 1867, einen Monat, nachdem Ulrichs aus dem Gefängnis entlassen worden war und vier Tage nach dem zweiundzwanzigsten Geburtstag des Königs, fand in seiner Hauptstadt eine Juristentagung statt. Der Hannoveraner Beamte fuhr hin und versuchte, eine Resolution zur Ablehnung des preußischen Gesetzes gegen die Liebe zwischen Männern durchzusetzen. Zum ersten Mal in der Welt ergriff ein Homosexueller, der sich dazu bekannte, in der Öffentlichkeit das Wort, um sexuelle Freiheit zu fordern. Seine Kollegen wendeten sich lautstark gegen ihn und hinderten ihn, seine Rede zu beenden. So wurde München, der Stadt Ludwigs II., die Ehre zuteil, die erste öffentliche homosexuelle Selbstbehauptung zu erleben und die Schande, die Zensur darüber zu verhängen. Der Abscheu des Königs für seine Untertanen, seine Geringschätzung für die führende Klasse haben vielleicht keinen direkteren Grund. Er sagte, er würde seine Hauptstadt gern in Schutt und Asche legen: die Brandmetapher nahmen die Verfasser des *Ärztlichen Gutachtens* wörtlich, als ein entscheidendes Indiz.

Ulrichs flüchtete nach Würzburg, wo er weiterhin, diesmal unter seinem wirklichen Namen und mit wachsendem Mut, die Fortsetzung seiner *Forschungen* veröffentlichte. 1868 *Gladius furens*, das den Text der in München zensierten Rede mit deren Geschichte enthielt, danach *Memnon*, eine systematische Abhandlung seiner Theorie, 1870 *Prometheus*, der erste Versuch einer Monatszeitschrift, der jedoch scheiterte.

Vom mangelndem Erfolg seiner Anstrengungen entmutigt, verließ er Deuschland 1880 und ließ sich in Neapel nieder – wo Oscar Wilde, auch er von der mediterranen Schimäre angezogen, nach seiner Entlassung aus dem Gefängnis Asyl suchte. Ulrichs begab sich nach Aquila in den Abruzzen, wo er bis zu seinem Tod 1895 Fremdsprachen unterrichtete und eine eigenhändig redigierte Zeitschrift in Latein herausgab.

Zu seinem Kummer war 1886 die bald auf der ganzen Welt berühmte *Psychopathia sexualis* aus der Feder eines seiner Landsleute erschienen. Der Arzt Richard von Krafft-Ebing beschrieb die Homosexualität als ein Phänomen der Entartung. Unter dem Vorwand, sie zu erklären, zu entschuldigen und mit der barmherzigen Absicht, sie für straffrei zu erklären, schob Krafft-Ebing sie in die ekelerregenden Tiefen der Pathologie ab. Eine Meinung, die sich bis zu Freuds Arbeiten durchsetzt und die manche bis heute noch nicht aufgegeben haben.

Was 1871 laut Gesetz ein Verbrechen war, war 1886 ein Anzeichen morbider Dekadenz: Merken wir uns diese beiden Definitionen, beachten wir die Daten und sagen dann, ob Ludwig II., der 1871 sechsundzwanzig Jahre alt war und sich 1886 das Leben nahm, nicht außergewöhnlich solider Verfassung gewesen sein müßte, um sich diesen beiden unwiderruflichen Urteilen zu widersetzen oder sie auch nur auszuhalten, die die höchsten politischen und wissenschaftlichen Autoritäten Deutschlands gesprochen hatten.

Angesichts solcher Fakten erscheint mir eine Psychoanalyse Ludwigs II. unnütz: das Verhältnis zu seinem Vater, seiner Mutter, seinem Bruder zu untersuchen, führte nur zu den gewohnten Banalitäten. Eine weibliche Seele in einem männlichen Körper: seine Porträts sagen genau das aus. Die Formulierung des Richters Ulrichs wirkt vielleicht poetisch, ist jedoch umso richtiger. Was Ludwig war, war er durch angeborene Gabe, durch göttliche Gnade. Es gibt keinen familiären «Grund» zu suchen. Sein Drama war nicht, homosexuell zu sein, sondern es zu einer Zeit und in einem Land zu sein, die jeden Trieb gegen Ehe und Fortpflanzung streng verboten.

Dabei hätte es ein Heilmittel gegeben: ins Ausland zu gehen. Hätte er nicht das zusätzliche Pech gehabt, König zu sein, hätte Ludwig II. wie Ulrichs, wie viele andere, den Weg nach Italien eingeschlagen. Anstatt Hornig nach Capri zu schicken, hätte er sich selbst am Blau der Grotte erfrischt, in den Armen der *ragazzi* gestärkt.

Friedrich Albert Krupp, Sohn des Dynastiegründers und der reichste Mann der Welt, verschwand, wann immer es möglich war, mit seiner Jacht im Mittelmeer. Er machte es sich zu Gewohnheit, den Winter auf Capri zu verbringen. Die Straße, die er von Capri nach Marina Piccola bauen ließ, trägt immer noch seinen Namen. Seine Biographen berichten, daß er in den Grotten der Insel «sexuelle Orgien» veranstaltete; dabei dürften es nur Vergnügungen gewesen sein, wie Ludwig II. sie sich in seinen Berghütten bereitete. Mit dem Unterschied, daß Krupp sich nicht zu verstecken brauchte, daß er seine Liebschaften glänzend feierte, während Ludwig II. die seinen auf einsame Berggipfel verlagerte.

Welche Vorstellung machte er sich von Italien? Erschien es ihm in den Farben eines mythischen Paradieses, nicht nur wegen der Farbe des Meeres, sondern auch, weil das Glück dort greifbar nahe lag? Man vermerkt mit Interesse, daß Bayern, sobald Ludwig II. den Thron bestiegen hatte, die aus der Vereinigung erwachsene italienische Monarchie anerkannte. Elisabeth von Österreich wies ihn dafür heftig zurecht: Ihr Cousin erschien ihr nicht solidarisch genug mit den enteigneten Fürsten des Hauses Piemont und besonders mit dem königlichen Paar beider Sizilien. Ihrer Meinung nach hatte er eine «unerklärliche Geste»[13] getan. Vielleicht sollte man, wie so oft, im Privatleben nach dem Geheimnis einer politischen Handlung suchen. War Ludwig II. einem Land dankbar, in dem jeder lieben konnte, wen er wollte? Wollte er durch diese tatsächlich unverständliche Entscheidung, wenn man an die Familienbande denkt, die die europäischen Dynastien verknüpften, das Vaterland Leonardo da Vincis, Michelangelos, Julius II. und Sodomas symbolisch grüßen? Letzterer war ein Schüler Leonardos und hieß in Wirklichkeit Giovanni Antonio Bazzi. Welch ein Zeichen von Freiheit, wenn ein Maler jener Zeit das Pseudonym Sodom annehmen konnte und unter diesem Beinamen geliebt, geachtet und gefeiert wurde!

Krupp war neun Jahre jünger als Ludwig II, also 1854 geboren.

Ein zweiter bedeutender Exilant war der 1856 geborene Wilhelm von Gloeden. 1880 entdeckte er Sizilien und ließ sich in Taormina nieder, einer ehemaligen Hochburg der enteigneten Bourbonen von Neapel. Wie Ulrichs und Gide liebte er archaisch wirkende Epheben und photografierte fünfzig Jahre lang Jungen aus Taormina im Adamskostüm, allein oder als lebende Bilder, als Hirten oder Flötenspieler, liegend oder stehend, immer jedoch völlig nackt.

Wer sein Land nicht verließ, ging große Risiken ein. Der 1847 geborene Fürst Philipp zu Eulenberg, mit Ludwig II. fast gleichaltrig, schrieb über den jungen König von Bayern: «er schritt schön wie ein Goldfasan zwischen all den Haushühnern.»[14] Trotz seines Lebenswandels, den er nicht verbarg, wurde er enger Berater Kaiser Wilhelms II. Zum Skandal, der seine Karriere zerbrach, kam es 1907. Sein Sturz brachte zahlreiche Persönlichkeiten zu Fall: General von Moltke, Militärkommandant von Berlin, zwei Flügeladjutanten des Kaisers, Graf Wendel, Zeremonienmeister und einige andere im Rampenlicht stehende Persönlichkeiten aus Verwaltung und Armee.

Um sich eine Vorstellung davon zu machen, was sexuelle Unterdrückung Ende des letzten Jahrhunderts in den deutschsprachigen Ländern hieß, ist der Fall des österreichischen Philosophen Ludwig Wittgenstein besonders erhellend, der als einer der größten Denker unserer Zeit gilt. Er wurde 1889 in Wien geboren und studierte zeitweise in Berlin. Eigenartigerweise finden sich in seinem Leben Umstände, die an die Wunderlichkeiten Ludwigs II. erinnern. Er zog einfache Leute dem universitären Milieu vor. In Norwegen wohnte er auf einem Bauernhof, dann, an einsamem Ort, in einer Hütte, die er selbst errichtet hatte: eine skandinavische Ausführung der Berghütten des bayrischen Königs. Später gab er seine Schulmeisterstelle in Österreich auf, um Gärtnergehilfe in einem Kloster zu werden. Er kehrte nach Norwegen zurück, bevor er sich in Irland niederließ, anfangs auf einem Bauernhof, später wieder in einer Hütte am Meer, wo er als Gefährten nur ein paar des Lesens und Schreibens unkundige Fischer hatte. Keine Frau, keine Geliebte in seinem Leben.

Selbstverständlich reichte dies alles nicht, die geringste Diagnose zu stellen, wenn nicht Auszüge aus *Den Geheimen Tagebüchern*[15] veröffentlicht worden wären, die der Philosoph während des Ersten Weltkrieges an der Front führte. Er hatte nicht nur gegen seine homosexuellen Neigungen zu kämpfen, die er nicht akzeptierte. Jene schmerzhafte Erfahrung wurde sogar zum Ursprung seiner Berufung und seines philosophischen Denkens. Der Grundzweifel an seinem eigenen Wesen, die Wahrnehmung eines Ungenügens seiner Natur stellten den Ausgangspunkt des berühmten *Tractatus logico-philosophicus* dar, der die heutige Logik erneuern sollte. Das «Wer bin ich?» Ludwigs II. von der Kraft eines außergewöhnlichen Kopfes umgewandelt, mündete in jenes große Geistesabenteuer.

Das Bewußtsein ihrer Homosexualität als eines physischen und metaphysischen Irrtums, als eine schuldhafte Absurdität einte diese beiden Männer im gleichen tragischen Schicksal. *Die geheimen Tagebücher* zeugen auch davon, wie sehr die Masturbation ihn quälte, und von seinem intensiven Schuldgefühl onanistischen Praktiken gegenüber. «Ich kämpfe schon wieder gegen meine schlechte Natur. Gott helfe mir! « notierte Wittgenstein am 13. August 1916, weil er bitter bereute, sich vom «wirklichen Leben» weit weg zu fühlen. Gott anzurufen, um sich vom Geschlechtstrieb frei zu machen – noch ein Charakterzug, der ihn Ludwig II. annähert.

Es muß nicht erst gesagt werden, daß Wittgensteins Testamentsverwalterin, Professor Jean Elizabeth Anscombe vom Trinity College in Cambridge Verrat schrie, als *L'Espresso* diese Seiten veröffentlichte. Sie strengte einen Prozeß gegen die italienische Wochenzeitschrift an, unter dem Vorwand, daß solche Enthüllungen über das Privatleben eines großen Mannes der Ethik der Kulturwelt widersprechen. Wittgenstein starb 1951. Man mußte bis hundert Jahre nach dem Tod des Königs warten, um die ganze Wahrheit über Ludwig II. zu erfahren.

Wenn der Selbstzweifel, ein existentielles Schwindelgefühl, das auf der Empfindung beruhte, keinen Platz in der Weltordnung zu haben, in einem so soliden Kopf wie dem eines der bedeutendsten Philosophen unseres Jahrhunderts solche Qualen anrichtete, solche Verwüstungen, ist es nicht verwunderlich, bei einem Mann, der intellektuell weniger gewappnet ist, zahlreiche Momente von Verwirrung, von grenzenloser Verzweiflung zu finden.

«Je jure aujourd'hui le 21 janvier de terrible mémoire, l'anniversaire de l'assassinat du Roy de France et de Navarre Louis XVI du nom, qu'hier, la dernière nuit c'était la dernière fois pour jamais, racheté par le Sang Royal! – (le saint graal) absolument la dernière fois sous peine de cesser d'être Roy!» (Ich schwöre heute, am 21. Januar, im schrecklichen Andenken an den Jahrestag der Ermordung des Königs von Frankreich und Navarra mit Namen Ludwig XVI., daß gestern, die letzte Nacht, das für immer letzte Mal war, gesühnt durch königliches Blut! – (den heiligen Gral) absolut das letzte Mal, bei der Strafe als König abzudanken.) (21. Januar 1877)

«in diesem Briefe ist der *Befehl* und hiermit auch die Nothwendigkeit und Möglichkeit zu gänzlicher Enthaltsamkeit, selbst des Kusses gegeben, ana*thema* in *aeternum*! (...) *Verflucht* das *Blenden* der *Erscheinung*, das sich in unsere *SINNE* drängt.» (13. September 1877)

«Que la mémoire de la grande Reine soit bénie et vénérée à jamais (baiser de la pierre du socle de la croix et de la neige symbole de la pureté et de la candeur du lys) me donne la force pour vaincre le mal à jamais...» (Das Andenken der großen Königin sei benedeit und verehrt auf immer (Kuß des Sockelsteins des Kreuzes und des Schnees als Symbol der Reinheit und der Arglosigkeit der Lilie) und gebe mir die Kraft, das Übel für immer zu besiegen...) (16. Oktober 1881)

Die Lilie also, im Überfluß über seine Schlösser verstreut, war nicht nur nostalgische Verzierung zum Ruhme der Bourbonen. Ludwig II. benutzte sie in seinem Kampf um Keuschheit als Fetisch. Wie die Balustrade hatte sie Symbolfunktion.

«Désormais jamais; / Désormais jamais; / Désormais jamais! / Souvenez-vous Sire! / Souvenez-vous! / Souvenez-vous!» (Niemals wieder; niemals wieder; niemals wieder! Erinnern Sie sich, Sire! Erinnern Sie sich! Erinnern Sie sich!) (13. September 1885, in Gedichtform)

«Aux sens, haine mortelle! plus de baisers la veille juré le jour du 27 janvier – en souvenir de la mort auguste du Roy Charles Ier d'Angleterre et du Roy Louis XVI de France et de Navarre aboli.» (Tödlicher Haß den Sinnen! Keine Küsse mehr, geschworen am Abend des 27. Januar – in Erinnerung des erhabenen Todes von König Karl I. von England und des Königs Ludwig XVI. von Frankreich und des abgeschafften Navarra.) (27. Januar 1886)

Achten wir auf das seltene, von Nerval und Mallarmé bevorzugte Adjektiv «aboli». Bemerkenswert ist auch der Rückgriff auf die großen Enthaupteten der Geschichte: Karl I., Ludwig XVI. und

Marie-Antoinette. Ludwig II., am Geschlecht verstümmelt, identifiziert sich mit diesen berühmten Opfern: So erhebt er das Drama seines Privatlebens zu mythischer Kraft und Schönheit.

Erblich belastet (sein Bruder Otto war klinisch verrückt und verbrachte den größten Teil seines Lebens in einer Anstalt, Umstände, auf die sich die Verfasser des *Ärztlichen Gutachtens* berufen, wie man sich vorstellen kann), die Einsamkeit und der Stolz eines absoluten Monarchen, frühzeitiger körperlicher Verfall (120 Kilo, verfaulte Zähne...) all das erklärt, warum der König mit zunehmendem Alter und zur Betroffenheit seiner Umgebung allmählich die Selbstkontrolle verlor. Das *Gutachten* vermerkt die Kränkung von Dienern, die in Ungnade gefallen waren. Einer hatte Befehl nur mit maskiertem Gesicht vor Seiner Majestät zu erscheinen. Ein anderer wurde im Clownskostüm auf einem Esel herumgeführt. Und der Lakai Buchner, dessen Dummheit den König ärgerte, mußte sich ein Siegel an die Stirn kleben, um zu zeigen, daß sein Gehirn verstopft sei.

Bestrafungen, die die Ärzte als neuerliche Anzeichen einer geistigen Störung hervorhoben, während sie eher in den Bereich von Spott und Sarkasmus fallen. Ludwig II. und sein Hof von Kammerdienern lassen am Ende seines Lebens an zwei berühmte historische Vorgänger denken. Iwan der Schreckliche, der ebenfalls Jungen aus dem Volk den reichen Bojaren vorzog, umgab sich mit einer lautstarken Bande von *Opritschnike*. Mal erlaubte er ihnen größte Vertraulichkeit, mal verwies er sie in die Schranken, indem er sie öffentlich demütigte. Der letzte Medici, Großherzog Giovanni Gastone, ersetzte die Würdenträger seines Hofes durch Gauner, die *Ruspanti*, mit denen er weinselige und mit Sadismus gewürzte Vergnügungen organisierte. Giovanni Gastone mag als Beispiel für das Ende einer Rasse, als letzter Trieb eines untergehenden Geschlechtes genannt werden, Iwan jedoch war der Begründer des modernen Rußlands. Die Vorliebe für Parodie und Provokation scheint bei Männern verbreitet zu sein, die den Glauben an sich selbst verloren haben. Im Fall dieser drei Fürsten notiert man als wahrscheinliche Ursache ihrer radikalen Abneigung gegen Menschen, einen unüberwindlichen Widerspruch zwischen den tiefen Bedürfnissen ihrer Natur und dem Zustand von Gesetzen, Sitten und öffentlicher Meinung.

Zwar trieb Ludwig II. es manchmal etwas weit. Wer sich niemals weich zeigen darf, wird leicht grausam. Es wird von Kammerdienern erzählt, die geschlagen, gepeitscht, mit dem glühenden Eisen gezeichnet oder in die Verliese von Neuschwanstein gestürzt wurden. Es geht das Gerücht um, daß der junge Lakai Rotheranger den Folgen der Züchtigungen durch den König selbst erlag.

Nachlassende Sexualität, die immer schwerer zu befriedigen war? Marcel Proust ließ sich im Männerbordell, wo er Prostituierte traf, um zum Orgasmus zu kommen, Kämpfe ausgehungerter Ratten vorführen, deren Schreie, Bisse, Blut und Agonie ihn glücklich machten. Wenn ein großer Schriftsteller sich barbarische Phantasien erlaubt, sieht man darin kein Anzeichen von Geisteskrankheit. Gerechtigkeit für Ludwig II., den machtlosen Propheten, den Narr und Märtyrer der Homosexualität!

Ein paar in Vergessenheit geratene Pioniere

Ulrichs und Benkert blieben nicht ohne Nachfolger. In Deutschland und in England entwickelte sich Ende des XIX. Jahrhunderts ein kräftiger Strom neuer Ideen. Es ist sehr schwierig, seine Geschichte nachzuzeichnen, da fast nichts an sie erinnert. Texte und Reden jener Pioniere sind heute unauffindbar. Dies Vergessen, diese Stille ist bereits der beste Beweis dafür, wie außergewöhnlich mutig die ersten Verfechter sexueller Freiheit sein mußten. Die folgende kurze Rückschau auf ihre Arbeiten ist nur eine ungenügende Würdigung ihrer Kühnheit und ihres Talentes.[1]

Die deutschen Sozialisten waren sehr aktiv. Ferdinand Lassalle, 1863 (ein Jahr vor Ulrichs' ersten Veröffentlichungen) Gründer des Allgemeinen Deutschen Arbeitervereins, übernahm die Verteidigung eines Anwalts, Johann Baptist Schweitzer, der wegen seiner Lebensweise gerichtlich belangt worden war. «Was Schweitzer gemacht hat, ist nicht empfehlenswert, doch als Vergehen würde ich es schwerlich betrachten. (...) Die sexuelle Betätigung ist eine Frage der Neigung und sollte in das Ermessen jedes einzelnen gestellt sein, solange er niemandem schadet.» Lassalle half Schweitzer, seinen Platz im politischen Leben wieder einzunehmen. Nach Lassalles Tod 1864 wurde Schweitzer sein Nachfolger an der Spitze des Allgemeinen Deutschen Arbeitervereins.

Lassalle und Schweitzer sind illustre Namen in der Geschichte der Arbeiterbewegung. Sie stehen in Lexika und Handbüchern. Über dies Zwischenspiel wird jedoch nie berichtet. Eine weitere sozialistische Berühmtheit unternahm einen noch kühneren Vorstoß, der genauso sorgfältig verborgen wird. Einer der Führer der Sozialdemokratischen Partei Deutschlands, Eduard Bernstein, sprach sich 1895 in einem langen Artikel der *Neuen Zeit*, dem offiziellen Organ der II. Internationale, offen zugunsten Oscar Wildes aus. «Von so untergeordneter Bedeutung für den ökonomischen und politischen Kampf der Sozialdemokratie das Thema des Geschlechtslebens nun auch gehalten werden mag, so ist es darum doch nicht überflüssig, auch in Bezug auf diese Seite des sozialen Lebens einen Maßstab der Beurtheilung zu finden, der, statt auf mehr oder weniger willkürlichen Moralbegriffen, auf wissenschaftlicher Erkenntnis und Betrachtungsweise beruht.»[2] Bernstein warnte vor den Theorien Krafft-Ebings und der Psychiater, hielt die Gleichsetzung von Homosexualität mit Entartung und Verderbtheit für «reaktionär». Ob etwas für «natürlich» oder «widernatürlich» gehalten werde, fuhr er mit einer Hellsicht fort, die noch heute kühn anmuten würde, spiegle eher die Entwicklungsstufe einer Gesellschaft wider als den wirklichen Zustand der Natur. Anstatt von idealistischem und absolutem Standpunkt aus Partei zu ergreifen, sollten wir menschliches Verhalten im Licht der Geschichte, der Anthropologie und der Ethnologie betrachten.

Marx hatte Engels einen von Ulrichs' Texten zugeschickt, wie aus einer Antwort Engels' an seinen Freund vom 22. Juni 1869 klar hervorgeht. Der Kommentar ist lau, von schwerfälliger Ironie, die Verlegenheit und Unsicherheit verrät. Engels sieht in den «Päderasten» eine aufkommende Gewalt, mit der man im Staat rechnen müsse, da sie Männer wie Schweitzer in den politischen Parteien hätte. «... kann ihnen der Sieg nicht ausbleiben. «Guerre aux cons, paix aux trous-de-cul», wird es jetzt heißen. Es ist nur ein Glück, daß wir persönlich zu alt sind, als daß wir noch beim Sieg dieser Partei fürchten müßten, den Siegern körperlich Tribut zahlen zu müssen. Aber die junge Generation! Übrigens auch nur in Deutschland möglich, daß so ein Bursche auftritt, die Schweinerei in eine Theorie umsetzt und einladet: introite usw.»[3] 1884, in einem seiner letzten Bücher *Der Ursprung der Familie, des Privateigentums und des Staates* enthüllt Engels seine Denkweise deutlich durch sein Urteil über die alten Griechen: «Aber die Entwürdigung der Frauen rächte sich an den Männern und entwürdigte auch sie, bis sie versanken in die Widerwärtigkeit der Knabenliebe und ihre Götter entwürdigten wie sich selbst durch den Mythus von Ganymed.»[4]

Hundert Jahre später ist festzustellen, daß die homosexuelle Frage überall auf der Welt die Demarkationslinie zwischen Sozialisten und Kommunisten darstellt.

Außerhalb politischer Kreise tauchte in Deutschland Ende des Jahrhunderts noch ein anderer ganz großer Name auf (der in französischen Lexika jedoch nicht erscheint). Magnus Hirschfeld wurde 1868 geboren. Er bereiste die ganze Welt, bevor er sich als Neurologe in Berlin niederließ, wo er sein weiteres Leben dem Studium und der Verteidigung der Homosexualität widmete. Erste Initiative: 1897 gründete er das «wissenschaftlich-humanitäre Komitée» mit dreifachem Ziel: Erstens: Abschaffung des Paragraphen 175 des deutschen Strafgesetzbuches; zweitens: der Öffentlichkeit den Charakter der Homosexualität zu erklären; drittens: die Homosexuellen selbst für den Kampf um ihre Rechte zu interessieren. Zwischen 1897 und 1923 veröffentlichte das Komitee das *Jahrbuch für sexuelle Zwischenstufen*, eine Zeitschrift, in der verschiedene Aspekte von Homosexualität, Hermaphroditismus, Transvestitentum usw., die als Ausdrucksformen eines «dritten Geschlechts» angesehen werden, in literarischen, historischen, anthropologischen und polemischen Artikeln untersucht werden. Ein Zwischengeschlecht, das nicht wie die beiden anderen die Aufgabe hat, die Art zu erhalten, sondern zum intellektuellen Fortschritt der Menschheit beizutragen. Mit einer Phantasie, die weit über die Lehren aus seiner medizinischen Erfahrung hinausreichte, entwikkelte Hirschfeld eine Idee, die er mit den orphischen Mythen des Androgynen hätte rechtfertigen können.

Nicht alle Betroffenen erkannten sich in solch originellen Beschreibungen wieder. Benedikt Friedländer verließ das Komitee und attackierte Hirschfeld mit Berufung auf die geistige Gesundheit der alten Griechen: Es sei lächerlich, sagte er, sie des psychischen Hermaphroditismus zu verdächtigen. Adolf Brand, Gründer der ersten homosexuellen Zeitung *Der Eigene*, wurde ebenfalls abtrünnig; er warf Hirschfeld politisch zu große Mäßigung vor. Brand endete im Gefängnis, weil er den geheimen Lebenswandel mancher hohen Würdenträger des Staates heftig angeprangert hatte. Friedländer hingegen versank von antiklerikaler und antifeministischer Raserei erfaßt im Wahnsinn und nahm sich das Leben.

Solche Zwistigkeiten, solche Dramen schwächten die Bewegung nicht. Hirschfeld mit seinem bildhaften Vornamen, Krawatten à la Byron, randloser Brille, Bürstenschnurrbart und seinen barocken Theorien setzte sein Werk mit großem, nicht nur intellektuellen, sondern auch körperlichem Mut fort. 1921 in München verprügelten ihn die Nazis und ließen ihn mit offenem Schädel als tot auf der Straße liegen. Zwei Jahre später wurde er in Wien angeschossen.

Etwa zwanzig Jahre lang bestand die Hauptarbeit des Komitees in der Kampagne zur Abschaffung des Paragraphen 175. Eine bereits 1897 eingebrachte Petition legte Ungerechtigkeit und Schädlichkeit des Gesetzes gegen die Homosexuellen dar. August Bebel, ehemaliger Dreher und unangefochtener Führer der sozialdemokratischen Partei Deutschlands, unterzeichnete die Petition nicht nur als einer der ersten, sondern präsentierte sie den deutschen Abgeordneten am 13. Januar 1898 in einer großen Rede. Sarkastisch erklärte er, daß, wenn die Polizei gewissenhaft ihre Arbeit verrichte, der folgende Skandal die Dreyfuß-Affäre in den Schatten stelle und man schnellstens Dutzende von neuen Gefängnissen bauen müsse. 1907 anläßlich einer neuen Kampagne zur Abschaffung des Paragraphen 175 versuchte es der alte Bebel noch einmal. Er stellte vor allem heraus, wie leicht das Gesetz zur Erpressung benutzt werden könnte.

Außer von der Sozialdemokratie wurde die Petition von 6000 Unterzeichnern gutgeheißen, darunter Hermann Hesse, Richard von Krafft-Ebing, Lou Andreas-Salomé, Max Brod, Albert Einstein, Thomas Mann, Stefan Zweig, Rainer Maria Rilke und Arthur Schnitzler. Aus dem Ausland schlossen sich Zola und Tolstoi an. Die Frauenbewegungen unterstützten sie. Als die Petition 1922 im Reichstag auf die Tagesordnung gesetzt wurde, zu einem Zeitpunkt, als wirtschaftliches Chaos in Deutschland jede Hoffnung auf eine Diskussion erstickte, wurde sie ohne Debatte verworfen.

Hirschfeld veröffentlichte selbst Bücher, darunter *Sappho und Sokrates*, 1896, und *Der urnische Mensch*, 1902. Sein Hauptwerk jedoch bleibt das Institut für Sexualwissenschaft, 1919 gegründet und in einem prächtigen Berliner Haus untergebracht, das er aus eigenen Mitteln gekauft hatte. Das Institut war eine Art Universität zum Studium sexueller Probleme mit einer Bibliothek mit mehr als 10.000 Bänden, wo Diskussionen organisiert wurden und das Tausende von Besuchern anzog. Die Hauptstadt Deutschlands war zum Mekka der Homosexuellen geworden. Zeitungsartikel, Theaterstücke, Propagandafilme, das Leben der Nachtbars, wissenschaftliche Kongresse: Der Uranismus war zum Hätschelkind des Berliner Lebens der Nachkriegszeit geworden. Die auf Betreiben

Hirschfelds entstandene Weltliga für Sexualreform versammelte sich erstmals 1921 in Berlin und zählte bald mehr als 100.000 Mitglieder.

Der junge englische Romancier Christopher Isherwood hielt sich seinerzeit in Berlin auf, (wo er bei Hirschfelds Schwester ein Zimmer gemietet hatte) und veröffentlichte 1976 ein amüsiertes Zeugnis jener Zeit[5]. Die sexuelle Freiheit dort vor allem in den Kneipen, wo sich Arbeitslose trafen, nutzte er hemmungslos aus: nicht echte Prostituierte, präzisiert er, denn «sie schienen unfähig, sich als Lustobjekte zu betrachten». Gleichgültig gaben sie ihren Körper gegen Geld hin, aber Geld war nicht der einzige Grund für ihren Aufenthalt in den Kneipen: Sie kamen, um andere zu treffen, zu plaudern und Karten zu spielen. Was sie (und auch Isherwood) an der Liebe zwischen Männern erregte, war, daß Kampf und körperlicher Anstrengung Raum gegeben wurde – erotische Varianten, die mit Frauen unmöglich zu befriedigen waren. Paris war seit langem Standort des «normalen Mädchenmarktes», bemerkt er, Berlins Spezialität hingegen wurde die «rauhe und athletische» Liebe. Der junge Mann schrieb an eine englische Freundin: «Ich mache, was Henry James getan hätte, hätte er sich nur getraut.» Er war dabei, als Hirschfeld selbst André Gide durch sein Institut führte. Der Schriftsteller «in der Paradeuniform des großen französischen Romanciers» erschien ihm selbstgefällig. Isherwood ergriff Partei für den alten Professor «mit seinem Schnurrbart wie ein gutmütiger Hund, unelegant und schulmeisterlich». Erst später, fährt er fort, habe er gelernt, beide Männer gleichermaßen zu achten als heldenhafte Führer seines Stammes. Bob Fosses Film *Cabaret* wurde nach dem Roman *Leb' wohl, Berlin*[6] gedreht, zu dem Isherwood durch seinen Berliner Aufenthalt inspiriert worden war.

1933 wurde die antisemitische und nationalistische Kampagne heftiger. Eine Berliner Zeitung rief dazu auf, alle Bibliotheken von Büchern zu reinigen, die von «undeutschem Geist» geprägt seien, und kündigte an, daß Studenten der Hochschule für Leibesübungen mit Hirschfelds Institut beginnen würden. Am 6. Mai um halb zehn Uhr morgens stürmten etwa hundert junge Leute, die mit Lastwagen gekommen waren, das Gebäude. Archive, Manuskipte, Karteien und Bücher wurden aus dem Fenster geworfen, während eine Blaskapelle die ganze Zeit patriotische Hymnen spielte und so eine Menge Schaulustiger anzog. Freuds Photo im Treppenhaus wurde abgerissen. Die Bücherregale wurden genau untersucht auf Wilde, Proust, Loti und Zola. Ein paar Tage später wurde die riesige Beute mit großem Pomp auf dem Opernplatz verbrannt. Eine Büste Hirschfelds wurde bei Fackelschein in feierlichem Zug herangetragen und wanderte auf den Scheiterhaufen. Isherwood stand im Gedränge und sagte: «Es ist eine Schande!», aber, so gesteht er in seinen Erinnerungen «nur mäßig laut». Mit den 10 000 Büchern, die an jenem Tag vernichtet wurden, ging die größte homosexuelle Befreiungsbewegung unter, die je auf Erden organisiert worden war. Im Vergleich dazu wirken die amerikanischen Initiativen der sechziger jahre wie eine jugendliche Aufwallung, unorganisiert und kulturlos.

Was geschah mit Hirschfeld selbst? 1930 hatte er sich zu einer Werbekampagne durch die Welt aufgemacht. Bei seiner Rückkehr nach Europa flüchtete er zunächst in die Schweiz, dann nach Frankreich. Er starb 1935 in Nizza und hatte nach eigenen Berechnungen etwa 30 000 private Gespräche geführt. Männer und Frauen vertrauten sich ihm an. Sein Werk, sein Beispiel bleiben maßgeblich. Er war gleichermaßen Kämpfer und ein Mann der Wissenschaft und versetzte nicht nur den Planeten in Unruhe, sondern ebnete auch Kinsey den Weg. Ein Fragebogen, den er seinen Besuchern vorlegte, fragte nach der wahren Natur ihrer sexuellen Neigungen vor der Heirat. 1903 hatte er die erste Umfrage zur Homosexualität auf nationaler Ebene gestartet. Sie war auf alle Milieus ausgedehnt und enthüllte, daß 2,2% der Deutschen, also 1,2 Millionen Menschen das betrieben, was bis dahin als eine auf ein paar Versager begrenzte Verderbtheit angesehen worden war. Der Skandal war riesig, Hirschfeld wurde gerichtlich belangt. Wegen des wissenschaftlichen Charakters seiner Arbeit wurde das Verfahren jedoch eingestellt.

Was in der UdSSR in den fünfzehn Jahren nach der Revolution geschah, die rasche Folge von größter Toleranz und Verfolgung, die Parallele zu den Ereignissen in Deutschland, zeigt, wie prekär es um die Freiheit der Homosexuellen bestellt ist und daß, sobald sich eine Macht zu etablieren sucht, ob von rechts oder links, eine faschistische oder kommunistische, die ersten Opfer auf dem Altar des Staates immer Randgruppen sind.

Bereits im Dezember 1917 schaffte die bolschewistische Regierung alle Gesetze gegen Homosexuelle ab, weil die Revolution nicht nur die wirtschaftliche Befreiung des Volkes, sondern auch die sexuelle Befreiung des einzelnen herbeiführen sollte. Grigori Batkis, Direktor des Institutes für Sozialhygiene in Moskau und Mitglied der Wertliga für Sozialreform, veröffentlichte 1923 *Die sexuelle Revolution in Rußland*, wo er die «absolute Nichteinmischung des Staates und der Gesellschaft in sexuelle Angelegenheiten forderte, vorausgesetzt, daß niemand dadurch beeinträchtigt und die Interessen des einzelnen gewahrt würden». Also: «Homosexualität, Sodomie und andere Formen sexueller Befriedigung, die das europäische Recht als Verbrechen gegen die öffentliche Moral definiert, betrachtet das sowjetische Recht genauso wie sogenannte natürliche Beziehungen.»

Bis 1932 entsandte die Sowjetunion Delegierte zu den internationalen Kongressen der Weltliga. 1928 wurde die russische Gesetzgebung auf dem Kongreß von Kopenhagen als beispielhaft zitiert. Eine Gegenströmung manifestierte sich jedoch bereits. Im selben Jahr, also 1928, fragte sich Nikolai Pasche-Oserski, ob Abtreibung nicht ein «Übel» sei und die Homosexualität eine «gesellschaftliche Gefahr». Die kommunistische Partei Deutschlands, die Hirschfeld bis dahin unterstützt hatte, ging von 1931 an auf Distanz. In der UdSSR begannen die Stalinisten, die Homosexualität als «Ergebnis bürgerlicher Dekadenz» zu brandmarken, als eine «faschistische Perversion», und rühmten gleichzeitig die «moralische Reinheit» des Proletariates. Im Januar 1934 fanden in Moskau, Leningrad, Charkow und Odessa die ersten Razzien und Deportationen von Homosexuellen statt. Sie richteten sich vor allem gegen Schriftsteller, Künstler und Schauspieler. Der Dichter Michail Kusmin, der erste russische Schriftsteller, der die Homosexualität zum zentralen Thema seines Werkes gemacht hatte, bekam 1929 Publikationsverbot. Er starb 1936, unmittelbar bevor er deportiert werden sollte. Sein Liebhaber wurde hingerichtet, seine Unterlagen konfisziert. Bis heute sind sie unveröffentlicht.

1934 trat sogar Stalin auf den Plan. Im März brachte er ein Gesetz durch, das homosexuelle Akte zwischen Erwachsenen im Einvernehmen mit fünf Jahren Gefängnis bestraft. Drei Monate später, am 29. Juni 1934, ließ Hitler in Deutschland seinen Mitstreiter Ernst Röhm und andere Führer der Braunhemden, die als

Homosexuelle bekannt waren, in der «Nacht der langen Messer» umbringen. Guy Hocquenghem meint, es habe eine Art Pakt zwischen Hitler und Stalin gegeben. Um Stalin zur Jagd auf Juden zu verpflichten, schritt der Nazi-Diktator zur Ausrottung der Homosexuellen. Antisemitismus in der Sowjetunion gegen rosa Winkel in Deutschland. Rottet Euren Itzig aus, dann vernichten wir unsere Hundertfünfundsiebziger.

Die *Große Sowjet-Enzyklopädie* hatte Hirschfelds Bemühungen zur Abschaffung des Paragraphen 175 in ihrer ersten Ausgabe begrüßt und sich gleichzeitig glücklich gezeigt, daß das sowjetische Recht Vergehen gegen die Moral nicht berücksichtige. Die dritte Auflage von 1971 stellt die Homosexualität als «sexuelle Perversion» dar, eine «widernatürliche Anziehung», die das sowjetische Recht bestraft. Zwar geben die Redakteure vor, gelehrt zu sein, doch ihre Unwissenheit ist so groß, daß sie zur Herleitung des Wortes «Homosexualität» das lateinische *Homo* = Mensch heranziehen.

Trauriger zu sehen ist, daß ein Schriftsteller wie Gorki, der Verfasser fesselnder Erinnerungen, selbst wenn er als Romancier umstrittener ist, ein Mann, der als Kind unter Armut und Hunger gelitten hatte, 1934 in einem Artikel unter der Überschrift «Proletarischer Humanismus» behauptet: «Während in den Ländern des Faschismus die Homosexualität, die die Jugend verdirbt, ungestraft agiert, ist sie in dem Lande, wo das Proletariat kühn und mannhaft die Staatsmacht erobert hat, als ein soziales Verbrechen erklärt und wird streng bestraft.»

André Gide empfand seine Reise in die UdSSR auch deshalb als so ernüchternd, weil Homosexuelle dort fünf Jahre deportiert wurden, «mit Wiederholung der Strafe, wenn sie sich durchs Exil nicht gebessert hatten.»[7] Bekanntermaßen ist die Homosexualität in der UdSSR bis heute verboten. Bestraft wird sie nicht mehr nur durch Deportation in Lager, sondern auch durch Internierung in psychiatrischen Anstalten.

Sehen wir uns das viktorianische England an. Wie in Bismarck-Deutschland wurden homosexuelle Akte zwischen Erwachsenen mit Gefängnis bestraft. Die Todesstrafe war erst 1861 abgeschafft worden. Bis 1967 mußten Homosexuelle mit zwei Jahren Haft rechnen, Sodomie konnte mit lebenslänglicher Zwangsarbeit bestraft werden. Ende des XIX. Jahrhunderts kamen zwei Ereignisse der englischen Befreiungsbewegung zugute, obgleich sie niemals das in Deutschland beobachtete Gewicht erlangte: die Veröffentlichung von Walt Whitmans *Grashalme*[8] 1855 (mit dem offen homoerotischen Abschnitt «Calamus») und Prozeß und Verurteilung Oscar Wildes.

Der Schriftsteller John Addington Symonds ist Autor der ersten ernsthaften Studie über Homosexualität auf Englisch. 1883 veröffentlichte er anonym einen Aufsatz über das «Phänomen der sexuellen Inversion in Griechenland» Auf der Suche nach Material für sein *Life of Michelangelo Buonarroti* (Leben des Michelangelo Buonarroti)[9] war er nach Italien gefahren und machte einen Umweg über Aquila, um sich mit Ulrichs zu unterhalten, bei dem er sich im Oktober 1891 zwei Tage aufhielt.

1885 veröffentlichte der große Reisende und Orientalist Richard Burton eine nicht gereinigte Fassung von *Tausendundeine Nacht*, gefolgt von einem *zusammenfassenden Aufsatz*, in dem er alle auf der Welt vorkommenden Formen von Homosexualität und Päderastie Revue passieren ließ. Er machte eine «sotadische» Zone aus, die den Mittelmeerraum, Kleinasien, Indien und Ozeanien umfaßt, in der solche Bräuche beliebt waren. Eine vielleicht aus der Luft gegriffene Vorstellung von Geographie, die jedoch den Vorteil hatte, Griechenland sein Monopol zu nehmen, was die Homosexualität anging, um es auf Süditalien, Nordafrika und andere Gegenden auszudehnen. Durch den gesamten Aufsatz hindurch nannte Burton die Homosexualität «das Laster», jedoch in rein ironischer Absicht und um die Zensur zu umgehen. Unter dem Deckmantel dieser List konnte er sein Thema mit wärmster Begeisterung behandeln. Er arbeitete gerade an der Veröffentlichung eines weiteren arabischen Klassikers, *Der duftende Garten*, mit einem Vorwort und Anmerkungen, die seine eigenen Neigungen noch klarer enthüllten, als er 1890 starb. Seine Frau verbrannte das Manuskript und zerstörte die Tagebücher, die er vierzig Jahre lang geführt hatte.

Die erste auf der Welt überhaupt erschienene wissenschaftliche Studie war das Werk eines englischen Arztes: Havelock Ellis publizierte 1897 *Sexual Inversion*[10]. Nach weiten Reisen und einem Medizinstudium hatte Ellis sich an die Sexualpsychologie gemacht, eine noch gewagte Wissenschaft, über die er zahlreiche Bücher schrieb. In dem von 1897 erinnert er zuerst an historische Persönlichkeiten, die homosexuell waren (von Michelangelo bis Verlaine) und Wegbereiter der Befreiung (von Ulrichs bis Hirschfeld), die er mit einer um so bemerkenswerteren Sympathie darstellt, als er selbst nicht homosexuell war. Dann führt er in Form klinischer Blätter eine große Zahl von Einzelfällen an. Eine insgesamt objektive und trotz einiger Vorurteile von Wohlwollen geleitete Darstellung. Es wird etwa gesagt, daß die Natur Invertierte in neurotischen und ausgelaugten Familien auftauchen läßt, um diese an der Fortpflanzung zu hindern. Doch wie viele von Weisheit geleitete Bemerkungen! «Ich hege wenig Sympathie für jene, die den Invertierten um jeden Preis «behandeln» wollen.» Die Behandlung bestand zur damaligen Zeit aus hypnotischen Sitzungen und der Empfehlung, ins Bordell zu gehen oder zu heiraten «Ich neige dazu zu sagen, daß wenn wir einem Invertierten helfen können, sich wohl zu fühlen, sich zurückzuhalten und sich selbst zu respektieren, das besser ist, als ihn zum schwachen Abbild eines normalen Mannes zu machen.» «Es ist besser, daß ein Mann seine mächtigsten Triebe mit all ihren Nachteilen nutzt, als daß er geschlechtslos, pervers oder in einer Situation eingeschnürt bleibt, zu der ihn keine natürliche Eignung bestimmt.» Jedoch behauptet er, die beste Lösung sei, wenn der Invertierte das Ideal der Keuschheit lebe: «Er sollte seinen Karren an einen Stern spannen.»

Diese Haltung könnte feige erscheinen im Vergleich zu Hirschfelds im selben Jahr gestarteter Kampagne, wenn man nicht die strengen englischen Richter berücksichtigte. Wildes Verurteilung lag zwei Jahre zurück. Havelock Ellis' Buch wurde kurz nach seiner Veröffentlichung durch den Londoner Staatsanwalt beschlagnahmt und vernichtet.

Der 1844 geborene Sozialist Edward Carpenter, ein fruchtbarer Schriftsteller, der Walt Whitman in den Vereinigten Staaten besucht hatte, trug aktiv zur Befreiungsbewegung bei. Er sprach sich für eine politische Revolution aus, die eine Ära der Demokratie und sexueller Freiheit einleiten sollte. Die viktorianische Kultur bekämpfte er, da sie auf dreifacher Ungerechtigkeit beruhe: der Klassenteilung, dem Merkantilismus und der Knechtung der Frau. Dem Homosexuellen wies er eine Vorreiterstellung zu im Kampf um die Emanzipation. Im 1908 erschienenen *Das Mittelgeschlecht*[11] steht zu lesen: «Möglicherweise führt der uranistische Geist zu einer allgemeinen Begeisterung in der Menschheit und bestimmt das uranistische Volk zur Avantgarde jener großen Bewegung, die eines Tages das Gemeinschaftsleben umformen wird, indem sie die Bindungen durch persönliche Zuneigung und Sympathie über gesetzliche Bande und Interessenverbindungen stellt, die die gegenwärtige Gesellschaft charakterisieren.»

1914 gründeten Ellis und Carpenter die britische Gesellschaft zur Untersuchung der Sexualpsychologie, die 1920 eine Unterabteilung Homosexualität gründete. Diese nahm Kontakt auf zum wissenschaftlich-humanitären Comitée Hirschfelds, behauptete jedoch gleichzeitig, daß die Zeit in England noch nicht reif sei, um wie in Deutschland eine Änderung des Strafgesetzes zu fordern.

Noch 1928 wurde Radclyffe Halls schöner Roman *Quell der Einsamkeit*[12], die Geschichte der Liebe zwischen zwei Frauen, von der Zensur verboten.

Dank einer Frau, Emma Goldman, dank ihrer Referate und Artikel war der Kampf in den Vereinigten Staaten ziemlich eng an die Frauenbewegung gebunden. Sie rief zu Solidarität mit Wilde auf und forderte Gerechtigkeit für all jene, deren sexuelle Orientierung sich nicht an die gesellschaftlichen Normen anpasse.

Und in Frankreich?

Keine Befreiungsbewegung, keine öffentliche Kampagne, kein Aufschrei gegen solche Rechtsverweigerung. Tatsächlich wurde die Homosexualität seit 1810 nicht mehr vom Gesetz bestraft – wie auch in Spanien, Portugal, Belgien, Holland und Italien, lauter Länder, die den Code Napoléon übernommen hatten. Das Problem blieb in Frankreich vor allem ein moralisches. Ablehnung, Verachtung, psychologische Verfolgung waren Los des Homosexuellen. Sogar die Sozialisten heulten mit den Wölfen. Proudhon gab sich gar nicht erst mit Umschreibungen ab: «Der sodomitische Akt ist Zeichen einer hoffnungslosen Verderbtheit», schrieb er 1858 in *Amour et Mariage* (Liebe und Ehe). «Ohne gleich den Tod zu fordern, bedaure ich, daß diese Schändlichkeit, die sich unter uns auszubreiten beginnt, mit so viel Nachsicht behandelt wird. Ich würde sie in jedem Fall mit Vergewaltigung gleichstellen und mit zwanzig Jahren Haft bestrafen.»

Zola war da viel verständnisvoller, obwohl er Ratschlägen zur Vorsicht nachgab. Er hatte die Beichte eines jungen Italieners erhalten, an den «größten Romancier unserer Zeit» gerichtet, damit er das Szenario einer «schrecklichen Krankheit der Seele» schreibe, die bis dahin von der literarischen Darstellung ausgeschlossen war. Zola schrieb den geforderten Roman nicht, erlaubte aber einem seiner Freunde, Dr. Laupts, diese Beichte im Rahmen seiner Forschungen zu *Perversions et Perversités sexuelles* (Perversionen und sexuelle Perversitäten) zu veröffentlichen. Der Romancier rechtfertigte sein Ausweichen in einem Brief an Laupts vom 25. Juni 1895 folgendermaßen: «Ich erlebte damals die härtesten Stunden einer literarischen Schlacht. Die Kritik nannte mich täglich einen Verbrecher, der zu allen Lastern und Ausschweifungen fähig sei. Sehen Sie mich zu jener Zeit als verantwortlicher Herausgeber dieses *Roman eines Invertierten*?» Es folgen Betrachtungen über die Tragödie physiologischer Irrtümer durch die Natur auf Kosten des menschlichen Willens. Zola plädierte bis zu einem gewissen Grad für Nachsicht. «Ein Invertierter ist ein Störenfried der Familie, der Nation, der Menschheit. Mann und Frau sind sicher nicht nur hier unten, um Kinder zu machen, und an jenem Tag, an dem sie nicht mehr tun, was nötig ist, um sie zu machen, töten sie das Leben.»

1895 war für die französischen Intellektuellen kein Ruhmesjahr. Nach der Verurteilung Oscar Wildes ging eine Petition um, die Strafmilderung forderte. Französische Schriftsteller von Alphonse Daudet bis Jules Renard, von Anatole France bis Edmond de Goncourt, von Maurice Barrès zu Pierre Louys, niemand erklärte sich für zuständig. Selbst Zola weigerte sich zu unterzeichnen.

Drei Jahre später bezog der Autor des *Germinal* in der Dreyfus-Affäre bekanntermaßen mutig Stellung. Um zugunsten der Homosexualität öffentlich einzugreifen, hätte er also nicht nur mutig, sondern heldenhaft sein müssen. Frankreich war liberal in seinen Gesetzen, doch tyrannisch in seinen Sitten. Man konnte einem Juden zu Hilfe eilen, sicher sein, daß das halbe Land folgen würde; für einen «Invertierten» hätte man nicht den kleinen Finger gerührt.

Jules Renard war der niederträchtigste von allen: «Ich will die Petition für Oscar Wilde wohl unterschreiben unter der Bedingung, daß er mir sein Ehrenwort gibt, niemals wieder zu schreiben»; François Coppée der lächerlichste: «Als Mitglied des Tierschutzvereins will ich wohl unterschreiben»; Alphonse Daudet der dümmste: «Als Familienvater kann ich nur meinen Abscheu und meine Entrüstung ausdrücken». Wußte dieser «Familienvater», daß sein Sohn Lucien genau zu jener Zeit Vertrauter Marcel Prousts wurde?

Der amerikanische Dichter Stuart Merril hatte die Petition in Umlauf gebracht. George Bernard Shaw unterzeichnete, Henry James weigerte sich.

Wir müssen uns das erstickende Klima der Jahrhunderwende vor Augen halten, um André Gides *Corydon* richtig zu bewerten. 1911 wurde er erstmals in zwölf Exemplaren anonym veröffentlicht, auf Kosten des Autors 1920 immer noch anonym neu aufgelegt und 1924 endlich der Öffentlichkeit zugänglich gemacht, zur großen Entrüstung nicht nur der Öffentlichkeit, sondern auch vieler seiner engsten Freunde.

Ein paar richtige Beobachtungen ertränkt in zoologischem Plunder: so wirkt das Büchlein heute. Es kommt ihm jedoch weiterhin das Verdienst zu, in Frankreich erstmals eine Verteidigung und kohärente Darstellung des «Uranismus» gegeben zu haben. Zu loben ist Gide auch dafür, daß er durch die Eleganz seines Werkes die Untersuchung der Homosexualität dem Monopol von Psychologen, Psychoanalytikern, Sexologen und anderen Doktoren entzog. Frankreich ist das einzige Land, in dem die Frage zuerst die Schriftsteller interessierte und einen literarischen Anstrich behielt: von François Porché zu Jean Cocteau, von Henry de Montherlant zu Julien Green, von Marcel Jouhandeau zu Roger Peyrefitte.

Es ist jedoch völlig ungerecht, daß von allen Vorkämpfern, die sich in Europa um die Jahrhundertwende so einsetzten, nur Gides Name erinnert wird.

Hundert Jahre Elend

In meiner Bibliothek, die ich seit den fünziger Jahren aufbaute und in der alles zu finden ist, was ich über Homosexualität fand, steht zwangsläufig keiner dieser Befreiertexte, da sie niemals ins Französische übersetzt oder in ihren Ländern neu aufgelegt wurden. Dabei wären sie mir sehr hilfreich gewesen. Nur Havelock Ellis Werk *Sexual Inversion* wurde 1964 bei Tchou als erster Band des Gesamtwerkes neu aufgelegt. Als ich es jedoch zu jener Zeit las, erschien es mir ziemlich lau und von einer Reihe neuerer Veröffentlichungen überholt. 1950 und in den zehn, fünfzehn folgenden Jahren wurde in Büchern jedoch nur von Trauma, Neurose, natürlicher Unterlegenheit und Bestimmung zum Unglück gesprochen. Nach dem Bild, das ich anhand der zahlreichen Fälle von mir zeichnen konnte, die ich in diesen Büchern vorbeidefilieren sah, war ich ein zum Leiden verurteilter Untermensch: manchmal «verstanden», jedoch immer der Würde beraubt, auf halbem Weg zwischen Opfer und Versager.

Es war das Zeitalter von Psychiatrie und Psychoanalyse. Ärzte hatten Priester und Polizisten ersetzt, und ihre Urteile zur Homosexualität wurden umso stärker beachtet als sie von offensichtlich «wissenschaftlichen» Autoritäten stammten und ein gewisses väterliches Wohlwollen aus ihnen sprach.

Jedesmal wenn ein Psychoanalytiker schrieb: «Ich habe noch nie einen glücklichen Homosexuellen gesehen», hielt ich dies Urteil für eine nicht anzweifelbare Wahrheit und zog mich noch ein wenig weiter in das Bewußtsein meines Unglücks zurück, ohne auch nur eine Sekunde daran zu denken, daß sich dieses Orakel notwendigerweise auf das Befinden seiner Patienten beschränkte. Homosexuelle, die sich in ihrer Haut wohl fühlen, hätten ihn niemals um seine Dienste gebeten. Nur ängstliche Menschen, Neurotiker, Wracks landeten in seiner Sprechstunde. So zu argumentieren, drängte sich heute jedem auf. Doch 1950 war alles anders, und ich war schon von mir aus so überzeugt, ein Fehler in der Weltordnung zu sein, daß das Verdikt der Ärzte mir unwiderruflich erschien, anstatt daß ich wie heute darüber lache.

Alle versuchten den Homosexuellen zu «erklären». Warum ist er so? Wie ist er so geworden? Ist die Homosexualität seinem Erbe, seiner Konstitution oder Erziehung anzulasten? Ist diese «Triebperversion» angeboren? Oder erworben? Schwerwiegende Probleme, zu denen Zehntausende von Seiten vergeudet wurden! Mir kam nicht einmal der Gedanke, mich zu fragen, ob solche Fragen nicht völlig müßig seien. Da ich «anders» war, «am Rand stand», mußte es zu diesem Rätsel einfach eine Lösung geben. Auch ich hatte größte Hochachtung vor der «Ätiologie». Warum bin ich darauf abgefahren? Warum? Warum? Ich brauchte viel Zeit – etwa zwanzig Jahre wertvoller Lebenszeit –, um zu begreifen, daß diese Suche nach dem «warum» der erste Fehler oder auch Schwindel von Psychiatern oder Psychoanalytikern war – je nach Aufrichtigkeit. Denn um jeden Preis eine «Genese» der Homosexualität erstellen zu wollen, hinderte sie und hindert viele immer noch zu sehen, daß Homosexualität nur natürlich ist. Sie ist nicht mysteriöser oder fragwürdiger als die Heterosexualität oder die Einteilung in Schwarzhaarige und Blonde. Die wahre Befreiung der Homosexuellen beginnt an jenem Tag, an dem man mit dem neutralen Blick des Statistikers festhält, wie viele sie sind und welche Rolle sie in der Gesellschaft spielen, ohne sich bemüßigt zu fühlen, sie als Fälle anzusehen.

Um eine genauere Vorstellung davon zu geben, was ein von Scham und Selbstekel gepeinigter Jugendlicher in den fünfziger Jahren in denen im Buchhandel verkauften Texten an Hilfe finden konnte, täte ich wahrscheinlich besser daran, sie in der Reihenfolge durchzugehen, in der ich sie kaufte und las. Doch der Lesestoff vermischt sich in der Erinnerung, und ich wäre nicht mehr imstande, die richtige Reihenfolge herzustellen. Es erscheint mir am einfachsten, die Werke in der Reihenfolge ihres Erscheinens vorzustellen und anzugeben – falls ich mich erinnere –, wann ich persönlich sie entdeckte. Ich begann, glaube ich, mit den Klassikern der Psychoanalyse, von denen die meisten vor dem Krieg geschrieben wurden. Dann, von 1948 an (Kinsey-Report, ich war neunzehn Jahre alt), konnte ich mir die Bücher bei Erscheinen besorgen. Sofern es möglich ist, werde ich angeben, welche ich sofort las und von welchen ich erst nachträglich erfuhr (besonders nicht französische, wenn ich die Übersetzung abwarten mußte). Ich will dem Leser eine möglichst vollständige Bibliothek zur Homosexualität präsentieren: eine echte Verschwörung derjenigen, die als die intellektuelle und wissenschaftliche Elite ihrer Zeit galten zwischen 1886 und 1968. Nach dem Resümee dieser zahlreichen Titel frage er sich, wie ein junger Mann unter solchem Einfluß einem Gefühl des Elends entgehen konnte.

Von 1960 an taucht eine neue und sehr andersartige Literatur auf. Die Zeiten beginnen sich zu ändern. Mai 1968 bereitet sich vor. Anfangs wollte ich das Jahr 1968 als Schnittstelle zwischen den beiden Ären ansetzen. In Wirklichkeit befreite jedoch nicht der Mai 68 die Sitten, wie häufig angenommen. Mai 68 wurde nur möglich, weil der Panzer der Sitten seit einigen Jahren rissig wurde. Doch finden sich nach 1968 noch eine Reihe von Werken, die von frech terroristischem Geist künden. Das rechtfertigt die Fortsetzung des Rundganges durch meine Bibliothek bis in die achtziger Jahre. Die Demoralisierung dauerte gut und gern hundert Jahre.

I. bis 1960

1886, RICHARD VON KRAFFT-EBING, PSYCHOPATHIA SEXUALIS[1]

Wie der Titel schon sagt, ist dies die Auflistung aller sexuellen Verirrungen und Monstruositäten. Die Homosexualität findet ihren Platz zwischen Exhibitionismus und «erotischer Pädophilie». Hundertvierzig Seiten sind ihr gewidmet, aus denen hervorgeht, daß die Homosexualität ein «funktionelles Degenerationszeichen» darstellt, eine «neuropathische Belastung», die meist ererbt ist. Sie wird begleitet von Neurasthenie, psychischen Anomalien, häufig Delirien (krankhafte Erregungszustände, zeitweiser Wahnsinn, Paranoia) und führt zu hervorragenden Begabungen in der bildenden Kunst, verknüpft jedoch mit schlechten intellektuellen Anlagen und falschem Geist. Vier Arten sind zu unterscheiden. 1. Die psychische Hermaphrodisie mit einer Neigung zu beiden Geschlechtern. 2. Die echte Homosexualität, die ausschließliche Neigung zu Personen des gleichen Geschlechtes. Die Anomalie bleibt auf das Sexuallleben beschränkt. 3. Die psychische Verweiblichung, Effeminatio. 4. Die krankhafte Androgynie, die den höchsten Grad an Entartung darstellt.

Vor Krafft-Ebing hatte es die Franzosen Charcot (einer von Freuds Lehrern) und Magnan gegeben: «Inversion du sens génital», ein von Havelock Ellis zitierter Artikel in der Zeitschrift *Archives de neurologie* (1882). Die Homosexualität erscheint darin als ein «Syndrom des grundlegenden Prozesses ererbter Degeneration», der vergleichbar ist mit krankhaften Zwangsvorstellungen wie Dipsomanie und Kleptomanie. Havelock Ellis hebt hervor, daß besonders in Frankreich Homosexualität mit Degeneration assoziiert wird.

Mehrere für Juristen geschriebene, medizinische Werke als Folge von Krafft-Ebings Arbeit kennzeichnen das Jahrhundertende. Homosexualität sollte nicht mehr unter Strafe stehen und vom Status einer kriminellen Betätigung auf den einer krankhaften Anomalie erhoben werden, für die der Betroffene nicht verantwortlich ist. Nennen wir in Deutschland Albert Moll (*Die konträre Sexualempfindung*)[2] und in Frankreich André Raffalovitch (*Uranisme et Unisexualité*)[3]. Raffalovitch war eng befreundet mit John Gray, jenem jungen Oscar Wilde-Schüler, der dem *Bildnis des Dorian Gray* seinen Namen und einige Wesenzüge verliehen haben soll.

1905, SIGMUND FREUD, DREI ABHANDLUNGEN ZUR SEXUALTHEORIE

Ein wichtiges Werk, mit dem ein neues Zeitalter eingeleitet wird, und wäre es nur durch Stil und poetische Kultur des Autors.

«Der populären Theorie des Geschlechtstriebes entspricht am schönsten die poetische Fabel von der Teilung des Menschen in zwei Hälften – Mann und Weib –, die sich in der Liebe wieder zu vereinigen streben. Es wirkt darum wie eine große Überraschung zu hören, daß es Männer gibt, für die nicht das Weib, sondern der Mann, Weiber, für die nicht der Mann, sondern das Weib Sexualobjekt darstellt. Man heißt solche Personen Konträrsexuelle oder besser Invertierte ...»[4]

Um das Rätsel dieser «sexuellen Abirrung» zu lösen, skizziert Freud seine berühmte Theorie von der kindlichen Sexualität. Das Kind ist «polymorph pervers», seine anarchische Sexualität irrt ohne bestimmtes Ziel durch verschiedene Bereiche seines Körpers. Die Entwicklung des Individuums geschieht danach in einer doppelten Linie. Einerseits unterwerfen sich die verschiedenen erogenen Zonen (orale, anale) dem Primat der Genitalzone. Andererseits wird die Lust, indem sie die vorübergehenden Freuden des Autoerotismus aufgibt, nun in den Dienst der Fortpflanzung gestellt.

Ein harmonisches Konzept, das laut Freud Stufen und Krönung eines erfüllten Sexuallebens berücksichtigt. Der Sexualtrieb, anfangs auf selbstbezogene Befriedigungen verstreut und verschwendet, wird erst «normal», nachdem organische Veränderungen (Reifung der Genitalien) und psychische Hemmnisse (Scham, Ekel, Erziehung) die zahlreichen Bewegungen und Schübe des Kinderlebens in einer einzigen Richtung, auf ein einziges Ziel hin zusammenfließen lassen, auf den monogamen, fortpflanzerischen Bund.

Wird dieses Entwicklungsschema aus irgendeinem Grund unterbrochen, treten «sexuelle Abirrungen» auf. Mit Recht könnten alle krankhaften Störungen des Sexuallebens als Ergebnis von Hemmnissen bei der Entwicklung betrachtet werden. Die Homosexualität des Erwachsenen sei beispielsweise nichts anderes als eine unangemessene Fixierung auf eine Zwischenstufe. Freud präzisiert in zwei später angefügten Passagen die Gründe für diese Art Festklammerung: Die erotische Bedeutung der Analzone werde beibehalten und insbesondere der kindliche Narzißmus durch die Wahl eines Objekts mit den gleichen Sexualorganen verlängert.

Laut Freud «Perversionen», denn jede sexuelle Aktivität, die Lust als Selbstzweck sucht, unabhängig von der Zeugung, wird als «pervers» angesehen. Selbstverständlich dürfe in dem Ausdruck «Perversion» keine Mißbilligung anklingen, betont Freud. Wer daran zweifle, versichern seine Adepten, müsse nur ansehen, welcher Weg seit dem ehrenrührigen «Perversität» zurückgelegt worden sei. Trotzdem behält das Wort für die große Masse eine eher bedrückende moralische Färbung und gehört seit Freud zur medizinischen Sprache über sexuelle Abweichungen.

So taucht um 1905 der für ein halbes Jahrhundert klassische Homosexuelle auf: nicht mehr der von Gott verdammte Kriminelle, kein Versager, nicht einmal mehr der «Degenerierte» Krafft-Ebings, sondern das Opfer einer Entwicklungsstörung. Das «Laster» hat sich in eine Art Handikap im Rennen um Reife und Glück verwandelt. Der Homosexuelle wird nunmehr als ein «Primitiver» im Sexualleben betrachtet. Zwar darf der Arzt nachsichtig mit ihm sein, die anderen Gesellschaftsmitglieder jedoch zählen ihn nicht zu den wirklich Erwachsenen. Er ist «zurückgeblieben», hat die letzte Hürde nicht genommen, die ihn zur Ehe hätte führen sollen. Eine Phase, die man beim Jugendlichen als Übergangsstufe zur Not toleriert, wird, wenn sie beim fertigen Mann andauert, Stigma seines Scheiterns. Er wird nicht mehr verbrannt wie im Mittelalter, doch man läßt ihn spüren, daß man ihn im Auge behält.

Wehe dem, der sich gegen dies Urteil auflehnt, anstatt an der Mauer entlangzuschleichen. In einem Brief an Jung äußerte Freud sich Hirschfeld gegenüber ablehnend und erklärte, nicht für die Zeitschrift des wissenschaftlich-humanitären Comitées schreiben zu wollen (25. Februar 1908). In Anwesenheit Joseph Wortis' (der über seine Gespräche mit Freud 1934/35 in einem 1954 erschienenen Buch berichtet *Fragments of an Analysis with Freud*[5]) wettert er mehrmals gegen Hirschfeld los (der nach der Zerstörung seines Berliner Instituts im Exil lebte), warf ihm vor, «pervers» zu sein, da er sich mit männlichen Prostitutierten befriedige. Persönliche Abneigung? Vielleicht, doch sicher auch Feindschaft gegen den Mann, der dreißig Jahre lang für eine Legalisierung der Homosexualität gekämpft hatte. Homosexualität kann wegen ihrer Niedrigkeit, ihrer Unterlegenheit nur «toleriert» werden. Sie hat nur das «Recht», sich ruhig zu verhalten und nicht aufzufallen. Oder noch besser, sich heilen zu lassen, da sie doch – offensichtlicher «Fortschritt» gegenüber den früheren Bezeichnungen «Sünde» oder «Verderbtheit» – den ehrenhaften Status eines «Gebrechens», eines sexuellen und menschlichen «Defizits» erlangt hat. Ich glaube nicht, Freuds Denken zu mißbrauchen, wenn ich derartige Schlüsse ziehe.

Beim Autor dieses Urteils sollten wir das Nebeneinander beachten von geistiger Weite, denn er nimmt die polymorphe Disposition des Kindes als natürlich an (eine revolutionäre Entdeckung, die damals Empörung auslöste), und geistiger Enge, wenn er der Sexualität des Erwachsenen ein «normales» Ziel zuweist. Konnte ein Wiener Bürger um 1900 anders argumentieren? Wie hätte er sich klar darüber sein sollen, daß jene Ideen von «Entwicklung», «Phasen», Störung» und «Fixierung» die wirtschaftlichen Sorgen der herrschenden Klasse widerspiegelten? Die Sorge um «Wachstum» war mit dem Aufstieg des Kapitalismus aufgetaucht, und Freud wendete die Gesetze wirtschaftlicher Expansion nur auf das Privatleben des Individuums an. Es galt die gleiche Losung: Komsumgüter wie Kinder zu «produzieren».

In einem anderen Punkt täuschte Freud jedoch bewußt. Auf die «poetische Fabel», die er zu Anfang seiner Abhandlung zitiert, stieß er beim Lesen der Rede des Aristophanes in Platons *Gastmahl.* Aristophanes erklärt, daß die Menschheit früher nicht aus einzelnen Männern und Frauen bestanden habe, sondern aus einer Art Kugeln mit zwei Gesichtern, vier Armen, vier Beinen und zwei Geschlechtern. Freud berücksichtigte nur die androgynen Kugeln aus einem männlichen und einem weiblichen Teil: Dieser Mythos erklärt nicht nur die Anziehung zwischen den Geschlechtern, sondern begründet die psychoanalytische Theorie von der Bisexualität. Nur gab es für Aristophanes anfangs drei Arten von Kugeln: jene aus einem männlichen und einem weiblichen Teil, aber auch jene aus zwei männlichen oder zwei weiblichen Teilen. So wie der Wunsch des männlichen Teils, sich mit der weiblichen Hälfte der androgynen Kugel zu verbinden, die heterosexuelle Liebe erklärt, kann die Homosexualität sich des gleichen Ursprungs rühmen.

«Und alle Frauen, die Stücke eines Weibes sind (einer der ursprünglichen Kugeln Frau/Frau), richten den Sinn nicht sehr auf die Männer, sondern halten sich mehr an die Frauen, und diesem Geschlecht entstammen die Buhlerinnen. Alle, die Stücke des männlichen sind (einer der ursprünglichen Kugeln Mann/Mann), folgen dem Männlichen.»[6] Solche Worte legt Platon Aristophanes in den Mund, und Freud hätte sie zitieren müssen, wäre er ehrlich gewesen. Die Psychoanalyse, in jedem Fall jedoch das Los der Homosexuellen hätte sich anders entwickelt. Die Homosexualität wäre nicht als «Abirrung», «Anomalie», «Zurückgebliebenheit» und «Perversion» eingestuft worden. Platon hatte ihr einen mythischen Status gegeben. Nach göttlichem Recht existierte sie genauso wie die Heterosexualität. Die Anstrengungen Freuds und seiner Schüler zur «Erklärung» der Homosexualität, ihre «Ursachen» herauszufinden erscheinen nach jenen wundervollen Seiten aus dem *Gastmahl* unnütz und lächerlich.

Freud kam noch zweimal auf das Thema zurück. 1910 in *Eine Kindheitserinnerung des Leonardo da Vinci* knüpft er die Homosexualität des Malers an zwei «Ursachen»: einerseits die Verdrängung der Liebe zur Mutter und aus Treue zum Mutterbild die Flucht vor Frauen, andererseits indem «er seine eigene Person zum Vorbild nimmt, in dessen Ähnlichkeit er seine neuen Liebesobjekte auswählt. Er ist so homosexuell geworden; eigentlich ist er in den Homoerotismus zurückgeglitten, da die Knaben, die der Heranwachsende jetzt liebt, doch nur Ersatzpersonen und Erneuerungen seiner eigenen kindlichen Person sind ...»[7].

1911, in *Psychoanalytische Bemerkungen über einen autobiographisch beschriebenen Fall von Paranoia* zum Präsidenten Schreber faßt er seine Theorie zur Homosexualität zusammen. Das Individuum in der Entwicklung wählt sich anfangs selbst als Liebesobjekt: Stadium des Autoerotismus, der Masturbation. Es folgt die Phase der Objektwahl einer anderen Person: Doch bevor der Mensch endgültig das Stadium der Heterosexualität erreicht, geht er durch eine Periode auf halbem Weg zwischen Narzißmus und Objektliebe hindurch, in der er sich jemandem zuwendet, der die gleichen Geschlechtsorgane hat wie er selbst. «Wir nehmen an, daß die später manifest Homosexuellen sich von der Anforderung der eigenen gleichen Genitalien beim Objekt nie frei gemacht haben ...»[8].

Dieser Satz lenkte spätere Überlegungen (von Ärzten und Moralisten) wie auch die öffentliche Meinung auf den ausschließlich sexuellen Charakter der Homosexualität zu Lasten anderer: der Affinität von Herz und Geist, der Zärtlichkeit usw. – oder einfach dem Wunsch, die ursprüngliche Einheit wieder herzustellen, die geheimnisvolle platonische Ganzheit, die durch die Trennung der Kugeln zerbrochen war.

So wie Freud die Lehrfabel des *Gastmahls* verfälschte, um sie durch sein eigenes Konzept von der Homosexualität als Scheitern in der Entwicklung des Individuums zu ersetzen, verdunkelte er auch eine andere griechische Sage eigenartig. Es ist bekannt, welch zentralen Platz der Ödipuskomplex in seiner Theorie einnimmt. Ödipus tötete seinen Vater Laios und schlief mit seiner Mutter Iokaste; ein Schicksal, das uns laut Freud «die Erfüllung unserer Kinderwünsche» zeigt. Doch erwähnt er eine Episode nicht, die ihn hätte stutzig machen müssen. Bevor Laios Iokaste heiratete, hatte er den jungen Chrysippos, Sohn von König Pelops, entführt, in den er sich unsterblich verliebt hatte. Ein so aufsehenerregender Raub, daß der Räuber als derjenige galt, der die Päderastie in Griechenland eingeführt hatte. In seinem Zorn verfluchte Pelops Laios und kündigte ihm an, er werde von seinem eigenen Sohn getötet, der daraufhin mit seiner Mutter schliefe. Nach einer späteren Fassung schickte Zeus Ödipus, Laios, töten, um ihn für die Entführung des Chrysippos zu bestrafen. Warum berücksichtigte Freud dieses Detail vom «homosexuellen Vater» im Ödipuskomplex nicht? Fürchtete er, bei seinen Lesern andere als «unsere Kinderwünsche» zu wecken?

Um – vorübergehend – zum Ende zu kommen mit dem Begründer der Psychoanalyse, merken wir an, daß Thomas Manns *Tod in Venedig* von 1910 stammt. Ein Text, in dem die Homosexualität als narzißtische «Fixierung» an einen Jugendlichen und die Jugend dargestellt wird, als ein «Stillstand» im Leben des Erwachsenen, eine düstere, unwiderrufliche Erstarrung des Individuums, verkörpert im biologischen Tod Aschenbachs. So wie Prousts düstere Vorstellung von der Homosexualität mit den Theorien Ambroise Tardieus zusammenhängt, läßt sich ein Einfluß Freuds auf Thomas Mann feststellen. In diesem sicher weicheren, abgemilderten Bild von Aschenbach, der sich an der Cholera sterben läßt, ersetzt das Licht der Dämmerung den grellen Schwefelglanz, doch es bleibt dramatisch und todesnah.

1906, SANDOR FERENCZI, ÜBER SEXUELLE ZWISCHENSTUFEN

Der Gründer der psychoanalytischen Bewegung in Ungarn und einer der größten Psychoanalytiker überhaupt, kennt Freuds Arbeiten noch nicht, als er mit dreiunddreißig Jahren dem Budapester Ärztebund einen erstaunlichen Text päsentiert, in dem er offen Partei ergreift für die Homosexuellen, die er «Urninge» nennt. Er beschwört seine Kollegen, sich den Kampagnen des wissenschaftlich-humanitären Comitées in Berlin anzuschließen und fordert auch für Ungarn die Abschaffung gerichtlicher Verfolgung. Er greift die bei Hirschfeld entlehnte Bezeichnung vom «dritten Geschlecht» wieder auf, stellt eine Theorie zur Bisexualität auf, die biologisch oder psychologisch bedingt sein könne. Er zeigt seinen Zuhörern ein Bild Ludwigs II. von Bayern und erklärt ihnen, daß bei manchen Menschen männliche und weibliche Elemente zu gleichen Teilen gemischt sein könnten. Abschließend empfiehlt Ferenczi, den Uranismus als einfache Seinsform der Natur anzusehen, die dem repressiven Staatsapparat zu entziehen sei.

Wegen dieses klaren, mutigen Textes verdiente Ferenczi, in das Kapitel über die Pioniere der Befreiungsbewegung aufgenommen zu werden. Die Untersuchung seiner weiteren Arbeiten wird begreiflich machen, warum ich ihn nicht dazu zähle. Ganz hingerissen entdeckt er 1907 Freud. 1915 und 1921 widmet Ferenczi den *Drei Abhandlungen zur Sexualtheorie* zwei Artikel. Sein *Weiteres zur Homosexualität*[9] von 1909 zeigt, daß er weit hinter seine Position von 1906 zurückgegangen ist. «Die Homosexualität ist eine der Impotenz nahe verwandte Neurose; beiden gemeinsam ist die Flucht vor dem Weibe.» Er widerruft seine Übereinstimmung mit Hirschfeld: «Die Theorie von dem «dritten Geschlecht» haben die Homosexuellen selbst erfunden, als Widerstand in wissenschaftlicher Form.» Über Hirschfelds Theorie läßt sich gewiß streiten, doch hatte sie das Verdienst, den Homosexuellen Rechte zuzugestehen, wie sie mit jedem Naturzustand verbunden sind. Die Bemerkung über «den Widerstand in wissenschaftlicher Form» klingt unweigerlich komisch. Von Freud auf die Fährte der «Ursachen» gebracht, schließt Ferenczi seinen Artikel von 1909 mit der Behauptung: «... überall, wo übermäßige Homosexualität auftritt, (ist) die Verdrängung der Heterosexualität daran Schuld.» Einen solchen Satz hätte auch ein Molièrescher Arzt unterschreiben können.

Ein charakteristisches Detail: Während er 1906 die Bezeichnung homosexuell kritisiert, wegen ihrer barbarischen Etymologie ebenso wie wegen ihrer psychologischen Unangemessenheit, verzichtet Ferenczi 1909 auf das poetische und barocke «Urning», um den pseudo-medizinischen Neologismus zu übernehmen.

1911 ein weiterer Schritt rückwärts. In *Zur Nosologie der männlichen Homosexualität (Homoerotik)* übernimmt er die Freudsche Phasentheorie. Die «Fixierung» der Homosexuellen an die «narzißtische Phase» wurde also schnell obligatorisches Klischee der psychoanalytischen Literatur. Ferenczi geht in seinem Denken jedoch weiter. Er unterscheidet «Subjekt-Homoerotiker», also Invertierte, die weibliche Züge in Körperbau oder Charakter aufweisen und die an Hirschfelds «sexuelles Zwischenstadium» anknüpfen, und «Objekt-Homoerotiker», die völlig männlich, jedoch als Folge eines Unfalls im Verlauf ihrer psychischen Entwicklung an einer «Zwangsneurose» leiden. Sie werden vom Bewußtsein ihrer Anomalie «gepeinigt» und von Gewissensbissen «gefoltert». Während die echten Invertierten unheilbar sind, hegt die Psychoanalyse die Hoffnung, die zweite Kategorie von Kranken zu behandeln, indem sie ihnen etwa Frauen gegenüber ihre Potenz zurückgibt.

Eine solche Einzelheit enthüllt, wie sehr die Suche nach «Ursachen» einen so wachen und brillanten Geist auf die falsche Fährte setzen konnte. Da die «anale» Komponente bei allen Homosexuellen stark sei (ein weiterer bei Freud entliehener Topos), viele von ihnen jedoch trotzdem feinfühlig und feinsinnig seien, bringt Ferenczi ungerührt folgende, zum Lachen reizende Erklärung vor: «Die Koprophilie und die Riechlust ist bei ihnen tief verdrängt, oft zu Ästhetentum, Vorliebe für Parfüms, Kunstenthusiasmus sublimiert.»[10]. Mit anderen Worten: Wenn Homosexuelle sich herausputzen und Antiquitätenläden besuchen, dann *weil* sie Scheiße lieben!

In jenem späten und posthum veröffentlichten Text schließlich (Kurze Darstellung der Psychoanalyse, 1932 oder 1933 geschrieben)[11] ordnet Ferenczi die Homosexualität ein als eine der häufigsten sexuellen Perversionen: Wenn sie auf Abscheu vor dem anderen Geschlecht zurückgehe, habe eine Behandlung durch Psychoanalyse einige Erfolgsaussichten; aber die, die volle Befriedigung durch Partner gleichen Geschlechts erführen, fühlten wohl kaum Veranlassung, sich von einer Krankheit zu befreien, die ihnen im übrigen gar nicht als solche erscheine. Das hätte Molières Dr. Diafoirus nicht besser sagen können.

Diese bestürzende intellektuelle Episode macht deutlich:

1. Freuds Einfluß auf Ferenczi war verheerend; der Schüler verzichtete auf seine geistige Freiheit, um den Panzer der neuen Scholastik anzulegen.
2. Die Nachwelt erinnert sich nur Ferenczis analytischer Texte. Alles was er vor der Begegnung mit Freud schrieb, wird verborgen.

Eine innere wie äußere Zensur. Einen Mann, der eines der pakkendsten Plädoyers zugunsten der Homosexualität gehalten hatte, reihen wir traurig in die Schar der Behandler und Diagnostiker ein.

1910, CARL JUNG

Jung war zu jener Zeit noch Freud-Schüler und schrieb am 20. Februar an seinen Lehrer: «Die moralische Erleichterung der Homosexualität wäre als antikonzeptionelles Mittel ganz gewaltig zu fördern. (...) Ich glaube, wir verkennen uneinsichtigerweise die biologischen Verdienste, die sich die Homosexuellen durch ihre Verführungslust erwerben. Eigentlich verdienen sie etwas von der Heiligkeit der Mönche.»[12] Ironisches Wohlwollen, unter bestimmten Bedingungen gewährt, das sich in offene Feindseligkeit wandelt, als er in einem Brief vom 18. Mai 1911 von einem gewissen Dr. Römer spricht: «Er ist ein Häuptling der Homosexuellen, der holländische Hirschfeld (...). Er ist, wie alle Homosexuellen, keine Freude.» Hirschfeld ist schon wieder der schwarze Mann! Nach dem Bruch mit Freud von 1913 interessierte das Studium sexueller Probleme Jung kaum mehr.

1917, ALFRED ADLER, DAS PROBLEM DER HOMOSEXUALITÄT[13]

Adler, ein anderer brillanter Freud-Schüler hatte bereits 1911 mit seinem Lehrer gebrochen. Dieser Text ist die erste Gesamtanalyse zum Thema. Ich las ihn 1956, als er ins Französische übersetzt wurde. Laut Adler tauchte die Anziehung für Jugendliche in Griechenland zu einem Zeitpunkt auf, als die Frau an Einfluß und Bedeutung gewonnen hatte. Daraus ergab sich ein Gefühl der Unsicherheit bei den Männern und der Wunsch, sich aufzuwerten durch die Flucht in einen Bereich, von dem diese ausgeschlossen wären. So lautet die – grundfalsche – These des Autors; denn die initiierende Homosexualität, Beziehungen zwischen Erwachsenen und Epheben gehen auf die früheste Antike zurück, als Gründungssystem der griechischen Pädagogik, lange bevor die Frauen das Gynäkeion verließen. Adlers gesamte Theorie leitet sich aus diesem ersten Irrtum oder dieser ersten Lüge her. Und ich, der ich keine Möglichkeit hatte, die Wahrheit herauszufinden, ließ mich nicht weniger dumm überzeugen, daß die Homosexualität nur eine «Flucht vor der Frau» ist, «kompensatorische Bestrebungen, die zur Behebung eines Gefühles der Minderwertigkeit gegenüber der überschätzten Macht der Frau eingeleitet (...) wurden, sie erweist sich als unfruchtbares und unlösbares

Notprodukt, das den schwach entwickelten Gemeinsinn weiter schädigt.»

Selbst wenn – obligatorische Leier seit Freud – Vater und Mutter schwere Verantwortung an der Erziehung des Homosexuellen tragen, verdient diese keine Nachsicht. «Deshalb auch spitzt sich die Frage der Homosexualität ganz besonders zu, sobald wir sie am Volkswillen messen. Sie ist geradezu eine Leugnung desselben und zwar im entscheidendsten Punkt. Denn der Volkswille trägt als lebendige Masse immer auch das Ideal einer ewigen Fortdauer in sich. Dies allein genügt, um die Heterosexualität als Norm zu erzwingen und jede Perversion, die Masturbation mit inbegriffen, als Verbrechen, als Verirrung, als Sünde empfinden zu lassen.»[14].

Denn die Homosexualität ist «ein Training des entmutigten Menschen seit seiner Kindheit (...), um auf dem Weg der Ausschließung von Möglichkeiten einer Niederlage, im Falle der Homosexualität also auf dem Wege der Ausschaltung des anderen Geschlechtes, der normalen Lösung der Liebesfrage auszuweichen», ein «Trick», eine «Unart», eine «revoltierende Geste», «eine Revolte des vermeintlichen Schwächegefühls gegen Forderungen, die sich aus dem gesellschaftlichen Leben ohne Zwang ergeben.». Eine wärmstens empfohlene Behandlung besteht darin, «aus einem erwachsenen Feigling einen mutigen Menschen zu machen», d.h. ihn der Frau zuzuführen.

Wie konnten solche Albernheiten maßgeblich werden? Warum kam ich nicht einmal auf den simpelsten Einwand: Es ist doch viel schwerer, sich einem Jungen zu nähern als einem Mädchen (ich spreche von den fünfziger Jahren)? War die Möglichkeit einer Niederlage mit jemandem meines eigenen Geschlechts nicht tausendmal wahrscheinlicher? Mit einem Mädchen, daß mich abgewiesen hätte, riskierte ich kaum mehr als etwas verletzte Eigenliebe. Im anderen Fall stellte ich mir hingegen jede Menge Gefahren vor: von der Tracht Prügel zum Skandal, von versengender Scham zum öffentlichen Affront. Wäre es nicht wirklich mutig gewesen, solchen Gefahren zu trotzen? Um Adlers Anweisungen zu folgen, mich stark und männlich zu zeigen, hätte ich mein Verhalten meinen Neigungen anpassen müssen und nicht länger jene fliehen, die mich so heftig anzogen. Ich starb vor Angst, wagte nicht, manche meiner Kameraden anzusprechen, bei deren Anblick ich schwach wurde. Bei ihrem Anblick fühlte ich mich «feige» und in höchstem

Maße «mutlos», und trotzdem drängte mich diese Lektüre zu den Frauen. Frauen galt es zu erobern, wenn ich meine Selbstachtung bewahren wollte.

1922

M. Chambry, Lehrer am Pariser Lycée Condorcet übersetzte *Das Gastmahl* und schrieb ein Vorwort für die Editions Garnier. Er grämt sich, daß Platon Liebe nennt, was nur eine «krankhafte Verirrung» ist, und zweifelt, ob der große Philosoph in diesem Punkt wohl ernst zu nehmen sei.

Es wäre zu überprüfen, wie die griechischen und lateinischen Klassiker Platon, Pindar, Theokrit, Virgil u.a. den Schülern in Schulausgaben (vor allem Garnier und Budé) seit Beginn des Jahrhunderts dargestellt werden. 1925 erschien bei Budé ein Theokrit. A. Legrand geht streng um mit einem der schönsten Hirtengedichte der Sammlung: *Der Geliebte*. Wahrscheinlich schockierte den Lyoner Griechisch-Professor der Kußwettstreit der Megarer, von dem der Dichter spricht (ein Schiedsrichter beurteilte, welcher Junge die geschicktesten Lippen hatte). Übrigens ist es unmöglich, Theokrit zu zensieren, und er wurde in der Schule kaum behandelt. Die Gymnasiasten wußten, daß Catull den Tod des Spatzen seiner Mätresse Lesbia beweint hatte, die dreihunderttausend Küsse auf die Lider eines gewissen Juventius wurden ihnen jedoch sorgfältig verborgen.

1923, WILHELM STEKEL, ONANIE UND HOMOSEXUALITÄT[15]

Die französische Übersetzung war im Juni 1940 beendet, wurde jedoch erst 1951 veröffentlicht. Ein wesentliches Werk, für das sich ein großer Verleger eingesetzt hatte. Ich las es bei Erscheinen. Die wichtigste Studie, die diesem Doppelthema je gewidmet wurde. Hundertsiebzig Seiten zur Onanie, fünfhundert zur Homosexualität. Mehr als hundert erfaßte Homosexuelle. Wenn ich mich meiner damaligen Eindrücke erinnere, bekräftigt durch ein Dutzend Seiten Notizen, die ich unter dem Eindruck der Lektüre machte: gleichzeitig begeisternd und erdrückend.

Begeisternd, denn Stekel stellte die Homosexualität in den grandiosen Rahmen eines Kampfes zwischen Kultur und Natur. Er stützte sich auf Freuds Entdeckungen, dessen Schüler er auch gewesen war, weigerte sich jedoch, die Ausdrücke, «Inversion» oder «Perversion» zu gebrauchen. Stekel nannte die Homosexualität eine «Parapathie» – ein anderes Wort für Neurose – d. h. das verhängnisvolle Ergebnis eines unmöglichen Kampfes zwischen Trieb und Hemmung. Die Entwicklung der Menschheit, sagte er, fordere das Opfer von immer mehr Trieben. Der Homosexuelle sei der ursprünglich bisexuellen Veranlagung näher als der normale Mensch, der ein Kind seiner Zeit sei. Wenn die Natur etwas Großes, Mächtiges und Hohes schaffen wolle, greife sie immer auf Vergangenes zurück. Einem Mann mit überreichlichen Trieben öffneten sich drei Wege: Entweder sublimiere er das Zu-viel, das für die Gesellschaft nicht Akzeptable und werde ein Schaffender, ein Schriftsteller oder Künstler, er gebe sich seiner exzessiven Natur hin und verfalle dem Verbrechen, oder aber er werde Opfer der berühmten Parapathie und homosexuell. Der Unterschied zwischen Mann und Frau vergrößere sich aufgrund der Kultur. Die ursprüngliche Frau sei nicht so weiblich und der ursprüngliche Mann nicht so männlich gewesen wie die kultivierte Frau und der kultivierte Mann. Der Homosexuelle stehe in der Welt der sexuellen Unterschiede wie ein Fremder und Feind. Alles Große sei und werde durch solche regressiven Phänomene geschaffen. Anscheinend wolle die Natur sich verjüngen, indem sie Verbindung zu Kräften aus Urzeiten suche.

Als ich diese Zeilen las, fühlte ich mich irgendwie größer, gestärkt durch die unverhoffte Verwandschaft zum Künstler und Verbrecher. Was für mich bis dahin nur Grund zu Scham und Unglück gewesen war, erhob mich plötzlich zum Helden und wies mir eine Rolle in jenen düsteren Konflikten zu, die die Menschheit in regelmäßigen Abständen schütteln.

Gleich anschließend mußte ich jedoch von meinem hohen Roß herabklettern. Ich hatte eine Niete gezogen mit meiner «Parapathie». Sie hatte nicht den Ruhmesglanz des Kunstwerkes, auch nicht den roten Schimmer des Blutes, sondern nur die Tristesse des fleischlichen Aktes – und obendrein eines unvollendeten fleischlichen Aktes. Ich beendete das Buch mehr niedergeschlagen als begeistert. Niemals habe er einen Homosexuellen gesehen, der sich wohlfühle und glücklich sei, beschied mich der Doktor. Je älter solche Menschen würden, desto trauriger wäre ihr Schicksal.

Beim Wiederlesen heute bemerke ich, daß das gesamte Werk bebt vor Polemik gegen Hirschfeld – dessen Namen ich 1951 nicht einmal kannte – und sein Konzept von der Homosexualität als «normaler» Erscheinung. Welche Beweise wir denn hätten, daß Homosexuelle ganz gesund seien, widerspricht ihm Stekel. Wir könnten uns nur darauf berufen, was sie sagten. Sie erklärten, es gehe ihnen gut, genau wie viele schwere Psychopathen. Es fehle ihnen das Krankheitsgefühl. Diese Tatsache sei für Homosexuelle besonders charakteristisch.

Sie wollten, daß ihr Zustand als normal angesehen werde.

Leider gehörte ich nicht einmal in diese Kategorie. Über meine Neigungen beschämt fühlte ich mich als Ausschuß der Gesellschaft, als Paria. Ich sah nicht, wie das vom Doktor vorgeschlagene Heilmittel – meine erstickten heterosexuellen Neigungen zu wekken, die bei der großen Konfrontation von Natur und Kultur in mir verdrängt worden waren – irgendwie hätte helfen können. Der Kampf war von vornherein verloren. Es blieb mir nur, den Kopf zu senken unter der Last einer unheilbaren «Parapathie», die den Doktor in seiner Meinung bestärkt hätte, daß es keinen Homosexuellen ohne Neurose, Angst und Verzweiflung gibt.

1923, GEORG GRODDECK, DAS BUCH VOM ES[16]

Ein unverhoffter Sonnenstrahl in jenen düsteren Jahren ärztlicher Predigten, der mich jedoch recht spät erreichte, vierzig Jahre später, als das Buch, das diesen dissidenten Psychoanalytiker von Freud entfernte, endlich auf Französisch übersetzt wurde. In humorvollen Briefen an eine Freundin stellt Groddeck die großen Probleme von Körper und Geist dar. Brief 27 ist der Homosexualität gewidmet.

Er erinnert an Griechenland, aber auch an die Evangelien, wo junge Leute den Kopf an die Brust des Herrn legten. «Gegen all diese Zeugnisse sind wir blind. Wir dürfen nicht sehen, was sichtbar ist.» Groddeck erklärt die religiöse Verurteilung der Homosexualität mit dem Ehrgeiz der Priester: Sie erfanden die Sünde, um sich das Gewissen zu unterwerfen. Eine List, die besonders der christlichen Kirche zugute kam: Indem sie diese Art der Liebe mit dem Bann belegte, traf sie die griechische Kultur an ihren Wurzeln.

Wesentlich jedoch war: Homosexuelles Begehren ist laut Groddeck universell und jedem von uns angeboren. «Es geht allen, wie es mir gegangen ist, daß sie zu irgendeiner Zeit ihres Lebens eine übermenschliche Anstrengung machen, diese nach Wort und Schrift verächtliche Homosexualität zu ersticken. Nicht einmal die Verdrängung gelingt ihnen, und um das andauernde, tägliche Selbstbelügen durchzuführen, unterstützen sie die öffentliche Lästerung der Homosexualität und erleichtern sich so den inneren Kampf.» Die Homosexualität sei so sehr Teil der menschlichen Natur, jeder Mensch sei der Leidenschaft für sein eigenes Geschlecht so stark unterworfen, daß man sich erstaunt fragen möge, durch welches Wunder es ihm gelingt, ein wenig Zuneigung zum anderen Geschlecht zu empfinden. Indem er so fragte, fand Groddeck eine elegante Form, Freud und all jene Ärzte lächerlich zu machen, die besessen sind von der Suche nach den «Ursachen» der Homosexualität. Doch wieviel Anerkennung erfährt Groddeck selbst heute? Nach dreißig Jahren Fegefeuer für Untreue Freud gegenüber und grobem Abweichlertum, wurde er rehabilitiert. Gleichwohl bleibt er ein wenig der Hanswurst der Psychoanalyse, der mit seinen Possen amüsiert.

1924, R. LAFORGUE, R. ALLENDY, LA PSYCHANALYSE ET LES NEVROSES

In der Neuauflage von 1951 gelesen[17]. Erster Beitrag der französischen Psychoanalytiker, die sich an die Losung der Schule halten. Homosexuell wird man in Ermanglung von Besserem. Wenn im Verlauf der Persönlichkeitsbildung eintretende Ereignisse hindern, eine Beziehung zum anderen Geschlecht herzustellen. Eine neutrale Darstellung, ohne sich auf die Norm zu beziehen, jedoch im Rahmen einer klinischen Studie über Neurosen, darunter der Homosexualität genau vor der Impotenz.

1926, HENRI BARBUSSE

Antwort auf eine Untersuchung der Zeitschrift *les Marges* zur Homosexualität in der Literatur. François Mauriac sagt, «dies Laster schreckt normale Menschen zu sehr ab», als daß der Ruhm von Proust oder Gide die Sitten beeinflussen könne. Henri Barbusse, zu jener Zeit ein berühmter kommunistischer Schriftsteller, gab den offiziellen Standpunkt seiner Partei wieder (obwohl in der Sowjetunion selbst bis in die dreißiger Jahre eine liberale Haltung vorherrschte). «Ich denke, daß diese Perversion eines natürlichen Triebes Indiz der tiefen sozialen Dekadenz eines gewissen Teils der heutigen Gesellschaft ist.» Dann geißelte er das Wohlwollen, das eine «dekadente Phalanx von Intellektuellen» einem solchen Thema gegenüber zeige.

1927, FRANÇOIS PORCHÉ, L'AMOUR QUI N'OSE PAS DIRE SON NOM[18]

(Die Liebe, die es nicht wagt, ihren Namen zu nennen)

Mutig, aufrichtig, gut geschrieben, das Buch eines Schriftstellers und ein gutes Zeugnis der öffentlichen Meinung des Frankreich der zwanziger Jahre. Das Auftauchen von Prousts Baron Charlus habe die literarische Landschaft erschüttert, sagt Porché. Proust war der erste, der einen Homosexuellen darstellte. Es folgt ein geschichtlicher Abriß des Themas: Zola, Freud, Custine, Whitman usw. Zur Liebschaft zwischen Wilde und Douglas gesteht Porché seine «Abneigung eines Heterosexuellen». Seine Reserviertheit wächst, als es um Gide und seine «Predigten» geht. Im Schluß dann die Furcht, daß sich dank des Ansehens einiger Schriftsteller die Homosexualität ausbreiten könne, die für ihn ein «Laster» ist, weil er sich einfach weigert, «Liebe» darin zu sehen. Endsieg des Vorurteils, im Gegensatz zu den Anfangsseiten, aus denen starke Sympathie sprach.

Diplomatische Vorsicht? 1928 wagte Jean Cocteau es nur, sein homosexuelles Geständnis, *Das Weißbuch*[19], in wenigen Exemplaren ohne Autoren- oder Verlegernamen zu veröffentlichen. Cocteau erkannte diesen Text niemals öffentlich an, der bis zu seinem Tod in verschiedenen anonymen Ausgaben unter der Hand kursierte. André Breton hingegen affichierte seine dumme Arroganz. «Ich klage die Päderasten an, der menschlichen Toleranz ein geistiges und moralisches Defizit darzubieten, das zum System werden könnte und all jene Unternehmungen lähmen, die ich achte.»[20] Schweigen der anderen Surrealisten, Aragon allen voran.

1933 veröffentlichte Porché einen seinerzeit sehr mutigen *Verlaine tel qu'il fut* (Verlaine, wie er wirklich war)[21] trotz einiger der üblichen Klagen über den «fürchterlichen» Lebenswandel des Dichters. Er stellte ihn jedenfalls als wesentliche Komponente von Verlaines Talent dar. Spätere Biographen kehrten zu frömmelnder Feigheit zurück. 1981 (!) schrieb Pierre Petitfils[22] die Homosexualität des Dichters seiner «Willensschäche» zu. «Dabei war er nicht verderbter als andere und neigte auch nicht stärker zur Inversion ...»

Der Fall François Porché, nach eigenen Angaben überzeugter Heterosexueller, jedoch frei in der Wahl seiner Themen, macht stutzig.

1929, ANGELO HESNARD, PSYCHOLOGIE HOMOSEXUELLE

Hesnard ist eine Autorität der französischen Psychoanalyse und erweist sich als gewissenhafter Schüler. «Homosexualität und Neurose sind zwei benachbarte Aspekte derselben grundlegenden psychobiologischen Störung, die einer gewissen affektiven Zurückgebliebenheit gleicht, also einer anormalen Neigung, auf Kindheitswünsche und -gefühle fixiert zu bleiben, einer Schwierigkeit, sich im Bereich des Trieblebens zum Affektzustand des Erwachsenen zu entwickeln.» Erschien am 16. Juli 1929. Einen Monat später wurde ich geboren.

1934, WILHELM STEKEL, ERZIEHUNG DER ELTERN[23]

Übersetzung 1938. Die Polemik gegen Hirschfeld geht weiter. Er wird angeklagt, das Unglück zahlloser Homosexueller verursacht zu haben, indem er sie überzeugt habe, daß ihr Liebesleben angeboren und normal sei. Sie seien Opfer der «verheerenden Propaganda der Berliner Schule», und versuchten nicht zu gesunden. Hirschfeld habe sie zum Narren gehalten, «denn noch niemals sah man einen Homosexuellen glücklich leben». Für Stekel ist die Homosexualität immer Ergebnis irriger Erziehung oder schädlichen Einflusses.

Wie taktvoll, solche Zeilen ein Jahr nach der Zerstörung des Institutes für Sexualforschung durch die Nazis zu veröffentlichen und Hirschfeld selbst, da in Deutschland verurteilt, im Ausland Zuflucht suchen mußte!

1935, SIGMUND FREUD, Brief an eine Mutter[24]

Vom 9. April, ins Französische übersetzt in *Freud, Correspondances*, 1966, «Homosexuality is assuredly no advantage, but it is nothing to be ashamed of, no vice, no degradation, it cannot be classified as an illness; we consider it to be a variation of the sexual function, produced by a certain arrest of sexual development.» (Homosexualität ist gewiß kein Vorzug, doch ist sie auch nichts, über das man sich schämen müßte, kein Laster, keine Entartung; sie kann nicht als Krankheit betrachtet werden. Wir halten sie für eine Variante der Sexualfunktion, die durch einen gewissen Stillstand in der Sexualentwicklung hervorgerufen wird.) Er wiederholt sein Dogma, jedoch im milden Licht des hohen Alters. Um die um ihren Sohn besorgte Mutter zu beruhigen, rät Freud ihr, Havelock Ellis zu lesen. Er ist vorsichtig, jedoch nicht ganz pessimistisch, was die Hoffnung auf Heilung angeht, die in einer Entfaltung des verkümmerten Keimes heterosexueller Neigungen bestehe.

1936, WILHELM REICH, DIE SEXUELLE REVOLUTION

1968 übersetzt. Ein Guru nach Mai 68, der zur Befreiung der Sitten beigetragen haben soll. Er erscheint mir besonders erbärmlich. Homosexualität ist für ihn nur ein gesellschaftliches Phänomen, Folge der Unterdrückung der Heterosexualität bei Jugendlichen. «Sie ist einzig einzuschränken durch Herstellung aller Voraussetzungen des natürlichen Liebeslebens der Masse.»[25] Reich wendet sich gegen diskriminatorische Maßnahmen, seine Haltung gegenüber Homosexuellen ist jedoch von mitleidiger Überlegenheit geprägt. Er bedauert sie unter dem Vorwand (der als «wissenschaftliches» Argument vorgetragen wird), daß ihr Sexualleben weniger «intensiv» sei als das Heterosexueller. Hier taucht eine neue Theorie auf, die sich in der Sexualwissenschaft der siebziger Jahre durchsetzt: Am besten läßt man den Homosexuellen in Ruhe. Er schadet niemandem, doch ist der Ärmste verdammt, sich niemals voll zu entfalten. Er ist weder kriminell, noch lasterhaft oder gar krank: Er ist nur von der Ausschüttung des Glücks ausgeschlossen, das die permissive Gesellschaft jenen gewährt, die es zu nutzen verstehen.

1940, HENRY DE MONTHERLANT, PAYSAGE DES OLYMPIQUES (Olympische Landschaften)

Am 21. Mai 1940 erschienen[26]! Durch welchen Zufall geriet mir dieser Text in die Hände, der bei seinem Erscheinen völlig unbemerkt geblieben sein muß und nie neu aufgelegt wurde? Und wann? Er war sehr wichtig für mich. Er war Vorwort zu einem Bildband mit etwa achtzig Photos von Karel Egermeier mit Jungen in leichter Sportkleidung. Bis zur Entdeckung dieses Bandes kannte ich Nackte nur als griechische Statuen. Zum ersten Mal wurden mir Jungen von heute gezeigt. Besonders bei einem wurde ich nicht müde, die Formen zu betrachten. Er war ganz nackt, saß mit angewinkelten Beinen im Profil, hatte die Stirn auf die Knie gelegt, den Blick auf sein unsichtbares Geschlecht gerichtet. Nacktheit war also nicht nur mythisches Merkmal antiker Helden und Götter. Sie fand Eingang in meinen Alltag, rückte in meine Nähe und wurde verführerisch. Mein Blick begann rundherum zu suchen, unter den Kleidern, die auf der Straße vorbeigingen.

Montherlants Beitrag beschränkt sich auf ein paar Seiten zum Ruhm von Körper und Sport. Er hütet sich, nur männliche Körper zu erwähnen, und der Bildband enthält auch einige Photos von Sportlerinnen. Mir blieb vor allem in Erinnerung, daß der Autor des Textes gestand, daß er mit acht Jahren seine Erregung angesichts eines gewissen *Heiligen Sebastian* in einem Buch über italienische Kunst nicht zu zügeln vermochte. (Mishima hatte also Vorgänger!) Montherlant sagte auch, daß er ein solches Bedürfnis nach der Nähe zur Nacktheit hatte, daß er bis 1915 in einem Pariser Hotelzimmer lebende Modelle zeichnete. All diese Modelle waren Italiener, die der Eintritt Italiens in den Krieg versprengte. Da trat Montherlant einem Sportverein bei. «Die Ästhetik scheint mich also zur Leichtatlethik geführt zu haben.» Unter den Modellen, an die er sich bewegt erinnert, befand sich auch der junge Dominique... Soll ich meine erste Neugier, meine erste Neigung für Italien auf jene Anspielungen zurückführen, die für mich voll geheimnisvoller Anziehung waren?

1943, A. STOCKER, L'AMOUR INTERDIT

Die Studie ist den «drei Engeln auf der Straße nach Sodom» gewidmet: Gide, Jouhandeau, und Wilde. Sie sind «Verirrte»,

«Opfer, die an ihr Laster gekettet» sind. Solche Köpfe könnten gesunden, wenn sie wollten. Doch sie ziehen den Irrtum der Wahrheit vor. Das Buch erschien in Genf, in einer Reihe unter der Leitung des berühmten Psychoanalytikers Charles Baudouin.

1944, ROGER PEYREFITTE, HEIMLICHE FREUNDSCHAFTEN[27]

Ein schöner Roman, der jedoch watet in Geheimnis, Fehler, Tragödie. Griechenland von der Kirche verseucht. Corydon in den Beichtstuhl geschleppt, Virgils Hirten dem heiligen Paulus ausgeliefert. Ich war weniger empfänglich für die anmutige Leichtigkeit der Idylle als für den Fluch, mit dem die Liebschaft zwischen Georges und Alexandre bestraft wird.

1947, ERIC BERNE, PSYCHIATRIE ET PSYCHANALYSE A LA PORTÉE DE TOUS

(Psychiatrie und Psychoanalyse griffbereit)[28]

«Glückliche Homosexuelle sind selten. Die Homosexualität bedeutet fast immer eine verstimmte *Physis*, sowie ein gestörtes Über-Ich.» «Wenn ein Homosexueller geheilt werden will, ist das dank zureichender Behandlung möglich» – glücklicherweise.

1948, MARGARET MEAD, MANN UND WEIB[29]

Französische Übersetzung 1966. Die Begriffe «männlich» und «weiblich» seien nicht biologisch sondern gesellschaftlich begründet: Das Kind sehe sich im Verlauf seiner Entwicklung gezwungen, aus seinem biologischen Erbe (seiner angeborenen Bisexualität) jene Aspekte abzulehnen, die nicht vereinbar seien mit der Vorstellung, die seinem Geschlecht in der Kultur, in der es lebte, entspreche. Diese These, die die amerikanische Ethnologin berühmt machte, sollte ihr eigentlich einen guten Platz in der Hitparade der «Befreier» einbringen. Ich erwartete, daß sie schriebe: Negative Urteile über die Homosexualität reproduzieren nur gesellschaftliche Vorurteile über die Geschlechtertrennung. Doch so denkt Margaret Mead keineswegs. Die Homosexualität ist für sie eine «schreckliche Tragödie». Opfer werden alle, die sich dem

Mehrheitsmodell nicht anpassen. «Der Mann wird homosexuell, weil die Gesellschaft seinen Wunsch zu malen oder zu tanzen für weiblich hält.» Da ein zu großer Abstand zwischen den persönlichen Vorlieben und dem gesellschaftlichen Modell des Männlichen die Homosexualität entstehen läßt, muß man laut Mead dies Modell nur lockern (indem man es etwa für normal erklärte, daß Männer gern tanzen oder malen), um die Abweichung abzuschaffen und die Homosexualität also zum Verschwinden zu bringen.

Man ist bestürzt ob solcher Naivität bei einer Frau, die die Rolle der Gesellschaft in der Festlegungung der sexuellen Rollen so fein analysiert. Die Ethnologin hat die Puritanerin in sich nicht abgetötet, die das heterosexuelle Paar heimlich vergöttert und sich in ihrer Beschreibung des «Invertierten» verrät: «kein Blitzen in seinen Augen, keine Festigkeit im Schritt.»

1948, ALFRED KINSEY, DAS SEXUELLE VERHALTEN DES MANNES[30]

Wurde gleich ins Französische übersetzt, ich las es jedoch erst viel später. Kinsey war unbestreitbar der Wegbereiter der zweiten Befreiungsbewegung der Homosexuellen: indem er erstens die Universalität homosexuellen Begehrens durch genaue Statistiken belegt (37% der männlichen Bevölkerung, also zwei von fünf Männern, haben homosexuelle Erfahrungen, 8% waren mindestens drei Jahre lang ausschließlich homosexuell, 4% bleiben es ihr ganzes Leben lang); sodann durch seine Anmerkungen zu diesen Zahlen. «Psychiater und Ärzte täten gut daran, die Argumente zu überprüfen, aufgrund deren sie fordern, daß sich jeder nach bestimmten Verhaltensmustern richtet.» Und besonders: «Dies Problem (der Wahl eines Partners vom einen oder anderen Geschlecht) ist Teil des umfassenderen Problems des freien Willens im allgemeinen: der Auswahl der Straße, in der man wohnt, der Kleider, die man trägt, der Nahrung, die man zu sich nimmt usw.» Seit vierzig Jahren klang kein Plädoyer so deutlich, so klar und ehrlich wie diese Sätze voll gesunden Menschenverstandes, die von einem unparteiischen Wissenschaftler in neutralem Ton vorgebracht werden.

1949, PAUL CLAUDEL

Veröffentlichung seines *Briefwechsels* mit André Gide[31]. Brief vom 2. März 1914: «Warum diese sonderbare Vorliebe für solche Themen, wenn Sie kein Päderast sind? Und wenn Sie einer sind, Unglücklicher, dann heilen Sie sich davon und stellen Sie diese Scheußlichkeiten nicht zur Schau.» Brief vom 9. März 1914: «Nein, Sie wissen es wohl, daß die Sitten, von denen Sie hier sprechen, weder erlaubt noch entschuldbar sind, noch auch etwas, worüber man sprechen darf. Sie haben die natürliche Vernunft wie die Offenbarung gleicherweise gegen sich.» Am 15. November 1931 schrieb Claudel an Jouvet, der gerade Roger Martin du Gards *Un taciturne* (Ein Schweigsamer) inszeniert hatte. (Ein reifer Mann nimmt sich das Leben, nachdem er entdeckt hat, daß er sich in seinen jungen Sekretär verliebt hat.) Er wirft ihm vor, das Publikum zu gewöhnen «an Verbrechen, die ein Rest Schamgefühl noch fernhalten konnte». Roger Martin du Gard nennt er einen «Giftmischer», einen «obszönen Schriftsteller» und beschuldigt «den armen Jouvet», mit seiner Kunst «päderastischer Zurschaustellung» zu dienen[32]

Durchweg der gleiche schonungslose Ton, die gleiche dumme Arroganz wie bei André Breton. Eine Allianz totalitärer Geister. Wenn ich beide, unabhängig von ihrer Haltung zur Homosexualität immer verabscheute, dann weil ich in ihrem Stil, im Ton gleich die Intoleranz jener spürte, die die anderen unter ihr Gesetz beugen wollen, diese Kompromißlosigkeit, das Gebieterische, das ich «Staatsräson» nennen würde. Revolutionär, die Surrealisten? Nicht doch! Männer der Macht wie die Katholiken, wie die Kommunisten. Erbittert gegen alles, was anders, abweichend, frei ist.

Die Ächtung dieser beiden Gruppen berührte mich übrigens nie. Ich lehnte sie pauschal ab als Äußerungen von Fanatismus. Ganz anders als die verführerischen und entmutigenden Klagelieder von Ärzten und Psychoanalytikern!

1951, ETIENNE GILSON, L'ÉCOLE DES MUSES (Die Schule der Musen)[33]

Ein eigenartiges Buch, das ich gleich nach Erscheinen las und das mich tief beeindruckte. Etienne Gilson, ein katholischer Philosoph, jedoch von ganz anderem intellektuellen Zuschnitt als Claudel, war damals eine unbestrittene Autorität. Anhand mehrerer Fälle aus der Literatur (Petrarca, Baudelaire, Wagner, Auguste Comte) untersucht er in *L'Ecole des muses* den Hang mancher Männer, nur distante, unerreichbare Frauen zu lieben, denn sie suchten nicht das Wesen aus Fleisch und Blut in ihnen, sondern Inspiration für ihr Werk.

Es folgt das Kapitel über Platon. Die Homosexualität, wie sie im *Gastmahl* entfaltet wird, mache uns etwas verlegen, sagt Gilson, doch dürfe man sich keine Illusionen machen. «Es ist zwar gut so zu empfinden, doch schlecht, dem nachzugeben.» Diese Lehre müsse man aus dem Buch ziehen. «Wir stehen hier vor einem Fall wie denen, die uns hier interessieren. Die Leidenschaft des Mannes für den Mann ist edel und wohltuend nur unter der Bedingung, daß sie sich selbst besiegt und wie eine aufsteigende Kraft wirkt, die den Liebenden in die intelligible Welt erhebt.»

Daher diese erstaunliche Folgerung: Ziel der Liebe zur Frau sei die Unzucht, in der Liebe zum Knaben aber verrate sich ihr höheres Wesen, indem sie das gleiche Ziel anstrebe. «Durch ein eigenartiges Paradox scheint die homosexuelle Liebe gerade durch ihre Anormalität einzuladen, einen Sinn außerhalb fleischlicher Beziehungen zu suchen, die keinen haben.» Mit anderen Worten: Gilson schreibt der Homosexualität eine außergewöhnliche Überlegenheit zu, da sie seiner Meinung nach die höfische Liebe des Mittelalters ahnen läßt und ihre Anhänger verpflichtet, das vulgäre Niveau körperlicher Freuden hinter sich zu lassen, um sich zur uneigennützigen Betrachtung des Schönen und des Wahren zu erheben.

Zum ersten Mal hörte ich die homosexuelle Keuschheit rühmen nicht im Namen der «natürlichen Vernunft» oder der «Offenbarung» wie bei Claudel, der gesellschaftlichen «Norm» wie bei den Ärzten oder gar der psychologischen «Reife» wie bei Freud. Nein, hier wurde ich nicht angehalten, mich in die Herde einzugliedern oder mich dem Lebenswandel der großen Masse anzupassen. Im Gegenteil, mir wurde nichts Geringeres vorgeschlagen als mich vom Gewöhnlichen abzuwenden, mich abzusondern von jenen, die dem leichten Vergnügen nachjagen, einen schroffen und kargen Weg einzuschlagen, auf dem literarisches Schaffen die wunderbare Belohnung wäre für den Triebverzicht. Ich, der ich mich schämte, ewig abzuwarten, die Jungen zu betrachten, ohne zu wagen, mich an sie heranzumachen; was mir als besonders deutlicher Beweis meiner Feigheit erschien, wendete sich zu meiner Ehre. Ich würde keusch bleiben, aber Schriftsteller werden, da diese beiden Dinge verknüpft waren wie Ursache und Wirkung. Die Wirkung dieser Worte auf mich war ungeheuer: Mein Leben, so leer, so düster, zu deprimierender Abstinenz verurteilt, wurde durch einen erhebenden Sinn plötzlich erhellt.

1951, DONALD WEBSTER CORY, L'HOMOSEXUEL EN AMÉRIQUE (Der Homosexuelle in Amerika)[34]

1952 ins Französische übersetzt, gleich gelesen. Halb Studie, halb Geständnis. Ein rührendes Buch, in dem über die Anpassungsschwierigkeiten des amerikanischen Homosexuellen berichtet wird, die Gefahren, die ihm drohen, die Unsicherheit und Mutlosigkeit, in denen er lebt. Zu jener Zeit war man in den Vereinigten Staaten kaum besser dran als in Frankreich. Mich fesselte besonders die (für mich völlig neue) Beschreibung der Gebräuche der amerikanischen Homosexuellen: Treffpunkte, Rituale der Anmache, Schlüsselwörter, Sprache usw.... Es gab dort bereits ein «Milieu», wie – zumindest soviel ich weiß – in Frankreich noch nicht. Ich entdeckte auch das in sich selbst so tröstliche Wort «gay». Der Autor behauptet, es habe sich nach Pearl Harbor ausgebreitet, mit einem Viertel Jahrhundert Vorsprung zu Europa, eingeführt durch eine Minderheit, die entschlossen war, der medizinischen Sprache den Garaus zu machen.

1953, MARCEL GUERSANT, JEAN-PAUL

Der Roman erregte bei seinem Erscheinen in den Editions de Minuit großes Aufsehen. Im Katalog dieses Verlegers waren Georges Bataille und die ersten Becketts zu finden, und im selben Jahr erschien der erste Robbe-Grillet, *Ein Tag zuviel*[35]. Mit diesem Buch Marcel Guersants war also der Nimbus der Avantgarde verknüpft. Ein fürchterlicher Wälzer: fünfhundertdreißig engbedruckte, großformatige Seiten, um den Leidensweg des jungen Homosexuellen Jean-Paul aus einer großbürgerlichen Familie am Boulevard Malesherbes zu erzählen, der in ständiger Qual lebt. Er ist ein brillanter Student, muß sein entehrendes Geheimnis jedoch vor der Welt verbergen. Mit zwölf Jahren wurde er von einem kleinen Kameraden initiiert. Wie hätte Jean-Paul sich auch wehren sollen? Seine Eltern, der Vater Arzt, autoritär und streng, eine puritanische Mutter, die aus den geringsten Vergehen ihres Sohnes ein Drama macht, erteilten ihm keinerlei Sexualerziehung, so daß er in aller Unschuld verführt wurde. «Was Jean-Paul erschreckt, ist der herzzerreißende Kontrast der Unschuld, mit der es geschah, und der vitalen Bedeutung dieses Geschehens.» Aus reiner Unbesonnenheit kehrt er seine Neigungen um, verunsichert Trieb und Willen und gibt seine Zukunft preis. «Der erste Fremde, der mit meiner Lust verknüpft war, war ein Junge,» denkt er später bei einer seiner zahlreichen Gewissenserforschungen. «Das ist tragisch. Denn damit fing alles an.»

Bis zum Alter von zweiundzwanzig Jahren ein Leben in Aufreißerei und «Laster», das mit einer in der französischen Literatur bis dahin unbekannten Üppigkeit ausgemalt wird. Pigalle, Clichy, die Pissoirs, kleine Stundenhotels, ich verschlang die Geschichten, in denen der Held schwelgt, ohne jedoch nur eine Minute lang das Bewußtsein seiner Verworfenheit zu verlieren. Seine katholische Erziehung läßt ihn niemals los. «Mit Mühe und Not ist es mir gelungen, den lieben Gott und mein Laster in Einklang zu bringen.» Bis zu dem Tag, an dem ein Unbekannter, den er ansprach, ihn mitten auf der Straße verprügelt und durch sein Geschrei die Polizei aufmerksam macht. Schwere Kopfverletzung, Krankenhaus, Gefängnis, Prozeß. Der behandelnde Arzt ermahnt ihn, sich zu wandeln und macht ihn mit einem Priester bekannt, der sich um den jungen Mann kümmert und ihn eiserner Disziplin unterwirft. Da sein Laster aber unausrottbar ist, und die Erfahrung, die er einst mit einer Frau machte, mit einem halben Fiasko endete, wäre es unredlich, an Heirat als Heilmittel zu denken; einziger Ausweg bleibt die Unterdrückung jeder sexuellen Aktivität. «Jean-Paul konnte nur gerettet werden, wenn er durch eine ungeheure Anstrengung jede erotische Regung, jedes Liebesleben in sich unterdrückte.» Eine Art dauerner «Mord», zu dem der Priester «als Realist» den jungen Mann zwingt, indem er ihm als erste Aufgabe stellt: «Keine Geilheit mehr.» Selbstverständlich ist die Masturbation streng verboten, und als sich Jean-Paul zum ersten Mal nach monatelanger heroischer Abstinenz «einen runterholt», fühlt er sich «angeekelt, mutlos, vernichtet.» (So stand es 1953 um die Sitten in Frankreich!)

Mit der moralischen Rehabilitation Jean-Pauls geht es voran, als er eines Tages im Gedränge der Metro zufällig «das Traumkind» trifft, einen achtzehnjährigen Jungen, schön und blond wie ein Engel. Gegenseitige Liebe auf den ersten Blick; sie reißen für drei Tage aus zum Mont-Saint-Michel, eine bebende, übersteigerte Liebschaft. Am Morgen des dritten Tages erscheint Jean-Paul Jesus Christus; ohne dem schlafenden Philippe Bescheid zu sagen, macht er sich im Morgengrauen davon, kehrt hastig nach Paris zurück und eilt zu dem Priester. Scharfes Verhör: «Haben Sie im selben Zimmer geschlafen?» «Im selben Bett?» «Nackt?» «Zärtlichkeiten?» «Lust bis zum Höhepunkt?» «Wie oft?» Schamerstickt muß Jean-Paul alles gestehen. Der Priester zwingt ihn dann, sein Appartment aufzugeben, zu seinem Vater zurückzukehren, der ihn einst vor die Tür gesetzt hatte, und wieder sein Kinderzimmer zu beziehen, wo er gegen Versuchungen durch die Freiheit sicher ist. Siegreich weist Jean-Paul Philippe ab, der gekommen ist, ihn zu bedrängen. Einige Zeit später treten zu der Kopfverletzung von der Schlägerei auf dem üblen Boulevard de Clichy unerwartete Nachwirkungen auf und führen zu allgemeiner Lähmung. Am Ende einer «befreienden Nacht», die ihn mit Gott aussöhnt, stirbt Jean-Paul friedlich mit dreiundzwanzig Jahren.

Wenn ich heute ein literarisches Urteil über dieses Buch abgeben sollte, unterstriche ich die Kraft, die dramatische Bewegung trotz einer häufig schwerfälligen Sprache und der Tendenz zur Emphase. Als Dokument behält es enorme Bedeutung. Eine deutliche, sehr deutliche Sprache für die damalige Zeit («Schwanz», «Eichel», «sich einen runterholen», usw.), die die keuschen Anspielungen der *Heimlichen Freundschaften*, den katholischen Plunder und die übertriebene Frömmelei, die – wie wir gesehen haben – manchmal bis an die Grenze der Lächerlichkeit gehen, in eine muffige Vorzeit verwiesen. Doch auch die besessene Dringlichkeit, mit der der Priester Einzelheiten der «Sünde» seines Büßers erfragt, hat dokumentarischen Wert. Wer würde heute die geistige Grausamkeit des Pfarrers und sexuelle Verdrängung nicht in Verbindung bringen?

Was mich tief beeindruckte, als ich das Buch las, ist die Genauigkeit und Freimütigkeit erotischer Beschreibungen, das Bild der männlichen Prostitution, die manchmal fade, doch für mich betörende Lyrik der Liebschaften zwischen Jugendlichen (in der Episode mit Philippe) einerseits und die Atmosphäre von Schuld, Angst, Tragödie, die niemals nachläßt, andererseits.

Jean-Paul ist der erste homosexuelle Roman (und nicht nur päderastische und elegisch anmutige wie die von Peyrefitte erzählte Geschichte), der je in Frankreich erschien. Die erste öffentliche Selbstbehauptung, der erste Aufschrei, die erste Unschuldsbeteuerung einer Sippe, die verfolgt wird, ohne sich ihr Schicksal ausgesucht zu haben. Cocteau, der seine Wahl in die Académie française vorbereitete, hatte sich immer noch nicht zu seinem *Weißbuch* bekannt, und Marcel Jouhandeau, der Abweichler par excellence, wird 1954 seinen *Tiresias* herausgeben, eine Verteidigung der Sodomie ohne Autoren- oder Verlegernamen in einer nicht käuflichen Auflage zu hundertfünfzig Exemplaren. (Ich besitze eines davon, das mir Marie Laurencin am 11. Nobember 1955 mit den Worten gab: «Vielleicht interessiert Sie das mehr als mich». Jouhandeaus Widmung für Marie Laurencin stellt das Buch als «hervorragene Nachahmung» der *Imitation de Jésus-Christ* dar). Trotz seines internationalen Ansehens starb Roger Martin du Gard 1958, ohne gewagt zu haben, seinen großen homosexuellen Roman *Le Lieutenant-colonel de Maumort* zu veröffentlichen, an dem er seit 1941 arbeitete und der 1983 erschien, fünfundzwanzig Jahre nach seinem Tod.

Marcel Guersant bedurfte also eines weit über das Normalmaß hinausgehenden Mutes, um das fiebrige Leben eines Anhängers der Anmache, die nächtliche Fauna der großen Boulevards, die heimlichen Bräuche der Strichjungen und ihrer Kunden ungeschminkt und unbeschönigt vor der Welt auszubreiten. Warum erzählte der Autor (der seitdem nichts mehr geschrieben zu haben scheint) diese Geschichte wie einen schmerzhaften Aufstieg zum Himmel? Warum wird der heldenhafte Triumph des Erlösungswillens über die Ansprüche des Fleisches so verherrlicht? Aus religiöser Überzeugung? Oder aus notwendiger Vorsicht? War er ein nicht ganz so heuchlerischer Julien Green? Oder ein aufrichtig christlicher Proust? (Der *Dictionnaire des écrivains* vermerkt ein Theologiestudium und eine kritsche Ausgabe von Pascals *Pensées.)*

Ich entsinne mich, mich an den heidnischen Episoden des Romans ergötzt und über das moralische Gerede des Priesters gelangweilt zu haben. Gleichzeitig identifizierte ich mich mit diesem jungen Mann, der fast genauso alt war wie ich, sich aber viel gewitzter zeigte als ich, handelte, wie ich gern gehandelt hätte und fast als Heiliger starb. Einmal mehr beschämte mich meine Feigheit. Wie Jean-Paul verabscheute ich mein «Laster», jedoch ohne den Mut zu haben, es zu leben mit Ausnahme eines kurzen Abenteuers im Ausland. Einstweilen, mit oder ohne Gottglauben konnte die Homosexualität nur die Hölle bedeuten: Diese Lehre zog ich aus diesem gleichzeitig erschütternden und nervtötenden, kühnen und schädlichen Roman. Kraftvoll, aufrichtig und ganz sicher einer Neuauflage würdig.

1953, FRANCIS TOYE

Begleitheft zur Schallplattenkassette *I Puritani* von Vizenco Bellini (Columbia Pathé Marconi mit Maria Callas). Toye notiert, daß der Komponist «schön» war, und setzt in einer Klammer hinzu: «(dies Attribut auf einen Mann angewandt wirkt vielleicht unangemessen, es ist jedoch das einzig passende)». 1953 war die Angst, gegenüber einer Person seines eigenen Geschlechtes ästhetisches Empfinden zu zeigen, also noch so groß!

1954, GRÜNDUNG DER REVUE ARCADIE

Dreißig Jahre lang, bis der Fortschritt der Sitten sie außer Mode brachte, sollte sie unter vorsichtigen Pseudonymen zaghafte Artikel, halblaute Informationen, schüchterne Ratschläge herausbringen – in der Hoffnung, daß die Gesellschaft Homosexuelle «akzeptierte», die als brave und ehrsame Bürger dargestellt würden. Eine so diskrete Zeitschrift, Aufsehen und Reklame gegenüber so ablehnend, daß ich erst etwa zwanzig Jahre nach dem ersten Heft von ihrer Existenz erfuhr, um über eine anfangs mutige Unternehmung nunmehr zu lachen.

1958, HANS GIESE, DIE FORMEN MÄNNLICHER HOMOSEXUALITÄT[36]

1968 in der «Bibliothèque scientifique Payot» übersetzt. Zum Glück zu spät, um irgendeine Wirkung zu zeigen. Unter dem Deckmantel einer objektiven Untersuchung stimmt der deutsche Sexualwissenschaftler die düstere Litanei von vorn an. «Aus biologischer

Unfruchtbarkeit herrührende Verzweiflung», regelmäßiger Wechsel zwischen «Defizit» und «Perversion», sind Schicksal des Homosexuellen. Durch den häufigen Partnerwechsel erfährt seine Persönlichkeitsstruktur eine «Zerstörung», und er «gerät in den Teufelkreis eines pathologischen Verhaltens, den wirklichen Kreislauf des Perversen».

1955, ROBERT MERLE, OSCAR WILDE OU LA DESTINÉE DE L'HOMOSEXUEL
(Oscar Wilde oder das Los des Homosexuellen)[37]

Ein bemerkenswertes Buch, das ich gleich nach Erscheinen las und mit Anmerkungen versah. Umso fesselnder, als die offensichtliche Sympathie für den «Uranismus» (das Wort wurde zu jener Zeit also noch gebraucht) nicht von einem Mitglied der Sippe kommt. Die Bezüge zur Psychoanalyse sind ärgerlich, aber sind sie dem Autor anzulasten? Sie beweisen nur, daß ein guter Kopf sich 1955 nicht völlig von der Scholastik freimachen konnte. Merle scheint nicht aufgefallen zu sein, daß Bemerkungen wie «das schmerzliche Unterlegenheitsgefühl, daß, beim Homosexuellen, das Bewußtsein seiner Frigidität der Frau gegenüber begleitet» für Wilde vielleicht stimmen (obwohl ich auch daran zweifle), in der Verallgemeinerung jedoch falsch sind. Seine These ist folgende: Schuldgefühle, der Wunsch nach Selbstbestrafung als Folge von Kindheitstraumata charakterisieren den Homosexuellen. Die Bereitschaft zu leiden, auf den Verzicht auf die Frau zurückgeführt, ist Grundlage seiner Natur. Diese These geht davon aus, daß die normale Sexualität des Mannes auf die Frau ausgerichtet ist. Niemals fragt Merle sich, ob die Homosexualität nicht ein einfaches Begehren ohne Erklärung, ohne Genese ist. Unreife Argumente: Wie Wilde auch hätten Homosexuelle häufig bewiesen, daß sie imstande seien, mit Frauen zu schlafen. *Daher* könne ihre Homosexualität nur Ergebnis einer Verdrängung sein, einer Flucht vor dem anderen Geschlecht. «Im Hinblick auf die Frau und nur auf die Frau wacht im Herzen des Homosexuellen ein unerbittlicher Puritaner, hervorgegangen aus dem tiefsten Kindheitskomplex.» Merle schließt eine «Heilung» durch Psychoanalyse nicht aus, beschließt sein Buch jedoch mit einem heftigen Verweis gegen die Strenge der gültigen Gesetze.

Der Autor hatte 1948 seine Dissertation über Oscar Wilde veröffentlicht. 1984 brachte er sie neu heraus, erweitert um genüßliche «Änderungen», in denen er selbst seine unbewußten Konzessionen an den Zeitgeist moniert. Was er 1948 das «Laster» Wildes nennt, wird 1984 sein «Lebenswandel». Der Hite-Report lehrte ihn, daß die Grenzen zwischen Homosexualität und Heterosexualität viel weniger klar gezogen sind, als man früher annahm. So gibt er zu, daß ein Gefühl des Ungenügens, eine Tendenz zu Sadismus und Masochismus keineswegs den Homosexuellen charakterisieren. Folglich weigert sich Merle heute, den Selbstmord Dorian Grays einer psycho-physiologischen Zwangsläufigkeit zuzuschreiben, die sich aus seiner Homosexualität herleite. Trotz aller Verfolgung, der die Homosexuellen ausgesetzt sind, neigten sie nicht häufiger zum Selbstmord als andere Menschen.

Ein schönes Beispiel intellektueller Redlichkeit. 1976 war ein Roman Merles erschienen: *Madrapour*[38]. Er enthält sozusagen einen ersten Reueakt. Von den Flugzeugpassagieren, die einem unbekannten Ziel entgegenfliegen, beschreibt der Autor Robbie «einen entzückenden deutschen Homosexuellen». Es folgen die üblichen Klischees: bei der Kleidung schwelgt er in Pastelltönen, Manieriertheiten, Ticks, Narzißmus, Unreife, jugendliche Aggressivität usw. Fast hätte ich den Roman weggeworfen, als ich beim Weiterlesen bemerkte, daß diese erste Vorstellung der Figur Merles heutigem Denken nicht entspricht, sondern daß er alle Vorurteile der öffentlichen Meinung zusammenfaßt, denen er früher, von der Psychoanalyse vergiftet, beistimmte. Im zweiten Teil des Romans entdeckt man erst die wirkliche Größe der Figur. Als erster entdeckt und akzeptiert Robbie, daß das Ziel dieser geheimnisvollen Mission nichts anderes als der Tod ist. Er enthüllt die Illusionen der anderen: Durch ihn kommt die Wahrheit heraus. «In den großen, militärischen Gemeinschaften ist es, glaube ich, häufig der Homosexuelle – latent oder eindeutig –, der sich für Selbstmordmissionen meldet. Er ist aus dem Stoff, aus dem die Helden sind. Er ist durch die Natur von der Weitergabe des Lebens abgekoppelt und also für den Tod verfügbarer.» Diesmal ist das Lob übertrieben, in dem der Wunsch zum Ausdruck kommt, sich für «das Schwelgen in Pastelltönen» und die lackierten Zehennägel des jungen Robbie zu entschuldigen.

1956, EDMUND BERGLER, PSYCHANALYSE DE L'HOMOSEXUALITÉ

In der italienischen Übersetzung gelesen (1970). Bergler stammt aus Wien, lebt in New York und behauptet, es gebe keine gesunden Homosexuellen; sie seien immer krank, könnten aber geheilt werden. Die Theorie von der Bisexualität sei ein Schwindel, der auf das Konto des Scharlatan Kinsey gehe. Homosexuelle seien masochistisch und arrogant, eifersüchtig und unterwürfig und büßten ihr Leben lang für eine nicht gelöste Beziehung zur vorödipalen Mutter. Indem Kinsey sie davon abbringe, sich behandeln zu lassen, habe er ihnen den Gnadenstoß versetzt. Der Autor solcher Dummheiten erfreute sich in Analytikerkreisen ziemlicher Bekanntheit. Wie man sieht, löste Kinsey Hirschfeld als schwarzen Mann der Ärzte ab.

1956, JEAN DELAY, LA JEUNESSE D'ANDRÉ GIDE[39]

(Die Jugend von Gide)

Ich erinnere mich, den ersten Band (bei weitem der wichtigste) hintereinander weg gelesen zu haben, zuerst im Zug zwischen Paris und Amiens, dann die restliche Nacht hindurch. Zu jener Zeit hielt ich mich noch für das Opfer einer mysteriösen Unausweichlichkeit, einer absurden, im Himmel ersonnenen Ordnung. Aus dieser Studie, in der über Gide gesagt wurde, was auch für meinen eigenen Weg gut paßte, erfuhr ich – oder ich glaubte zu erfahren –, wie ich homosexuell geworden war: durch meine Erziehung, durch den Einfluß einer autoritären Mutter, die mich zwang, Liebe und Begehren voneinander zu trennen, durch meine zwischen dem moralischen Gesetz und der Anziehung des «Fleisches» geteilte Kindheit, dadurch, daß ich gezwungen war, mein Vergnügen nur im Heimlichen, Gefährlichen, Entwürdigenden zu suchen. Ich war also nicht, wie gedacht, eine Verirrung der menschlichen Art, sondern nur das Ergebnis einer Geschichte. Mein Fall war nicht länger ein schändliches Geheimnis: Ich sah ihn von nun an im Licht der Vernunft. Ich empfand enorme Erleichterung. Dies Buch stellt einen Wendepunkt in meinem Leben dar. *Vorher* hielt ich mich für ein Monster. *Nachher* war nicht mehr irgendein scheußlicher Fehler meiner Natur, für das verantwortlich, was ich war, sondern die Scheidung meiner Eltern, der Charakter meiner Mutter, eine verhängnisvolle

Folge von pädagogischen Irrtümern zu meinen Lasten, deren man sich jedoch nicht zu schämen braucht.

Natürlich erscheint mir heute bereits das Prinzip einer Erklärung unannehmbar. Homosexuell zu sein, ist genauso natürlich wie heterosexuell zu sein. Niemand will mehr eine «Genese» der Neigung der Männer zu Frauen erstellen: warum also diese schikanöse Diskriminierung? Das Werk Jean Delays behält jedoch große historische Bedeutung. Die Homosexualität blieb nicht länger ein Geheimnis, sondern wurde ein Unfall. Sie verlor das Beängstigende, Unheilbringende, das mit allen unberechenbaren Geißeln verknüpft ist. Von der griechischen Tragödie stieg sie auf die Stufe eines Sittendramas hinab.

Die Veröffentlichung von Gides *Correspondance avec sa mère* (Briefwechsel mit seiner Mutter)[40] vor kurzem setzte einen Schlußstrich unter die dornige Frage nach der «Genese» der Homosexualität. André Gide ist vierundzwanzig Jahre alt, als er seine Mutter zum ersten Mal verläßt. Er reist nach Nordafrika und fährt dann weiter nach Italien. Zwischen 1893 und 1894 fast ein Jahr des Herumstreunens, was Stoff für die meisten dieser Briefe liefert. Es waren die letzten, die im riesigen Gebäude der Gideschen Korrespondenz fehlten. Nunmehr verfügen wir zur genaueren Kenntnis der Jugend des Schriftstellers über unersetzliche Zeugnisse, von Claude Martin mit bewundernswürdiger Genauigkeit präsentiert und mit Anmerkungen versehen. Seine Arbeit vervollständigt das klassische Werk Jean Delays. Ein verbindender Text ermöglicht es, die Beziehungen des jungen Mannes und seiner Mutter (die 1895 plötzlich stirbt) fast von Tag zu Tag zu verfolgen: Da sich jedoch auch die Briefe Juliette Gides in dem Band befinden, eingestreut zwischen die Andrés, kann man sich endlich eine angemessenere Vorstellung dieses Mutter-Sohn-Konfliktes machen, der in der psychoanalytischen und psychobiographischen Literatur nicht zu umgehen ist.

Überraschung! Gides Briefe fesseln weniger als die seiner Mutter. Zu Recht sagt sie ihm, er verstehe nicht zu reisen. Er ist ständig krank oder glaubt, es zu sein, und langweilt uns mit dauernden Klagen über seine Gesundheit – dabei wurde er bekanntermaßen zweiundachtzig Jahre alt. In Algerien langweilen ihn die Palmen, in Italien ärgern ihn Rom, Bilder, Statuen, Denkmäler, kurz: alles. Seine magere Darstellung macht betroffen. Er kann nicht sehen, und er sieht nichts. Selbstverständlich konnte er seiner strengen Erzeugerin nicht mitteilen, was er in den südlichen Ländern entdeckt hatte: Sinnentrunkenheit mit Knaben. Hier kommen wir zum Kern des Problems.

André Gides Mutter ist nach den Worten Jean Delays in die Geschichte eingetreten «als eine Inkarnation gnadenloser Tugend, unerbittlicher Moral und liebloser Religion». In dieser streng protestantischen Bürgerin war die römische Mutter der Antike, die Mutter von tragischer Größe der Klassiker zu erkennen. Außerdem wurde sie mit dem Drachen der Psychoanalytiker identifiziert, mit der männlichen, kastrierenden Mutter, die in ihrem (von Vaterseite früh verwaisten) Sohn Schrecken vor Autorität, Abscheu vor der «Tugend» geweckt hätte, also konsequenterweise Abscheu und Abneigung gegen Frauen, denn Frauen bedeuteten für ihn nur Pflicht und Langeweile. Alles, was hingegen angenehm, frei und lustig war, wird von Jungen symbolisiert. War Frau Gide wirklich so sehr verantwortlich für die sexuelle Orientierung ihres Sohnes? Nach den Briefen, die sie ihm schrieb, scheint es nicht so. Sie sind sogar deshalb besonders interessant, weil sie die allzu berühmte Theorie Freuds vom familiären Ursprung der Homosexualität untergraben.

Wir entdecken eine Frau, die mit guten Ratschlägen an ihren Sohn zwar nicht spart, genau ist in ihren Empfehlungen zu Gelddingen, Gesundheit und Vorsichtsmaßnahmen beim Reisen, jedoch keinesfalls tyrannisch oder übertrieben puritanisch erscheint. Sie fragt mit der größten Selbstverständlichkeit, ob er in Neapel das geheime Kabinett der Nackten, das berühmte erotische Museum, besichtigt habe. Dabei hätte sie bei dessen Erwähnung schon erröten müssen, wenn sie so gewesen wäre, wie sie gewöhnlich dargestellt wird. Die ganze Zeit zeigt sie sich glücklich, daß er die Welt bereist, ermutigt ihn, sich umzusehen und zu nutzen, was er sieht, anstatt sich in seine Schals einzumummen. Sie teilt ihm mit, was sie gerade liest, und das ist keineswegs dumm, und drängt ihn, ihr seine literarischen Absichten anzuvertrauen. «Verstehst Du nicht, wie sehr ich mich mit Dir und der aufsteigenden Generation identifiziere, die nach uns kommen wird?»

War das eine kastrierende Mutter? Daß er ihr seine Abenteuer mit den kleinen Arabern nicht erzählen konnte, ist nur natürlich. Zu jener Zeit (und noch heute) bekäme keine Mutter solche

Vertraulichkeiten erzählt. Andrés Privatleben gehört ihm allein: Das bedeutet nicht, daß seine Beziehungen zur Familie nicht den geringsten Einfluß auf die Art seiner Liebschaften hatten. Er liebte seine Mutter, er liebte Knaben, und damit hat es sich. Wichtig an dieser Korrespondenz und von großem Interesse ist, daß André Gide nicht homosexuell wurde als Reaktion gegen seine Mutter, sondern einfach, weil die Natur die Neigung dazu in ihm angelegt hatte.

1959, CURZIO MALAPARTE, MAMMA MARCIA[41]

1960 übersetzt. Zusammenstellung nachgelassener Texte des großen italienischen Schriftstellers, darunter *Briefe an die Jugend Europas* und *Sex und Freiheit.* Ein heftiges Plädoyer gegen die «Epidemie» der Homosexualität, die sich in Europa nach dem Krieg ausgebreitet habe. Malaparte, der hier mit sich selbst abrechnet, stellt die These auf, daß es zwei Arten von Homosexuellen gebe: degenerierte «Tunten», Invertierte wie Proust einerseits, andererseits jene, die Homosexualität als Protest gegen die Tyrannei wählten. Jene könnten prächtige Exemplare an Männlichkeit sein. Im Römischen Reich, in den italienischen Seigneurien der Renaissance, in Nazi-Deutschland und im faschistischen Italien war die Homosexualität ein Refugium der Freiheit. Eine naive, ein wenig komische Sichtweise, die sich jedoch mit einer tiefen Wahrheit deckt, daß nämlich jede Macht dem Homosexuellen Mißtrauen und Feindschaft einflößt.

1959, ANGELO HESNARD, MANUEL DE SEXOLOGIE[42]

Dreißig Jahre nach seiner *Psychologie homosexuelle* hat Hesnard weder sein Denken noch seinen Stil verbessert. «Anscheinend sind Homosexualität und Neurose nur zwei im Grunde benachbarte Aspekte der gleichen grundlegenden psychobiologischen Störung, die eine Art affektiver Zurückgebliebenheit zu sein scheint, d.h. eine Art Schwierigkeit, im Triebleben bis zum echten Erwachsenenzustand zu gelangen.»

1960, ANTOINE POROT, MANUEL ALPHABÉTIQUE DE PSYCHIATRIE[43]

Ein Handbuch. Allein die Tatsache, daß ein Artikel unter der Überschrift «Homosexualität, Homosexuelle» darin steht, ist schon ungeheuerlich. Der Ton ist maßvoll, die Leier jedoch die gleiche. Für jeden Fall von Homosexualität, behauptet der Verfasser, seien ätiologische Faktoren zu suchen, eine Prognose zu stellen, eine Therapie ins Auge zu fassen.

1960, CLIFFORD ALLEN, LES DÉVIATIONS SEXUELLES (Sexuelle Abweichungen)

1963 übersetzt, wieder für die sehr ernsthafte Bibliothèque scientifique Payot. Dieser amerikanische Psychiater zählt unter den psychologischen Gründen für Homosexualität auf: Haß der Mutter, exzessive Liebe der Mutter, Haß des Vaters, exzessive Liebe des Vaters. Eine andere Perle: Um die bedeutende Rolle zu erklären, die Homosexuelle in Kunst und Literatur spielten, argumentiert Allen folgendermaßen: Die große Energiequelle sei der Sex. Nun sei es für «Anormale schwierig, ihre sexuelle Energie befriedigend zu verausgaben», also bliebe ihnen mehr Kraft für die schöpferische Arbeit. Doch fügt der Autor hinzu, selbst erschreckt, was er da von sich gegeben hat, «das Werk Johann Sebastian Bachs (der viele Kinder hatte) und das Freuds» beweisen, daß der Heterosexuelle, wenn er will, «genauso viel oder mehr leisten kann als der Homosexuelle». Zwölf Typen von Homosexuellen läßt er Revue passieren: den Neurotiker, den Impulsiven usw. Der Ausgeglichene, Glückliche steht nicht in der Aufzählung.

1960, ALEXANDER SUTHERLAND NEILL, ERZIEHUNG IN SUMMERHILL[44]

Neill war entschlossen, die Psychoanalyse in den Dienst der Erziehung zu stellen und hatte 1921 in der Nähe von London eine selbstverwaltete Schule gegründet, die dem pathogenen Einfluß der Eltern entzogen sein sollte. Hier also, was dieser Kinder-«Befreier» schreibt: «In achtunddreißig Jahren hat die Schule keinen Homosexuellen hervorgebracht. Der Grund dafür ist, daß die Freiheit gesunde Kinder hervorbringt.»

II. von 1960 an

Auf Vorschlag des Abgeordneten André Mirguet nahm die französische Nationalversammlung am 22. Juli 1960 mit 323 Stimmen gegen 131 ein Gesetz an, wonach Homosexualität genauso wie Alkoholismus und Prostitution als «gesellschaftliche Geißel» definiert wurde.

Markiert dieser Tag den Höhepunkt der Repression? 1960 fällt zusammen mit den Anfängen des von De Gaulle eingeführten Regimes, mit der Wiedereinrichtung einer autoritären Staatsgewalt. Der Änderungsantrag Mirguet, der die Homosexuellen der Ächtung ausliefert, vielleicht auch öffentlicher Verfolgung, ist Spiegel der neuen Ordnung, die sich gerade durchsetzte und nach Art aller starken Mächte zur Jagd auf Randgruppen blies. Hingegen wandelte sich das Denken bereits, und der Vorstoß der Abgeordneten hatte eine andere Wirkung als erhofft. Der neue Gesetzestext wurde fast einhellig belacht. Die Homosexualität begann gerade, sich so weit in den Sitten durchzusetzen, daß es plötzlich grotesk wirkte, sie als «gesellschaftliche Geißel» brandmarken zu wollen: als ob man im Flugzeitalter den Flugverkehr ächten und die Rückkehr zur Postkutsche predigen wolle. Die durch den Änderungsantrag Mirguet ausgelöste Heiterkeit enthüllte den Fortschritt: Es gab inzwischen Dinge, die man nicht mehr sagen oder schreiben konnte, ohne sich lächerlich zu machen.

Seit 1960 und besonders nach 1968 nahmen wirklich wissenschaftliche Untersuchungen und Plädoyers mit offenem Visier zu. Was ihre Gegner nicht hinderte, ihre Verunglimpfungs- und Herabsetzungskampagnen unter dem Deckmantel von Sexualwissenschaft und Psychoanalyse fortzusetzen. Sie wurden jedoch genauso aufgenommen wie der Änderungsantrag Mirguet. Man lachte darüber, wie verbissen einige Doktoren das Offensichtliche leugneten. Während sie die Homosexuellen und ihr Schicksal weiter «bedauerten» und ihre Dienste anboten bei einer «Behandlung», fand man sie selbst nur noch kläglich, wie sie sich an den alten theologischen Kanon ohne Bezug zur neuen Gesellschaft klammerten. Es erscheint mir unnötig, die Texte, die von dieser homosexuellen Befreiung zeugen, ausführlich zu behandeln. Hingegen ist es nicht überflüssig, ein wenig bei ihren unnachgiebigen Feinden zu verweilen. Seit der Verkündung des Freudschen Evangeliums änderten sich ihre Argumente kaum. Wir haben uns verändert, die Homosexuellen, aber auch die Heterosexuellen; die öffentliche Meinung hat sich gewandelt. Die Öffentlichkeit ist nicht mehr bereit, alle seit hundert Jahren verkündeten Vorurteile, Irrtümer, Niedrigkeiten und Dummheiten für bare Münze zu nehmen. Anhand der grotesken Exzesse ihrer letzten Vertreter entdeckt man, daß die medizinischen Aussagen zur Homosexualität von Anfang an nur eine riesige, ununterbrochene Stilblütensammlung waren.

Durch ihren Hang zu Fakten ohne jede Ideologie, durch ihren unverstellten Blick waren die Angelsachsen die ersten, die genau, neutral und ehrlich urteilten.

Von allen Schriftstellern der alten Garde, die sich hinter einer Maske verbargen wie Montherlant oder Cocteau, war Julien Green der einzige, der sie bereits 1963 abnahm, im ersten Band seiner Autobiographie *Aufbruch vor Tag*[1], in dem er klar darlegte, wie er homosexuell geworden war.

Wie Julien Green Franco-Amerikaner legte Edouard Roditi[2] die Beziehung offen zwischen dem Auftauchen der Homophobie im XIX. Jahrhundert und der Entwicklung der bürgerlichen Gesellschaft. Bryan Magee[3] stellte die Lage in England dar: Sein Buch trug zur Abschaffung des Gesetzes bei, nach dem Oscar Wilde verurteilt worden war. Martin Hoffmann[4], Autor einer Studie mit fast ethnographischem Charakter des Milieus von San Francisco, unterstrich, welche Rolle die Gesellschaft in den negativen Aspekten (Instabilität, Ängstlichkeit usw.) homosexuellen Verhaltens spielt. Dennis Altman[5] versuchte anhand der Lage in den Vereinigten Staaten, die «homosexuelle Identität» zu definieren. Thomas Szasz[6] wurde heftiger: Er prangerte die Täuschung durch die Psychiatrie an, die sich den Homosexuellen als «perfekten Sündenbock» ausgesucht habe.

In all diesen Texten von Homosexuellen (außer vielleicht Szasz) ist bemerkenswert, wie viel wichtiger die genaue Beobachung ist als irgendwelche Forderungen. Ruhig, unbeteiligt, nur hier und da von einem gewissen natürlichen und glücklichen Stolz leicht gezeichnet.

In Frankreich mußte man kämpfen, manchmal auch mit Gewalt. Wie Françoise d'Eaubonne[7] oder die Autoren des *Rapport contre la normalité*, einer von der Front homosexuel d'action révolutionnaire herausgegebene Broschüre, wie Guy Hocquenghem[8], Jean Louis Bory[9] oder Tony Duvert[10]. Sie konnten es sich einfach nicht verkneifen – übrigens sehr gute – Pamphlete zu schreiben. Diesen Preis galt es in einem Land zu zahlen, wo es nicht ausreicht, eine Ungerechtigkeit aufzudecken, um sie skandalös erscheinen zu lassen. Nach Mario Mielis *Elementi di critica omosessuale*[11] zu urteilen, muß die Öffentlichkeit in Italien noch gleichgültiger gegen Minderheiten sein: Der Autor behauptet in übertriebenem, fast schon karikaturistischem Ton, daß alle homosexuell seien und es dringend nötig sei, die Heterosexuellen zu befreien, damit sie ihre wahre, versteckte Natur ausleben könnten.

Parallel zu diesen lautstarken Milizen wurden bescheidenere Aufrufe zu Verständnis mit den anderen laut. André Baudry und Marc Daniel, Direktoren der Zeitschrift *Arcadie*, veröffentlichten ein gemäßigtes Plädoyer[12]. Pasolini warf den Autoren ihren Reformismus vor, ihr Vertrauen in die neue Toleranz, ihren Glauben, daß die Homosexualität mit dem normalen Funktionieren der Gesellschaft vereinbar sein könnte[13]. Dieser gemäßigte und vorsichtig optimistische Ton findet sich wieder bei Michel Bon und Antoine d'Arc[14], in der bekannten französischen Fernsehdebatte «Dossiers de l'écran»[15], bei Claude Courouve[16].

Und noch weniger engagiert in der Verteidigung der «Sache», die leidenschaftslosen Werke wie *Dossier homosexualité*, von Dominique Dallayrac[17] oder *Tout savoir sur l'Homosexualité*, von Guasch[18]. Schließlich kamen aus den Vereinigten Staaten als Folge und mit den Methoden Kinseys, die Großen «Reporte»: von C.A. Tripp (1975), Allen Bell und Martin Weinberg (1978)[19], Shere Hite (1981)[20].

Scheinbar also wurde die Homosexualität von den sechziger Jahren an als eine Spielart der menschlichen Natur anerkannt. Dieser Fortschritt wird symbolisiert durch eine Verschiebung der Disziplinen: Medizin und Psychoanalyse machen Ethnographie und Soziologie Platz. Die Frage lautet nicht mehr: Warum sind sie so? Wie sind sie so geworden? Sondern: Wieviele sind sie? Wie leben sie? Welche Sitten haben sie? Doch die Intoleranz dauert an. Da die Gegner sich inmitten einer immer verständnisvolleren Öffentlichkeit immer isolierter vorkommen, werden sie auch aggressiver. Da ihnen keine neuen Argumente einfallen, bringen sie die alten mit übertriebenem Eifer vor, was den Vorteil hat, das Erniedrigende und Schädliche der gesamten vorhergehenden Literatur zum Thema zu enthüllen.

1963, MORALI-DANINOS, SOCIOLOGIE DES RELATIONS SEXUELLES (Soziologie der sexuellen Beziehungen)

Ein populärwissenschaftliches Werk in der Reihe «Que sais-je?»

«Die folgenden Betrachtungen sollen die Homosexualität nicht entschuldigen oder ihr Wohnrecht geben. Zwar zielen sie darauf ab, sie als Perversion und nicht als Verbrechen zu erklären, doch wird sie nichtsdestoweniger als außergewöhnlich schwerwiegende gesellschaftliche Geißel betrachtet. Erführe die Homosexualität und wenn auch nur theoretisch die geringste Billigung, erlaubte man ihr, wenn auch nur teilweise, den Rahmen der Pathologie zu verlassen, käme man rasch zur Abschaffung des heterosexuellen Paares und der Familie der westlichen Gesellschaft». Bismarck in Reinkultur!

1966, MARCEL ECK, SODOME[21]

Die Homosexualität sei eine «gesellschaftliche Geißel», und der Autor, Katholik und Psychiater, beschwört die Opfer, sich behandeln zu lassen. «Auch wenn viele mich dafür verachten, behaupte ich, daß ich noch nie einen Homosexuellen gesehen habe, der nicht, zumindest potentiell, neurotische Momente aufwies. Der reine Homosexuelle, frei von jeder potentiellen Neurose, scheint mir außergewöhnlich zu sein. In unseren Sprechstunden begegnen wir ihm nicht», erklärte der Doktor 1960 in einem Referat am Institut catholique in Paris.

1967, JEAN LAPLANCHE UND J.B. PONTALIS, DAS VOKABULAR DER PSYCHOANALYSE[22]

Standardwerk, in dem die Homosexualität in dem Abschnitt zur «Perversion» abgehandelt wird, genauso wie Pädophilie und Sodomie.

1970, J.WEST, HOMOSEXUALITÉ[23]

«...eine Geißel diesen Ausmaßes...» «Vielleicht wiedersteht der Homosexuelle der Umpolung noch lange, nachdem die Ursache seiner Flucht vor dem anderen Geschlecht entdeckt wurde...» «Selbst die bestangepaßten Homosexuellen sind ihrer Natur nach ängstliche Menschen, mutlos, die niemals zur völligen Verwirklichung ihrer selbst gelangen.»

1970, GIACOMO DACQUINO, DIARIO DI UN OMOSESSUALE

Erschienen bei dem bekannten italienischen linken Avantgarde-Verleger Feltrinelli. Der Bericht einer Analyse, die erfolgreich an der Person eines jungen Mannes durchgeführt wurde, der nach und nach von deprimierenden Abenteuern mit Männern zur Entdekkung der Frau gelangt. «Der Homosexuelle ist gefühlsmäßig unreif und lebt insofern Gefühls- und Sexualbeziehungen auf kindlichem Niveau», kommentiert der über seinen Erfolg glückliche Arzt.

1971, JACK BEAUDOUARD, PSYCHOLOGIE DE L'HOMOSEXUALITÉ MASCULINE[24]

«Die Homosexualität ist das Scheitern einer harmonischen Sozialisation, die das tiefer reichende Scheitern der Persönlichkeit ausdrückt», erklärt dieser Marinearzt. «Der junge Homosexuelle wird sich seines Ungenügens nicht voll bewußt.» Wird er älter, wird er jedoch verzweifelt «seine Einsamkeit und seine sozio-familiäre Nutzlosigkeit» feststellen.

1971, ANDREA ROMERO, «L'INFELICE CHE AMA LA PROPRIA IMMAGINE»

«Der Unglückliche, der sein eigenes Bild liebt», ein Artikel, der am 15. April in der Turiner *La Stampa* erschien. Die Summe aller Klischees. «Es gibt keinen glücklichen Homosexuellen». «Unreife des Ich, die ihn unfähig macht, als verantwortungsbewußter Erwachsener zu handeln.» «Die Psychoanalyse kann in vielen Fällen wirksam angewandt werden.» Die Zeiten hatten sich jedoch geändert, und Romeros Artikel wurde so aufgenommen, wie er es nicht erwartet hatte. Die Betroffenen bezeugten ihm auf seine väterlichen Ermahnungen hin nicht nur keine kindliche Ergebenheit wie früher, sie protestierten mit Pfiffen und Sarkasmen und gründeten im August desselben Jahres den Fuori (die homosexuelle Einheitsfront italienischer Revolutionäre), das Äquivalent zur französischen Fhar. Diese war unter fast identischen Umständen im März desselben Jahres gegründet worden, als Antwort auf eine Konferenz Ménie Grégoires zur «Homosexualität, diesem schmerzlichen Problem». Der Direktor von *Arcadie* und ein Priester namens Grinchard saßen neben Ménie Grégoire auf der Tribune der Pariser Salle Pleyel.

1972, YVES PELICIER, LA PSYCHIATRIE COMPRÉHENSIBLE[25] (verständliche Psychiatrie)

Populärwissenschaftliches Handbuch. Die Homosexualität ist in eine Liste von Perversionen eingeordnet zwischen Fetischismus und Pädophilie mit Bezug auf Laplanche/Pontalis' «Klassiker».

1972, GÉRARD ZWANG, LA FONCTION ÉROTIQUE[26]

Ein Riesenwerk in zwei Bänden, von denen der zweite mit dem Titel *Les Entraves à l'épanouissement* ein Kapitel zur Homosexualität enthält. Zwang, eine Art Dick und Doof der liberalen Sexualwissenschaft, möchte, daß alle glücklich sind. Leider, so seufzt er, seien die Homosexuellen von den Wohltaten der Überflußgesellschaft ausgeschlossen. Aus drei Gründen können sie am Schmaus nicht teilnehmen. 1. Sie wußten nicht, was sie wählten (sie lernten die Freuden durch die Frau nie kennen). 2. Sie sind Opfer eines unglücklichen Stillstandes ihrer erotischen Entwicklung. 3. Sie gehen den leichten Weg: entfliehen der Verantwortung des Erzeugers, befriedigen sich leicht in flüchtigen Liebschaften, vermeiden die Anstrengung, die die erotische Disymmetrie aufzwingt. Noch ein Häppchen Reich (mit so viel Fürsorge will er die Entfaltung der Menschheit), ein Häppchen Adler (was die Unwahrheit über die «Leichtigkeit» homosexueller Beziehungen angeht), ein Potpourri von Vulgaritäten aus Kneipengesprächen und derben Komikern. Die Darstellung endet: «Das Menschsein des Homosexuellen bleibt traurig unvollkommen.»

Trotzdem keine Aufregung. Großmütig hat Zwang es nicht etwa auf all jene abgesehen, die er sich den Freuden des Lebens aufgeschlossener gegenüber wünscht. «Die meisten sind überhaupt nicht blöd und funktionieren ansonsten sehr gut. Manche gehen sogar zur Kirche!», schrieb er drei Jahre später in einer *Lettre ouverte aux mal-baisants*[27], stilistisch genauso hochstehend wie der Titel. «Würdige Leute, denen man die Hand geben kann.»

1973, ELIANE AMADO LÉVY-VALENSI, LE GRAND DÉSARROI: AUX SOURCES DE L'ÉNIGME HOMOSEXUELLE: (Die große Bestürzung: Zu den Quellen des Rätsels der Homosexualität[28])

Angst vor der Frau, Zurückweisung des anderen, Konsequenz einer fehlenden echten Zivilisation des Paares. «Die Homosexualität bleibt eine Sackgasse der Nicht-Brüderlichkeit und des Nicht-Lebens.»

1975, ABBÉ MARC ORAISON, LA QUESTION HOMOSEXUELLE[29]

«Die Homosexualität ist Ergebnis einer anormalen affektiven und psychologischen Entwicklung, deren Ursache in der frühesten Kindheit anzusetzen ist.» Bevor er Freud kannte, habe er an die «moralische Perversion» des Homosexuellen geglaubt, an seine Schuld. Jetzt erkennt er ihre Unschuld an und bietet ihnen seine Dienste an, um ihnen zu helfen, «sich im Sinn einer völlig erwachsenen Heterosexualität zu befreien». Abbé Oraison, Spezialist für die «Geheimnisse» der Sexualität im Einklang mit Problemen des christlichen Lebens, war sehr geachtet. Er gehörte zur Avantgarde der Kirche, und seine Fürsorge für «Schlecht-Geliebte oder Schlecht-Liebende» brachte ihn in Schwierigkeiten mit seiner Hierarchie.

1977, ÉMILE MEURICE, PSYCHIATRIE ET VIE SOCIALE[30]

Populärwissenschaftliches Werk. «Zufällige Homosexualität findet sich besonders bei geistig leicht Zurückgebliebenen».

1977, JACQUES DURANDEAUX, DU RENONCEMENT HOMOSEXUEL AU DOUBLE JEU DU CHARME

(Von homosexuellem Verzicht zum doppelten Spiel des Charmes)[31]

Beitrag aus der Lacan-Schule. Ein Satz aus einem Lacan-Seminar, besonders schwülstig und lächerlich, wird übrigens zitiert (S.79): «Vom Geschlecht der Frau hält sie in vielen Fällen ab, daß es den Phallus des Vaters aufgenommen haben könnte: das Treffen mit dem Phallus wird nämlich in der Penetration gefürchtet». Der Schüler verwendet eine direktere Sprache: «Der Homosexuelle hat auf vieles verzichtet, vielleicht gar auf den besten Teil des Lebens, was immer er auch sagt und zu denken glaubt (*sic*)».

1977, HENRI AMOROSO, LE CONTRE-PIED[32]

Antwort auf einen humoristischen Roman Jean-Louis Borys, *Le Pied* (Der Fuß). Man könnte meinen, daß Gérard Zwang bereits den Gipfel der Groteske erreicht hätte. Nichts da, hier wird er um Längen geschlagen. Eine gesunde Jugend, so weissagt Henri Amoroso, wird sich von den Proselyten einer «infantilen, zurückgebliebenen und repressiven» Sexualität niemals mißbrauchen lassen. «Zu den fünf größten Musikern überhaupt gehört kein Schwuler: Verdi, Wagner, Beethoven, Mozart und Haydn.» Eine in der Auswahl komische und den Beispielen groteske Liste, denn drei der fünf hatten nicht jenes «martialische» Verhalten oder jene «männliche» Entschlossenheit, an denen der Autor einen echten Mann erkennt, und mindestens zwei entkräften das an sich schon witzige Argument des Doktors. Amoroso sah nicht nur niemals einen glücklichen Homosexuellen, nein, alle litten unter «engstirniger Boshaftigkeit», «lispelten», hatten einen «trippelnden und wippenden» Gang, Anzeichen einer «Zwangsneurose». Sie sollten wenigstens in ihrer Ecke bleiben und sich nicht in den Vordergrund drängen! Schande vor allem über alle, die Papst Paul VI. beschmutzen und 700 Millionen Katholiken ihre Illusionen rauben wollten, «mehrheitlich Kinder, alte Leute, Schwache, die sich verzweifelt an das Bild eines heiligen Mannes klammern»!

1977, PINO FREZZA, ALCUNI CASI DI OMOSESSUALITA
(Kein Fall von Homosexualität)

Wieder eine Publikation des progressiven italienischen Verlegers Feltrinelli. Das Leben der Homosexuellen ist «trist und einsam», doch verzweifeln wir nicht: Homosexualität läßt sich durch eine geeignete Pädagogik «vermeiden» und durch eine «angemessene Behandlung» heilen.

1981, FRANÇOISE DOLTO, ÜBER DAS BEGEHREN[33]

Zu vervollständigen durch *Das unbewußte Bild des Körpers* (1984)[34] und *Inconscient et destins* (Unbewußtes und Schicksale) (1988). Françoise Dolto, viel gelesen, repräsentiert eine neue Strömung: die populäre Psychoanalyse, geschwätzig, intelligent, modernisiert. «Darf man einen Lehrer ablehnen, weil er zu einer Randgruppe gehört?», fragt sie angesichts eines Lehrers, dessen Beispiel seine Schüler störend beeinflußte[35]. Dolto war Kinderanalytikerin und spricht nur selten über Homosexualität. Wenn sie auf das Problem kommt, zeigt sie sich offen, doch flugs kehren die beiden großen Vorurteile aus der Freudschen Scholastik wieder. Erstens: Homosexualität ist immer das Ergebnis einer durch familiäre Schwierigkeiten gestörten psychischen Entwicklung. Beispiele: «Jungen, die ohne Vater aufwachsen und die diese Phase des Widerstandes gegen die Mutter nicht durchmachen, d.h. Jungen, denen die Erfahrung fehlt, wie sie mit Hilfe eines männlichen Erziehers – eines Ersatzvaters – diese Krisen lösen können, laufen Gefahr, ihr Leben lang unter dem Einfluß einer phallischen, autoritären Mutter zu bleiben und ihre Männlichkeit nicht verwirklichen zu können».[36] «Wenn der Vater damit fortfährt, zu Hause allein das Gesetz (…) zu machen, (ist) die Sensibilisierung eines solchen Knaben für die Homosexualität (…) dann groß: entweder die passive Homosexualität durch die Identifikation mit der manchmal depressiven, aber tapferen Mutter (…), oder die aktive Homosexualität, welche durch den Bezug zum Vater strukturiert wird, dessen Beispiel ihn dazu führt, zu denken, daß dies heiße, ein Mann im wahren Sinn des Wortes zu werden. So entwickelt sich dieser Typus Mann mit wahnhaftem Verhalten …» usw.[37] Zweitens muß die sexuelle Rollenverteilung zwischen Jungen und Mädchen in einer wohlgeordneten Gesellschaft klar verteilt sein. «Wenn das

Kind keine Möglichkeit hat, sich einer geschlechtlichen Ausrichtung zuzuwenden – empfangend für das Mädchen, aussendend für den Jungen – gerät es in eine Zwangslage»[38] Puppen für das Mädchen, Zinnsoldaten für den Jungen. So steht es also 1988!

Kürzlich eine Perle unter hundert anderen. Der Sowjetologe Alain Besançon machte sich einen Namen mit der Behauptung, es werde sich nie etwas ändern in der UdSSR. In seiner Autobiographie[39] präsentiert er genüßliche Überlegungen. Als Junge, so vertraut er uns an, habe ihn enge Freundschaft mit seinem Freund Antoine verbunden. Es passierte nichts zwischen ihnen, wenn jedoch etwas passiert wäre? Glücklich, dem entgangen zu sein, dankt er der «Vorsehung», daß sie ihn von einer «ziemlich unheilvollen Konstellation» bewahrt habe, zu der zu viele «Vorbilder» um ihn herum ihn hätten bringen können[40]. Man glaubt, sich vierzig Jahre früher zu befinden, als Jean Chastenet, der später in die Académie française eintrat, sich folgenden Pleonasmus leistete: zu viel Nachsicht mit einem bohèmehaften Liebesleben «könne in Freudenhäuser und sogar in die Homosexualität führen»[41].

Am 1. Dezember 1987 starb James Baldwin. Am nächsten Tag widmet der Journalist Bernard Geniès dem amerikanischen Schriftsteller einen langen Nachruf. Drei Spalten auf der ersten Seite des *Monde*, gefolgt von zwei weiteren Spalten auf Seite 18. Nicht eine Zeile zur Homosexualität des Autors von *Giovannis Zimmer*[42]. Er wird lediglich als Symbolfigur der «schwarzen Sache» dargestellt. Eine Auslassung, die Grabschändung gleichkommt.

Die Aids-Epidemie führte zu neuerlichen Dummheiten. Dummheiten? Schlimmer als das, und ich fürchte, daß meine Liste, die bisher eher zum Lachen reizte über die Hüter der «Norm», durch die plötzliche Anhäufung von Schändlichkeiten das Fürchten lehrt. Es mag noch angehen, daß die amerikanischen Bischöfe das Schreckgespenst der «Gottesstrafe» bemühen: Das ist einer jener folgenlosen Streiche, die wir von der Kirche gewohnt sind. Der frühere westdeutsche Innenminister Zimmermann wollte alle an den Grenzen zur Bundesrepublik abweisen lassen, die dem bloßen Anschein nach Aids haben könnten. Sollte man einen Homosexuellen am Gang erkennen wie einen Juden an der Nase? Die deutsche Öffentlichkeit lehnte sich gegen derartige Pläne auf. Im Bayern Franz-Josef Strauß' jedoch, wo Peter Fleischmann vor zwanzig Jahren in seinem Film *Jagdszenen in Niederbayern* die organisierte Verfolgung eines Geschlechtshäretikers spielen ließ, verabschiedete eine Regierung erstmals diskriminatorische Maßnahmen gegen Prostituierte und Drogenabhängige.

Dürfen wir in Frankreich stolzer auf uns sein? Louis Pauwels, Direktor der Wochenzeitschrift *Figaro Magazine*, eine Publikation, die man nur faschistisch nennen kann, fiel nichts Besseres ein, um eine Studentenrevolte zu verketzern, als zu erklären, die Studenten litten an «geistigem Aids». Man erregte sich über diese Verquickung beruflicher Forderungen mit sexuellem Außenseitertum. Man entrüstete sich über die Schändlichkeiten, die der Führer der extremen Rechten Jean-Marie Le Pen ausspeit, von der Erfindung des Adjektivs «sidaïque» (zu Aids) zum Projekt der «sidatoriums» (etwa Aidsatorium). Ein Absatz der Rubrik «Bloc-Notes» von Jean-Paul Pigasse im Wochenmagazin *l'Express* fiel jedoch nicht auf. Eine solche Empfindungslosigkeit der Öffentlichkeit zeigt an, daß sie reif ist für weitere Niedrigkeiten. Hier der gesamte Abschnitt (17. April 1987): «Während die Behörden so gut wie möglich die blitzartige Ausbreitung von Aids verschleiern, versucht ein Teil der westlichen Intelligenzia den Gedanken glaubwürdig erscheinen zu lassen, daß das Übel jeden, jederzeit und gleich wo treffen kann. Dabei beweisen die Statistiken, daß Homosexuelle, Drogenabhängige und ein paar Kranke, denen infiziertes Blut übertragen wurde, noch die einzigen Opfer sind. Da die Zahl Aidskranker schnell steigt, ist es möglich, wenn nicht wahrscheinlich, daß die Krankheit früher oder später auf geistig und körperlich gesunde Männer und Frauen übertragen wird. Im Augenblick jedenfalls trifft Aids nur die «Risiko»gruppen. Durch Wort und Bild den Eindruck zu erwecken, daß keine Verbindung zwischen laxen Sitten und der Krankheit besteht, käme also einer Täuschung gleich. Einer verbrecherischen Täuschung.»

Die Heuchelei dieser Zeilen erscheint mir noch viel niederträchtiger und gefährlicher als die Schärfe der Neofaschisten. Zu behaupten, die Homosexuellen könnten nicht gesund an Körper und Seele sein (danke für Michelangelo, Platon und all die anderen) bringt uns zu den Liebenswürdigkeiten des XIX. Jahrhundert zurück. Dabei ist es kein etwas begriffsstutziger Volkstribun, der solche Nettigkeiten von sich gibt, sondern ein Sprecher der liberalen Rechten. Wesentlich mehr als zehn Prozent der Franzosen würden, wagten sie es nur, Aids dazu benutzen, die Homosexuellen wieder in den Untergrund zu treiben. Der Ausfall gegen die westliche Intelligenzia, die mit den «gelockerten Sitten» einverstanden sei, ist eine besonders subtile Art, uns zu sagen, es gäbe kein Aids, wenn es weniger schwule Schriftsteller gäbe und vor allem, wenn man diesen nicht erlaubt hätte, sich frei auszudrücken. So erklärten bereits die «Denker» des Vichy-Regimes die Niederlage von 1940 mit dem Einfluß Prousts und Gides. Wir sollten beachten, daß die Thesen der rechtsextremen Front National zwar die Niedertracht des Augenblicks widerspiegeln, die diffuse Intoleranz, die ihnen zugrunde liegt, jedoch dauerhaft schändlich bleibt.

Selbst mit größtem Wohlwollen kann man in die Falle laufen. «Die schwule Gesellschaft», dieser auffällige und augenscheinlich großzügige Titel war einmal (im Frühjahr 1987) auf dem Titelblatt der hervorragenden Wochenzeitschrift *L'Événement du jeudi* zu sehen. Man kann ihn auf zweierlei Weise verstehen: Die Homosexuellen bildeten untereinander eine Gesellschaft, oder die Gesellschaft wäre ihnen gegenüber so entgegenkommend geworden, daß das Beiwort «schwul» auf die Gesellschaft insgesamt anzuwenden wäre. Zwei gleichermaßen falsche Annahmen, und die zweite, die die Mehrheit der Leser so verstanden hat, wäre nicht nur falsch, sondern auch noch trügerisch. Sie gibt nämlich vor, daß die «homosexuelle Frage» ein für allemal geklärt ist und man in Frankreich in seinem Lebenswandel völlig frei ist.

Einige Philosophen und Vordenker dieser zweiten Jahrhunderthälfte leisteten ebenfalls einen kleinen Beitrag zu dem Problem, das uns hier interessiert. Unser Besuch in meiner Bibliothek endet mit der Feststellung, daß es jenen, von denen wir mehr Intelligenz oder Charakter erwartet hätten, an Hellsicht sowie Mut fehlte und sie sich mit Vorliebe hinter vorsichtige Mehrdeutigkeiten zurückzogen.

Herbert Marcuses grundlegendes Buch *Triebstruktur und Gesellschaft*[43], erschienen 1955 in Boston, wurde erst 1963 ins Französische übertragen. Im Namen des Lustprinzips ließ er die ersten Revoltetöne gegen das Leistungsprinzip hören. «In Herausforderung einer Gesellschaftsordnung, der die Sexualität als Mittel zu einem nützlichen Zweck dient, verteidigen die Perversionen die Sexualität als Zweck an sich.»[44] Die Homosexualität wurde nicht genannt, es war jedoch nicht schwer, sie unter den «Perversionen» wiederzuerkennen, die Ausdruck der Rebellion gegen die Fortpflanzungsordnung und alle Institutionen sind, die jene Ordnung verteidigen. Billigte Marcuse diese Rebellion, oder überließ er anderen das Risiko des Vorkämpfers? «Außerdem würden Konzessionen gegenüber der Ausübung von Perversionen nicht nur die ordnungsgemäße Fortpflanzung der Arbeitskräfte, sondern vielleicht sogar der Menschheit selbst in Gefahr bringen.»[45] Die Ungewißheit und Verwirrung des Lesers, der verblüfft glaubte, Bismarck selbst sprechen zu hören, erreichte ihren Gipfel, als er die Homosexualität endlich erwähnt fand (S. 200), gleich neben der Koprophilie.

Wie feige Roland Barthes war, ließ sich anhand des Büchleins *Über mich selbst*[46] feststellen, das er 1975 veröffentlichte. Ein Meisterdenker seiner Zeit war aufgefordert, über sich selbst zu berichten. Gefahrlos hätte er sich seiner Bekanntheit bedienen können, um das Bild des Homosexuellen in der Öffentlichkeit zu ändern, doch er versteckte sich hinter sprachlichen Manieriertheiten. Nur ein Absatz zur «Göttin H.», neutral hergebetet, unpersönlich, als ginge es gar nicht um den Autor selbst. «Die Macht, eine Perversion zu genießen (offensichtlich die der beiden H.: Homosexualität und Haschisch) wird immer noch unterschätzt.» Welche Angst, welche Ziererei, die Homosexualität wird anfangs nur mit einem Großbuchstaben benannt, dann erst in ganzer Länge ausgesprochen, in Klammern jedoch und an eine andere «Perversion» angehängt, als wollte er die Aufmerksamkeit ablenken. Damit nur nicht auf mich angewendet wird, was ich gerade sagte! hieß dieses Übermaß an Vorsichtsmaßnahmen, die um so kläglicher wirken, weil das Gesagte ausgesprochen arm ist. Weniger Vages erfährt man nur aus Fragmenten eines nachgelassenen Tagebuches[47]. Was für die Generation Prousts, Martin du Gards, Cocteaus (doch Gide hatte sich darüber hinweggesetzt) legitime Vorsicht war, erscheint mir heute schlicht und einfach hasenherzig.

Ein anderer Fall ist der des Philosophen René Girard, der in seinem wichtigsten Werk *Das Ende der Gewalt: Analyse des Menschheitsverhängnisses*[48], ein Kapitel der Homosexualität widmete. Diese sei nur eine «mimetische Rivalität», wobei das Begehren des Objektes dieser Rivalität auf den Rivalen selbst verlagert würde. Mit anderen Worten, es gäbe keine Homosexualität außer als ein Abgleiten zum Rivalen durch eine Art Unbesonnenheit des heterosexuellen Begehrens. Selbstverständlich sagt Girard das nicht so deutlich, er ergeht sich in gewundenen Umschreibungen, die den Verdacht von Inkompetenz nicht ausräumen.

Schließlich sind die Bücher Michel Foucaults zu nennen, der wie Roland Barthes direkt betroffen ist. Auch er rang sich nie dazu durch, ein persönliches Zeugnis abzulegen. Die Homosexualität behandelte er in den drei Bänden seiner *Sexualität und Wahrheit*[49] und nur über den Umweg der historischen Analyse, wobei er sich auf die jüngsten Studien zum antiken Griechenland stützte. Das hieß die große Veränderung in Beobachtung und Untersuchung der Homosexualität zur Kenntnis nehmen. Heute haben nicht mehr Ärzte und Psychoanalytiker das Wort, sondern Historiker. Foucaults Schüchternheit ist bedauerlich, die Furcht, sein Ansehen einzubringen: Mit ihm hatte die Philosophie vielleicht erstmals seit Platon die Möglichkeit, die Sitten direkt zu beeinflußen. Er überließ diese Rolle Männern, die weder seinen Rang und also auch nicht seine Macht hatten, Vorbilder für die Jugend zu werden.

Zum Abschluß des Rundgangs durch meine Bibliothek bleibt mir nur, die Werke jener Forscher aus dem Regal zu ziehen, die trotz der Bescheidenheit, die ihr Fach ihnen auferlegt, eine Reihe traditioneller Vorstellungen ins Wanken brachten.

Warum das Mittelalter statt Griechenland Vorbild sein sollte

Die Homosexuellen berufen sich auf die sogenannte «griechische Liebe» als Vorbild. Gide stellt seine Neigungen unter das Zeichen des griechischen Hirten Corydon; die jungen Helden der *Heimlichen Freundschaften* geraten beim Betrachten der Schönheit Alexanders auf antiken Medaillen in Erregung; Marguerite Yourcenar blickt nach Athen; ich selbst wähle den Raub des Ganymed als Symbol der Kühnheit, deren es für eine immer noch verbotene Liebe bedarf, und auf der Suche nach Beispielen werden regelmäßig Harmodios und Aristogiton, Nisos und Euryalos, Apollon und Hyakinthos und seltener David und Jonathan genannt.

Bis vor kurzem noch ließ sich die Wertschätzung, die die Homosexualität durch ihren Bezug zum alten Griechenland erfuhr, an den ängstlichen Vorsichtsmaßnahmen ablesen, mit denen Gräzisten und Autoren von erzieherischen Handbüchern das Kapitel der Sitten im alten Griechenland angingen.

Eine bemerkenswerte Ausnahme jedoch: die erste 1837 in Leipzig erschienene Geschichte der griechischen Liebe von M. H. E. Meier[1]. Der deutsche Gelehrte wollte «eine Griechenland eigene Institution» weder ächten noch in den Himmel heben. Eine bemerkenswert liberale Darstellung besonders der Theorien Platons und Aristoteles'. 1837 war Europa noch nicht der Macht des Bürgertums oder dem Imperativ zur Fortpflanzung unterworfen.

Dreißig Jahre später, nach der Arbeit Tardieus, ändert sich der Ton.

Hippolythe Taine, *Philosophie der Kunst* (1865)[2]. Er entwickelt ausführlich, welchen Platz die Nacktheit in der griechischen Kultur einnahm und welch günstigen Einfluß sie auf die Entwicklung der

Künste ausübte: Gymnastik gäbe dem menschlichen Leben die körperliche Perfektion als Hauptziel und treibe die Bewunderung für die vollendete Form bis zum Laster. Die einzige, aus Feigheit fast sybillinische Anspielung auf die Homosexualität nach einer ausdrücklichen Würdigung der männlichen Schönheit der jungen Griechen.

Welch unglaublicher Rückschritt durch die Verfälschung von Tatsachen, die Scheinheiligkeit und Dummheit gegenüber dem, was der junge Stendhal am 17. März 1817 angesichts des *Fauns mit jungem Flötenspieler* aus Rom schrieb: «Das Drolligste dabei ist, daß wir behaupten, in Kunstfragen griechischen Geschmack zu haben, während uns doch die Hauptleidenschaft fehlt, die die Griechen für die Künste empfänglich machte.»[3] Der «Geschmack der Griechen in der Kunst», jedoch losgelöst von «einer dem modernen Menschen widerwärtigen Liebe»: hierin liegt der Widerspruch, der nach Taine mehr als hundert Jahre lang alle Griechenland-Spezialisten lächerlich machen sollte.

Charles Seignobos, *Histoire de la Grèce ancienne* (Geschichte des Alten Griechenland)[4]. Im Kapitel zu den Gymnasien ist nur folgende kurze Anspielung zu lesen: «Nackt, den Körper eingeölt und mit feinem Sand bestäubt kämpften sie (die Jünglinge) ineinander verschlungen oder mit Faustschlägen.» Die Männer «ruhten im Schatten der Portici und sahen den Jünglingen beim Training zu».

A. Jardé, *La Formation du peuple grec* (Die Ausbildung des griechischen Volkes)[5]. Das Kapitel über die Lebensweise stellt den Status der Familie und der Frau in den Mittelpunkt. Gerade ein paar Worte zum Gefallen an körperlicher Schönheit (ohne zu präzisieren, daß sie männlich ist). «So hat auch die Nacktheit nichts Schockierendes für einen Griechen; beim Handwerker ist sie häufig, beim Athleten die Regel.»

Henri Marrou, *Geschichte der Erziehung im klassischen Altertum*[6]. Ein Standardwerk, das auch als Taschenbuch erschien, in dem das Kapitel «Von der Päderastie als Erziehungsform» endlich angeschnitten wird, doch mit welchen Tugendbeteuerungen! Den Mitgliedern jenes männlichen Ritterstandes, den die griechische Polis darstellt, wirkliche sexuelle Beziehungen zuzuschreiben, käme einer dieser «obszönen Überbewertungen» gleich, in denen sich Soziologen und Psychoanalytiker üben, empört sich der (katholische)

Autor. Er ist zwar gezwungen, die Beziehungen zwischen Liebendem und Geliebtem in der antiken Erziehung zu beschreiben, entschuldigt sich jedoch gleichzeitig für die «so geduldige Analyse solch abweichender Monstrositäten».

André Bonnard, *Civilisation grecque* (Griechische Zivilisation)[7]. Drei Bände lang verharmlosendes Gerede. Sollte man sich wirklich fragen, wem Sapphos Leidenschaft galt? Nein, besser läßt man es im Zweifel. Aller «ordinären Hypothesen» zum Trotz eröffne uns die Ungewißheit «viel weitere poetische Horizonte», als wenn wir eine «Perversion der Sexualität» in Betracht zögen. Auch bei Theokrit betont der Autor das «poetisch» Vage der Idyllen, den Charme von Schäfertuschelei, ohne die Replik Komatas auf Lacon in der Idylle V zu zitieren: «Weißt du noch, wie ich zu Leibe dir rückte, und du dabei grinsend/ Hübsch deinen Hintern verdrehtest und dort an der Eibe dich festhieltst?»[8] und übergeht stillschweigend die Idyllen XII (*Der Geliebte*), XIII (*Hylas*), XXIII (*Der Verliebte* «Ein gar Verliebter liebte dereinst einen herzlosen Knaben…»).

Das erste ernsthafte Buch zur griechischen Homosexualität erschien 1978 in England: *Homosexualität in der griechischen Antike* von Sir Kenneth Dover, Präsident am Corpus Christi College von Oxford[9]. Es geht um den berühmten Prozeß, der 346 v. Chr. gegen den Athener Timarchos angestrengt wurde. Timarchos wurde verurteilt, weil er ein öffentliches Amt ausgeübt hatte, nachdem er sich früher prostituiert hatte. Laut Gesetz konnte nämlich jeder, der seinen Körper verkauft hatte, die Interessen der Republik in gleicher Weise verkaufen. Dover geht von dieser Affäre aus, um zu verdeutlichen, unter welchen Umständen die Griechen Homosexualität verurteilten. Sie hielten sie für natürlich, verurteilten jedoch jedes von Autorität oder Gewalt geprägte Verhältnis, sowie Prostitution und Effemination. Die homosexuelle Beziehung verband einen Älteren (den «erastes») und einen Jüngeren (den «eromenos») Der «eromenos» mußte sich jedes Vergnügen am Sexualakt versagen, wurde dieser doch als einfache Geste seiner pädagogischen Achtung angesehen. Er mußte auch verhindern, den anderen eindringen zu lassen oder Geld anzunehmen, was den männlichen Werten widersprochen hätte, die so lange unangetastet blieben, wie sich die Verbindung auf Berührungen in der Senkrechte beschränkte. Für den «erastes» war das sexuelle Begehren nur ein Element in einem moralischen, geistigen und pädagogischen Ganzen.

Félix Buffière hebt in *Eros adolescent*[10] die jeweilige Rolle von «erastes» und «eromenos» hervor. Es habe sich um eine pädagogische, moralische und vorübergehende Beziehung gehandelt, die nichts gemein habe mit «anormalen und lasterhaften Beziehungen zwischen Menschen des gleichen Geschlechtes», gemäß «jener abweichenden Form der Liebe», die heute Homosexualität genannt werde. Man dürfe nicht Eros, der den Liebschaften zwischen Mann und Junge vorstand, mit Aphrodite verwechseln, die für heterosexuelle Beziehungen zuständig war. Eros repräsentiere das Gefühl, die edle Liebe, die das moralisch Gute für den Geliebten sucht. Aphrodite repräsentiere Sex, Lust, die fleischliche Verbindung mit Blick auf die Fortpflanzung, den Wunsch, mit jemandem zu schlafen, den Wunsch nach Nachkommen. Von zwölf bis zwanzig war man «eromenos», von zwanzig bis dreißig «erastes». Ein «eromenos», der diese Rolle mit zwanzig nicht ablegte, fiel auf den Rang eines Kinäden («Tunte») und mußte mit Ablehnung rechnen. Die Homosexualität zwischen Erwachsenen wurde verurteilt, die «reine» Päderastie bewundert, die «fleischliche» Päderastie toleriert, da sie für unvermeidlich gehalten wurde. Außerdem durfte jeder «eromenos» nur einen «erastes» haben: Schlief er mit mehreren, sank er in die Kategorie der Prostituierten hinab.

Abgesehen von der komisch (oder diplomatisch?) moralisierenden Einleitung scheint diese Analyse der Wahrheit zu entsprechen. Michel Foucault akzeptiert die Ergebnisse Dovers und Buffières, die inzwischen zusätzlich gestützt werden durch zwei gut dokumentierte Werke Bernard Sergents, *l'Homosexualité dans la mythologie grecque* (Homosexualität in der griechischen Mythologie) und *L'Homosexualité initiatique dans l'Europe ancienne* (initiierende Homosexualität im Alten Europa)[11].

Nach kretischem Ritual (über das wir mehr wissen) ging der «erastes» mit seinem «eromenos» für zwei Monate ins Gebirge. Dies war die Phase der Initiation zur Jagd und zu anderen Geheimnissen des Lebens und gleichzeitig die Phase sexueller Unterwerfung. Zu Ende dieses Aufenthaltes «im Busch» (in Analogie zu manchen Bräuchen, die unserer Tage bei den Ureinwohnern Ozeaniens beobachtet werden) überreichte der «erastes» dem «eromenos» drei Geschenke, um ihm zu bedeuten, daß er das Erwachsenenleben erreicht hatte: einen Becher, eine Kampfausrüstung und einen Ochsen. Der Becher erlaubte, am Gastmahl der männlichen Bürger teilzunehmen, der Ochse gab ihm das Recht zum Opfer, die Kampfausrüstung machte ihn zum Soldaten. Diese drei Präsente entsprechen den drei Funktionen der indo-europäischen Gesellschaft, die Georges Dumézil offenlegte: der Becher entspricht Krone und Religion, die Kampfausrüstung dem Krieg, der Ochse hat agrarische Funktion (Produktivität, Reichtum, Gesundheit). Für den «erastes» war das Kriterium bei der Wahl des «eromenos» nicht Schönheit, sondern Mut (zweite Funktion) und die richtige moralische Haltung, Mäßigung und Harmonie (erste Funktion). Unter solchen Bedingungen wurde die Homosexualität nicht als Außenseitertum erlebt, sondern als normale Vorbereitung auf die Heterosexualität, als ein Vorspiel zur Ehe. Vor dem Aufenthalt im Busch wurde der Junge als ein Nicht-Mann betrachtet. Die Initiation sollte nur seine weibliche Hälfte austreiben und ihn fürs Eheleben bereit machen.

Mit seiner Entführung und dem Verschwinden im Gebirge änderte sich also der Status des «eromenos». Er trat in die Erwachsenengesellschaft ein. Es gab noch eine andere Möglichkeit: den Übergang in eine andere Welt, in die der Götter. Das lehren einige große griechische Mythen. Das Paar Apollon – Hyakinthos kann als Gründungsmodell der Beziehung «erastes»-«eromenos» angesehen werden. Der Tod Hyakinthos ist ein mystischer, provisorischer Tod, der Übergang vom Stand des bartlosen Jugendlichen zu dem des Kriegers. Die Blume symbolisiert nicht den biologischen Tod, sondern nur das Ende der Jugend. Diese Blume wuchs aus dem Blut der Wunde des jungen Mannes: Mit dem Blut fließt der erste Teil seines Lebens hinweg. Ein anderer Held der initiierenden Homosexualität: Kyparissos. Er tötete den Hirsch und beendete so die Probezeit seines Eintritts in die Reifephase. Auch er kann eines mystischen Todes sterben, der ihn in eine Zypresse verwandelt, einen immergrünen Baum – folglich nicht Symbol des Todes, sondern des Triumphes über den Tod.

Diese mythologischen Paare dienten neben mehreren anderen (Apollon und Narkissos, Herakles und Hylas, Zeus und Ganymed) als Vorbilder der historisch institutionalisierten Homosexualität auf Kreta und in anderen Gegenden Hellas'. Überall war die griechische Liebe nach genauen Regeln innerhalb eines sehr engen institutionellen Rahmens festgelegt.

Bereits im VI. Jahrhundert gestanden die Schulen auf Lesbos unter der Leitung der Dichterin Sappho jungen Mädchen gewisse Freiheiten nur als Vorbereitung auf die Ehe zu. Bei den Jungen in Theben, Sparta, Athen wollte es der Brauch in den klassischen Jahrhunderten, daß der Jugendliche einen älteren Liebhaber suchte, der ihn ins Erwachsenenleben einführte. Wahrscheinlich ließ er sich nicht mehr entführen wie früher auf Kreta. Auch verschwanden die beiden nicht mehr im Gebirge, doch die rituelle Bedeutung dieses absichtlich ungleichen Verhältnisses zwischen Lehrer und Schüler änderte sich nicht. Der «erastes» durfte den «eromenos» nur beherrschen, um aus einem noch von Weiblichkeit durchdrungenen Zwitter einen richtigen Mann zu machen. Danach sollte der junge Mann an die Ehe denken, ein Weg, den sein Lehrer vor ihm beschritten haben sollte. (Der Begriff «sein Liebhaber» mit seinen modernen Konnotationen wäre völlig deplaziert.) In Theben war besonderes Ziel die militärische Ausbildung der jungen Leute, wie die berühmte «heilige Schar» bezeugt, von der Plutrarch in *Pelopidas* spricht und die als unbesiegbar galt, da Lehrer und Schüler Seite an Seite kämpften. In den anderen Städten Griechenlands war der Blick nur auf die moralische und geistige Ausbildung des Jungen gerichtet. Diese Homosexualität oder besser gesagt Päderastie war streng pädagogisch und initiierend; sie war zeitlich begrenzt, als ein normales Gesellschaftsphänomen anerkannt und wurde erst tadelnswert, wenn sie länger als bis zum ersten Bart dauerte.

Freud, der jugendliche Homosexualität als vorübergehende Etappe in der Entwicklung des Individuums erklärt, wäre über solche Unterstützung begeistert gewesen!

Zwischen «erastes» und «eromenos» – das soll diese Darlegung betonen – bestand keine Beziehung, die auf Anziehung beruhte. Wie im archaischen Kreta wählte der «erastes» den «eromenos» nicht wegen seiner Schönheit, sondern wegen seiner inneren Qualitäten wie Mut und Mäßigung. Sicher, vom V. Jahrhundert an gerieten die Dinge ins Rutschen, und dieser anfangs als höchste Form der Erziehung eingerichtete Brauch breitete sich aus und wurde banal.

Nichts illustriert diese Entwicklung besser als die Geschichte der Töpferkunst. Von den zwanzigtausend bekannten bemalten Vasen sind auf etwa zweihundert homosexuelle Szenen dargestellt. Die älteren, mit schwarzen Figuren auf weißem Grund bemalt, zeigen ein mehr oder weniger unveränderliches Bild: Ein nackter, bärtiger Mann hält einen Hasen oder Hahn in der Hand und richtet seine andere Hand auf die Genitalien eines ebenfalls nackten Jünglings. Beide Figuren stehen. Der Hase oder Hahn erinnert daran, daß der Jugendliche damals den Erwachsenenstand erreichte durch den Umgang mit der Waffe und weidmännische Leistungen. Die Jagd ist gleichfalls eine Metapher für die erotische Beziehung zwischen dem jagenden «erastes» und dem gejagten «eromenos». Die sexuelle Berührung geht einher mit der Gabe des getöteten Tieres, als sei der Austausch von Zärtlichkeiten die natürliche Ergänzung beim Mannwerden.

Vom V. Jahrhundert an ändert sich der Stil der Vasen: Nunmehr werden rote Figuren auf schwarzen Grund gemalt. Das Jagdmotiv ist nur noch ein sinnentleertes ikonographisches Überbleibsel. Anstelle des Hasen der Vasen mit den schwarzen Figuren, des wilden, tot dargebotenen Tieres als Ergebnis einer weidmännischen Großtat steht nämlich ein lebender Vierfüßler, der nur ein Hauskaninchen sein kann. Wie wäre es möglich, einen Hasen lebend zu fangen, der 65 Stundenkilometer schnell rennen kann? Der «erastes» macht nun dem «eromenos» den Hof; er versucht ihn durch ein Geschenk zu bezirzen. Der Ephebe ist nicht länger ein junges wildes Tier, das es zu zähmen gilt: Die Sprache des Begehrens, Koketterie verdrängt den kriegerischen Wettstreit. Diese Entwicklung entspricht einer gesellschaftlichen Veränderung: Indem der alte Brauch vom Land in die Stadt wechselte, indem er verstädterte, wurde er auch verwässert. Daher «die Ausdehnung der männlichen Homosexualität auf alle Gesellschaftsschichten, die Wandlung einer pädagogischen Beziehung in eine gegenseitiger Anziehung, die Ausbreitung eines bis dahin auf den Adel beschränkten Brauches; der «eromenos»-Schüler wird zum *paidika*-Objekt». Immer häufiger schlief man zum Vergnügen miteinander und nicht, damit der Ältere dem Jüngeren seine Tugenden vermittle. So sind der Spott des Aristophanes, die Reserviertheit des Sokrates, die Zurückhaltung Platons zu verstehen.

Die Homosexuellen des XX. Jahrhunderts von Gide bis Peyrefitte rechtfertigen ihre Neigungen gewöhnlich mit dem Hinweis auf die «griechische Liebe», und es gibt kein Plädoyer, das nicht mit einer Verherrlichung der athenischen Freiheiten begänne. Da gilt es zurückzustecken. Was heute unter Homosexualität verstanden wird, d. h. eine persönliche, freie Beziehung zwischen zwei Erwachsenen, war der griechischen Kultur völlig fremd. Zu sehen, wie zwei Männer zusammenleben, dauerhaft eine Wohnung teilen, dasselbe Leben führen, hätte die Zeitgenossen des Perikles und Phidias zutiefst abgestoßen. Der Fall ist wahrscheinlich nie vorgekommen. Die Bücher Bernard Sergents, Dovers, Buffières und Michel Foucaults führen uns zu einem noch überraschenderen Schluß: In der Antike, in der Blütezeit zumindest, als die Sitten noch nicht verdorben waren, schloß die Homosexualität nicht nur die Liebe, sondern sogar das Begehren aus, war sie doch auf eine genau bestimmte gesellschaftliche Funktion beschränkt. Der Junge unterwarf sich dem «erastes» passiv nur eine kurze Zeit lang, bis das Weibliche ausgetrieben war und er den Erwachsenen- und Bürgerstand erreicht hatte.

Verjagt Eure Träume, moderne Schwule, verjagt das Bild vom griechischen Paradies! Sucht ein neues Vorbild dort, wo Ihr es am wenigsten erwartet: in jenem abendländischen Mittelalter, aus dem ein nicht weniger hartnäckiger Gemeinplatz eine unterschiedslos fortschrittsfeindliche und repressive Epoche macht. Der amerikanische Historiker John Boswell (es ist ein Reifezeichen unserer Zeit, daß Bücher zur Homosexualität heute keine Anklage- oder Verteidigungsschriften mehr sind, sondern unparteiische Studien auf der Grundlage eines Quellenstudiums) enthüllt in *Christianity, social Tolerance and Homosexuality* (Christentum, gesellschaftliche Toleranz und Homosexualität)[12] Verblüffendes.

Wodurch ist die Feindseligkeit der Christen gegen die Homosexuellen entstanden? Wann setzte sie ein? In der heidnischen Welt des alten Rom seien sexuelle Fragen außerordentlich leidenschaftslos gesehen worden. Jeder männliche Erwachsene sei frei gewesen, Beziehungen zum einen oder anderen Geschlecht zu unterhalten. Die Idealisierung einer im Vergleich zur hedonistischen, korrupten Kaiserzeit sittenstrengen Republik Rom sei ein Klischee, das der Wahrheit nicht entspreche. Die republikanische Literatur (Catull etwa) behandle die Homosexualität mit völliger moralischer Gleichgültigkeit. Die ersten beiden Jahrhunderte der Kaiserzeit, auf dem Höhepunkt der Macht Roms, zeichneten sich durch die gleiche Toleranz aus. Die Homosexualität werde hingenommen für alle Männer und sei kein Grund zu Stolz oder Tadel. Nur zwei genau umrissene Gruppen seien mißachtet worden: Erwachsene Bürger, die sexuell passiv blieben (wegen der Gleichsetzung von sexueller Passivität mit politischer Untauglichkeit), und Bürger, die sich prostituierten. Nach dieser Untersuchung der Situation in Rom zur Epoche des Frühchristentums fragt sich Boswell, warum die modernen Völker, die fast alle Aspekte von Kultur und Aufbau der römischen Gesellschaft übernahmen, die Gleichgültigkeit gegenüber der Homosexualität von diesem Erbe ausnahmen?

Eine Antwort, die einem gleich in den Sinn kommt: wegen der Heiligen Schrift, wäre laut Autor falsch: eine erste Überraschung. Nichts, weder im Dritten Buch Moses noch beim heiligen Paulus verurteile die Homosexualität. Allenfalls als «rituelle Unreinheit» sei sie angesehen worden. Und hätte nicht der heilige Paulus nur vor den Gefahren übermäßiger Sinnlichkeit gewarnt? Ihm vorzuwerfen, ein radikales Verbot durchsetzen zu wollen, wäre eine müßige Anklage. Werde etwa behauptet, daß seine Kritik an der Trunksucht Abneigung gegen das Weintrinken überhaupt sei?

Sei's drum. Die Rolle der Heiligen Schrift wurde vielleicht übertrieben; doch scheint mir Boswell hier, mitgerissen von seiner These, die Ächtung im Alten Testament und in den Paulusbriefen zu verniedlichen. Doch merken wir uns, und das ist im Hinblick auf die üblichen Vorstellungen zu dieser Frage schon kühn, daß die Intoleranz gegen die Homosexualität, wie sie sich in der Neuzeit entwickelte, ihre Wurzeln nicht nur und vielleicht nicht einmal ihre Hauptwurzeln in den Religionen hat.

Im frühen Mittelalter jedenfalls herrschte größte Toleranz. Dafür bringt Boswell unwiderlegbare Beweise. Der heilige Paulinus, Bischof von Nole, tauschte im IV. Jahrhundert mit Ausonius Verse aus, die mit erlesener Zärtlichkeit die Leidenschaft zwischen den beiden Männern ausdrückten. Chrysostomus, Lactantius, der heilige Augustinus äußerten zwar ihren Abscheu vor homosexuellen Gepflogenheiten, doch mehr aus Frauen- als aus Männerfeindlichkeit, denn, so argumentierten sie, seinen Körper «wie den einer Frau» gebrauchen zu lassen, sei eines Mannes unwürdig. Das Christentum war seit mehr als zwei Jahrhunderten Staatsreligion, als Kaiser Justinian 533 die ersten repressiven Gesetze verkündete, und das nicht aus religiösen, sondern aus zivilrechtlichen Gründen (der Gleichstellung von homosexuellen Beziehungen mit dem Ehebruch). Leidenschaftliche Freundschaften blühten weiterhin unter Geistlichen genau wie unter Weltlichen. Die relative moralische Gleichgültigkeit der Christen im frühen Mittelalter ist in Beziehung zu setzen mit dem Fehlen einer Zentralgewalt: Das Privatleben des einzelnen ging nur ihn an.

Vom XI. Jahrhundert an begünstigten die Entwicklung der Städte und die Ausweitung individueller Freiheiten das Aufblühen einer reichen homosexuellen Kultur. Eine unglaubliche Menge von Werken zum Ruhm der Liebe zwischen Männern flossen den Schreibern aus der Feder. Von dichtester Sinnlichkeit zu erhabenem Idealismus: eine außergewöhnliche Hochzeit. Manche der größten Denker des Christentums trugen diese Strömung mit. Der heilige Anselm, Erzbischof von Canterbury, der bemerkenswerteste Intellektuelle seiner Zeit, gründete die Tradition der leidenschaftlichen Freundschaften zwischen Mönchen. Seine Briefe, häufig an einen «inniggeliebten Liebhaber» gerichtet, verströmen dichte Erotik. Er wollte den mystischen Bund der Körper in die christliche Geistigkeit einbeziehen. Der heilige Aelred von Rievaulx schrieb Abhandlungen zur Verherrlichung männlicher Freundschaften, er machte sie gar zur Grundlage des Klosterlebens und zum Zugang zur göttlichen Liebe. Bei den Weltlichen wurde Richard Löwenherz, der Kreuzfahrerkönig, als ein Ausbund ritterlicher Tugenden gepriesen; dabei waren seine sexuellen Neigungen für niemanden ein Geheimnis. Als Zeichen des wohlwollenden Interesses selbst der Heterosexuellen ließe sich das schöne Gedicht Pierre Abaelards zu David und Jonathan zitieren.

«Der Triumph des Ganymed»: So überschreibt Boswell das Kapitel zum XII. Jahrhundert. «Einen so mächtigen Berg an homosexueller Literatur hatte es in Europa seit dem I. Jahrhundert nach Christus nicht gegeben, und erst im XIX. Jahrhundert wird er wieder so hoch werden.» Überreichliche Dichtung, häufig von der Hand von Bischöfen. Neben anderen entwickelten Balderich von Bourgueil, Marbod von Rennes, Hilarius von England[13] das Thema in seiner ganzen Breite, vom Lobpreis auf den schönen Jüngling bis zur Satire des jungen Mannes, der nicht einwilligen will. Noch erstaunlicher jene *Debatte zwischen Ganymed und Helena*, die Schülern zur Lektüre gegeben wurde und die im Mittelalter sehr populär war: eine vergleichende Untersuchung der beiden Arten von Liebe und ihrer jeweiligen Meriten.

Dann plötzlich, vom XIII. Jahrhundert an, das abrupte Ende der Blütezeit homosexueller Dichtung. Eine Minderheit, die sich so offen geäußert hatte, ließ nichts mehr von sich hören. Ein Schweigen, das etwa sechs Jahrhunderte dauerte und das Boswell in zwei entscheidenden Kapiteln völlig überzeugend erklärt: «Eine neue gesellschaftliche Landschaft» und «eine neue geistige Landschaft».

Eine Machtverstärkung in den verschiedenen Staaten, die wachsende Zentralisierung, die Vereinheitlichung von Geist und Institutionen sind der Hauptgrund für das Ende der Toleranz. Aus politischen, nicht aus religiösen Gründen wurde die Theologie in systematische Formeln gegossen, wurde die Inquisition geschaffen zur Austilgung inkohärenter Gedanken und um Meinungsabweichungen zum Schweigen zu bringen. Alle Minderheiten, alle Abweichungen wurden gehetzt und verfolgt. Die Juden wurden aus Frankreich, England und Spanien verjagt, der Templerorden aufgelöst, Ketzer vor Gericht gestellt. Die Homosexuellen hingegen wurden mal gleichgestellt mit den Moslems, den gefürchtetsten Feinden Europas also, mal mit den Ketzern, den anderen Opfern des Volkszorns: ein Mittel, sexuelle Abweichler Justiz und öffentlicher Verachtung preiszugeben. In diesen Stufen vollzog sich die große Ausgrenzung, die alle in einem Getto isolierte, die sich der herrschenden Meinung nicht anpaßten.

Die von den Staaten neu eingeführte Gesetzgebung zeichnete sich in jedem Fall durch äußerste Strenge gegen sexuelle Abweichungen aus, die als Gefahr für die Staatsgewalt angesehen werden. Der Strang in Spanien, Kastration und Scheiterhaufen in Frankreich, Konfiszierung von Eigentum in der Toscana. In England sollten alle, die sexuelle Beziehungen zu Juden, Tieren und Personen ihres eigenen Geschlechts (diese drei Kategorien wurden auf die gleiche Stufe gestellt) unterhielten, lebendig begraben werden. Zwischen 1250 und 1300 wurde die homosexuelle Beziehung so von einem völlig legalen Akt zu einem Verbrechen, das mit dem Tod bestraft werden konnte. Eine bemerkenswerte Ausnahme: die Konstitutionen von Melfi, die 1231 vom Staufer-Kaiser Friedrich II. verkündet wurden. In diesem Gesetz, das sich durch ungewöhnliche Sorge um die Rechte von Frauen und Kindern und eine Weitsicht auszeichnete, wie sie dem aufgeklärtesten Herrscher seiner Zeit eigen waren, wurden weder Juden, noch Moslems oder Homosexuelle erwähnt.

Erwähnen wir, um Boswells These über die Konkomittenz zwischen der Einrichtung einer Zentralgewalt und der Ächtung von Homosexuellen zu stützen, was ein anderer Historiker, Maurice Lever[14], für Frankreich herausfand. Das gesamte XVI. Jahrhundert hindurch und zu Beginn des XVII. ist eine gewisse Toleranz die Regel. Der Regierungsantritt Ludwigs XIV. markiert eine radikale Änderung. Die übermäßige Zentralisierung des Staates und die Durchsetzung der absoluten Monarchie führten zu einer Vereinheitlichung von Denken und Sitten. Zur gesetzlichen Bestrafung der Homosexualität (Chausson, Paulmier, Bouquet und La Contamine wurden lebend verbrannt), kamen, was tückischer ist, Selbstzensur und innere Unterdrückung hinzu. Während sich männliche Liebschaften in der Barockdichtung unter Ludwig XIII. unbeschwert tummeln (Théophile de Viau, Saint-Pavin), verschwindet dieses Motiv völlig aus der klassischen Literatur, trotz gräko-romanischer Prägung ihrer angesehendsten Vertreter.

Drei Passagen aus der *Summa Theologica* des heiligen Thomas von Aquin (gestorben 1274) hatten das politische Urteil durch ein theologisches ergänzt. Der Kirchenvater ordnet Masturbation, Beziehungen mit Tieren, homosexuelle Beziehungen und die nicht der Fortpflanzung dienende heterosexuelle Vereinigung als «Laster gegen die Natur» ein. Eine Sichtweise, die sich bei den Katholiken durchsetzte und noch heute zu päpstlichen Verweisen führt. Laut Boswell erfand der heilige Thomas diese Begriffe jedoch nicht, sie seien nur Echo der neuen offiziellen Doktrinen. Antike und Mittelalter war die Idee der «Natur» völlig fremd. Sie tauchte erst im XIII. Jahrhundert auf, als Folge des neuen Fruchtbarkeitskultes, der wiederum aus der imperialistischen, natalistischen Politik der Staaten hervorgegangen ist. Die Feindschaft gegenüber der Homosexualität erhielt ihre offizielle Weihe in den thomistischen Schriften. Aber noch einmal: Es wäre ein Irrtum, religiösem Glauben ein Verbot zuzuschreiben, das die Staatsgewalt beschloß.

Das Schwulenparadies vom V. Jahrhundert vor Christus ins XII. unserer Zeitrechnung zu verlegen, Tempelvorhöfe zugunsten von Chorumgängen in Kathedralen zu verlassen, Marmorsäulen gegen Granitpfeiler auszutauschen: Sind wir wohl fähig zu einer solchen geistigen Revolution?

Zweiter Teil

Kunst, Musik, Literatur und Film

Sebastian als Schutzpatron

Die Schwulen setzen auf den heiligen Sebastian als Fürsprecher an der Pforte des Paradieses. Sie hätten auch einen anderen Schutzpatron wählen können, vor allem in der griechischen Mythologie. Bacchus etwa, den Michelangelo wie Leonardo ihnen unvergleichlich verführerisch darboten, Adonis in jener Pose, die Ribera ihm gab (Rom, Palazzo Corsini), oder Endymion, dem Canova eine seiner schönsten Statuen, Girodet sein schönstes Gemälde widmete, oder den Narziß von Caravaggio, der auch einen *Amor als Sieger* (Berlin) als strahlenden, nackten Jüngling malte, den legendären Antinous oder natürlich Ganymed (Michelangelo, Sebastiano del Piombo, Cellini, Annibale Carracci).

Wollte man unbedingt einen christlichen Fürsprecher, so hätte man sich erinnern können, daß der heilige Johannes der Täufer Caravaggio mehrmals inspirierte. Der ist für mich der größte homosexuelle Maler überhaupt, derjenige, der das Band des Begehrens zwischen zwei Männern am eindringlichsten verherrlichte, vor allem auf dem Bild in San Luigi dei Francesi in Rom. Man sieht den heiligen Matthäus, einen zu Boden geworfenen Alten, die Arme öffnen und bereitwillig den Tod erwarten: einen prächtigen nackten Jüngling über ihm mit dem Mörderschwert in der Faust. Von der Hand des Geliebten sterben: Voller Talent illustriert dies Bild das Band zwischen unterworfenem Opfer und triumphierendem Beherrscher, die frohlockende Ekstase des Todes in der Liebe. Für jene Kirche malte Caravaggio ebenfalls einen *Heiligen Matthäus mit dem Engel* von so dichter Erotik, das die Priester die Annahme verweigerten (Tafel I). Ein Privatmann kaufte ihn; 1815 ging er an ein Berliner Museum, wo er bei den Kämpfen 1945 zerstört wurde. An seiner Stelle lieferte der Maler

San Luigi dei Francesi eine zweite, sehr konventionelle Fassung des Paares. Der Engel wird vom heiligen Matthäus nicht mehr zärtlich umarmt, er spricht vom Himmel aus zu ihm: Auswirkung von Zensur.

Kein Rivale hinderte den heiligen Sebastian, die Verehrung des männlichen Körpers für sich zu beanspruchen. Hundertfach gemalt und abgebildet: er war das Lieblingsmodell von Künstlern, die vielleicht nicht alle homosexuell waren.

Der erstaunliche Erfolg des heiligen Sebastian als Darsteller geht auf das früheste Mittelalter zurück. Im VII. Jahrhundert verwüstete die Pest Rom; das Volk glaubte, Gott habe die Epidemie gesandt, wie ein Bogenschütze seine Pfeile abschießt. Nun, Sebastian, ein zum Christentum konvertierter Offizier, war zur Marter verurteilt worden (im II. Jahrhundert, während der großen Christenverfolgungen Diokletians) und an seinen Verletzungen nicht gestorben (sondern an einer späteren Steinigung, eine in der Legende vergessene Episode). So kam es, daß ihm die wunderbare Gabe zugesprochen wurde, vor Pfeilen zu schützen und also auch von der Pest zu heilen. Fast aus Nützlichkeitsdenken, als Talisman wurde er so häufig in den Ecken von Altarbildern oder allein an eine Säule gebunden dargestellt. Man sollte sich auch nicht wundern, ihn zu jener Zeit folgendermaßen zu finden: 1. stehend (um Gefahren entgegenzutreten und den Widerstand gegen die Epidemie zu verkörpern); 2. breitschultrig wie Mantegnas Figur im Musée du Louvre (aus dem gleichen Grund); 3. oder im Gegensatz dazu sehr zierlich wie Memlings Sebastian im Brüsseler Museum. Punkt zwei und drei widersprechen sich nicht, denn beide Male möchte der Maler, daß der Gegensatz zwischen der schutzlosen Zerbrechlichkeit des Opfers (selbst wenn das Modell robust gebaut war) und der Grausamkeit seiner Henker uns zu Herzen geht.

Natürlich gab es bereits Maler wie Perugino, Sodoma oder Botticelli, die sich Sebastians bemächtigt hatten, um jugendliche Schönheit und männliche Nacktheit unabhängig von der therapeutischen Aufgabe des Heiligen zu preisen. Die große Revolution des Themas findet jedoch im XVII. Jahrhundert statt, also zu Anfang des Barockzeitalters. Zu jener Zeit erst tauchen nämlich Jugendliche nackt, hingegeben auf, gemalt oder in Stein gehauen, rein zum Vergnügen des Auges. Es wird vergessen, daß Sebastian Hauptmann der Prätorianergarde Kaiser Diokletians war, um einen Epheben mit mehr Hang zur Mattigkeit als zu den Waffen aus ihm zu machen. Guido Reni, einer der sensibelsten Porträtisten Sebastians, stellt ihn immer noch aufrecht dar, jedoch soll er nicht mehr den Widerstand verherrlichen, den er dem Schicksal entgegensetzt. Wir kennen drei: einen im Prado (die Replik dessen im Louvre), einen in Genua und einen in Bologna. Der in Genua erschütterte Mishima. Er hat die Arme über den Kopf erhoben an einen Baum gebunden, so daß man die nackte Brust des Jünglings und sein samtiges Fleisch besser sieht: So bietet er sich stärker ästhetischer Betrachtung dar. Trophime Bigot, ein französischer Zeitgenosse Guido Renis, zeigt ihn ebenfalls stehend, wieder an einen Baum gebunden, jedoch unter den Händen der heiligen Irene dahinschmelzend (Bordeaux). Der Neapolitaner Matteo Stanzione betont die wundervolle Zartheit des Körpers, den er, auf den Boden gesunken, die Brust von der Sonne liebkost, malt (Lyon). Andere treiben die Kühnheit noch weiter: so der mysteriöse Bildhauer Giorgetti, ein Bernini-Schüler, der sein Modell so hinlegt, daß seine Haltung nichts Männliches mehr hat, sondern im Gegenteil die völlige Hingabe ans Leiden ausdrückt, eine unendliche Passivität; so auch Francesco Cairo, der große, verkannte Mailänder (Tours), oder der kaum weniger unbekannte Nicolas Régnier, Schöpfer eines wundervollen Bildes in Rouen.

Warum wurde im XVII. Jahrhundert aus dem kräftigen, kriegerischen Soldaten, dem Offizier Diokletians ein erotischer Ephebe? Warum fanden die Barockkünstler in diesem Märtyrer aus dem III. Jahrhundert eine Gestalt, die ihrer Kunst genau entsprach?

Zu jener Zeit hörten die Pestepidemien nicht auf, im Gegenteil, sie wurden heftiger. Mailand, Neapel, Marseille, Wien wurden heimgesucht. Wird der Heilige jedoch so hingegeben und jammervoll dargestellt, dann vergißt man völlig, daß er als Verteidiger gegen die Epidemie angerufen werden könnte. Inzwischen interessiert anderes an ihm. Das Schauspiel einer unauflöslichen Verbindung von Schönheit, Schmerz und Ekstase. Der Körper des Heiligen, in Mittelalter und Renaissance häufig halb (Memling) oder ganz angezogen, ist nun fast ganz nackt. Eigenartigerweise ist übrigens parallel zu diesem Nackterwerden des männlichen Körpers eine gegenläufige Bewegung bei den Frauen zu beobachten. Die Renaissancekünstler hatten diese prächtig ausgezogen, die Gegenreformation zwingt nun wieder zu Ziemlichkeit und Prüderie.

Giorgettis Sebastian (diese wirklich sublime Statue, die fast unbekannt in der wenig besuchten römischen Kirche San Sebastiano ruht) hat ein illustres weibliches Pendant: Berninis heilige Theresa (nach den Regeln der Kirche für ihr Geschlecht in Schleier gehüllt). Theresa sollte nicht durch Pfeile gemartert werden, sie lernte nur symbolische Pfeile ihres Gottes kennen: jedoch auch hier Pfeile, und der Engel, der den Wurfpfeil auf die junge Frau richtet, erfüllt die gleiche liebevolle Henkerrolle wie die römischen Soldaten, die ihre gespannten Bogen auf Sebastian richten.

«Töte mich, laß mich sterben», schrieb Theresia von Avila, als sie von den Erscheinungen ihres göttlichen Geliebten berichtete. Und D'Annunzio, der Sebastian manieriert besang, legt dem Gemarterten folgende Worte in den Mund: «Ich sage Euch, ich sage Euch: wer mich tiefer verletzt, liebt mich tiefer.» Beide Male die gleiche emphatische Rhetorik, der gleiche Sado-Masochismus, die gleiche heftige Suche nach Genuß im Schmerz. Doch warum entflammt diese aufopfernde Trunkenheit besonders die Künstler des XVII. Jahrhunderts? Nehmen wir ein anderes Beispiel, den wundervollen Sebastian des französischen Bildhauers Pierre Puget, den man verblüfft in einer ebenfalls wenig besuchten Kirche in Genua entdeckt. Welche Kraft im Leiden! Welcher Wille, bis in die Tiefe des Unglücks vorzudringen! (Tafel XVI) Die Epoche war nämlich reich an Unglück: nicht nur Epidemien, auch Kriege verwüsteten Europa. Außerdem wälzten Keplers astronomische Entdeckungen die Vorstellungen um, die man sich von der Welt machte. Der Mensch fühlte sich plötzlich einsam und verloren inmitten eines Universums, in dessen Zentrum nicht mehr die Sonne stehen sollte. Pascals berühmter Satz: «Das ewige Schweigen dieser unendlichen Räume macht mich schaudern» ist beredter Ausdruck der geistigen Verwirrung.

Zwei Reaktionen sind auf ein solches Grauen möglich. Strengste Askese wie bei Pascal, wie bei Georges de La Tour, dessen Sebastian (Berlin) trotz seiner liegenden Haltung ein Sinnbild jansenistischer Strenge ist. Oder die frenetische Suche nach einem Höchstmaß an Genüssen, das dem Menschen in der kurzen Zeitspanne, die ihm gewährt ist, zugestanden wird. Der Tod steht unmittelbar bevor? Beeilen wir uns, das Leben zu genießen! Die Zuckungen der Geschichte und die daraus folgende Furcht polieren die alte, abgedroschene Epikuräerdevise wieder auf. Im Sebastiansthema sind die Hauptcharakterzüge eines sozusagen auf die Spitze getriebenen – man könnte vielleicht sagen – *hedonistischen Pessimismus* zu finden: das Gefühl der Vergänglichkeit des Lebens, ein geschärftes Bewußtsein für die Zerbrechlichkeit der Dinge und die Kürze der Zeit, eine Allianz von Düsternis und Sinnlichkeit, die Hingabe an die Ekstase, die bebende Sinnlichkeit. Wird der Bund von Liebe und Tod, von Eros und Thanatos, in der Gestalt des jungen und schönen Märtyrers nicht wunderbar besiegelt?

Jedoch empfinden wir diese Statuen und Bilder keineswegs als dekadent wie die saftlosen Bilder Gustave Moreaus oder Odilon Redons. Der Sebastian der Barockkünstler – und hier ein Argument mehr für jene Schwulen, die sich durch ihre Homosexualität nicht etwa entmännlicht fühlen – bleibt ein Mann, selbst wenn er im Vergleich zu dem der Renaissancekünstler weiblicher wirkt. Besonders das venezianische XVI. Jahrhundert bietet eine Reihe sehr muskulöser und kräftiger Sebastiane von Tizian (Berlin) bis Veronese (Venedig, San Sebastiano) und Tintoretto (Venedig, San Rocco). Man sollte sich nicht allzu sehr wundern, daß die venezianischen Maler der ephebischen Anmut ihrer Modelle so sehr widerstanden, waren sie doch fast ausschließlich Frauenverehrer. Giorgione, ein vielleicht einzigartiger Fall, beschränkte sich darauf, das Gesicht des jungen Mannes zu malen (Berlin)! Obwohl das XVII. Jahrhundert empfänglicher für die Anziehung von Jünglingen war, blieb es dem Preis der Männlichkeit verhaftet. Das gilt für Pugets Sebastian, der in seinem Schmachten Momente von Widerstand findet, genauso für jene Riberas und Mattia Pretis (Neapel), das gilt noch stärker für den jungen Athleten Salvator Rosas (Genua, Palazzo Rosso), der das Kinn vorreckt und den Arm hochstreckt (Tafel III). Eine Mischung aus Sebastian und Prometheus, ein einzigartiges Bild, vor dem einem klar wird, daß die barocke Erotik nicht nur aus Unterwerfung und Fatalismus besteht, sondern auch aus Kraft und Herausforderung. Anmut und Sinnlichkeit, ja und nochmals ja, jedoch auch Muskeln, Charakter und Stärke. Mattia Preti wie Salvator Rosa waren Neapolitaner und der Spanier Ribera Wahl-Neapolitaner. Selbst in Neapel, so reich an Sebastianen – Neapel ist die Stadt der Knaben wie Venedig die der Frau ist – wurde die Verehrung des Epheben nie mit dem Kult des Androgynen verknüpft.

Die für sie schneller als für andere verfließende Zeit gierig nutzen (Angst vor dem Altern und sich ohne Nachkommen oder eine Kompensation für den Verlust an Attraktivität wiederzufinden); Lust suchen, aber im – durch die Erinnerung an die Verfolgung geschärften – Bewußtsein dafür, daß ein Abenteuer leicht ins Tragische umschlagen kann, den Freuden an der Lust Erregung durchs Risiko hinzufügen: Haben die meisten Schwulen eine andere Philosophie? Aus gutem Grund wählten sie also einen solchen Bürgen. Und all jene, die sich an den heiligen Sebastian gewöhnlich nur als röchelndes Bild eines gequälten Jugendlichen erinnern, könnten angesichts der Kämpfertugend ihres Helden neue Kraft sammeln, ist er doch fähig, seine Pfeile manchmal abzuschütteln, sich aufzurichten, die Faust zu recken und seinen Widersachern entgegenzutreten.

Von der Französischen Revolution bis Nazi-Deutschland: Der nackte Mann in der klassizistischen Kunst

Von jeher hatte sich Napoleon für die italienische Oper begeistert. Nach dem Sieg von Austerlitz hörte er in Wien einen der berühmtesten Sänger der Zeit, Girolamo Crescentini, Gesangslehrer der kaiserlichen Familie Österreichs. Wie bereits bei den Komponisten Giovanni Paisiello, den er 1802 dem König von Neapel entführte, und Ferdinando Paer, den er 1807 dem sächsischen König abspenstig machte, gewann Napoleon Crescentini, indem er ihm ein beträchtliches Gehalt zusicherte. Der Sänger blieb bis zu seinem Ruhestand 1812 in Paris. Das Erstaunliche ist, daß Crescentini keine schöne, männliche Baß- oder Baritonstimme besaß und auch keinen Heldentenor, wie man nach der Begeisterung hätte denken können, die er beim Bezwinger Europas auslöste: Nein, Crescentini war Kastrat, einer der letzten Kastraten bevor diese Anfang des XIX. Jahrhunderts verschwanden. Er triumphierte in einer Oper Nicola Zingarellis, *Romeo e Giulietta*, in der er den Romeo spielte. Der Szene am Grab Julias hatte er eine eigene Arie zugefügt, «Ombra, adorata, aspetta», die überall Furore machte. In dem Theater, das Napoleon sich in den Tuilerien hatte einrichten lassen, wohnte er einer Aufführung der Oper bei. Er war zu Tränen gerührt, und um dem Kastraten seine Dankbarkeit zu erweisen, ernannte er ihn zum Ritter des Ordens der eisernen Krone. Eine Würde, die bei manchen Anstoß erregte und über die andere lachten. Die Sängerin Giuseppina Grassini, seine Partnerin in der Zingarelli-Oper, verteidigte ihren Kollegen durch den berühmten Satz: «Sie vergessen seine *blessoure*!» Zwei Jahrhunderte später sind wir verblüfft, daß der größte General seiner Zeit eine derartige Vorliebe für eine so wenig männliche Stimme zeigte und das Talent eines Entmannten mit einer militärischen Auszeichnung belohnte. Erinnern wir uns dieses Beispiels als nützlichem Ausgangspunkt unserer Überlegungen zu Heldentum und Männlichkeit. Indem wir einige Statuen und Bilder aus der Zeit Napoleons Revue passieren lassen, werden wir feststellen, daß der Kaiser Geschmack und Philosophie der besten Köpfe seiner Zeit teilte.

1797, nach der Eroberung Venedigs hatte Bonaparte Antonio Canova geschrieben, daß er ihm weiterhin die Pension zukommen zu lassen gedenke, die der Bildhauer von der Dogenrepublik erhielt, und daß er ihn und sein Atelier unter den Schutz der Italienarmee stelle. 1802 fuhr Canova nach Paris, um eine Büste des Ersten Konsuls zu fertigen. Weil er seine Freiheit behalten wollte, lehnte er eine Stelle als erster Leiter des napoleonischen Museums ab. Napoleon ließ dem Bildhauer weiterhin Aufmerksamkeiten zukommen und überhäufte ihn mit seiner Gunst: der alle zehn Jahre verliehene Preis für «heroische Skulptur» 1805, Ehrenlegion 1810, die Leitung der römischen Museen 1811. Dabei ist nichts weniger heroisch als Canovas Kunst. Der Schöpfer von *Orpheus* (Venedig, Museo Corer), von *Dädalus und Ikarus* (ibid.), von *Apollon krönt sich* (Paris, Galerie Charpentier), von *Adonis von Venus bekränzt* (Possagno), von *Engeln* auf verschiedenen Gräbern (dem Clemens' XIII. im Petersdom in Rom, dem der Erzherzogin Marie-Christine in Wien, seinem eigenen in Venedig), von *Venus und Adonis* (Genf, Villa La Grange), von Paris (Leningrad) und des noch klarer päderastischen *Tanz der Söhne des Alkinoos* (Possagno) hatte der Bewunderung des Weltherrschers und -eroberers nur matte Epheben darzubieten: zierliche, weiße Jugendliche, die der Musterungsausschuß wegen ungenügend ausgebildeter Muskeln und der Psychologe vom Dienst wegen verdächtiger Anmut ausgemustert hätte.

Canova schuf auch ein Napoleon-Standbild «als befriedender Mars». 1811 wurde die Statue nach Paris gesandt. Sie mißfiel dem Kaiser. Er befahl, sie nicht öffentlich auszustellen. Diese Weigerung wurde damit begründet, daß Canova sein Modell ganz nackt dargestellt hatte, das sich lieber angezogen gesehen hätte. Ich schlage eine andere Deutung vor. Canova als guter Höfling, selbst wenn er sich diesmal als ungeschickt erwies, hatte den Kaiser idealisiert, als riesenhaften, wirklich «martialischen» Athleten: das mußte natürlich jemanden verärgern, der eine andere Vorstellung vom Heldentum hatte und dies auch bewies, indem ihn die perlenden Koloraturen der hellen Stimme eines entmannten Sängers zu Tränen rührten. Canova hatte im «heroischen» Genre niemals Erfolg. Sein *Herkules* (Possagno) oder der scheußliche *Theseus* (Wien) sind genauso mißlungen wie der 1815 von der englischen Regierung als Geschenk an Lord Wellington gekaufte *Napoleon* (Eine Bronzereplik steht im Hof des Mailänder Museums Brera). Der Schöpfer des *Endymion*, der *Engel* und *Totengeister* verkündete genau wie sein kaiserlicher Beschützer das Credo der Androgynie. Er gefiel nicht nur Napoleon, er wurde maßgeblich für seine Zeit. Und hätte man erst seine Skizzen gekannt ... (Tafel VI).

Zwischen 1792 und 1815 wurde ganz Europa mit Krieg überzogen. Dieser Zeitraum umfaßt auch den Höhepunkt des Klassizismus, einer Kunstrichtung, in der nackte Jünglinge so unkriegerisch wie eben möglich dargestellt wurden. Besonders in Frankreich, der zwanzig Jahre lang mobil gemachten Nation, die auf allen Schlachtfeldern dabei ist, wird die Effemination in Bildhauerei und Malerei modern. Ein faszinierender Widerspruch, und hier ein paar der auffälligsten Beispiele dafür.

Die Franzosen hatten die Kriegserklärung an Österreich nicht abgewartet, um in Kampfstimmung zu kommen. Joseph Chinards beide Statuen (Paris, Musée Carnavalet) werden auf 1791 datiert: *Die Freiheit, den Genius Frankreichs krönend,* dargestellt als ein nackter Jupiter, der auf der Brust eines Mannes steht und *Grund für Verhaftung,* eine Vernunft, die den Aberglauben niedertritt in Form eines nackten Jünglings, der auf einer Nonne am Boden steht. Bei einem Romaufenthalt 1791 wurde Chinard von den vatikanischen Garden festgenommen und in die Engelsburg gesperrt, wo er mehrere Monate blieb, weil er die Religion dargestellt hatte «niedergetreten vom Genius der Freiheit Frankreichs». Ein Interpretationsfehler, protestierte der Bildhauer: «Meine Gruppe stellt die Religion dar, wie sie den Genius Frankreichs unterstützt und nicht Frankreich, wie es die Religion erdrückt». Eine dritte Lesart erscheint mir möglich: Der schöne Nackte, der eine Frau niedertritt, ist eine ziemlich offensichtliche sexuelle Allegorie, besonders wenn man diese Gruppe neben die andere stellt, wo Jupiter mit der rechten Hand Blitze schleudert, während sein anderer Arm den Hals eines Adlers umschlingt, der ihm den Schnabel liebevoll entgegenstreckt. Wie sollte der Mythos des Ganymed «die Volksgewalt» stärken?

DAVID

Auch beim größten Maler seiner Zeit wird ein doppeltes Streben sichtbar: zu kriegerischem Heldentum, zu homosexuellen Freuden.

Er wurde 1748 geboren und begann zwanzig Jahre vor der Revolution zu malen. Von 1778 an tauchen beide Aspekte in seinen Bildern auf, die er als Stipendiat der Académie de France in Rom vorschriftsgemäß nach Paris sendet. Auf der einen Seite *Hektor* (Montpellier), die prachtvolle Aktskizze eines Mannes, dessen Kopf tiefer als sein Körper liegt, mit erhöhten Beinen, das Licht fällt voll auf Brust, Bauch und die nackten Schenkel. Auf der anderen Seite *Achill beweint den Tod des Patroklos* (Dublin): In der Mitte des weiten Schauplatzes, den Soldaten, Priester und Pferde bevölkern, wodurch die Szenerie der *Ilias* wiederersteht, weint Achill in Panzer, Helm und Federbusch über dem halbnackten Körper seines Liebhabers auf seinen Knien. Im Mittelpunkt der großen Militärzeremonie ein Bild erotischer Intimität (Tafel V).

Hektor und Andromache (Paris, Ecole des beaux-arts), im Salon 1783 ausgestellt, lädt den Betrachter ein, mit Andromache an der Leiche ihres Mannes zu weinen, jedoch auch, einen prächtigen nackten Mann zu betrachten, ausgezogen bis unter den Nabel. Der Kopf ist derart zurückgeworfen, daß die Starre des Todes, aber auch die Hingabe an die Lust dargestellt sein kann. *Der Schwur der Horatier* (1784, Paris, Louvre) zeugt eindeutig nur von seiner heroischen Ader: Drei angezogene junge Männer schwören ihrem Vater, fürs Vaterland zu kämpfen. Mit *Die Liebe von Paris und Helena* (Louvre) jedoch, im August 1789 im Salon ausgestellt, nachdem sein Auftraggeber, der Comte d'Artois, in die Emigration gegangen war, brachte er mitten im Revolutionsfeuer den Genuß am nackten Mann auf. Helena ist von Kopf bis Fuß angezogen dargestellt, ihr Liebhaber nackt bis auf ein Stoffstückchen über dem Geschlecht. Manche Kritiker waren enttäuscht: Sie erwarteten den derben Corneille, sie fanden den verführerischen Quinault. Nach Etienne Delécluze, einem ehemaligen David- Schüler und Autor der grundlegenden Studie *David, son école et son temps* (David, seine Schule und seine Zeit)[1], zeigt dies hübsche Bild, dessen Beispiel er, prüde wie er war, für «wenig angenehm» hält, «zumindest den genauen Zeitpunkt an, zu dem David erste Anwandlungen zeigte, seine Personen nach dem Brauch der griechischen Künstler ohne jedes Kleid zu malen».

Erklärt das Alibi Griechenland den überraschenden *Schwur im Ballhaus?* 1790 hatte die Konstituierende Versammlung dieses Bild bei David bestellt, um das Gründungsereignis des neuen Frankreich zu verewigen. Zuerst machte David eine Feder- und Tuscheskizze, die klassische Geschichtsszene (Paris, Louvre), dann begann er mit dem Gemälde, von dem nur noch eine erste, nicht fertiggestellte Fassung existiert (Versailles), denn inzwischen hatten sich die meisten Akteure laut Delécluze verdächtig gemacht oder waren Verräter geworden. Nur vier Köpfe sind ausgemalt. Doch David zeichnete ein Dutzend der Vereidigten vollständig. Verblüffung! Die Körper sind völlig nackt, Muskeln und Geschlecht präzise abgebildet. Welch seltsame Vorstellung trieb den Maler dazu, diese Männer ganz nackt darzustellen, die sich mit ganz offensichtlich anderen Sorgen als der ums Vaterland umschlingen oder die Arme in Gesten ausstrecken, die ihren Körperbau zur Geltung bringen?

1794 bestellte der Konvent ein Andenken an das Heldentum des jungen Joseph Barra, der mit dreizehn Jahren unter den Bajonetten der Vendée-Bewohner mit dem Ruf «Vive la République!» starb und dabei die Trikoloren-Kokarde an sein Herz drückte. David stellte den Jungen ganz nackt dar, liegend, mit geschlossenen Augen, halboffenem Mund, reizenden Locken (Avignon), in einer Haltung, die für den unbedarften Betrachter nicht unbedingt auf patriotische Leidenschaft hinweist (Tafel VII). Und zu den beiden berühmtesten Bildern Davids, *Die Sabinerinnen* 1799 und *Leonidas an den Thermopylen*, 1814 (beide Louvre): Beide verherrlichen die kriegerische Tugend, gleichzeitig ist jedoch ein offensichtlich homosexuelles Element eingefügt. Auf den *Sabinerinnen* ein Römer in Rückansicht im Bildmittelpunkt, dessen Schild einen sehr hübschen, nackten Hintern freigibt, und links ein junger, nackter Sabiner. Auf dem *Leonidas* neben dem athletischen Helden, nackt, das Geschlecht teilweise durch die Scheide seines Schwertes verdeckt, in Vorderansicht, bindet sich ein blumenbekränzter Ephebe im Profil seine Sandale fest, ohne uns etwas seines jugendlichen Körperbaus vorzuenthalten.

Daß der Künstler ebenfalls die sehr (allzu) anmutigen nackten Jünglinge von *Sappho und Phaon* (1808, Leningrad) und von *Amor und Psyche* (1817, Cleveland) malte, wundert uns nicht. Angesichts dieser geschmäcklerisch päderastischen Figuren frage ich mich vielmehr, ob David die Kriegsmalerei nicht erfand, um seine Neigung zu Zierlichem und Süßlichem zu bekämpfen, die für sein Talent fatal gewesen wäre. Ein um 1804 entstandenes Bild von J.H. Cless, das das *Atelier Davids* (Paris, Carnavalet) darstellt, zeigt deutlich die beiden Ideale des Malers. Sein Talent bestand darin, sie zu einer Synthese zu fügen. Oberhalb der Menge seiner Schüler stehen zwei Modelle auf ihrem Podest. Eine ist ein reifer Mann, sehr männlich; kriegerisch schwingt er einen Bogen; die Aufmerksamkeit liegt auf der Muskelanstrengung. Das andere ist ein effeminierter Jüngling, der einen Arm über dem Kopf hält, so daß sein nackter Körper mit lasziv abgeknickter Hüfte zur Geltung kommt.

Delécluse versucht diese Vorliebe für Nackte mit dem griechischen Vorbild, mit der Notwendigkeit zu rechtfertigen, den Menschen und das Geheimnis seiner Proportionen zu kennen. Keinesfalls habe David mit seinem anatomischen Wissen prahlen oder «allerschimpflichste Leidenschaften wecken» wollen, schwört er. Keinerlei «geistige Libertinage» bei diesem Fürsprecher des revolutionären und kaiserlichen Frankreich, wiederholt sein erster Biograph immer wieder. Dem Betrachter sollten sich angesichts dieser gefällig entkleideten Helden jedoch Fragen aufdrängen. Übrigens erfahren wir bei Delécluze, wie der Maler das leidige Problem der Modelle löste. «Alle Jugendlichen, die sich durch Alter oder mehr oder weniger perfekte Formen zum Modell eigneten, standen auf einer Liste und posierten reihum völlig nackt.» Im allgemeinen stimmten seine Schüler dem Vorschlag zu.

Die folgende Bilderliste umfaßt Exponate entweder des jährlichen Pariser Salons, oder die mit einem Rom-Preis ausgezeichnet oder aus Rom geschickt worden waren, wie es den Stipendiaten der Académie de France vorgeschrieben war (die in der Villa Mancini und von 1803 an in der Villa Medici untergebracht waren). Es handelt sich also um offiziell ausgestellte Maler, von denen die meisten hervorragend ankamen, wenn sie nicht sogar auszeichnet wurden.

SALON VON 1791

Jean-Baptiste Regnault (1754-1829), *Erziehung des Achill* (Louvre). Das Bild entstand 1782, was zeigt, daß die homosexuelle Strömung in der Malerei bereits vor der Revolution die Verherrlichung der Frau zu verdrängen begann. Nicht weniger typisch ist die Wiederausstellung dieses Werkes mitten in den Revolutionswirren, auf dem ein schöner junger Mann nackt (Schleier über einem Teil seines Geschlechtes) seinen Bogen spannt, während er den Kopf dem erziehenden Zentaur zuwendet, den er verliebt anblickt mit verschwimmendem Blick und feuchten Lippen. Wie bei seinem Zeitgenossen David fallen Gegensatz und Gleichgewicht auf zwischen der kriegerischen und der erotischen Tendenz.

François-Xavier Fabre (1766-1837), David-Schüler, *Tod Abels* (Lyon). Ein nackter Jüngling (Schleier über dem Geschlecht), zurückgeworfen, ein Bild anmutigster Hingabe.

SALON VON 1793

Anne Louis Girodet (1767-1824), David-Schüler, *Schlummer des Endymion* (Louvre). 1791 in Rom gemalt. Ein Kultbild der Homosexuellen. Endymion liegt ohne jeden Schleier in Vorderansicht und bietet die matte und ein wenig dickliche Anatomie eines Kastraten dar. Balzac inspirierte dieses Werk zu dem Helden von *Sarrazine*. In den *Verlorenen Illusionen* läßt er Florine über Lucien de Rubempré sagen, dieser charmanten und gehorsamen Beute Vautrins: «Monsieur ist hübsch wie eine Figur Girodets.» Die Prüden wie Delécluze beklagten «das Duftige, Bläuliche und Konventionelle» des Bildes, das uns jedoch von einer Kühnheit erscheint, die ihresgleichen sucht. Der junge Nackte badet in unwirklich graugrünem Licht, was den sakralen Charakter der Szene unterstreicht: Erotik wird hier zur Würde eines geheimen Rituals erhoben. Für alle, die massigere, nervigere Körper vorziehen, stellte Girodet als pädophile Ergänzung den jungen Amor im Profil daneben, wobei er darauf achtete, das Geschlecht genau zu zeichnen, ein Detail, das die Haltung der Gestalt keineswegs unerläßlich machte. Das Werk hatte außerordentlichen Erfolg, was überrascht, wenn man bedenkt, daß das Jahr 1793 für Frankreich, im Krieg gegen Europa und einer Militärdiktatur unterworfen, eine heldische und blutige Zeit war.

1794: ZWEI BILDER AUßERHALB DER SALONS

Pierre-Paul Prud'hon (1758-1823), *Vialas Tod* (Lyon). Prud'hon, ein Maler aus der Provinz, in Dijon ausgebildet, bevor er zur Weiterbildung nach Rom ging, entging dem Einfluß Davids; er zeichnete sich durch seine gefällige Art aus. Das hinderte ihn jedoch nicht, in Paris Verbindung zu den hitzigsten Revolutionskreisen zu suchen. Wie Joseph Barra war Agricol Viala, ein dreizehnjähriges Kind, 1793 im Kampf für die Republik gegen provenzalische Royalisten umgekommen. Aus diesem Heldensujet machte der Maler eine Aktstudie: Der Junge hat ein Knie auf dem Boden, neigt anmutig den Kopf und hält beide Arme abgewinkelt, damit man seinen Oberkörper besser bewundern kann.

Benigne Gagneraux (1756-1795), *Das Genie des Friedens hält die Pferde des Mars an* (Genf). Auch Gagneraux stammt aus der Provinz, auch er war Schüler der Dijoner Schule, beendete seine Ausbildung in Rom; er arbeitete besonders für den schwedischen König. Sein *Friedensgenie* ist ein hübscher, nackter Jüngling (über dem Geschlecht ein Schleier), dessen Weißheit sich leuchtend von der bewegten Landschaft abhebt, mit einem Gewitterhimmel und sich aufbäumenden Pferden.

SALON VON 1795

Jean-Baptiste Regnault, *Freiheit oder Tod* (Hamburg). Ein nackter junger Mann mit Flügeln (das Geschlecht wird durch einen schattigen Hohlraum verborgen) schwebt zwischen den Attributen der Republik und den Emblemen des Todes. Daß diese revolutionäre Allegorie durch einen nackten Jugendlichen verkörpert wird und nicht durch einen männlicheren Erwachsenen, entspricht dem Geschmack des Schöpfers der *Erziehung des Achill*.

SALON VON 1798

Jean-Joseph Taillasson (1745-1809), *Hero und Leander* (Blaye). Die Venuspriesterin Hero sinkt weinend am Leichnam ihres Geliebten nieder, den die Wellen angespült haben. Ein sehr schöner Nackter liegt auf dem Rücken am Strand, das Geschlecht wird durch den angezogenen Schenkel verdeckt.

François Gérard (1770-1837), David-Schüler, *Amor und Psyche*

(Louvre). Die Liebe ist als bartloser, nackter Junge im Profil dargestellt. Dies Bild hatte riesigen Erfolg und brachte Gérard die Gunst Bonapartes ein, der ihn zu einem seiner offiziellen Maler machte.

SALON VON 1799

Charles-Paul Landon (1760-1826), Regnault-Schüler, *Dädalus und Ikarus* (Alençon). Ikarus im Profil, nackt (das Geschlecht in einem schattigen Hohlraum versteckt), entgleitet Dädalus' Händen, um sich in die Tiefe zu stürzen. Die Zeitgenossen hätten den Mangel an Heldentum in diesem Kabinettstückchen kritisieren können, für ein solches Thema zu lieblich, doch nein, sie priesen die «sanfte Farbgebung» und die «Feinheit von Zeichnung und Pinselstrich».

SALON VON 1801

Antoine-Jean Gros (1771-1835), David-Schüler, *Sappho stürzt sich vom Leukadischen Felsen* (Bayeux). Vollständig bekleidet wirft sich die Dichterin von der Höhe eines Felsens ins Meer. Der *Journal des débats* erklärte bewußt, daß Sappho sich das Leben nimmt, weil ihr Geliebter Phaon sie verließ. Das Gemälde mißfiel durch seine Farbgebung, seine Dramatik, die Darstellung der Verzweiflung, die als eine Abweichung von den Prinzipien der griechischen Kunst angesehen wurde. Diese Frau, die in einer Mondnacht allein die verhängnisvolle Tat vollzieht aus einem Grund, den der *Journal des débats* verschweigt, erscheint uns heute sehr modern.

Jean Broc (1771-1850), *Tod Hyazinths* (Poitiers). Das ungewöhnlichste Bild der gesamten Reihe. Zum ersten Mal wurde ein homosexuelles Thema in der Malerei behandelt: und das deutlich, ohne die Mozart aufgenötigten Vorsichtsmaßnahmen. Der nackte Apoll nimmt den jungen Hyazinth, ebenfalls nackt, der hingegeben an der Schulter des Gottes lehnt, eng in die Arme. Die Gesichter der jungen Leute berühren sich, fast träfen sich die Münder. Zwei Schleier wehen, jedoch nicht über ihr Geschlecht, das ist genau gezeichnet: reine Verzierungen, die zum phantastischen Charakter der Szene beitragen, den die wächserne Bleichheit der

Körper betont, die abstrakten Linien, die matten Farben, das unwirkliche Licht, das Gedämpfte, das an Fresken aus dem Quattrocento erinnert. Baron Demarçay kaufte das Bild Ende des XIX. Jahrhunderts, doch seine Frau stiftete es dem Museum von Poitiers mit dem Hinweis, daß ein solches Bild unpassend sei für ein Haus, in dem ihre Enkeltöchter aufwüchsen. Bei den Zeitgenossen, weniger kleinlich, fand das Bild Beachtung, obwohl sie es für «eher eigenartig als originell» hielten: das kann man wohl sagen bei einem so heftig suggestiven erotischen Pathos. Broc zeichnete sich nur dieses eine Mal im Leben aus. Er gehörte zur Gruppe der «Primitiven» unter der Führung Maurice Quays. Als Aufstand gegen ihren Meister David predigten sie die Rückkehr zu Raffael, zu den linearen Formen der griechischen Vasen, zu einer archaischen und gereinigten Kunst, vor den deutschen Nazarenern und lange vor den englischen Präraffaeliten. *Tod Hyazinths* bleibt ein in der Malerei weltweit nicht wiederholtes Beispiel für die Feier eines homosexuellen Bundes (Tafel X).

ROMPREIS 1801

Jean-Dominique Ingres (1780-1867), David-Schüler, *Achill empfängt die Abgesandten Agamemnons* (Paris, Ecole des beaux-arts). Odysseus in einem roten Peplon, Phönix in einer Tunika und Ajax, dessen über die Schulter geschlagener Mantel die Hälfte des Körpers nackt läßt (Rückansicht), gehen zu Achill, der sich in sein Zelt zurückgezogen hat, um ihn anzuflehen, am trojanischen Krieg wieder teilzunehmen. Achill, ein schöner junger Nackter (Schleier über dem Geschlecht), hält eine Kithara in der Hand und will gerade aufstehen. Sein Liebhaber Patroklos steht an seiner Seite, völlig nackt mit zum Betrachter vorgereckter Hüfte und bietet diesem die Reize seines jugendlichen Körpers dar. Die Liebe zwischen Achill und Patroklos ist ein weiterer der großen homosexuellen Mythen. Bekanntermaßen blieb Achill den Argumenten des Odysseus gegenüber unnachgiebig und griff erst wieder zur Waffe, um den Tod Patroklos zu rächen. Wie sein Lehrer David für *Achill beweint den Tod des Patroklos* richtete Ingres es so ein, daß das Liebespaar in diesem militärgeschichtlichen Bild einen Ehrenplatz erhielt. Im Hintergrund üben sich vier nackte Epheben in sportlichen Spielen, eine implizite Würdigung

Michelangelos, der eine ähnliche Szene in den Hintergrund der *Madonna Doni* gestellt hatte. Und als letztes Indiz, daß Ingres sich seiner Hommage an den homosexuellen Eros bewußt war: sein *Patroklos* geht auf einen *Ganymed* im Vatikan zurück (Tafel IV)!

SALON VON 1806

Anne Louis Girodet, *Szene aus der Sintflut* (Louvre). Der Nackte, der einen Greis auf den Schultern trägt, wirkt nicht sehr verführerisch, doch der nackte Junge in Rückansicht ist anmutig, besonders mit Blick auf die Bleistiftstudie, die sich in der Ecole des beaux-arts befindet.

SALON VON 1808

Pierre-Paul Prud'hon, *Gerechtigkeit und göttliche Rache verfolgen das Verbrechen* (Louvre). Eine kalte Allegorie, in der die einzige lebendige Gestalt keine der im Titel genannten ist, sondern ein prächtiger Männerkörper, der vollständig nackt im Vordergrund liegt. Auf ihn, das Mordopfer, fallen das Licht und der Blick des Betrachters. Solch einen Vorwand brauchte «der arme Prud'hon, der (erfahren wir von Delécluze) wirklich nur anmutige und erotische Themen malte und gern malte», um zu den Historienmalern gerechnet zu werden. Der Maler war hier gezwungen, über sich selbst hinauszuwachsen und verpatzte die «heldenhaften» Figuren, doch in der Darstellung des Opfers erreichte er, vielleicht durch Identifikation, eine nicht mehr anmutige, sondern intensive, ergreifende Erotik.

1809

Als Stipendiat der Académie de France und nunmehr in der Villa Medici untergebracht, sandte Ingres offiziell seinen *Ödipus* (Louvre) nach Paris, einen prachtvollen Nackten, seine letzte Würdigung männlicher Schönheit, bevor er zum Frauenmaler wurde.

ZEHN-JAHRES-WETTBEWERB 1810

Von den vorgestellten Bildern verherrlichen mehrere den nackten Mann: das des oben erwähnten Prud'hon, Davids *Sabinerinnen*, die *Szene aus der Sintflut* Girodets und Guérins *Phädras Anklage gegen Hippolyt.* Girodet erhielt den von Napoleon ausgesetzten Preis.

SALON VON 1810

Anne Louis Girodet, *Die Empörung von Kairo* (Versailles). Dies Bild einer heftigen Schlacht enthält eine Szene homosexueller Zärtlichkeit. Ein wundervoller nackter Araber stützt einen schwach werdenen Pascha in prächtigen Kleidern, der sich mit geschlossenen Augen und ekstatisch verklärtem Gesicht zurückfallen läßt. Der französische Dragoner, der sich mit erhobenem Säbel auf das Paar stürzt, ist vielleicht nicht ganz so wild, wie er wirkt, wenn man bedenkt, daß er auf den *Merkur* Giovanni da Bolognas zurückgeht, der die Loggia der Villa Medici schmückt. Der Kampf zwischen dem Dragoner und dem Araber wird so zu einem sexuellen Wettstreit um den Besitz des schönen Pascha (Tafel XI).

Girodet arbeitete von 1811 bis zu seinem Tod an Darstellungen zu Dichtern der Antike in mehreren Serien lithographischer Zeichnungen, die von seinen Schülern veröffentlicht wurden: ein wesentlicher, wenn auch wenig bekannter Teil seines Werkes. Virgil (72 Tafeln), Anakreon (54), Sappho (16), Bion (12) und Moschos (12). Die ausgewählten Gedichte von Anakreon, Sappho, Bion und Moschos übersetzte er selbst. Wiederkehrende Themen, mit übersteigerter Sensibilität behandelt. Die Einsamkeit preisgegebener Körper (Sappho), der Tod des Geliebten. Die beiden Zeichnungen zum Kriegerpaar Nisos und Euryalos (der homosexuelle Mythos Virgils) haben ein intensiv erotisches Pathos. Der Tod Adonis (Bion) bot Anlaß zu einer Folge völlig hingegebener junger Nackter; der Tod des Hyakinthos in den Armen Apollons (Bion) inspirierte ihn zu einer elegischen Vision des emblematischen Paares (Tafel IX).

1811

Pierre-Narcisse Guérin (1774-1833), Regnault-Schüler, *Iris und Morpheus* (Leningrad). Dieses Bild wurde von Prinz Jussupow in Auftrag gegeben und stellt eine Allegorie des lustvollen Schlafes dar, die die Grazie des männlichen Körpers betont. Es ist mit Girodets *Endymion* in einer Reihe zu sehen.

1812

In die rechte Ecke von *Romulus' Triumph über Acro* (Paris, Ecole des beaux-arts) stellt Ingres eine eigenartige Szene. Ein nackter Krieger beugt sich über den am Boden ausgestreckten Körper eines anderen nackten Soldaten. Er hilft ihm auf: Sein Arm umfaßt die Hüfte des Verletzten, genau neben dem gut sichtbaren Geschlecht. Das Bild eines zärtlichen Paares.

ROMPREIS 1812

Louis Vincent Léon Pallière (1787-1820), *Odysseus und Telemach töten die Freier* (Paris, Ecole des beaux-arts). Odysseus und Telemach sind gut gebaut. Die beiden Jugendlichen am Boden jedoch, nackt und weichlich, sind von der seinerzeit üblichen hingegebenen Erotik durchdrungen. Dabei fand gerade der Rußlandfeldzug statt!

ROMPREIS 1814

Jean-Baptiste Vinchon (1787-1855), *Diagoras wird von seinen Söhnen auf den Schultern getragen* (Paris, Ecole des beaux-arts). In Wahrheit zwei prächtige, nackte Kerle, der eine von vorn, der andere von hinten gemalt.

SALON VON 1814

Pierre-Paul Prud'hon, *Zephyr*. Ein entzückender, nackter Junge. Nicht zu vergessen ist die griechische Sage: Zephyr, Apollons Geliebter, tötete seinen Rivalen Hyakinthos.

Mit dem Ende des Kaiserreiches und der Wiederherstellung des Friedens stoppte die homosexuelle Strömung nicht plötzlich. Die Maler, die durch die Schule der Schlachtenbilder gegangen waren, bevorzugten weiterhin nackte Jünglinge.

ROMPREIS 1815

Leon Cogniet (1794-1880), *Briseis wird Achilles zurückgebracht und findet in seinem Zelt den Leichnam des Patroklos* (Paris, Ecole des beaux-arts). In Wirklichkeit heftet sich der Blick auf Achill, von vorn gemalt und nackt (Stoff über dem Geschlecht).

ROMPREIS 1816

Antoine Thomas (1791-1834), *Paris und Oinone* (Paris, Ecole des beaux-arts). Der verletzte Paris sinkt nackt in die Arme eines Greises.

ROMPREIS 1817

Léon Cogniet (1794-1880), *Befreiung der Helena durch Castor und Pollux* (Paris, Ecole des beaux-arts). Einer der beiden Jugendlichen ist nackt, abgesehen von der Scheide, die sein Geschlecht verdeckt.

1817

François Picot (1786-1868), David-Schüler, *Amor und Psyche* (Louvre). Der schöne Jugendliche verläßt mit einer geschmeidigen und anmutigen Bewegung völlig nackt Psyches Lager.

ROMPREIS 1818

Nicolas-Auguste Hesse (1795-1869), *Philemon und Baucis empfangen Jupiter und Merkur* (Paris, Ecole des beaux-arts). Das Licht fällt nicht auf die beiden bekleideten Alten, sondern auf den schönen, nackten Körper des jungen Merkur in Rückenansicht. Bis 1826 komponieren die Gewinner des Rom-Preises (Dubois 1819, Coutan 1820, Court 1821, Debay 1823, de Larivière 1824, Norblin de la Gourdaine 1825, Féron 1826) ihre Historienbilder um einen nackten Mann. Er hat nun nichts Erotisches mehr und wird zum Topos. Diese Gewohnheit verschwindet mit der Romantik und dem Aufkommen religiöser Motive. Zwei Ausnahmen sind zu vermerken: der *Theseus* von Hippolythe Flandrin 1832 (was nicht erstaunt beim Schöpfer des *Nackter Jüngling am Meer* im Louvre), und *Abels Tod* von Jean-Jacques Henner 1858, wo der Maler von Prud'hon inspiriert den nackten Körper des Opfers erotisiert.

SALON VON 1819

Théodore Géricault (1791-1824), *Das Floß der ‹Medusa›* (Louvre). Ein Liebhaber des männlichen Körpers (Siehe *Der Fang eines Wildpferdes*, die Zeichnungen zu *Das Wettrennen der ungezähmten Pferde* oder *Der Sturz der Verdammten zur Hölle*), sehr wahrscheinlich selbst homosexuell. Géricault gibt sein homosexuelles Credo dort ab, wo man es am wenigsten erwartete und wo die Menschenmenge im Louvre es immer noch nicht sieht: im linken Teil des weltberühmten *Floßes der ‹Medusa›*. Ein reifer Mann sitzt niedergeschmettert da, die Stirn in eine Hand gestützt. Mit dem anderen Arm hält er einen wunderschönen nackten Jüngling, dessen Kopf nach hinten gesunken ist. Unter dem Alibi, daß es sich um einen Sterbenden oder Toten handelt, malte Géricault eine Szene erotischer Besitznahme. Eine erste Vorstudie zeigt den jungen Mann in einer anderen Haltung: Zwischen den Beinen des reifen Mannes wird er mit ausgestreckten Armen steif. Der umschlingt ihn nicht und wirkt seinem Gefährten gegenüber gleichgültig. In der endgültigen Fassung wählte Géricault für den jungen Mann die hingebende Haltung, die verliebte Selbstaufgabe, und schmiedet so anstelle der alten griechischen Mythen von Apollon und Hyakinthos, von Nisos und Euryalos, von Achill und Patroklos mit der Kraft seines Talentes den modernen Mythos des homosexuellen Paares: Zwei Männer sehr unterschiedlichen Alters vereinigen die Erfahrung des einen und die Schönheit des anderen (Tafel XIII).

Das Modell zu dem jungen Mann, erfahren wir von Henry Lachèvre[2], war Jamar, ein Schüler des Malers. Laut Charles Clément[3] «schlief (Géricault) mit Herrn Jamar in einem Raum neben dem Atelier», eine Formulierung, die in der Vorstellung seines Biographen wahrscheinlich nicht den Sinn hatte, den wir ihr heute richtigerweise zuschreiben. Clément kritisiert die Gestalt des Jugendlichen: «Man fühlt, daß der Künstler das Modell des jungen Mannes bewußt in den Vordergrund stellte, so daß er alle Schönheiten des entzückenden und prachtvollen Körpers ins rechte Licht rückt, die eleganten Linien, die feinen Gelenke, den Rumpf, dessen Bewegung den jugendlichen, edlen Bau hervortreten läßt» Besser könnte man es nicht sagen. In seiner *Histoire des peintres* (1865) vermerkt Charles Blanc, daß dem *Schiffbruch der ‹Medusa›* die Weite des Meeres» fehle: Sicher, und hätte der Ausschnitt, um dessentwillen das Bild gemalt wurde, erst die Intimität eines geschlossenen Raumes als Rahmen gehabt! Selbst ohne den biographischen Hinweis ist die sexuelle Bedeutung des Bildes offenkundig.

SALON VON 1822

Claude-Marie Dubufe (1790-1864), David-Schüler, *Apollo und Kyparissos* (Avignon). Ein seltsames Werk, gleich nach dem Bild Jean Brocs einzuordnen. Das Thema ist fast identisch: Der junge Kyparissos, verzweifelt, aus Unachtsamkeit seinen Lieblingshirsch getötet zu haben, wollte sich selbst auslöschen. Sein Liebhaber Apollon verwandelte ihn in eine Zypresse, einen perennierenden Baum, dessen immergrüne Blätter den Tod besiegen. Wieder einmal wohnen wir einer stark erotischen Liebesszene bei: Kyparissos, nackt zurückgesunken, wird von dem fast nackten Gott gehalten. Apollons Blick, die sich umschlingenden Arme lassen eine leidenschaftliche körperliche Intimität entstehen, trotz der gewollten Kälte durch die manierierte Komposition und die kitschige Farbgebung. Schade, daß ein lächerlicher Riemen (aber wir befinden uns mitten in Restauration und katholischer Reaktion) sich über den Schenkel des jungen Mannes ringelt mit dem einzigen Ziel, das Geschlecht zu bedecken (Tafel VIII).

Pierre Delorme (1783-1859), Girodet-Schüler, *Entführung des Kephalus durch Aurora* (Sens). Aurora, eine junge Frau mit nackten Brüsten, entführt den nackt im Profil gemalten Kephalus mit verführerisch zurückgeworfenem Kopf. Ein weiteres Folgewerk des *Endymion*, jedoch an die neue, heterosexuelle Mode angepaßt.

1825

François-Xavier Fabre, *Der heilige Sebastian* (Montpellier). Eine Synthese aus schmerzlichem (der geneigte Körper, die hängenden Arme, der resignierte Gesichtsausdruck) und klassizistischem Motiv (edles Gesicht, kontrollierte Stellung, voller Haltung und der Extase abhold) (Tafel II).

1826

Horace Vernet (1789-1863), *Mazeppa und die Wölfe* (Avignon). Das Pferd galoppiert durch einen nächtlichen Wald. Auf dem Rücken trägt es einen jungen Pagen angebunden, den ein eifersüchtiger Ehemann auf diese Weise bestraft. Einmal mehr bietet sich unserem Blick ein schöner Jüngling nackt (ein Band schräg überm Geschlecht) daliegend, in aufreizender Haltung. Doch inzwischen befinden wir uns mitten in der Romantik: Der nackte Mann wird nicht mehr mit homosexuellen Themen verknüpft, sondern fügt sich in eine neue Mythologie ein: von Nacht, Wald und wildem Ritt.

Die Philosophie des Androgynen

Die meisten dieser Gemälde (außer den großen Davids, dem *Endymion* und dem Géricault), wurden 1974 in einer Ausstellung im Pariser Grand Palais versammelt «Von David bis Delacroix», zu der der wundervolle Katalog gleichen Titels[4] noch erhältlich ist. Schockiert entdeckte man, daß zu einer Zeit, die man militärischem Ehrgeiz und kriegerischer Leistung verhaftet glaubte, so viele zartgliedrige Jünglinge in verliebter Hingabe gemalt wurden. Die Verblüffung vergrößerte sich noch bei dem Gedanken, daß sich das vorangehende Jahrhundert der Frau gewidmet hatte (Boucher, Fragonard, Lancret, Watteau) und das folgende wieder den weiblichen Körper feiern sollte (Ingres Teil II, Delacroix, Corot, Bouguereau, Renoir, die Impressionisten). Die fünfundzwanzig Jahre Revolutions- und Kaiserzeit markieren in der Geschichte der französischen Malerei also eine paradoxe Parenthese, die erklärt werden sollte.

Der Einfluß Winckelmanns (1717-1768) ist nicht zu vernachlässigen. Dieser Apostel der Rückkehr zur griechischen Kunst und Verfechter des Klassizismus war selbst homosexuell, und seine

Bücher, weit verbreitet in Europa, trugen zur Erneuerung des Kultes um die großen, antiken Mythen bei. Das gleiche gilt für den Engländer John Flaxman, Bildhauer, Zeichner und Graveur (1735-1826), in Rom Winckelmann-Schüler, Bewunderer von Girodets *Endymion* und Schöpfer von Werken, deren reine Umrisse wiederum die Schüler Davids und Girodet selbst in seinen linearen Illustrationen zu den antiken Dichtern beeinflußten.

Offenkundig beeinflußt wurden die französischen Künstler auch durch ihren Aufenthalt in Rom, ihre Berührung mit antiken Statuen wie dem Apoll vom Belvedere, sowie die für den Rompreis aufgezwungene, akademische Ästhetik, wobei wir noch die damals verbreitete Überzeugung außer acht lassen, daß Kunst um so schneller brilliere, je mehr sie Männersache sei. Lange Kontroversen bewegten die Académie de France in Rom, ob Schüler auch verheiratet kommen dürften. Von 1793 bis 1803 war die Akademie wegen der revolutionären Ereignisse geschlossen gewesen. Entmutigt, jemals nach Rom gehen zu können, hatten mehrere Preisträger in Frankreich geheiratet. Der neue Direktor Joseph-Benoît Suvée, der die Akademie in die von Bonaparte 1803 erworbene Villa Medici überführte, war betrübt, Frauen und Kinder in einen rein der «Kunst» gewidmeten Tempel aufnehmen zu müssen.

Daß sich die Maler so einmütig dem Thema der Homosexualität zuwandten, bliebe ohne eine philosophische Begründung unverständlich. Jene Epoche von Krieg und Gewalt und Napoleon selbst, wie seine Vorliebe für Kastraten zeigt, hatten eine richtige und tiefer gehende Vorstellung davon, was ein echter Held ist: kein militärischer Rohling, kein Muskelheld, sondern im Gegenteil jemand, der in sich auch weibliche Züge trägt. Um göttlich zu sein, kann der Held nicht einem einzigen Geschlecht angehören.

Andre Gide analysiert Napoleons Wohlwollen gegenüber der Homosexualität in *Corydon* recht einseitig. «Haben Sie sich nie gefragt, warum nach dem Code Napoleon kein Gesetz die Päderastie unterdrückt?» – «Vielleicht weil Napoléon ihr keine Bedeutung beimaß», sagte ich verdutzt, «oder daß er darauf zählte, daß unsere instinktive Abneigung ausreiche.» – «Vielleicht hätten solche Gesetze auch vor allem seine besten Generäle gestört.» Welch platte Argumentation aus Nützlichkeitsdenken! Wenn wir schon dabei sind, warum nicht gleich nahelegen, daß der Kaiser mit seinem Ordonnanzoffizier Junot schlief? Einen großen Gedanken durch eine wenn auch wahre biographische Einzelheit herabzusetzen ist abscheulich.

Schlagen wir bei Plutarch[5] nach, um die Bedeutung des Mythos herauszufinden. «Die Leidenschaft des Laios», sagt er (eine hübsche Umschreibung, um die Homosexualität zu bezeichnen, nach dem Namen desjenigen, der sie in Griechenland eingeführt haben soll), sei nicht der Anstoß zu diesem Liebesbrauch gewesen, der die Mitglieder der heiligen Schar in Theben untereinander verband, sondern die Weisheit der Gesetzgeber habe solches Treiben unter Kriegern eingeführt. «In dem Bestreben, ihre leidenschaftliche, ungezügelte Natur von Kind an zu mildern und zu erweichen», haben sie «überall bei Scherz und Ernst die Flötenmusik eingeführt (...), dazu in den Ringschulen die Entwicklung leidenschaftlicher Liebesverhältnisse gefördert, um die jungen Leute seelich miteinander zu verbinden». Plutarch schätzt eine solches Miteinander von Mars und Venus sehr: «Wo das Streitbare und Kriegerische sich mit dem Gewinnenden und Liebenswürdigen vereint und bindet», findet sich «alles harmonisch zur ausgeglichensten, wohlgeordnetsten Gemeinschaft...». Wenn die Krieger Flöte spielen und einander lieben, können sie nur umso bessere Krieger sein.

In der klassizistischen Malerei finden sich zwei Arten von Gestalten, je nachdem, ob das Modell viril oder effeminiert ist.

Effeminierte Modelle. Eine Galerie von Apollons, Kyparissoi, Zephiren, Amoren und Endymionen. Diese Epheben von elegischer Anmut, hingegeben oder ekstatisch, schlafend oder tot dargestellt, waren nur eine Allegorie äußerster erotischer Hingabe und bedeuten nicht etwa ein Aufbegehren gegen den Militarismus, das Zwangsheldentum. Sie sind keine Antithese zu Napoleon und seinen Generälen, sie sind ihre andere Seite, die versteckte Seite, unerläßlich zur Entfaltung ihres miltärischen Talentes. Erinnern wir uns, daß Napoleon die jungen Stipendiaten der Académie de France vom Dienst mit der Waffe ausnahm; sie durften weiter phantasieren über matte Cherubine, während die Wehrpflichtigen auf den Schlachtfeldern starben.

Virile Modelle. Die beiden größten Maler ihrer Zeit, David und Géricault, verweigerten nicht die Würdigung kriegerischen Heldentums: die Horatier, Brutus, Leonidas beim einen, die Kürassiere, Pferdebändiger und Boxer beim anderen belegen es eindeutig. Ihre Größe und Überlegenheit besteht eben darin, gleichzeitig

Männlichkeit und Homosexualität verherrlicht zu haben. Ihr Ideal ist der bisexuelle Held, der seine männliche Kraft aus dem Weiblichen in sich zieht.

Das androgyne Ideal war nur eine kurze Zeitspanne in Frankreich heimisch. Im Vergleich zum übrigen Europa ist eine doppelte Verschiebung feststellbar: zeitlich und in der Wahl der Ausdrucksform. Mit Beginn des XVII. Jahrhunderts hatten sich in Italien die Kastraten durchgesetzt; die anderen Länder folgten diesem Beispiel rasch, außer Frankreich. Kastraten hatten in Paris nie Erfolg, sie wurden nicht eingeladen; nur Diderot verteidigte sie. England, Österreich, die deutschen Höfe, Rußland, Schweden, Spanien, Portugal – und sogar die fernen amerikanischen Kolonien Spaniens und Portugals – gewöhnten sich daran, Könige und Hauptleute (immer die «männlichsten» Rollen) von hellen Sopranstimmen zu hören, die beim Publikum Orgasmen und Raserei auslösten. Die Landsleute Descartes' und Voltaires' jedoch hielten Kastraten immer für Monster, unvereinbar mit der Vorstellung, die sie sich von Vernunft und Menschenwürde machten. Wahrscheinlich wegen seiner italienischen Wurzeln war Napoleon von diesem Vorurteil frei, das bei seinen Untertanen Verachtung erregte. Es gelang Napoleon niemals, sie dazu zu bringen, seinen Geschmack zu teilen. Interessanterweise ging der Hang zum Androgynen, als er Frankreich endlich erreichte, auf die bildende Kunst über, während er sich im restlichen Europa – mit Ausnahme von Flaxman, Füssli, Canova oder Thorwaldson – in der Oper niedergeschlagen hatte. Der homosexuelle Anklang im Gesang der Kastraten trat offen zutage, als die Helden mit dem doppelten Geschlecht als Jünglinge mit nicht eindeutigem Körperbau auftauchten.

Der Raub des Ganymed

Obwohl die neue bürgerliche Ideologie von Ertrag und Effizienz dem Mythos des androgynen Helden in Frankreich wie im übrigen Europa bald ein Ende setzte, tauchte er in der französischen Bildhauerei im XIX. Jahrhundert hier und da wieder auf. Festzustellen ist er bei Künstlern, die noch im Kaiserreich gelernt hatten wie Jean-Pierre Cortot, 1787 geboren, Rompreis 1809, Schöpfer eines *Läufer von Marathon*, der 1834 im Salon ausgestellt wurde (Louvre). Ein nackter Mann liegt im Sterben, ein Knie am

Boden, den Körper auf einen Arm gestützt. Der legendäre Lauf des Siegesboten rechtfertigt seine Nacktheit: Sie ist nicht mehr unmotiviert wie die Nacktheit Endymions oder Hyakinthos. Nunmehr muß alles, sogar körperliche Grazie einen Sinn haben. Das Bürgertum an der Macht ist harmoniebedürftig.

Als Stipendiat der Villa Medici widerfuhr Cortot ein herrliches Mißgeschick. Er hatte den Auftrag zu einem Standbild Napoleons erhalten, das im Empfangssaal der Villa dem Ludwigs XIV., dem Gründer der Académie de France, gegenübergestellt werden sollte. Nach der Rückkehr Ludwig XVIII. mußte er seine Arbeit liegenlassen. Der Direktor der Villa bestellte eine Statue des Königs bei ihm. Nach der Rückkehr von der Insel Elba neue Kehrtwendung. Cortot erhielt den Auftrag, die Arbeit an der Statue des Kaisers wieder aufzunehmen. Nach Waterloo vollendete er diejenige Ludwigs XVIII., die dann im großen Salon aufgestellt wurde. Der Marmor, in den er die Umrisse Napoleons gezeichnet hatte, wurde die *Vénus Falconieri* des Museums in Dijon. Napoleon in eine Venus verwandelt, der Kriegsherr wird zur Liebesgöttin: Diese Begebenheit wäre grotesk, dächte man nicht an die tiefsinnigen Worte Plutarchs und die Philosophie Napoleons, die durch einen sinnigen Zufall im Marmor verkörpert wird.

François Rude, 1784 geboren, Rompreis 1812, stellte im Salon 1833 den *Jungen neapolitanischen Fischer* aus, der mit einer Schildkröte spielt (Louvre): Der Knabe sitzt, ein Bein unter sich angewinkelt, am Boden, ist völlig nackt und lacht. In derselben Ausstellung war der *Tanzende neapolitanische Fischer* von Francisque Duret (Louvre) zu sehen. Er ist behost, jedoch kräftig erotisiert. So kamen nackte Kinder in Mode, gekrönt durch Carpeaux' *Junger Fischer, der eine Muschel an sein Ohr hält*, Salon von 1858 (Louvre). Es handelt sich um junge Neapolitaner, die die amüsierte Nachsicht des Touristen auf Besuch in südlichen Ländern für ihre Nacktheit entschuldigt. Vor allem jedoch sind es vorpubertäre Kinder, deren Nacktheit folgenlos ist. Lange bevor Freud seine Thesen über die Entwicklung der Sexualität formulierte, setzt sich im bürgerlichen Geschmack die Meinung durch, daß ein Junge seinen Körper bis zu einem gewissen Alter zeigen kann. Homosexualität ist unschuldig, vorausgesetzt, sie ist nur eine Etappe des Lebens.

Dabei war Rude zu mehr Kühnheit fähig. Bereits sein *Merkur legt sich den Fersenflügel an* aus dem Salon von 1828 (Louvre), zeigte sich ebenfalls nackt, geschmeidig und anmutig, doch diese Eigenschaften waren an die Anatomie eines jungen Erwachsenen geknüpft. Besonders das Relief, das er zwischen 1833 und 1835 für den Arc de Triomphe in Paris erstellte, verblüfft uns. Millionen von Passanten und Touristen gehen an dieser weltberühmten *Marseillaise* vorbei, offensichtlich ohne zu bemerken, wie skandalös sie ist. Bekanntermaßen stellt Rudes Arbeit in Wirklichkeit den *Auszug der Freiwilligen 1792* dar: Unter der weiblichen Allegorie des Sieges mit Panzer, Helm und Flügeln zieht eine Gruppe Soldaten in den Krieg. Doch wer sind die beiden Hauptpersonen dieser Gruppe? Ein reifer Mann, bärtig, sehr männlich in Kettenhemd und Küraß hält einen jungen Mann, kleiner, schlank, feingliedrig und vollständig nackt an der Schulter und sieht ihn an. Der junge Mann erwidert den Blick des Älteren, eine Art ekstatische Inbrunst spannt jeden seiner Muskeln, und man darf sich fragen, ob der Wunsch, die Österreicher zu attackieren, der einzige Grund für ihre Umarmung ist (Tafel XII).

In diesem Paar, von der Gruppe abgetrennt durch die Intimität zwischen ihren beiden Körpern, der eine bekleidet, der andere nackt, ist unschwer neues Ungemach für den Liebesbund zu erkennen, der bei Géricault die beiden Schiffbrüchigen des *Floßes der ‹Medusa›* zusammenschweißte. Dem Tod nahe auf dem Bild, voller Leben und Schwung auf dem Relief, sind die beiden Liebenden, deren Altersunterschied Zeichen für den initiierenden Charakter ihrer Beziehung ist, beide Male nur moderne Kopien des gleichen Vorbildes, des mythologischen «Raub des Ganymed». Rudes Bärtiger übt auf den jungen Mann die Gewalt eines wirklichen Raubes aus: der Griff der Hand um die Schulter, der herrische Blick, die Größe und Kraft des Räubers zeigen an, daß es sich um eine Entführung handelt. Das patriotische Alibi täuschte über das wirkliche Thema dieses Werkes hinweg, das nichts anderes als Verführung Minderjähriger ist. Rudes Genie besteht jedoch eben darin, nach dem Rat Plutarchs die Raserei des Krieges und die Süße des Begehrens zu verknüpfen. Die heulende Megäre über dem Paar ist eine Karikatur des kriegerischen Feuers: eine Karikatur, denn sie denkt nur an den Krieg, sie ist nur Kriegsstimmung. Angeblich posierte Frau Rude für diese Figur, und ihr Mann habe sie ständig aufgefordert, lauter zu schreien. Die beiden Soldaten-Liebenden, die sich dem Feind entgegenwerfen, haben voll und ganz Anrecht auf den Titel des Helden, denn ihr kriegerisches Feuer ist keine brutale Aufwallung, sondern bringt sie dazu, sich wie die Recken der Schar von Theben Liebesspielen hinzugeben.

Napoleon, Mussolini, Hitler

Etwa hundert Jahre lang verschwanden griechische Vorbilder und der Klassizismus. Um 1930 verstärkte Rückkehr nackter Männer in den beiden Diktaturen, die sich nun in Europa abzeichnen. Zur Feier des zehnten Jahrestages des Marsches auf Rom, ließ Mussolini in der italienischen Hauptstadt am Tiberufer das *Foro Italico* errichten, ein grandioses Ensemble von Sportstätten zum Ruhm der Jugend. Der Architekt Enrico Del Debbio ließ sich von den einfachen und strengen Formen der Antike inspirieren. Das «Figurenstadion» wurde mit sechzig Athletenstatuen geschmückt, Gabe der italienischen Provinzen. Mehr als drei Meter hohe Kolosse mit enormen Muskeln in siegessicherer Pose. Die meisten sind nackt, mit sorgfältig und kräftig ausgebildeten Genitalien versehen und stellen oben auf den Rängen die längste Galerie und die vielfältigste Sammlung homosexueller Phantasmen dar, die es je gab. Dies Stadion zieht kaum Besucher an; es gehört nicht zu den Denkmälern, die Touristen bei Führungen durch Rom vorgestellt werden. Dabei ist es eine der interessantesten Sehenswürdigkeiten der Ewigen Stadt und in mancher Hinsicht eine der schönsten. Jedenfalls das stimmigste Ensemble von Statuen, das seit dem Ruin der antiken Welt errichtet wurde. Stören sie so sehr, beschämen sie, möchte man, daß sie in Vergessenheit geraten, nur weil sie ein politisches Stigma tragen?

Zu den sechzig ums Stadion aufgereihten Figuren sind zwei am Eingangsgebäude hinzuzurechnen, zwei in Nischen an der Innenseite dieses Gebäudes (*Genova*, ein auf sein Ruder gestützter Ruderer mit weit vorgereckter Hüfte, und *Viterbo*), und zwei schließlich am Eingang des Schwimmbades daneben. Die sechzig Statuen des Stadions bieten sich dem von außen Kommenden in einer feierlichen Doppelreihe dar. Aufrecht, gleich groß, in Haltungen, die nicht sehr stark variieren können, zeugen sie erst einmal davon, daß hier ein bestimmter Plan verwirklicht wurde, trotz der Unterschiedlichkeit ihrer Herkunft und der Verstreutheit ihrer Schöpfer, deren Signaturen manchmal in den Sockel eingraviert sind und manchmal fehlen.

Caravaggio, *Matthäus mit dem Engel* (zerstört)

François-Xavier Fabre, *Hl. Sebastian* (Montpellier)

Salvator Rosa, *Hl. Sebastian* (Genua)

D.R.

Ingres, *Achill und Patroklos* (Paris)

David, *Tod des Patroklos* (Dublin)

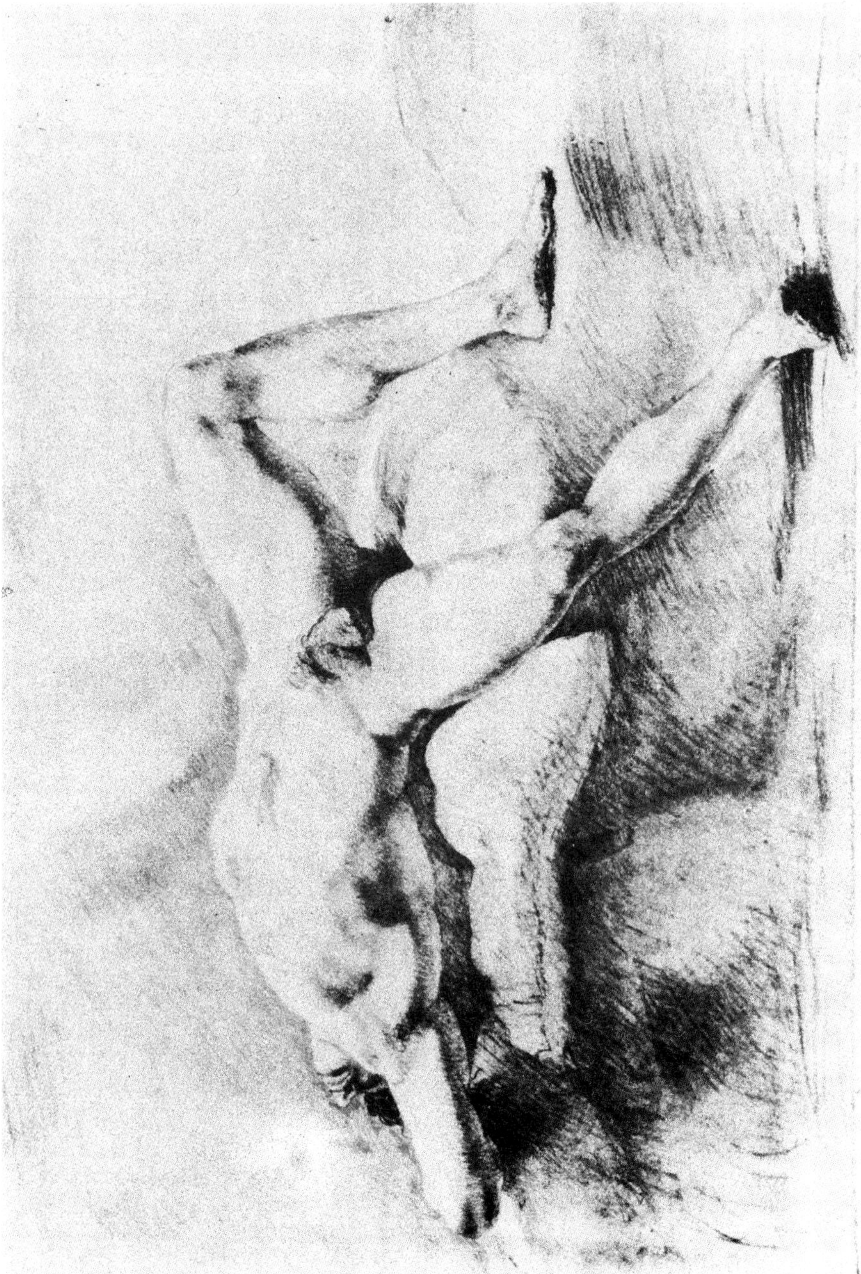

Canova, *Aktstudie* (Bassano)

DR.

David, *Der sterbende junge Barra* (Avignon)

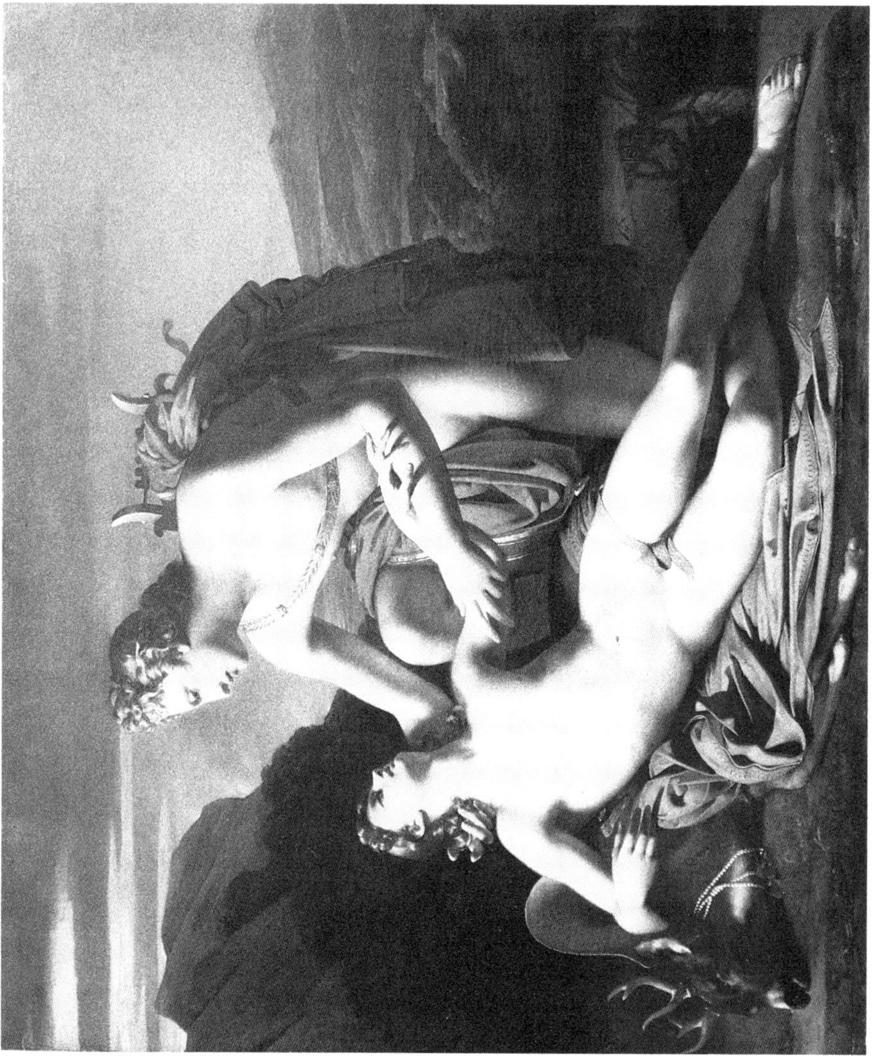

Dubufe, *Apollo und Kyparissos* (Avignon)

Girodet, *Apoll und Hyacinth*

X

D.R.

Broc, *Tod Hyacinths* (Poitiers)

Girodet, *Empörung von Kairo* (Versailles)

Rude, *Figur der Marseillaise* (Paris)

Géricault, *Floß der Medusa* (Paris)

Athlet (Rom, Foro Italico)

Athlet (Rom, Foro Italico)

Puget, *Hl. Sebastian* (Genua)

Es ist verlockend, jede Statue in allen Einzelheiten anzusehen und zu verstehen zu suchen, aus welchem Prinzip sie sich herleitet. Jede stellt eine andere Stadt und einen anderen Sport dar, und man könnte annehmen, daß drei Kriterien ihre Konzeption bestimmten: das Temperament des Bildhauers, die Art der Stadt und die Eigenheit der Sportart. Stimmt nicht, und jeder Versuch einer Einteilung erweist sich als illusorisch. Namen, die mehrmals auftauchen, sind Silvio Canevari (*Roma, Brindisi, Pisa, Rovigo*), A. Bellini (*La Spezia, Verona*), Aldo Buttini (*Fiume, Ragusa, Massa Carrara*), C. Deveroli (*Milano, Novara*), doch außer dem erstgenannten weist keiner einen persönlicheren Stil auf. Überrascht stellt man außerdem die Allgegenwart dieser Künstler fest: Fiume, Ragusa und Massa Carrara gehören zu italienischen Provinzen, die nicht weiter voneinander entfernt liegen könnten. Die Erklärung liegt in der zeitlichen Ausdehnung des Stadionbaus: Die ältesten Statuen stammen aus dem Jahre IX (1931), die neuesten aus dem Jahre XVI (1938).

Man könnte im Süden mehr Schamhaftigkeit erwarten, wo das Gewicht der katholischen Religion die griechische Gewohnheit der Nacktheit seit langem erstickt hat. In der Tat versah O. Aliventi den Athleten, der Caltanissetta auf Sizilien darstellt, mit einem Feigenblatt. T. Bertolino richtete es so ein, daß eine Schnur über den Unterbauch desjenigen läuft, der Enna darstellt, eine andere Stadt im sizilianischen Binnenland. Doch unter den gewagtesten, den provozierendsten Statuen sind jene, die Catanzaro in Kalabrien und Potenza in Lukanien sandten. *Catania* hebt sich durch eine Haartracht in Flammenform und eigenartige Schlitzaugen ab. Sassari entspricht eher dem, was als südländischer «Machismo» gelten könnte, indem es einen durch und durch männlichen Rohling entsandte, dessen Schamhaar jedoch in Löckchen gedreht ist. Er ist Boxer, denn Sardinien ist die Heimat der größten Boxer Italiens. Aus der apulischen Stadt Lecce mit ihrer außerordentlichen Dichte barocker Paläste und Kirchen kam, und das ist enttäuschend, ein massiver Herkules mit einem Prügel, der nichts als Kraft und Dummheit ausstrahlt.

Im allgemeinen, außer für die abstrakten Sportarten wie der Leichtathletik, ist eine Übereinstimmung zwischen der geographischen Lage der Stadt und ihrer sportlichen Berufung festzustellen. *La Spezia*, ein in eine gebirgige Reede eingezwängter Kriegshafen, wirft einen Felsen; *Venezia* von Eugenio Baroni, ein versunkener Segler mit vorgestreckter Hüfte steht da mit einem großen Segel zwischen den Beinen. Dies ist das originellste Werk der Reihe: es ist von unbestimmter, verwirrender Sinnlichkeit. Es steht genau am anderen Ende des Stadions, dem Eingang gegenüber. Ein Taucher vertritt Pola, einen istrischen Hafen, ein Kletterer mit Seil und Eispickel Aosta, ein Skiläufer Aquila, einen Wintersportort der Abruzzen. Witzig ist, daß auch der Skiläufer mit seinen Skiern über der Schulter ganz nackt dargestellt ist: Sinn für den schönen Körper siegt hier über alle Wahrscheinlichkeit. Die Griechen hatten auch nicht vorgesehen, daß man völlig nackt Tennis spielte, wie es bei Ragusa auf Sizilien und Parma in der Emilia zu sehen ist, noch daß der Fußballspieler aus Catanzaro im Adamskostüm aufs Feld käme. Die Beziehung zwischen Neapel und seinem Sportler ist subtiler: Dieser Junge hat den Kopf des Antinous, als sei er aus dem Antike-Museum entwichen, um an die ewige Schönheit von Hadrians Favoriten zu erinnern.

Sechs dieser Statuen, drei auf jeder Seite, rahmen die kurze Eingangsallee, die aufs Feld führt. Die beiden ersten, die sich gegenüber stehen, geben den Ton für die übrigen vor. Rechts wie es sich gehört, *Roma*, die Königin der Städte, als ein prächtiger Athlet, der männlich fest auf seinen Beinen steht, ein Löwenfell fällt über seinen Rücken. Links *Brindisi*, weiblicher, mit halboffenem Mund, deutet einen Schritt an in der Haltung von jemandem, der sich vorwagt. *Brindisi* tritt *Roma* entgegen: Der apulische Sportler ergibt sich nach faschistischer Ideologie dem römischen. Nach anderer Lesart jedoch bietet sich der weniger männliche Junge seinem Bezwinger dar. Er geht nicht nur vorwärts, er macht eine Avance.

Das Figurenensemble stellt das gesamte Repertoire homosexuellen Eros' dar. Die meisten, selbst wenn sie durch ihre Schönheit frappieren, haben einen Mangel, der verhindert, daß man sie ohne Einschränkung bewundert. Triumphierend und mit einer Ausschließlichkeit stellen sie ihre Männlichkeit mit einer Arroganz dar, in der die Lehre Plutarchs und Napoleons vergessen ist. Sie sind nur Sportler, nur Muskelpakete; sie besitzen nur ein einziges Geschlecht: eine Galerie von Supermännern, denen eine heftige Mißachtung der Frau so emphatische Gesten, die vorstehenden Oberkiefer, diesen Muskelfanatismus verleiht, der aus den vortretenden

Brustmuskeln, den vollen Schenkeln, den kräftigen Bizeps', dem eckigen Kinn, dem harten und herrischen Blick spricht.

Trotzdem, diesen ersten Eindruck gilt es zu korrigieren: Unter der theatralischen Zurschaustellung, die das Regime vielleicht vorschrieb, scheinen unendlich viele Nuancen durch, die auf eine weniger engstirnige Sensibilität der Künstler hinweisen. Zwar strecken mehrere dieser Kolosse den Arm zum faschistischen Gruß aus, doch *Trappani* etwa gibt dieser Geste eine unerwartet kokette Wendung. Vielleicht gibt er mit der ausgestreckten Hand jemandem ein Zeichen, der ganz und gar nicht Mussolini ist? Und was soll man zu *Massa Carrara* sagen, der beim Armheben ein hübsch in zarten Rillen geformtes Haarbüschel unter der Achsel enthüllt? Außerdem müßte man schon böswillig sein, um zu leugnen, daß die Dioskuren auf dem Kapitol oder dem Quirinal, andere Beispiele der Monumentalskulptur, auch sie zum Schmuck der Stadt gemacht, die als schöne Beispiele antiker Statuen gelten, etwas Schwerfälliges, Stutzerhaftes und Ausdrucksloses haben: ein römischer Mangel, bevor er zum Makel des Faschismus wurde. Die meisten Statuen des *Foro Italico*, sagen wir es unumwunden, sind schöner, lebendiger, mit mehr Einfühlungsvermögen gearbeitet als das berühmte Erbe der Antike.

Nicht überall treten Brustmuskeln hervor, es gibt auch flache Jünglingsbrüste. Nicht alle Schamhügel tragen einen dichten Flor, es gibt haarlose Leisten. Nicht alle Körper sind so geformt, daß die Muskulatur hervortritt: es gibt völlig glatte, reine Oberkörper, Hüften und Bäuche. *Pisa* und *Rovigo* von Silvio Canevari (Schöpfer von *Roma* und *Brindisi*, diesem liebenden Paar), sind Beispiele dieses schlanken, jugendlichen und aufreizenden Eros. Das gilt auch für *Potenza*, von einem unbekannten Bildhauer, die Hand auf der Hüfte und fleischige Lippen, oder *Pola*, den Taucher. Gemeinsam sind all diesen Statuen, was jedoch weniger auf faschistischen Ausdruck als auf griechische Ästhetik zurückgeht, die tiefliegenden Augen, eine gerade Nase, kräftige Lippen, Locken, außer *Novara* mit der kurzen Mähne der Wikinger.

Zwei von ihnen erschienen mir von seltener Perfektion. Dies ist kein Urteil, sondern Geschmackssache. Angesichts solcher Werke, die ebenso sehr in den Bereich der Erotik wie der Kunst gehören, ist es nämlich schwierig, seine persönlichen Vorlieben nicht einzubeziehen, und höchstwahrscheinlich fänden die allzu muskelbepackten Sportler, die mir mißfallen, Interessenten unter Leder- und Kettenliebhabern. Hinter *Venezia*, wenn man von links nach rechts um das Stadion geht, steht *Fiume* von Aldo Buttini mit etruskischem Gesicht, Sternenwimpern und dem schlanken Körper eines jungen Mannes, dessen über dem Kopf verschränkte Hände den Eindruck betonen, daß er sich darbietet, hingibt. Ein wenig weiter der Fußballspieler aus Catanzaro, der den sinnlichen Kopf, die Genießerlippen und die faunhafte Haltung Nijinskijs angenommen hat, als wäre der Ball unter seinem Arm nur ein Accessoire zum Tanzen. Vor diesen Jungen, die vom Epheben wie vom Helden, von Ganymed wie von Herkules an sich haben, denkt man nicht nur an Griechenland. Bereits Michelangelo hatte in der Sixtinischen Kapelle die Synthese von Muskeln und Schönheit versucht, und um ein weiteres römisches Beispiel zu nennen, auch Annibale Carracci hatte in der Galerie des Palazzo Farnese diese ideale Verbindung von Sport und Grazie gesucht. Die *ignudi* der Renaissance, die barocken Telamone sind von Decken und Mauern herabgestiegen, um sich im Stadion niederzulassen; sie haben Arme und Beine an der frischen Luft ausgestreckt; sie bieten den sonntags versammelten Menschenmengen ein Schauspiel dar, wie es früher Kardinälen vorbehalten war. Doch sind sie die gleichen geblieben, unerläßlich zum Schmuck der Ewigen Stadt, Vestalen eines Feuers, das nie erlischt (Tafeln XIV und XV).

In Deutschland machte Hitler die sportliche Nacktheit junger Arier, wie sie sich unter dem Reichsadler zeigten, zum Symbol des Regimes. Zeus' Adler präsidierte bei allen Zeremonien: Er war auf Standarten gestickt, auf öffentlichen Gebäuden in Stein gehauen oder als Balkongitter aus Eisen geschmiedet. Ein großer Adler breitete am Eingang des Olympia-Stadions bei den Spielen in Berlin 1936 seine Flügel aus. Bei der Weltausstellung 1937 in Paris krönte ein Adler mit ausgespannten Flügeln, der ein Hakenkreuz in seinen Fängen hielt, Albert Speers Turm. Ein Adlerrelief oberhalb der vier Säulen des Peristyls war der einzige äußere Schmuck der 1939 erbauten nüchternen Reichskanzlei. Wieder ein Hakenkreuz in den Fängen des Raubvogels, und man braucht sich nur einiger Hitlerscher Einrichtungen zu erinnern, um die Sexualsymbolik des Adleremblems zu begreifen. Der junge Deutsche, der in die *Hitlerjugend* eintrat, versprach dem Führer mit zehn Jahren die Treue: «Ich verspreche, in der Hitler-Jugend allzeit meine Pflicht zu tun, in Liebe und Treue zum Führer und unserer Fahne.» Trunken lieferte sich der Junge seinem Adler aus: Ganymed in Trance ließ sich in den Himmel mitreißen. Die Nazis achteten darauf, die Mystik des homosexuellen Opfers zu entwickeln. Der Film *Hitlerjunge Quex* von Hans Steinhoff (1933), beschrieb das Leiden eines jungen Hitleranhängers, der von Kommunisten ermordet wurde. Der Film *Hans Westmar* von Franz Wenzler (1933), zeigt ebenfalls, wie ein junger Nazi, athletisch und blond, im Heldentod die Erfüllung seines Schicksals findet. Mit Leib und Seele mußte man sich in Hitlerdeutschland dem Adler ausliefern, und jeder Junge mußte sich auf den Raub vorbereiten, dramatisiert in der Fahnenübergabe und im Fackelschwingen.

Die Cineastin Leni Riefenstahl begann ihren Film *Olympia* zum Ruhm der Olympischen Spiele in Berlin mit einer im Zeustempel in Olympia gedrehten Sequenz: Nackte Athleten symbolisieren das ewige Griechenland, ein Mittel, die griechische Abstammung Hitlerdeutschlands zu betonen, und verherrlichen dabei die plastische Schönheit der männlichen Anatomie. Nazikünstler behandelten häufig Themen, die von der antiken Mythologie inspiriert waren. Hitler persönlich schwärmte für den Mythos der Leda, einer sagenhaften Prinzessin Aitoliens, die befruchtet wurde von dem in einen Schwan verwandelten Zeus: eine heterosexuelle Version des Ganymed-Mythos, über die man also sprechen kann. Vermehrt tauchten Bilder und Statuen auf, nicht nur von Leda und ihrem majestätischen Vogel, sondern von Prometheus, Orpheus, Paris und Europa (eine griechische Prinzessin, die ebenfalls von Zeus entführt wurde, diesmal in einen Stier verwandelt). Wie Napoleon berief sich Hitler auf die Antike, um sein Volk zu Größe und Mut zu drängen, doch anscheinend verstanden die beiden Tyrannen die Lektion zu Athen und Rom nicht auf die gleiche Weise.

Der Bildhauer Joseph Thorak verherrlichte die Brutalität nackter Körper in übermäßigen Muskeln und harten Gesichtern. Doch gab es einen Künstler, dem die Sexualphilosophie des Dritten Reiches wirklich schadete: Arno Breker. Im Unterschied zu seinen Kollegen hatte er Talent und wäre wahrscheinlich der größte Bildhauer seines Jahrhunderts geworden, wenn er wie die Gesetzgeber von Theben begriffen hätte, daß Mars, um ein echter Kriegsgott zu sein, nicht nur ein Paradeaufschneider sein muß, sondern mit Venus paktieren, es akzeptieren muß, halb Frau zu sein.

Breker war 1900 geboren und besuchte 1933 Italien: Vor dem draußen stehenden *David* in Florenz enthüllte sich ihm nicht nur das Talent Michelangelos, sondern die öffentliche Aufgabe von Kunst. «Ja, in dieser Nacht wurde mir klar, daß ich nicht länger fürs Geschäft und die Reichen arbeiten würde (...) und daß meine Berufung darin läge, um jeden Preis für die Kunst, für den öffentlichen Platz, für das Volk, für alle zu arbeiten.»[6] So wurde Arno Breker offizieller Bildhauer des Dritten Reiches. Er war Spezialist für nackte Männer und überhäufte Deutschland mit Athleten, Kriegern, antiken Göttern in Haltungen, die sich an Griechenland orientieren: Gesichter und Körper sind immer bewundernswert, jedoch von nur Muskel- und Männerschönheit. Wie Géricault stellte Breker Pferdebändiger und Boxer dar: Doch vergebens schriebe man ihnen eine gewisse Ambivalenz zu. Vergleicht man etwa die beiden *Kameraden* von 1940 mit dem Paar des *Floßes des ‹Medusa›*, so stellt man fest, wie zu diesem gleichen Thema, des in den Armen seines Gefährten hingegebenen Sterbenden, Géricault, der im Kult des Androgynen aufwuchs, eine geheimnisvolle Verbindung malte, die die beiden Liebenden eint, während Arno Breker, da er die Stärke und Gesundheit seiner Modelle betont, zu einer kalten Allegorie männlicher Solidarität gelangt.

Faschismus und Nazismus mißachteten, daß der echte Held nicht nur einem Geschlecht angehört und brachten so antike Kunst und Klassizismus auf die schiefe Bahn. Paradoxes Ergebnis dieser Verderbtheit der Nazis ist, daß ihre allzu männlichen Athleten und Krieger aussehen, als posierten sie für Schwulenmagazine. Fehlende Ambivalenz, allzu perfekte Schönheit, vorteilhafte Haltungen, oberflächliche Plakatkunst: In diesen übermäßig – nur in eine Richtung – erotisierten Figuren kommen alle Phantasmen schwuler Vorstellungskraft zum Vorschein.

Mit dem Gefühl eines gewissen Unwohlseins hört man immer wieder, daß Hitler und Napoleon verglichen werden. Beide waren Diktatoren, ja, doch derjenige, der Gérard und Gros zu seinen offiziellen Malern machte, Girodet den Zehn-Jahres-Preis verlieh und Canova die Ehrenlegion, und derjenige, der bei Breker den Schwertträger und den Flammenträger der neuen Kanzlei bestellte, zeigten so, daß sie zu zwei verschiedenen Kulturen gehörten. Von der Bildhauerei könnte man diese Beobachtung auf die Musik ausweiten: Napoleons Hang zur italienischen Oper und zu Kastragesang steht Hitlers Hang zu Wagners Opern und dem Heldentenor entgegen, Siegmund oder Siegfried, die in aggressiven Tönen eine mit athletischer Tapferkeit und militärischer Energie verbundene Männlichkeit für sich beanspruchen. Hitler konnte Endymion, Hyakinthos und Kyparissos nur verachten. Und was hätte er erst zum heiligen Sebastian gesagt? Dabei war er Soldat, ein Gardeoffizier des Kaisers; doch seine Festigkeit schloß weder Schwäche, noch Mut oder Wollust aus. Ein ganzer Held also. Schließen wir mit dem Abbild, das Pierre Puget von ihm schuf (Tafel XVI). Wirken die «Stadiongötter» im Vergleich dazu nicht unecht oder puppenhaft?

Schubert vor seinem Bierkrug

Nach weit verbreiteter Meinung hat Musik nichts mit Sex zu tun. Der Argwohn gegen jeden Versuch, musikalische Schöpfungen mit dem Sexualleben der Komponisten in Verbindung zu bringen, erklärt sich auf zweierlei Art.

Erstens wird angenommen, daß jemand, der aus dem geistigen Stoff der Töne ein ungreifbares Netz reiner Harmonien webt, frei von den Gesetzen ist, die Normalsterbliche beherrschen. Gerade eben wird ihm ein Körper zugestanden. Fromme Legendenbildung streicht als trivial erachtete Einzelheiten aus dem Leben großer Musiker. Der junge Mozart war lange erstarrt zu einem fleisch- und libidolosen Cherubin. Henri de Curzon, der 1928[1] eine Ausgabe seiner Briefe in «neuer und vollständiger Übersetzung» erstellte, ließ alle Briefe in Fäkaliensprache an seine Kusine aus, die eher eines Grobian als eines Paradiesgastes würdig wären. Bis 1986 mußte man in Frankreich warten, bis der Beginn einer ersten, nicht gereinigten Ausgabe dieses Briefwechsels erschien[2]. Die Bewunderer Saties hätten höchst überrascht erfahren, auf welch ekligem Grund die augenscheinlich fleischlose Inspiration zu den *Gnossiennes* und den *Gymnopédies* wuchs. Die Zeit, als das Klavier jungen Mädchen vorbehalten war, ist wohl vorüber, doch die naive Harmlosigkeit des Publikums dauert an.

Da die Homosexualität vor gar nicht langer Zeit noch als Makel galt, wurde in diesem Bereich mit gesteigerter Wachsamkeit Zensur geübt. Bis zu dem grundlegenden Buch Editha und Richard Sterbas, *Ludwig van Beethoven und sein Neffe*[3] wurden die stürmischen Beziehungen des Komponisten zu seinem Neffen Karl der «Bösartigkeit» des jungen Mannes zugeschrieben. Dabei sieht die Wahrheit ganz anders aus: Wie es häufig vorkommt bei Menschen, die eine verbotene Neigung unterdrücken, empfand Beethoven für seinen Neffen eine heftige, doch wild unterdrückte und deshalb in haßerfüllte Eifersucht verwandelte Leidenschaft, die denjenigen in den Selbstmord trieb, dem sie galt. Das Buch löste einen Skandal aus, und eine Reihe Anhänger der *Hymne an die Freude* lehnen die Schlüsse daraus im Namen des Dogmas der engelgleichen Natur von Musikern immer noch ab.

Solch naive Idealisierung ließ eine Legende um Tschaikowsky lange Zeit weiterwuchern, die durch die außergewöhnliche Geschichte seiner Beziehungen zu Frau von Mekk glaubhaft erschien. Nadejda von Mekk war eine Frau der besseren Moskowiter Gesellschaft, millionenschwer, Besitzerin mehrerer Palais, die im Sonderwagen mit eigenem Wappen durch Europa reiste. Im Herzen viel ungenutzte Energie, stürmischer Weltschmerz und ein Feuer, das sie in der Musik zu besänftigen versuchte. Nicht in irgendeiner: Mozart fand sie «skandalös fröhlich», und seine brillierende Freude war ihr ein Zeichen seiner «Wertlosigkeit». Sie brauchte die zerstörerische Passion, das übersteigerte Pathos Beethovens oder die «brennende Trauer» Schumanns. Mussorgski hielt sie für billig und grell und wunderte sich, daß ein achtzehnjähriger Franzose namens Claude Debussy, der Stipendiat bei ihr war, an dieser barbarischen Exotik Gefallen fand. Sie war Mutter von elf Kindern und mit vierundvierzig Jahren Witwe eines Barons, den sie nie geliebt hatte. Dieser Blaustrumpf in Reinkultur erlebte etwas höchst Seltsames, bei dem sie eine gleichzeitig groteske und erhabene Rolle spielte. Wie die Heldinnen der höfischen Liebe im Mittelalter, widmete sie ihr Leben einem Mann ohne die geringste konkrete Gegengabe.

Dieser Mann war niemand anderer als der bereits berühmte Tschaikowsky. Überwältigt, als sie sein erstes Klavierkonzert hörte, schrieb sie dem Komponisten, um sich zu verpflichten, ihm 1500 Rubel monatlich zu zahlen, damit er sich frei seiner schöpferischen Arbeit widmen könne. Sie stellte nur eine Bedingung: Sie dürften sich niemals sehen und nur durch Briefe verkehren. So geschah es. Rente und Briefe wurden vierzehn Jahre lang fortgeführt. Wie Ludwig II. für Wagner erfüllte sie die Aufgabe eines Mäzens großzügig. Und treuherzig. Die Baronin wußte nichts über das Privatleben Tschaikowskys, der seiner Wohltäterin gegenüber hin- und hergerissen war zwischen Dankbarkeit und Aufgebrachtheit. Rasend vor Eifersucht und Zorn erfuhr sie, daß er geheiratet hatte, dann erleichtert und triumphierend, daß die Ehe ein Fiasko wurde und der Musiker seine Frau nach wenigen Tagen verließ. Warum dies Fiasko? Den Grund ahnte sie nicht einmal. Dazu ist zu sagen, daß Tschaikowsky sich mit großer Mühe bedeckt hielt und diese kläglich endende Ehe (eine der fürchterlichsten der Ehegeschichte überhaupt) ihm nur zur Deckung gedient hatte.

Weiß man, daß der unsägliche Vladimir Volkoff in seinem *Tchaikovski*[4] von 1983 die Homosexualität des Komponisten anzweifelt, dann muß man Nina Berberova[5] und Wanda Bannour[6] dankbar sein, ein für allemal mit der traditionellen Heuchelei und der durch seine Biographen aufrecht erhaltenen Lüge zu brechen. Tschaikowsky lebte in einem Land, in dem früher nicht anders als heute mit den orthodoxen Sitten nicht zu spaßen ist. Wer dem zuwider handelte, wurde mit Deportation nach Sibirien bestraft, früher wie heute. Aufgrund einer Liebschaft mit einer hohen Persönlichkeit am Hof soll ein Ehrengericht aus früheren Freunden Tschaikowsky befohlen haben, sich zu töten. Dann wäre er also nicht an der Cholera gestorben wie in Ken Russels Film[7], sondern als Folge eines Selbstmordes. Eine Version, der die Prüden widersprechen, für die es jedoch ernst zu nehmende Hinweise gibt. In gewisser Weise ein Ritualmord, der Tschaikowsky in die Märtyrerriege sexueller Dissidenten einreiht, zwischen Oscar Wilde und Pasolini.

Und die Dame? Nach vierzehn Jahren drehte sie den Geldhahn zu. Nicht daß sie entdeckt hätte, daß ihre Rubel der Bezahlung von Moskaus Stallburschen oder Florenz' *ragazzi* dienten, sondern weil sie sich in der «Pik-Dame» wiedererkannte, jener grausamen, despotischen und scheußlichen Heldin der letzten Oper ihres Idols. Ihre Bewunderung war jedoch so stark, daß sie sich trotz der Kränkung nie von dem Bruch erholte. Es geht noch weiter: sie überlebte den Komponisten nur um zwei Monate und veredelte dadurch das Lächerliche einer solchen Passion. Sie hatte sich inspiriert an *Eine alte Geliebte*, dem glühenden Roman von Barbey d'Aurevilly[8], um ihre Witwenkleider gegen solche in strahlenden Farben einzutauschen, die sie jünger erscheinen lassen sollten. In ihrer uneingeschränkten Anhänglichkeit, durch ihr mystisches Feuer, durch das Verbot, das sie zwischen ihnen errichtet hatte, erinnert sie eher an Isolde: eine slawische, übererregte Isolde für diesen melancholischen Tristan.

Gab es außer diesen beiden Beispielen weitere homosexuelle

Musiker? Ich versuche nicht, neue Adepten zu rekrutieren, um die Liste homosexueller Talente zu verlängern, sondern herauszufinden, ob manche großen Künstler nicht durch ihren Lebenswandel beeinflußt waren. Es wäre ungewöhnlich, wenn der Anteil der Homosexuellen unter Musikern geringer wäre als unter anderen Künstlergruppen. Bei Lully wird kein Geheimnis daraus gemacht: weil er Italiener war, Florentiner, also leichtfertig und oberflächlich, erstaunt seine Neigung nicht weiter. Doch Bellini? Oder Chopin, Brahms, Ravel? Oder viele andere, über denen Zweifel schweben, die jedoch immer frei gesprochen werden zugunsten ihrer himmlischen Kompositionen?

Hier kommen wir zum zweiten Grund, der den üblichen Schwindel zu den Musikerbiographien erklärt. Wie ihr Sexualleben auch gewesen sein mag, jedenfalls kann es ihre Fertigkeit, Noten anzuordnen nicht beeinflußt haben. So lautet das am häufigsten gehörte Argument. Prousts berühmte Thesen, wonach das Schöpfer-Ich ohne Beziehung zum privaten Ich sei, scheinen sehr viel schlüssiger auf die Musik als die Literatur angewandt zu werden. In der Tat, abgesehen von der Oper, die eine Geschichte erzählt, die dem Autor dazu dienen kann, auszudrücken, was ihm am Herzen liegt, begreift man nur schlecht, inwiefern die Anordnung einer Sonate oder einer Symphonie was auch immer vom Intimleben ihres Schöpfers widerspiegeln soll, abgesehen von einer vage «pathetischen» oder «leidenschaftlichen» Stimmung.

Es gilt also in diesem Bereich mit größter Vorsicht vorzugehen. Ich wählte Schubert aus, um die Vorgehensweise in einem Bereich vorzustellen, für den es unmöglich ist, Ursache-Wirkung-Beziehungen herzustellen, weil manche Merkmale seines Werkes, seine Art zu komponieren und seine Entwürfe im Verlauf der Arbeit abzubrechen, auf eine psychische Konstitution hinweisen, deren anderer Aspekt ihre sexuellen Neigungen sind. Die Unmöglichkeit, eine befriedigende Lösung für seine persönlichen Probleme zu finden, wirkte sich auf seine gesamte schöpferische Arbeit aus.

Franz Johann Vietz, Waffenschmied, Zunftmeister, ein angesehener, solider Handwerker lebte mit seiner Frau und seinen drei Kindern in der kleinen Stadt Zuckmantel im österreichischen Schlesien. Der siebenjährige Krieg, der 1756 ausbricht (Mozarts Geburtsjahr) ruiniert ihn. Panik: Er bedient sich in der Gildekasse.

Gefängnis, Folter, Verurteilung zur Verbannung. Gezwungen, um sein Brot zu betteln, auf die Straße gejagt, gelangt er nach Wien, wo er stirbt. Vierzig Jahre später, 1797, bringt seine Tochter Elisabeth, die Frau des Schulmeisters Franz Schubert geworden ist, Franz Schuberts Sohn zur Welt. Dieser Großvater, der in die Vorgeschichte des Musikers gehört, hat mythische Bedeutung, weil er zeitlich vor ihm lebte, aber auch weil er als ein riesiger Schatten die unbewußte Vorwelt seines Enkels besetzt. Was für Phantasien löste er dort aus? Natürlich die des Vagabundierens und Herumirrens, doch vor allem die der Entehrung, der Scham. Schuberts Biographen stellen sein Leben als einen unglücklichen Kampf dar zwischen dem Drang des Künstlers um Anerkennung seiner Rechte, seiner Unabhängigkeit, und dem engstirnigen Unverständnis der Gesellschaft. Da es keinerlei Zeugnis gibt, keinen eindeutigen Beweis, frage ich mich, ob Schubert nicht vom Geist dieses gescheiterten Schmiedes auf dunklen Wegen ins Rückwärts gezogen, trotz des ehrsamen Beispiels seiner fleißigen Eltern, fasziniert sein eigenes Scheitern unwissentlich wollte.

Ein traurigeres, einsameres, kümmerlicheres Leben, ein verfehlteres Leben kann man sich nicht vorstellen. Die Karriere? Unfähig jemals für seine Bedürfnisse aufzukommen, vegetiert er (wie van Gogh) ohne Lebensunterhalt oder Einkünfte dahin. Er verzichtet auf den väterlichen Beruf, auf den Schulmeisterstock, ohne die nötige Anstrengung zu unternehmen, einen Platz zu erringen, der seinen Neigungen eher entsprochen hätte. 1821 wird er Repetitor am Kärntnertor-Theater und gibt nach wenigen Wochen auf. 1825 läßt er die Gelegenheit, Hoforganist zu werden, ungenutzt verstreichen. 1826 scheitert seine Bewerbung um die Stelle eines Vize-Kapellmeisters. Will man ihn nicht, oder will er sich selbst nicht? Er wählt Unsicherheit, Elend.

Genauso scheitert er im Gefühlsleben. Er ist verliebt in die junge Therese Grob, die 1814 seine erste Messe in der Pfarrkirche der Familie Schubert singt, doch sechs Jahre später läßt er zu, daß sie einen anderen heiratet (wie Tonio Kröger, wie Pavese). Als zweite und letzte Liebe, die von ihm bekannt wurde, gilt Karoline Esterhazy, der er im Schloß ihres adligen Vaters Klavierunterricht gibt. Eine Gräfin, per definitionem unerreichbar für den kleinen Lehrer, den sie wie ihre Diener behandelt. Er ist zum Verlierer geboren und bleibt es. Ergreifend häßlich ist er außerdem, vielleicht betont er dies sogar absichtlich: Als reiche es ihm nicht, klein, dick, kraushaarig und kurzsichtig zu sein, setzt er zum Schlafen die Brille nicht ab. Masochistischer Humor. Von 1823 an plagt ihn bis zu seinem vorzeitigen Tod fünf Jahre später die Syphilis (Geschenk einer Prostituierten). Trennung von Herz und Geschlecht. Man weiß (besonders durch Baudelaire), welch unbewußte Misogynie sich hinter einem solchen Konflikt verbirgt. Man braucht schon die Naivität Anselm Hüttenbrenners, um die Heirat Thereses mit Johann Bergmann, Bäckermeister von Beruf, jener «tiefen Abneigung gegen Evastöchter» zuzuschreiben, die der nach Tabak stinkende und seine Zähne vernachlässigende Schubert an den Tag legte.

Seine Freunde, ganz genau! Über ihren wohltuenden Einfluß wurde genug gesprochen, ihre gemütliche Gemeinschaft, die Abende im Beisel, die «Schubertiaden», wo in privatem Kreis zwischen zwei Erfrischungen die Melodien des Musikers gespielt wurden. Ein bißchen weniger von ihrer Bestürzung, als sie zum ersten Mal die *Winterreise* hörten: erschrocken über den Abgrund an Einsamkeit und Eis, in den ihr Gefährte, weit entfernt von ihrer liebevollen Fürsorge, immer tiefer versank, sich verlor. Genauso borniert wie das Wiener Publikum scheinen seine Freunde nur den «Charme» der Lieder gemocht zu haben, die für sie improvisierten «heiteren» Walzer und Tänze. Was gaben sie ihm also so Seltenes, diese musikalischen Judasse.

Das Kapitel von Schuberts Männerfreundschaften bleibt noch vollständig zu schreiben. Eine Reihe eigenartiger Details wären hervorzuheben: Daß er sich mit elf Jahren als Konvikt-Schüler in einen acht Jahre älteren Kameraden verliebt haben soll, in Joseph von Spaun, der später sein enger Freund blieb; daß er sich (im Gegensatz dazu) mit vierundzwanzig Jahren dem sieben Jahre jüngeren Moritz von Schwindt, dem späteren romantischen Maler verband, damals «ein schlanker junger Mensch von Mittelgröße, eigentlich ein schöner Junge» laut der Aussage Bauernfelds, einem anderen Mitglied der Bruderschaft. Und außerdem: Als Franz Schubert im Dezember 1816 die elterliche Wohnung verläßt, richtet er sich nicht allein ein, sondern bei einem Freund. Und wie heißt dieser Freund? Franz Schober. Fast ein Doppelgänger, ein Zwilling. Das Thema des Doppelgängers liefert Stoff für die Operette der *Zwillingsbrüder* wie für den «Doppelgänger» im *Schwanengesang*. 1826 zieht er wieder bei Schober ein. 1818 teilte er

Mayrhofers Zimmer. Spaun, Schober, Mayrhofer wie viele andere auch schrieben ihrem Freund Verse, die er vertonte.

Die finanzielle Rechtfertigung zum Zusammenwohnen (er ist zu unbemittelt, um sich eine eigene Wohnung leisten zu können), wie die ästhetische («ein gemeinsames Streben nach dem Schönen erfüllte uns alle», nach einem Brief Schuberts an Schober) erscheinen ungenügend. Die Armut (teilweise gewollt, denn er gibt sich keinerlei Mühe, herauszukommen) liefert ein exzellentes Alibi für ihren Korpsgeist. Die fehlende Stellung hatte er jedoch bereits als Grund genannt, um Therese Grob nicht zu heiraten. Die gemeinsame Liebe zum Schönen? Ein allzu bekannter Weg der Sublimation. Ich will mich gar nicht auf einen anderen Abschnitt aus Bauernfelds Erinnerungen berufen («Moritz von Schwindt wandte sich mit der ganzen Süße und Innigkeit der Jugend dem Meister zu. Er war sehr verliebt in ihn, Schubert trug diesen jungen Künstler im innersten Herzen und nannte ihn scherzend seine Mätresse»), um eine aktive Homosexualität in der kleinen Gruppe auszumachen. Leider war die Art, die Schubert quälte, die schlimmste von allen: die verschämte, die sich selbst verleugnet und alle anderen Ziele durch dies verborgene und nicht eingestandene Verlangen entwertet. Eine Homosexualität, die einen drängt, ins Kaffeehaus zu gehen, sich mit Männern zusammenzusetzen und hinter einer Rauchwolke auf die Lauer zu legen. Jene, die (im besten Fall) zu Werken für vier Hände am selben Klavier inspiriert, die aber auch Schuldgefühle weckt, wenn es um Heiratspläne geht, den beruflichen Aufstieg verzögert, zur Aufgabe laufender Arbeiten führt, den Willen zum Erfolg hemmt. Jene, die ein Scheitern unbewußt wünscht und so zum Haupthindernis für jeden Erfolg wird.

Nur wenige große Künstler brauchten so lange zum Durchbruch (Sichtweise der Biographen), bestraften sich so hartnäckig selbst (Sichtweise des Psychobiographen). Als er 1818 einen Verlag für sein erstes Lied findet, ist er bereits bei Nr. 608 seiner gesammelten Werke angelangt. 1821 nennt Karl Thomas Mozart in seinem Reisetagebuch einen Komponisten «Debütanten», auf dessen Konto bereits dreihundert Lieder, ein Dutzend Quartette, ebensoviele Klaviersonaten, vier Messen und sechs Symphonien gehen. Seinen ersten Halberfolg, eine Darbietung des *Erlkönig* bei einem halböffentlichen Konzert am 1. Dezember 1820, «erringt» er (erringt er ihn oder nimmt er ihn hin?) als bereits zwei Drittel seiner reichen musikalischen Produktion hinter ihm liegen. Ein einziges öffentliches Konzert seiner Werke findet zu seinen Lebzeiten, am 26. März 1828, statt. Auf dem Programm: Lieder, Chöre, ein Satz des Quartettes in G-Dur, das Trio in Es-Dur. Mit Ausnahme der *Winterreise* und dieses Trios werden seine Zeitgenossen keines seiner großen Werke je kennenlernen, und auch er selbst wird sie niemals hören: das Quartett in G-Dur komplett, das andere Trio in B-Dur, das Quintett in C-Dur, die drei letzten Klaviersonaten, die Messe in Es-Dur, die Melodie des *Hirten auf dem Felsen*, die von Schumann 1839 entdeckte Symphonie in C-Dur und die 1868 von Brahms herausgegebenen drei *Klavierstücke*.

Geistige Taubheit der Verleger, der Konzertveranstalter? Mag sein. Halten wir dies einen Augenblick als einzige Erklärung fest. Die zahlreichen Opernversuche (etwa fünfzehn), immer wieder neu begonnen, immer wieder aufgegeben, die dauernd enttäuschte Hoffnung, diejenigen aufführen zu lassen, die er zu Ende gebracht hatte, die vergeblichen Kämpfe mit zu jener Zeit von Rossini und dem italienischen Theater besessenen Impresarios markieren besonders klägliche Episoden von Schuberts Karriere. Doch warum versteifte er sich auf ein Genre, in dem er nicht zu den begabtesten zählte? Übrigens liegen die Dinge noch verzwickter. Beim Hören seiner wenigen Opern oder Singspiele, die inzwischen aufgenommen wurden (in *Der Vierjährige Posten, Die Zwillingsbrüder* und besonders *Die Verschworenen)* bemerkt man, daß es Schubert nicht an dramatischer Gabe fehlte, sondern eher an der Fähigkeit (dem Willen), sie zu nutzen. Die Arien und Chöre sind entzükkend, doch halten sie nicht, was sie versprechen. Hervorragende Ideen, jedoch wenig, ungenügend entwickelt. Musikalische Unzulänglichkeit oder psychologische Hemmung? Wie alle Musiker seiner Zeit setzt Schubert auf die Oper, um aus dem Schatten zu treten und das große Publikum zu erobern. Alle Zeichen sprechen dafür: Er möchte Wien erobern, und welches Mittel wäre geeigneter, als sich in dieser leichtlebigen Stadt mit lyrischen Szenen durchzusetzen? Doch im selben Augenblick, in dem er solche Wünsche laut formuliert, zwingt ihn eine gegenläufige Kraft, die er selbst nicht kennt, sie zu durchkreuzen, seine Inspiration zu bremsen, verstümmelte Arien, eine zaghafte, ungenügende Partitur abzuliefern, die hinter dem zurückbleibt, was sie hätte sein können. Der Musiker, den «göttliche Längen» nicht erschrecken, solange er allein mit seinem Klavier ist, ihn niemand hört, niemand anerkennt, zeigt sich schüchtern, unfähig, gelähmt, sobald Proben seines Talentes offen zutage treten könnten.

Formulieren wir also, ohne allgemeingültige Schlüsse daraus zu ziehen, eine Art allgemeiner Regel für die Geschichte von Schuberts Erfolgen und Scheitern. Je mehr Geld, Ansehen und soziale Achtung der ersehnte Erfolg eingebracht hätte, desto heftiger verbietet er sich, die geeigneten Mittel dazu einzusetzen. Opern, Symphonien: Fiaskos. Kammermusik, Sonaten: ein paar Achtungserfolge, Lieder, Walzer unter Freunden: wahre Triumphe, doch in einem als minderwertig erachteten Genre, das diesen Mann nicht aus dem Schatten befreit, in den sein Schuldgefühl ihn zu bleiben zwingt.

Es wäre unbedacht, nur die Leichtfertigkeit seiner Zeitgenossen für die mangelnde Achtung verantwortlich zu machen, die sie dem größten unter ihnen entgegenbrachten. Räumen wir gar ein, daß andere für die große Anzahl an nachgelassenen Werken verantwortlich sind. Doch wie ist die Fülle unvollendeter Werke zu erklären? Nicht nur die *Symphonie in H-Moll* von 1822, erstmals 1865 gespielt, sondern auch das wundervolle Oratorium *Lazarus* und viele andere Quartette, Sonaten, darunter der *Streichquartett in C, Nr.12, Quartett No 12* genannt, und die *Sonate in C «Reliquie»*. Keinesfalls unbedeutende, sondern wesentliche Werke, deren geheimnisvoller Abbruch einen unlösbaren Konflikt zwischen dem Schöpferdrang und der Zensur als Strafe enthüllt.

Gleich denkt man an Michelangelo, an die Tragödien des *non finito*. Beethoven ist ein anderer Schlüssel. Schubert bewundert den älteren, illustren Beethoven grenzenlos. 1814 begeistert er sich für *Fidelio*, läßt seine Begeisterung bei der Wiederaufnahme 1822 neu aufleben. Er verfolgt die Premieren aller neuen Werke und läßt sich während seiner letzten Krankheit zu Hause das Quartett *Opus 131* vorspielen. Sein Bruder will den Agonisierenden beruhigen und sagt: «Du bist im selben Zimmer, in dem Du bisher auch warst, und Du liegst in Deinem Bett.» Die erstaunliche Antwort lautet: «Nein, das stimmt nicht, Beethoven ist nicht hier.» Doch in diesem Wien, in dem beide Musiker wohnten und wo Schubert mehrmals Gelegenheit hatte, den Meister im Kaffeehaus oder im Theater zu sehen, wagte er nie, ihn anzusprechen. Wagte niemals, ihn zu besuchen, außer einem Mal, auf dem Totenbett. Schlimmer, der Schatten

Beethovens lähmt den jungen Mann so sehr, daß er sich anfangs nur in Genres vorwagt, in denen er freie Bahn hat: Lieder, Walzer, Klavierstücke für vier Hände. Kaum wagt er Sonaten, Quartette, Symphonien, strauchelt er, stottert, gibt auf. Und dies «anfangs» wird bis zu Beethovens Tod am 26. März 1827 dauern. Erst in den zwanzig Monaten, die ihm noch zu leben bleiben, gelangt Schuberts Talent zur Entfaltung. November 1927: die beiden Trios für Klavier, Geige und Cello; Dezember: die beiden Serien von Klavier-Impromptus; März 1828: *Symphonie in C-Dur*; April: *Fantasie in F-Moll* für vierhändiges Klavier, Mai: *Klavierstücke*; Juni: *Messe in Es-Dur*; September: *Streichquintett in C-Dur*; September: *Klaviersonaten in C-Moll, in A-Dur* und in *B-Dur*. Reicht die Vorahnung seines Todes, um diese Hast zu erklären? Wie ist es möglich, daß der so große, der freie, der innige Schubert, derjenige, den niemand vor oder nach ihm in der Erforschung unendlicher Räume einholte, so lange wartete, bis er sich äußerte. Die Beziehung zu Beethoven bleibt eines der Geheimnisse dieses Lebens. Schüchternheit des jungen Bewunderers. Niemals wurde sie so weit getrieben, so absurd weit. Verehrung des Vaters durch den Sohn? Wahrscheinlich, jedoch so unterwürfig und demütig, daß sie eher den religiösen Schrecken des Schuldigen als ästhetische Bescheidenheit des Schülers verrät. Es ist anzumerken, daß Schubert nach begründeten Vermutungen niemals heftigen Streit mit seinem leiblichen Vater hatte. Bereits mit vierzehn Jahren, dank einer seiner ersten Melodien, *Der Vatermord*, konnte er seinen «Ödipuskomplex» ohne große Probleme bewältigen. Im Gegensatz zu Mozart scheint ihn das «Vaterproblem» nicht übermäßig gequält zu haben. Doch nur, weil Beethoven in seinem Unterbewußtsein sehr früh den Platz der Vatergestalt einnahm. Ein wunderbarer, kastrierender Vater. Anstatt sich durch einen heilsamen Vatermord davon zu befreien, wie er sich mit ein paar Takten von dem harmlosen Vorstadtschulmeister losgesagt hatte, unterwarf sich der junge Mann passiv diesem tyrannischen Ersatz. Er verzichtet auf ein eigenes Leben, opferte ihm wie Isaak Abraham oder Rubempré Vautrin, seine Schöpferkraft, sogar sein Leben.

Ein gehorsames Opfer des «Erlkönig» oder wie immer man den unsichtbaren Räuber auch nennen mag, der ihn in die Nacht hineinzieht, das ist Schubert, starr vor Staunen, entzückt, widerstandslos, zur Aufopferung bereit. Daß er sich selbst als «totes

Kind» ansah, legen eine Reihe von Anzeichen nahe. Mit fünfzehn Jahren hatte er seine Mutter verloren. Wir wissen nicht, welche Spuren dieser Verlust bei dem Waisen hinterließ. Wurde das Bild der Frau in diesem Augenblick in seinem Herzen totgeschlagen? Der Mann, der in Schuberts Liedern singt, ist immer und scheinbar endgültig von seiner Geliebten getrennt. In der *Winterreise* bleibt die Frau weit im Hintergrund, auf ewig verloren, wie verboten, ausgeschlossen aufgrund eines unwiderruflichen Urteils: Und der einsame Reisende, der in der Natur Linderung seiner Qualen in der symbolischen Gleichsetzung von Grün und Weiblichkeit (Mütterlichkeit) sucht, findet wie Edgar Allan Poe nur eine gefrorene, eisige, weiße und düstere Landschaft.

Beim Tod seiner Mutter war Schubert kaum im Stimmbruch. Er hatte mehrere Jahre im Konvikt verbracht, in den er durch einen Wettbewerb mit elf Jahren als Sänger für die Hofkapelle aufgenommen worden war. Über die Bedeutung diese Zeit, als er Sopran sang (eine Frauenstimme in einem Männerkörper), über die psychologischen Auswirkungen des Stimmbruchs, wissen wir ebenfalls nichts außer einem seltsamen Detail. Als Erwachsener behielt er die Fähigkeit, Sopran- oder Altpartien zu singen «für alle Fälle, falls eine Dame fehlte», wie sein Freund Hüttenbrenner sagt. Dem wäre es natürlich gar nicht in den Sinn gekommen, die beibehaltene Falsettstimme und eine dunkle Autokastrationsphantasie in Beziehung zu setzen.

«Ich wandte meine Schritte und mit einem Herzen voll unendlicher Liebe für die, welche sie verschmähten, wanderte ich in fremde Gegend.»[9] Zweimal schreibt Schubert diesen Satz in einem der wenigen literarischen Texte, die wir von ihm besitzen, ein kurzes Fragment von 1822 mit dem Titel *Mein Traum*. Wohin er auch flüchtete, so fern er diese brüderliche Gegend auch suchen mochte, er hätte sie nicht gefunden. Seine Zeit verlangte von ihm, die Liebe im Herzen zu verschmähen, selbst von jenen, die ihre Anlagen für eine positive Antwort geneigt gemacht hätte. Die gesellschaftliche Verfluchung eines Künstlers ist immer eine innere Verfluchung. Diese Wahrheit gilt auch für Schubert, selbst wenn der schmerbäuchige Garst nach außen prosaisch wirkt, von gutartiger Art, häuslicher Lebensweise, angepaßten Sitten: alles in allem ohne jene romantische Aura, die die Köpfe der schwarzen Propheten der Neuzeit umgibt.

Ein kleiner Schlenker in seinem Berufsleben wäre noch nachzutragen. Im Konvikt war er nicht nur als Sänger, sondern auch als Geiger hervorgetreten. Später vernachlässigte er die Geige. Das Instrument zu spielen, dafür zu komponieren. Sein Werk für Violine ist zweitrangig. Anstelle der Geige wählt er das Klavier. Er war übrigens ein kümmerlicher Pianist, ein Stümper am Klavier. Dieser Irrläufer innerer Reiche, dieser Vagabund der Phantasie nutzte das Instrument nicht aus, das melancholisches Herumirren und Zerissenheit im Exil par excellence ausdrückt, das Maskottchen verbannter und verstreuter Völker, der Zigeuner oder Juden. Er tauschte es gegen das Klavier ein, das ein Bleibe braucht, ein Dach, eine Einrichtung, das Klavier, dessen märchenhafte Fortüne im XIX. Jahrhundert dem Aufstieg und der Blütezeit des Bürgertums entspricht, während mit Paganini das Fieber der fahrenden Musikanten, die Poesie des Abenteuers, teuflische Triller und die Stirnlocke des Virtuosen ein letztes Mal durch Europa ziehen (und dabei in Wien Station machen).

Schubert sitzt nicht einmal vor Hoffmanns Punschtopf, sondern vor einem einfachen Bierkrug in einer Wiener Schenke: Brav, beflissen verweigert er sich sogar solch ungezügelter Gesten. Verwünscht ohne Schneid, harmlos dämonisch, widerstandslos ausgestoßen, als Paria ohne Skandal, als Rebell ohne Selbstmord stirbt er mit einunddreißig Jahren eines natürlichen Todes und gemäß seinem Wunsch nach Strafe und Unauffälligkeit erinnert man sich an einen guten Jungen, dem die Umstände übel mitgespielt haben.

Von Mozart bis Britten oder: Über die Schwierigkeit, homosexuelle Opernhelden zu schaffen

Es gibt keine einzige Oper mit offen homosexuellem Thema, was alle überrascht, die in die Oper gehen und im Publikum den hohen Anteil von Schwulen bemerken. Die Diva, der unerreichbare, in einem Lichtkegel allein dastehende Star, die auf einen Ruhmesthron verbannte Königin, das Idol, mit dem sie eine umso leidenschaftlichere Beziehung unterhalten als sie nur vorgestellt ist, die für sie umso faszinierendere Frau, da sie von der anderen Seite des Orchestergrabens singt, ist einer ihrer Mythen, durch den sie die Sehnsucht nach der für sie unerreichbaren wirklichen Frau kompensieren.

Vielleicht möchten sie ihre innersten Sorgen auch gar nicht inszeniert und aus Sängermund deklamiert sehen, unter den Zwängen der Oper, die Situationen vergröbert und vereinfacht. Der andere Teil des Publikums jedenfalls ertrüge es nur schwer, homosexuelle Leidenschaft preisen zu hören. Musik, Gesang bieten einen phantastischen Resonanzraum für die geringste Schwingung der Stimme. Beiseite Gesprochenes wie etwa im Theater, Nuancen wie im Roman sind unmöglich. Die Akteure des lyrischen Theaters müssen zu jedem Augenblick alle Kräfte sammeln und jede Note mit möglichst großer Kraft ausstoßen. Selbst das leichteste *pianissimo* muß bis tief in die Logen, bis in die hinterste Reihe des letzten Ranges reichen als klare Vibration inmitten der Stille.

Ein anderer, wichtiger Unterschied zu Roman und Kino ist auch, daß es den einsamen Helden ohne Partner in der Oper nicht geben darf. Man denke an Oscar Wildes Dorian, an Thomas Manns Aschenbach, Prousts Charlus, Balzacs Vautrin, Viscontis Ludwig, an Patrice Chéreaus Henri, an John Hustons Kapitän Penderton oder Hitchcocks

Bruno, immer erinnert man sich eines Mannes allein. Der typische Homosexuelle im Film erscheint als ein Umherirrender auf der Suche nach einer unmöglichen Begegnung, den Gefahren der Anmache ausgesetzt und Opfer seines eigenen Alleinseins. In der Oper jedoch braucht man aus Gründen des musikalischen Gleichgewichtes immer zwei Protagonisten, deren Stimmen einander gegenüber stehen und sich vermischen. Jeder kann allein singen, einer nach dem anderen, Höhepunkte des Werks sind jedoch die Momente, in denen sie sich zusammentun und ein Duo bilden. Die beiden Protagonisten müssen unterschiedlichen Geschlechts sein, damit ihre Stimmen sich ergänzen: meist Sopran und Tenor, manchmal Bariton und Mezzosopran. Für die westliche Oper gilt diese Regel ohne Ausnahme, denn Grundidee ist meist eine Liebesgeschichte zwischen Tenor und Sopran. Nur in der russischen Oper erfährt sie Ausnahmen, wenn Thema nicht die Liebe, sondern die Macht ist. Last und Fluch der Macht wird dann von einem Baß verkörpert (Boris Godunov), dem der Chor als Gegengewicht dient.

Wollte man zwei Männer als Helden wählen, einen Tenor und einen Baß etwa, wäre das Ergebnis ein doppeltes: Es stände dem musikalischen Gesetz der Komplementarität zwischen hellem und dunklem Timbre entgegen, und die Mehrheit der Zuschauer wäre schockiert. Und da das Abgleiten eines einsamen Individuums, der endlose Monolog einer sich verlierenden Seele in der Oper noch unmöglicher wäre, folgt daraus, daß keine Oper jemals das Thema der Liebe zwischen zwei Männern oder zwei Frauen behandelt hat.

Dabei hat jeder hier und da wie aus Versehen in Werke eingeschoben, deren Intrige rein heterosexuell ist, jene zarten Duette zwischen zwei Männern oder zwei Frauen gehört, die träumen machen. Nennen wir bei den Frauen Medea und Neris in Cherubinis *Medea*, Norma und Adalgisa in Bellinis *Norma*, Susanna und die Gräfin in Mozarts *Figaros Hochzeit*, Isolde und Brangäne in Wagners *Tristan*. Vier Fürstinnen oder Frauen hoher Herkunft singen mit ihrer Dienerin: eine relative Vertrautheit, die vom Publikum auch so empfunden wird. Die gesellschaftliche Schranke zwischen ihnen ist gewissermaßen Garantie für die Keuschheit ihrer Umarmungen. Manchmal auch bietet das Band der Verwandschaft diese Garantie: so bei den beiden Schwestern Tatjana und Olga in Tschaikowskys *Eugen Onegin*, den Schwestern Arabella und Zdenka in Richard Strauss' *Arabella*.

Männern liefert die Promiskuität des Militärlebens ein Alibi (Carlo und Alvaro im dritten Akt von Verdis *Macht des Schicksals*, George und Richard im zweiten Akt von Bellinis *Puritanern*), wenn sie nicht gerade die Gefangenschaft teilen (Orest und Pylades in Glucks *Iphigenie auf Tauris*). Manchmal kommt die Wahrheit jedoch ans Licht wie in Tschaikowskys *Eugen Onegin*. Weil er selbst homosexuell war, gelang es ihm nicht zu kaschieren, was die beiden Freunde Onegin und Lenskij dazu treibt, sich erst auf einem Ball öffentlich zu streiten und dann auf einer Wiese zu schlagen. Onegins Dreistigkeit – er tanzt ostentativ mit Lenskijs Braut –, dessen Zorn – er fordert seinen Freund zum Duell -. dann sein Bedauern, daß das Haus, in dem er sein Glück kennenlernte, zum Theater eines Skandals wurde, zeigen wundervoll, wie unterdrücktes Begehren sich zum Schlechten wenden kann und die verbotene Hoffnung durch Zerstörungswut ersetzt. Das Treffen findet statt in der Einsamkeit und Nüchternheit des Morgengrauens: Die beiden Freunde treffen sich endlich, doch um sich zu schlagen und sich gegenseitig zu töten. Dies Duell markiert gleichzeitig den Höhepunkt ihrer Liebe und die Bestrafung, die sie ihr zufügen müssen. Einige Schritte voneinander entfernt, unmittelbar bevor sie ziehen, drehen sie einander den Rücken zu und singen im Kanon: gleichzeitig geeint und getrennt sind sie erst frei, sich ihre Zärtlichkeit zu zeigen in dem Augenblick, in dem sie sich dafür bestrafen. Die Gegner treten gegeneinander an, Lenskij wird getötet, der Tod ist der einzige Ausweg, den ihr Begehren erlaubt, das Geständnis und die Negierung ihrer Liebe. «Jeder tötet, was er liebt»: Diese Worte Oscar Wildes könnten Motto der Oper sein. Solcher Winkelzüge bedurfte Tschaikowsky, um eine Situation auf die Bühne zu bringen, die er unmöglich direkt behandeln konnte.

In einer früheren und viel weniger bekannten Oper *Der Opritschnik*, griff er auf ein anderes Verfahren zurück: Für eine Frau schrieb er die Rolle des Basmanov, eines Favoriten Iwan des Schrecklichen, des jungen *Opritschnik*, dem Zaren verbunden, des Leibwächters, dem Eisenstein engelsgleiche Schönheit verleihen sollte. Für eine Frau: eine solche Lösung erschien einem Mann weniger gefährlich, der sein Privatleben hinter der Fassade eines Ehemannes, des Schützlings der Baronin von Mekk und eines offiziell anerkannten Komponisten zu verbergen verstand.

Das Ambivalente von Hosenrollen scheint eine Lücke gewesen

zu sein, durch die das verbotene Thema in die Oper drängte. Doch gilt es drei sehr unterschiedliche Fälle zu unterscheiden, wobei nur im dritten die Hosenrolle sexueller Absicht zugeschrieben werden kann.

Im Barock – im XVII. und XVIII. Jahrhundert – sangen Kastraten die Titelrollen: Dieser Brauch schmeichelte dem Hang jener Epoche zur Androgynie und lebt in einigen Beispielen bis heute weiter. Vergessen wir nicht, daß die Oper als formalisierte Verlängerung des Karnevals geboren wurde, und genauso wie der Karneval alle Ausschweifungen ermöglichte, diente die Oper der Verherrlichung von Rollentausch und der Überschreitung von Grenzen, die durch das Geschlecht aufgezwungen waren. Daher die Idee, den männlichsten Rollen, häufig denen von Königen oder großen Hauptleuten, helle Stimmen zu verleihen, die von Kastraten, die heute von weiblichen Mezzosopranen abgelöst wurden. In manchen Fällen konnte diese stimmliche Übereinkunft sexuelle Bedeutung haben, meistens jedoch war sie reine Konvention. Orpheus (Monteverdi, Gluck) oder Cäsar (Händel) sind sicher nicht Männer eines einzigen Geschlechtes: Indem diese Helden eine Frauenstimme erhalten, wird hinterrücks ihre doppelte Natur enthüllt. Doch was soll man zu den vielen anderen Kriegern Händels sagen: Xerxes, Rinaldo, Hercules und Ariodante? Zu Monteverdis Nero? Zu Vivaldis Orlando? Zu Mozarts Sesto? Rossini komponierte zu einer Zeit, als es keine Kastraten mehr gab, doch schrieb er Rollen, die ihnen traditionell vorbehalten waren, für Frauen: Neocle (*L'Assedio di Corinto)*, Arsace (*Semiramide*), Tancredi. Rossini, der den weiblichen Alt als Ersatz für die verschwundenen Kastratenstimmen schuf, kann man kaum unterdrückter Neigungen verdächtigen; genausowenig wie Richard Strauss, der Männerstimmen verabscheute, besonders Tenöre, und in *Ariadne auf Naxos* dem Komponisten eine Frauenstimme verlieh aus reinem Vergnügen an hellen, hohen Tönen. Dies Motiv sollte Verdi zugestanden werden (der Page Oscar in *Ein Maskenball*), wie auch Meyerbeer (Urbao, der Page in *Die Hugenotten*), Offenbach (Freitag in *Robinson Crusoe*), Gounod (Siebel in *Faust*), Massenet (der Prinz in *Cendrillon*, archaisch-märchenhafter Effekt), den Russen Glinka (Radimir in *Ruslan und Ljudmila*), und Rimski-Korsakow (der Astrologe in *Der goldene Hahn*, komische Wirkung), sowie dem Tschechen Smetana (Zavis in *Die Teufelswand*).

Zweiter Fall: Wen soll man die Rolle eines sehr jungen Jugendlichen singen lassen? Das Problem stellte sich zuerst im Theater. Beaumarchais ordnete im Vorwort zu *Figaros Hochzeit* Folgendes an: «Diese Rolle (die des Cherubin) kann, wie auch geschehen, nur von einer jungen, sehr hübschen Frau gespielt werden, wir haben an unseren Theatern keine sehr jungen Männer mit ausreichender Ausbildung, um die Feinheiten zu spüren.» Dieser Satz hielt anderthalb Jahrhunderte lang Kinder von der Bühne fern. Man stimmte darin überein, daß, um die Rolle eines vierzehn- oder fünfzehnjährigen Jungen zu spielen, nur eine mindestens zwanzigjährige Frau genug Erfahrung mitbrachte. Jarry versuchte vergeblich, dem Regisseur Lugné-Poe anstelle der üblichen Frau einen Jungen für die Gestalt seines jungen Bougrelas in *Ubu* aufzuzwingen. Der Gewinn an Talent und Reife, erklärte er, «kompensiert nur wenig das lächerliche Profil und das Unästhetische des Ganges, die durch Fettgewebe verwischte Linie aller Muskeln – scheußlich, weil nützlich, Milch gebend».

Selbst wer dies Urteil für allzu barock frauenfeindlich hält, muß zugeben, daß die systematische Besetzung mit Frauen in Männerkleidern, um Jugendliche zu spielen, manche Aufführung verfälschte, indem es diese hinderte, sich so zu geben, wie sie wirklich sind, mit der unbestimmten Grazie ihres Alters. Das von Beaumarchais verordnete Verbot wurde auf die Oper ausgeweitet unter dem technischen Vorwand fehlender musikalischer Reife zu junger Knaben. Zwar stellt Humperdinck in dem hinreißenden *Hänsel und Gretel*, ein besonders an ein Kinderpublikum gerichtetes Märchen, zwei Kinder auf die Bühne, Bruder und Schwester, die sich im Wald verirrt haben und von einer bösen Hexe gefangen werden: Interpretiert werden sie immer von zwei erwachsenen Frauen. Man mußte auf Pierre Boulez warten, um den kleinen Yniold in *Pelléas et Mélisande* von einem Kind gesungen zu hören, auf Ingmar Bergman, bis die drei Knaben aus der *Zauberflöte* die für sie geschriebenen Partien zurückerhielten. Daß diese Rollen traditionell mit Frauen besetzt wurden, war besonders ärgerlich, denn nach Mozarts Vorstellung und im symmetrischen Aufbau der Oper stehen die drei männlichen Glücksboten den drei bösen Helferinnen der Königin der Nacht gegenüber.

In diesen beiden Beispielen handelt es sich um Kinderstimmen, um Sopranstimmen vor dem Stimmbruch. Für Jünglingsrollen gilt

Beaumarchais' Einwand immer noch. Mozart berücksichtigte ihn zuerst, als er den Cherubin für einen weiblichen Sopran schrieb. Das gleiche gilt für den bartlosen Oktavian im *Rosenkavalier* Richard Strauss', für den Zarensohn Fjodor in *Boris Godunov*, für Wania, den Adoptivsohn Iwan Sussanins, in der gleichnamigen Oper Glinkas.

Nur der dritte Fall steht in engerer Verbindung zu meiner Absicht. Was brachte Bellini dazu, als er *I Capuleti e i Montecchi* über die Geschichte von Romeo und Julia komponierte, Romeo von einer Frau spielen zu lassen? Eine seltsame Wahl, die sich nur schwer mit der Tradition rechtfertigen läßt, denn danach spielten Kastraten niemals Verliebte oder jugendliche Helden. Kastraten verkörperten immer reife, sehr männliche Helden, Staatsmänner oder Armeeführer – mit dem Hintergedanken, wir haben es ja gesehen, daß ein wirklicher Held nicht völlig ein Geschlecht haben kann und eine hochkletternde, zerbrechliche Stimme militärischen Wert und Muskelhypertrophie kompensieren soll. 1830 sangen schon eine ganze Weile keine Kastraten mehr und hatte die Suche nach der Wahrhaftigkeit – Privileg der Romantik – den Hang zur Künstlichkeit abgelöst, wie er dem Barock eigen war. Berlioz war entrüstet, als er Bellinis Oper hörte, das Shakespeare-Stück verfälscht und entwertet zu finden, und nutzte diese Gelegenheit, seine Verachtung auf die gesamte italienische Musik auszuweiten. Die Wahl einer Frau war einfach nicht zu entschuldigen, um Romeo zu singen, der kein Muskelchampion, sondern ein Herzensprinz ist, in einem Werk zum Preis der reinen Liebe und der romantischen Leidenschaft – außer durch ein dunkles Bedürfnis Bellinis, seine Phantasie durch das Bild eines homosexuellen Paares anzuregen. Julia von einem Mann singen zu lassen, zwei Sänger auf der Bühne zum Paar zusammenzustellen? Unmöglich, der Skandal wäre allzu himmelschreiend gewesen. Daher der Ausweg, das verbotene Gefühl in weibliche Homosexualität umzuformen, die das Publikum immer weniger stört. Über das Privatleben Bellinis, das er absichtlich geheim hielt, wissen wir nur, daß, als er nach Neapel fuhr, um seine Ausbildung zu beenden, er in Catania eine Braut zurückließ, nie heiratete, keine Kinder hatte und sich in keuschen Aufwallungen für unerreichbare Frauen verzehrte. Das Geheimnis seines Todes in Paris wurde nie erhellt. Mit vierunddreißig Jahren starb er an Gift. Unfall? Verbrechen? Wenn er ermordet wurde, aus welchem Grund? Wegen wem? Die Stimmverteilung in seiner einzigen Liebesoper bleibt das einzige Beweisstück zu einem Fall, der allen Vermutungen freies Feld läßt.

Leoš Janaček, der tschechische Komponist des XX. Jahrhunderts, könnte kein regelgemäßeres Leben geführt haben: mit Frau, Kindern und Mätressen; er ist über jeden Verdacht erhaben. Wenn er in seine Opern manche eigenartige Details einfügte, die Sympathie für das Thema der Homosexualität erraten lassen, sollte man den Grund hierfür nur in einer ungewöhnlichen geistigen Weite, einer humanistischen Sichtweise sehen, fähig, alle Aspekte des Lebens einzubeziehen, und in seiner Aufmerksamkeit vor allem für Leidende, die aus irgendeinem Grund Opfer der gesellschaftlichen Acht sind.

Er bearbeitete Dostojewskis Erinnerungen an die Zwangsarbeit selbst, um *Aus einem Totenhaus* daraus zu machen. Der politische Gefangene Alexander Petrowitsch Gorjantschikoff faßt zärtliche Freundschaft zum jungen Alej? «Alej, mein lieber Alej. So sanft, so gut bist du. Hast du eine Schwester? – Ja! Und warum fragst du? – Alej, wenn sie dir ähnlich sieht, dann muß sie sehr schön und edel sein.» Mehr noch, Janaček verweiblichte den Namen des jungen Mannes (ursprünglich Alej), und machte ihn zu einer Hosenrolle, was sich natürlich immer erklären läßt mit der Notwendigkeit, eine helle Stimme in diese rein männliche Welt einzuführen, oder mit dem Topos, wonach das weibliche Element das erlösende Licht in einer Welt der Finsternis vertritt. Singt ein Tenor die Rolle, (wie im März 1988 in Paris geschehen), erscheint die Beziehung zwischen dem erwachsenen Sträfling und dem Jugendlichen so eindeutig homosexueller Natur, daß man nicht länger suchen muß, warum Janaček für eine Hosenrolle optierte.

Das listige Füchslein, seine berühmteste Oper, stellt die freie Welt der Tiere im Wald und die Welt der von Zwängen und Vorurteilen eingeengten Menschen gegenüber. Die Menschen versuchen, die Tiere zu fangen oder zu töten. Es ist evident, daß Janaček keine ökologische Fabel schreiben wollte oder sich damit begnügte, das glückliche Herumtollen in der freien Natur zu feiern. Als Tiere beschrieb er eine Kategorie Menschen, die verschieden sind von Lehrer, Pfarrer, Wirt, Landstreicher oder Förster, alle, auf unterschiedliche Art Vertreter der vernichtenden, ausschließenden Ordnung. Das hat Gilbert Deflo, Regisseur der Brüsseler Inszenierung

(März 1986) richtig gesehen, indem er Füchse, Dachs, Mücke, Hahn, Grünspecht und andere Tiere als Zigeuner kleidete. So ersparte er uns ein realistisches Pflanzendekor und einen immer schwerfälligen, künstlichen Antropomorphismus der Tiere, führte aber auch hin zur versteckten Bedeutung des Werkes. Janačeks Tiere bilden einen wilden Nomadenstamm am Rande der sogenannten zivilisierten Gesellschaft, Zielscheibe ihrer Feindseligkeit. Sie weigern sich, ihren Gesetzen zu gehorchen und erdulden lieber Verfolgung als Regeln anzunehmen, durch die sie auf ihre Unabhängigkeit verzichten würden.

Janaček schrieb ebenfalls die einzig darstehende Kantate *Tagebuch eines Verschollenen*, die Geschichte eines Bauern, der, von einer Zigeunerin verhext, Familie und Haus verläßt, um ihr in die Tiefe der Wälder zu folgen. «Oh ferner Gott, unsterblicher Gott, warum hast du dem Zigeuner das Leben gegeben? Weil er ziellos durch die Welt irrt, damit er immer weiter gejagt wird?» Zigeuner: es erscheint völlig legitim, dem tschechischen Komponisten eine Anziehung für dies Volk von Vagabunden und Rebellen zuzusprechen. In Brüssel sagte ich mir, daß man die Tiere, ohne Janačeks Denken zu verraten, genauso gut durch Schwule hätte ersetzen können. Als Beweis nenne ich nur die Wahl (durch Janaček selbst) eines weiblichen Soprans für die Person des Fuchses, des Mannes der Füchsin: Hier bestand keine Notwendigkeit, eine Frauenstimme in ein Werk einzufügen, in dem die Sängerinnen bereits in der Mehrheit sind. Genauso wie für Bellinis «Romeo und Julia», jedoch mit sehr viel bewußterer Absicht, läßt sich eine solche Wahl nur mit der Sympathie für alle erklären, die gegen die herrschenden Gesetze der Erotik verstoßen. Wer am Rande der Gesellschaft lebt, führt auch ein anderes Sexualleben, und da diese Oper eine vor Freude und Schalk überschäumende Hymne an Jugend und Freiheit ist, könnten sich die Schwulen keine belebenderen Spiegel vorhalten.

Es wäre nur eine magere Kompensation für Tausende von Opern, zum Ruhm der Liebe zwischen einem Tenor und einem Sopran geschrieben, wenn sich nicht trotz allem ein paar ausfindig machen ließen – sehr wenige in Wirklichkeit, doch aus illustrer Feder – deren Thema unter den üblichen Konventionen nur schlecht kaschiert werden konnte. Außerdem vergißt die Nachwelt sie lieber. Kürzlich wurden zwei ausgegraben, die eine stillschweigende Verschwörung aus dem Repertoire ausgeschlossen hatte, obwohl die Geschichten in gewisser Weise gebührend beurkundet und legitimiert sind, die eine durch die griechische Mythologie, die andere gar durch die Bibel. Wenn's mehr nicht ist!

1688 ließen die Jesuiten in ihrem Pariser Collège Louis-le-Grand von Kindern eine Oper von Marc Antoine Charpentier nach einem Libretto des Père Bretonneau spielen. Der Titel? *David et Jonathan*. Die Fabel stellte die Beziehung dar zwischen David und Saul und ihren Kampf um die Macht, nicht ohne damals offensichtliche Anspielungen auf den Konflikt zwischen Ludwig XIV. und dem Prinzen Eugen. Dieser, der größte Kriegsmann seiner Zeit, wurde vom französischen König übergangen, der neidisch auf sein Talent war, und trat 1683 in den Dienst der Habsburger. Versucht man jedoch, die Gefühlsbeziehung zwischen David und Jonathan herunterzuspielen, indem man die politische Bedeutung des Werkes betont, dann sollte man redlicherweise daran erinnern, daß die Zeitgenossen ebenfalls die Anspielung auf die besondere Freundschaft zwischen Eugen von Savoyen und dem Prinzen von Conti verstanden.

Wie auch immer, das Libretto konnte den Text der Heiligen Schrift und die Zärtlichkeit, die den Monologen Davids entströmt, nicht vollständig verbergen, und seine Duette mit Jonathan steigern unsere Überraschung noch, daß ein solches Werk von Jesuiten zur Erbauung ihrer Schüler ausgesucht wurde. Während Saul und der Verräter Joabel, der dem König die Verleumdung einflüstert, in abgehackten Takten singen, hüllt süße Harmonie die Gefühlsäußerungen der beiden Freunde ein. Ein echtes Liebesduett bringt sie im IV. Akt zusammen, nachdem Jonathan allein auf der Bühne zurückgeblieben und zerrissen zwischen dem Gehorsam seinem Vater gegenüber und seiner Zuneigung zu David in einem wundervollen Lamento von Seiteninstrumenten begleitet aufschreit: «Alles verdanke ich Saul; doch die Natur fügt meinem Herzen tausend tödliche Wunden zu. Kann ich Pflicht und Liebe nicht in Einklang bringen?» Im XVII. Jahrhundert ein erstaunlicher Satz, der homosexuelles Begehren dadurch legitimiert, daß eine solche Neigung «natürlich» sei!

Das letzte Treffen im V. Akt zwischen David und dem sterbenden Jonathan ist nur eine lange, gegenseitige Klage zum Klang von Flöten, dem Instrument par excellence für Süße und Hirtenidylle. Nach dem Tod seines Freundes ruft David aus: «Noch nie hatte eine treuere und zärtlichere Liebe ein unglücklicheres Schicksal? Vor einem grausamen Tod konnte meine Mühe nicht bewahren das süßeste Objekt meiner Augen.» Und schließlich: «Ich habe verloren, was ich liebe. Herr, für mich ist alles verloren.»

Fünfzig Jahre später erwies sich Charles Jennens, der Händel das Libretto zu dem Oratorium *Saul* schrieb, als noch kühner. Kühnheit, die übrigens nur größere Treue zum Bibeltext ist. «Welche Sprache kann meinen Schmmerz ausdrücken?», singt David nach dem Tod Jonathans. «Groß war meine Lust mit Dir, und Deine Liebe war mir werter als die Liebe der Frauen.» Zwar handelte es sich nur um ein Oratorium, das ohne Inszenierung gesungen wurde, die deutliche Sprache sich also nicht in immer vergröbernden Bildern einer Aufführung niederschlug. Aus diesem Grund übertrugen wahrscheinlich der dänische Komponist Carl August Nielsen und sein Librettist E. Christiansen, als sie das Thema für ihre Oper *Saul und David* 1902 (mitten in einer Zeit sexueller Repression) wieder aufgriffen, die Liebesgefühle Davids auf Michal, Sauls Tochter und Jonathans Schwester.

Die gleiche Verzerrung erfuhr ein anderer berühmter, diesmal jedoch heidnischer Mythos. Auf Bestellung von Salzburger Benediktinern schrieb Mozart mit elf Jahren eine Oper zu einem der skandalösesten Themen der griechischen Mythologie, der Liebschaft zwischen Apoll und Hyazinth, die Kinder singen sollten. Man ist verblüfft, daß dieses Werk, das den Stempel eines glänzenden Talentes trägt und Mozarts Signatur, so gut wie nie aufgeführt wird, und die meisten Bücher zu Mozart es mit Geringschätzung behandeln, wenn sie es nicht einfach auslassen. Eine Ausnahme macht Jean-Victor Hocquard, der es aufnahm in seine musikalische Analyse über *La Clémence de Titus et Opéras de jeunesse* (Titus und Jugendopern)[1]. Der Autor der Libretti, Pater Rufinus hatte sich doppelt abgesichert: indem er das bei Ovid entlehnte Thema verfälschte und seinen Text auf Latein schrieb. Im antiken Griechenland verlieben sich Hyazinth und Zephyr, zwei bartlose Jünglinge, in Apoll. Der Gott zieht Hyazinth vor. Um sich zu rächen, leitet Zephyr einen von Apoll geworfenen Diskus um und tötet so seinen Rivalen, den der verzweifelte Gott in Form einer Blume unsterblich macht. Pater Rufinus fügte zwei neue Personen ein: Hyazinths Schwester Melia und ihren Vater Oebalus. Apoll und Zephyr sind in Melia verliebt. Um sich seines Rivalen zu entledigen tötet Zephyr Hyazinth und lastet dem Gott den Tod an. Den Tod Hyazinths beklagt nicht mehr Apoll, sondern Melia und Oebalus, im bewegendsten Teil der Partitur. Eine Vortäuschung falscher Tatsachen, die bei der Aufführung durchkreuzt wurde, denn alle Rollen, mit Ausnahme der des Oebalus wurden von Knaben gespielt. Hyazinth war ein zwölfjähriger Sopran, Apoll ein zwölfjähriger Sopran, Melia ein fünfzehnjähriger Sopran und Zephyr eine siebzehnjährige Altstimme. Die Liebe zwischen Apoll und Melia, die Liebe Zephyrs zu Melia, die Klage Melias über den Tod Hyazinths wurden so verlängert zu einem Austausch homosexueller Wünsche, was die Musik des jungen Komponisten voll elegischer, diffuser Zärtlichkeit verwirrend prägt.

Ein letzter Einwand, der gegen diese Lesart von *Apollo et Hyazinthus* vorgebracht wird: Mozart sei mit elf Jahren noch zu sehr Kind gewesen, um zu begreifen, worauf in der griechischen Mythologie er zurückgriff. Überrascht stellt man fest, daß Mozart übereinstimmend eine außergewöhnliche Frühreife in allen Bereichen seiner Kunst zugeschrieben wird, die Kommentatoren ihm jedoch immer noch eine verlängerte Naivität zuschreiben, was geschlechtliche Dinge angeht. Als ob nicht alle Kinder tausendmal gewitzter wären als die Erwachsenen annehmen! Selbst einem Jungen ohne besondere Begabung wäre der Schwindel von Pater Rufinus lächerlich vorgekommen.

In modernen Aufnahmen singen erwachsene Frauen die Rollen, außer der des Oebalus, Tenor. Es gibt zwei, eine von Mathieu Lange dirigiert – mit Irma Keller als Apoll, Edda Moser als Hyazinth, Sonja Karamanian als Zephyr, Teresa Zylis-Gara als Melia[2] –, die andere unter der Leitung von Leopold Hager – mit Edith Mathis als Hyazinth, Hanna Schwarz als Zephyr und Arleen Auger als Melia[3]. Gute Fassungen, die das Werk jedoch wieder einmal entstellen, indem sie ihm ein fleischliches Gewicht geben, das dem Klima jugendlichen Ephebentums entgegensteht, in dem es baden sollte: ein nicht unmöglich zu erreichendes Ideal, wie es eine Aufführung der Oper durch den wundervollen Tölzer Knabenchor unter der Leitung Helmut Müller-Brühes 1985 bewies.

Etwa hundertsechzig Jahre trennen *Apollo et Hyazinthus* von dem 1926 in Warschau aufgeführten *König Roger*, geschrieben unmittelbar nach dem *Listigen Füchslein* (1924) und unmittelbar vor *Aus einem Totenhaus* (1930). Im XIX. Jahrhundert wurde die

Oper – unnütz es zu erwähnen – zum Vehikel bürgerlicher Ideologie. Bis um 1830 war eine gewisse sexuelle Ambiguität im Theater noch erlaubt: Die Hosenrollenkrieger Rossinis, die schrillen Tenöre Bellinis, die Verkleidung Romeos als Frau führen die barocke Androgynen-Tradition eine Zeitlang fort. Dann, mit dem Aufstieg des Kapitalismus, hatten die Rollen auf der Bühne genauso klar verteilt zu sein wie in der Gesellschaft. Zwei Komponisten gaben sich dafür her, indem sie von Opernsängern und -sängerinnen verlangten, ihr Geschlecht entschieden zu affichieren. Verdi wie Wagner (beide waren 1843 dreißig Jahre alt) fordern Tenöre mit kräftig männlicher Stimme und Soprane mit kräftig weiblicher Stimme. Auf der einen Seite die Männer, auf der anderen die Frauen: damit auch ja keine Verwechslung möglich ist! Wagners *Heldentenor*, der Siegfrieds Tapferkeit oder Tristans Schmerz beteuern soll, hat nichts mehr mit Rossinis *tenore di grazia* in instabilem Gleichgewicht auf dem höchsten Punkt gefährlicher Akrobatik zu tun. Und niemand würde sich Radames oder Parsival so doppeldeutig vorstellen wie Händel Rinaldo, Rossini Tankred oder Neocle beschreibt.

Im *Erlkönig* läßt Michel Tournier Abel Tiffauges sagen: «Ich wußte, ich hasse die Oper, aber jetzt weiß ich auch weshalb. Der Grund ist der, daß in der Welt, deren Bild sie uns darbietet, die Eigenart der Geschlechter bis zur Karikatur vergröbert ist. Die Männer sind von einer Männlichkeit, die der Bestialität nahe kommt, die Frauen von einer überreizten Weiblichkeit, deren normale Stimmungslage die Hysterie zu sein scheint. Außerdem – ich kann nicht recht sagen warum – scheint mir die Oper am allerwenigsten geeignet, die *Frische* zu preisen (...), die für mich *den* wesentlichen Wert dastellt. (...) Und so ist für mich die Oper – sei es im Saal oder auf der Bühne – einer jener stickigen Orte, bei denen es selbstverständlich ist, daß Kinder keinen Zutritt haben.»[4] Eine Aufführung des *Don Giovanni* hatte diesen Abscheu ausgelöst, doch darf man annehmen, daß es sich um eine sehr schlechte Interpretation im Stil von *Tannhäuser* oder *Othello* handeln mußte, denn wenn es einen Tenor gibt, der dem Kastraten noch nahesteht, dann ist es Mozarts Don Ottavio. Tiffauges Überlegung gilt in Wirklichkeit nur für Verdi- und Wagner-Opern – sowie ihre veristischen Nachfolger und veristische Interpretationen früherer Opern –, die von der androgynen Vokation des Gesanges aus bürgerlicher Besessenheit für gesellschaftliche Verantwortung, also für physiologische Reife, abgelenkt worden sind.

Diese Sittenpolizei in der Musik herrschte hundert Jahre lang und schloß alle nicht eindeutigen Themen von der Oper aus; mehr als hundert Jahre, wenn man bedenkt, daß die Wiederentdeckung des Kontratenor und des Männeralt, die Wiederaufwertung von Sopran-Jungenstimmen erst nach dem Zweiten Weltkrieg begann. Karol Szymanowskis Oper hat prophetischen Wert (der jedoch dadurch begrenzt bleibt, daß sie so gut wie nie außerhalb Polens zu hören ist). Dieser Wagnererbe behielt die bürgerliche Stimmverteilung bei, doch sein *König Roger* zieht uns weit fort von der Hütte, in der Siegfried Hunding mit Sieglinde betrügt.

Szymanowski wurde 1882 in einer reichen, ukrainischen Grundbesitzerfamilie geboren. Obgleich er aus sehr hohem gesellschaftlichen Milieu stammte – am Gegenpol zu dem mittellosen Kleinbürgertum, aus dem Schubert hervorgegangen war –, finden sich an Szymanowski Charakterzüge wie bei dem österreichischen Lehrersohn: zum praktischen Leben untauglich, unfähig, sich Anerkennung zu verschaffen, berufliche Enttäuschungen, das dauernde Gefühl von Mißerfolg und Frustration, der Hang, viele seiner Werke unvollendet und unveröffentlicht zu lassen. Vielleicht ist die verfehlte Karriere in beiden Fällen demselben Grund zuzuschreiben: der Schwierigkeit, seinen Neigungen gemäß zu leben. Der polnische Komponist unternahm zwischen 1910 und 1914 mehrere große Reisen nach Sizilien, Algerien und Tunesien: Zwar ruinierten sie seine Finanzen, sie halfen ihm jedoch bei seiner Befreiung. Wie sein englischer Biograph Christopher Palmer schreibt (er hätte ebenso gut Krupp oder Gloeden nennen können): «Möglicherweise erlaubten ihm diese Reisen in exotische Gegenden, wo man die verbotene Frucht frei pflücken konnte (besonders wohlhabende Ausländer) wie Gide vor ihm, seine wirklichen sexuellen Neigungen zu befriedigen und spielten eine wichtige Rolle bei der Entfaltung seiner Schöpferpersönlichkeit».[5] Besonders Biskra gefiel Szymanowski, das einige Jahre früher bereits den Autor des *Immoralisten* bezaubert hatte: «Dieser Ort ist göttlich.» Später, bei einer Reise in die Vereinigten Staaten begeisterte ihn eine Spritztour nach Kuba: «Das Land ist einfach hinreißend! ... Der typische Charme des Südens und der lateinischen Rasse! Ich bin im Paradies!»

1918, zurück in Sizilien, schrieb er einen apologetischen Roman zur Homosexualität, *Ephebos*, den er zu Lebzeiten seiner Mutter nicht veröffentlichen wollte. Er starb 1937, sechs Jahre eher als sie. Das Manuskript ging 1939 beim Brand von Warschau verloren, doch kürzlich wurden Fragmente wiedergefunden, im blumigen, schwülstigen Stil all jener verfaßt, deren durch eine nördliche Erziehung geprägte puritanische Abwehr plötzlich dem Taumel des Südens weicht. *König Roger* stammt ebenfalls aus dieser Zeit und spiegelt dasselbe Entzücken wieder. Szymanowski brauchte sechs Jahre zum Schreiben nach einem Libretto seines Cousins Jaroslaw Iwaszkiewicz[6], auch der fasziniert von Sizilien und der dort zu beobachtenden Kreuzung der griechischen, arabischen und christlichen Zivilisation. Roger II. war der größte der normannischen Könige und errichtete im XII. Jahrhundert die unvergängliche Kultur, Synthese aus Christentum und Islam, deren Glanz noch von den Mauern der Capella Palatina in Palermo und des Domes von Monreale strahlt. Andere Quellen der Oper sind Euripides Tragödie *Die Bakchen*, in der König Pentheus seine dionysischen Triebe unterdrückt, und die beiden Erzählungen des englischen Ästheten Walter Pater *Denys l'Auxerrois* und *Apollo in Picardy*. Die Verherrlichung des Dionysos als ambivalente Kraft, die zu ekstatischer Hingabe von Körper und Geist einlädt, jedoch auch zu Wahnsinn und Zerstörung führt, konnte einem Mann nur gefallen, der hin- und hergerissen war zwischen seinem puritanischen Erbe und seinem heidnischen Streben.

Die Oper erzählt die schwierige und zögernde Konversion Rogers zum Dionysoskult unter dem Einfluß eines jungen Hirten aus dem Orient. Nicht ohne Gewissensbisse ergibt er sich der Religion des Vergnügens, und das ganze Werk zeigt den Kampf, der dem Monarchen das Herz zerreißt. Zu Anfang der Oper befinden wir uns in der Kathedrale von Palermo, und nicht nur das feierliche Dekor mit Mosaiken und Ikonen, sondern auch die byzantinistischen Stilisierungen der Musik mit Einsatz von Orgel und mehrstimmigem Gesang suggerieren die erstarrte Pracht eines dogmatisch-unbeweglichen Rituals. Erzbischof und Äbtissin als Vertreter der etablierten Macht flehen den Herrscher an, die Kirche gegen diese neue Stimme zu beschützen, die Männer und Frauen durch ihren magischen Gesang, von unbekannter Sinnlichkeit durchdrungen, verdirbt. Roger läßt den Hirten vorführen; anfangs wiedersteht er dem Zauber seines Gesanges, dann, nachdem der Bote des Dionysos in der mediterranen Nacht vor ihm getanzt hat, deren reiche instrumentale Färbung warme Pracht verströmt, entledigt er sich seiner Krone, seines Mantels und seines Schwertes und begibt sich in die Ruinen des griechischen Theaters. Daß er anfangs niedergeschlagen und wie verzweifelt wirkt, ist nicht weiter erstaunlich: Die Erfahrung Griechenlands und der griechischen Liebe deprimiert jeden zutiefst, der bislang verklemmt lebte. In Dionysos verwandelt lädt ihn der junge Hirte ein, ihm ins Reich ewiger Wohltaten zu folgen und entfernt sich singend. Roger bleibt allein, wendet sich der Morgenröte zu und richtet eine überwältigende Hymne ans Licht, erster Schritt zum wirklichen Leben. Ein wundervolles Werk mit geheimnisvollen Klängen, gleichzeitig Oratorium, Messe und Drama. Dies ist die einzige Oper, die die Homosexualität außerhalb ihres gesellschaftlichen und psychologischen Umfeldes preist, wie eine Flucht aus den menschlichen Grenzen, ein Drang, mit der Weite des Kosmos zu verschmelzen.

Benjamin Britten, ein anderer homosexueller Komponist, von dem mehrere Opern die Liebe zwischen Männern mit einem Minimum an Verkleidung behandeln, ist viel deutlicher. Was diesen, der abendländischen Vernunft treu gebliebenen Musiker interessiert, ist zu zeigen, welche Verwirrung der Homosexuelle in einer Welt voller Vorurteile und Zwänge auslöst. In *Tod in Venedig* (1973) sind die Rollen des Tadzio, seiner polnischen Familie und seiner Spielgefährten getanzt und stumm, während Aschenbach und die Bewohner Venedigs wie auch das Hotelpersonal Gesangsrollen sind: So betont er, daß eine Kommunikation zwischen dem deutschen Schriftsteller und dem schönen Epheben unmöglich ist. Ebenso zeigen eine andersartige Musik und besonders die hier eingesetzten Schlaginstrumente mit eigenartigem Klang zur Charakterisierung Tadzios im Bruch zu den mit Aschenbach verknüpften traditionelleren Themen und Timbres, seine Überraschung und Verwirrung an angesichts der für ihn völlig neuen Gefühle, die sein Wertesystem zum Einsturz bringen. *Die sündigen Engel* (1954) basiert auf einem Text Henry James': Was für Beziehungen bestanden eigentlich zwischen dem kleinen Miles (von einem Kind gesungen) und dem ehemaligen Diener Peter Quint? zwischen der kleinen Flora und der ehemaligen Gouvernante Miss Jessel? Die Oper bleibt genauso rätselhaft wie die Novelle, und alle Annahmen sind erlaubt, welche Art von Verführung die beiden Hausangestellten einst auf die beiden Kinder ausübten.

Zwei weitere Werke Brittens, *Billy Budd* und *Peter Grimes* gehen an das Thema der Homosexualität viel offener heran.

Für *Billy Budd* (1951, Erscheinungsjahr von Yourcenars «Memoiren des Kaisers Hadrian»), bat Britten den Romancier Forster, das Libretto zu schreiben. Interessant zu sehen ist, wie der Autor von *Maurice* den Roman Melvilles homosexualisiert durch leichte Retouchen, die offensichtlich machen, was nur latent war. Die Grundlage bleibt dieselbe. Billy Budd, während der Kriege Englands gegen das Revolutionsfrankreich Seemann auf der *Indomitable*, der «Unbezähmbaren», ist Zielscheibe des Hasses von Waffenmeister Claggert. Zu Unrecht beschuldigt, eine Meuterei anzuzetteln und nicht wissend, wie er sich verteidigen soll (er stottert in den kritischen Augenblicken) vor Kapitän Vere, der ihn gleichwohl schützt, tötet er seinen Verleumder mit einem Faustschlag. Nach einer Verurteilung durch die Offiziere läßt der Kapitän Billy Budd am Hauptmast hängen.

Bei Melville bleiben die Gründe für den Haß des Waffenmeisters von gewissen Zweifeln umhüllt: «Denn gibt es etwas Geheimnisvolleres als jene tiefe, ursprüngliche Abneigung, die in gewissen, seltsamen Sterblichen beim bloßen Anblick eines anderen, noch so harmlosen Sterblichen aufwachen kann, ja vielleicht gerade durch diese Harmlosigkeit hervorgerufen wird?»[7] Die «persönliche Schönheit» Billy Budds wird als Grund genannt, doch besonders seine «Unschuld». Die Oper behält nur das Motiv der Schönheit bei, hebt es in einem Monolog Claggerts (I.Akt, 2. Szene) stark hervor: «Oh Schönheit, oh Pracht, Güte! Wenn ich Euch nie getroffen hätte!... Mein Schicksal ist, Euch zu vernichten, ich bin Eurer Zerstörung geweiht... Ihr seid in meiner Macht, und ich will Euch zerstören.» Ein Monolog, der an Jagos in Verdis *Otèllo* erinnert, doch die Eifersucht, die Claggert zerfrißt, erregt kein Dritter. Britten zeichnete hier das typische Bild eines Menschen, der im plötzlichen Kontakt mit männlicher Schönheit Neigungen in sich entdeckt, von denen er nichts wußte, und so unerbittlich homophob wird.

Bevor Billy Budd auf hoher See von den Offizieren der *Indomitable* gewaltsam rekrutiert wird, diente er auf dem Handelsschiff *Rights-of-Man*, der «Menschenrechte», das nach dem Werk des Amerikaners Thomas Paine so getauft worden war. Paine hatte es

1792 aus Begeisterung für die französische Revolution geschrieben, war nach Paris emigriert, wo er die französischen Bürgerrechte und einen Sitz im Konvent erhielt. Bei Melville richtet der Seemann einen melancholischen Abschied an sein Schiff: «Auf Wiedersehen auch du, alte *Rights-of-Man*!», ruft er aus der Schaluppe, die ihn zu dem Kriegsschiff bringt. Dieser Ausruf wird von den Werbern für einen «schweren Verstoß gegen jede Marinedisziplin» gehalten, jedoch ohne die geringste satirische Absicht Billys, denn «Nichts war seiner geraden Natur fremder als eine versteckte und doppelsinnige Redeweise». Forster und Britten beuten diese Episode aus und geben ihr keine doppelte, sondern eine dreifache Bedeutung. Billy Budd verabschiedet sich von den «Menschenrechten» nur deshalb so bekümmert, denken die Offiziere der *Indomitable*, weil er dem revolutionären Frankreich gegenüber schuldige Nachsicht empfindet (wir schreiben das Jahr 1797). Hört der Zuschauer die Offiziere jedoch sagen, daß Billy «überwacht» werden müsse, dann denkt er gleich an die sexuelle Bedeutung der «Menschenrechte». 1791 hatte die konstituierende Versammlung in Frankreich das Verbrechen der Sodomie abgeschafft, und die Heimat politischer Freiheit war auch zur Heimat privater Freiheit geworden. Dem Schiff mit dem Namen *Rights-of-Man* entrissen zu werden bedeutet für Brittens schönen Seemann auch, daß er der rechtsstaatlichen Gesellschaft nach französischem Muster entzogen wird, in der das Recht jedes einzelnen auf sein Privatleben anerkannt wird, um in eine repressive Gesellschaft zu fallen (durch die militärische Disziplin an Bord der *Indomitable* symbolisiert), in der jemand, der schuld ist, die latente Homosexualität der Mannschaft zu erwecken, bestraft werden muß.

Bei Melville zeigt Kapitän Vere ein gewisses Verständnis für Billy Budd, doch diese relative Sympathie wird bei Britten zu liebevoller Nachsicht. Er ist ein großer Bücherfreund, heißt es im Roman, ohne jedoch anzugeben, welcher Bücher. Forster gibt genaue Hinweise. Der Kapitän liest Plutarch und erklärt: «Plutarch – die Griechen und Römer- ihre Verwirrung und unsere ist die gleiche» (I. Akt, 2. Szene). Ein wenig weiter nennt er wieder «die Athener», was ihn nicht hindert, am Ende der Oper (II. Akt, 2. Szene) das Urteil seiner Offiziere zu akzeptieren, denn wir leben nicht mehr im Griechenland Platons, und «der Tod ist die Strafe jener, die die Gesetze der Erde brechen».

Im Gegensatz zur Tradition des XIX. Jahrhunderts, als Vertretern von Macht und Obrigkeit Baß- oder Baritonstimmen verliehen wurden, gibt Britten dem Kapitän eine helle Tenorstimme: musikalisches Signal seiner femininen Tendenzen. Weiß man, daß die Rolle für Brittens Freund Peter Pears geschrieben wurde, dann wundert man sich nicht länger, daß dieser Kommandant eines Schiffes sich an griechischen Schriftstellern erfreut.

Forster und Britten fügen eine Episode (I. Akt, 1. Szene) über den Neuling ein, der ausgepeitscht wird, weil er gegen das Reglement verstoßen hat. Die wunderschöne Klage über diese unverdiente Marter kündigt Billys ebenfalls eingefügten Monolog an (II. Akt, 3. Szene), der wie die Klage eines Ausgeschlossenen klingt, zu Unrecht verurteilt, aus der Gesellschaft durch ein ungerechtes Urteil ausgestoßen. Sehr langsame, sehr sanfte Musik, von schrillen Flötenstrichen durchzogen – Flöte, bereits von Marc Antoine Charpentier eingesetzt, um den Tod Jonathans zu begleiten. Kurz vor dem Ende ruft der schöne Seemann ein letztes Mal aus: «Auf Wiedersehen auch du, alte *Rights-of-Man*», und diesmal ist die Anspielung deutlich: Wer von anderen verschieden ist, kann auf öffentliche Gerechtigkeit nicht rechnen. Thema ist die Verfolgung, der jeder Homosexuelle ausgesetzt ist, und die Britten das Thema seines Meisterwerkes *Peter Grimes* lieferte, 1945 in London uraufgeführt, wieder mit Peter Pears in der Titelrolle.

Der Komponist wollte George Crabbes Dichtung *Der Wahlkreis*[8] auf die Bühne bringen und bat Christopher Isherwood um ein Libretto. Der war jedoch nicht frei und überließ seinen Platz Montagu Slater[9]. Isherwood vor Forster! Wie schade! Die beiden größten homosexuellen Romanciers des modernen England hätten dann gemeinsam an der musikalischen Verherrlichung des Paria gearbeitet.

In dem Dorf Aldeburgh an der Ostküste Englnds lebt Peter Grimes als Fischer. George Crabbe stellt ihn als heftigen, grausamen Mann dar, der seine Lehrlinge im Waisenhaus kauft, quält, und von der Gemeinschaft verstoßen wird, nachdem drei dieser Jungen einen unerklärten Unfalltod gestorben sind. Die Oper behält die Grundidee der Geschichte bei, verändert den Charakter Peter Grimes jedoch völlig. Britten und sein Librettist humanisieren die Gestalt: Er wird ein Außenseiter, dem das Dorf, ein Haufen von Frömmlern und Heuchlern, nicht vergibt, daß er sich abseits hält. Bei Crabbe ein pathologischer Fall, wird der Fischer bei Britten Opfer der öffentlichen Meinung. Die Oper stellt den Konflikt zwischen dem Konformismus der Masse und dem einsamen Stolz eines Abweichlers dar. Selbstverständlich wird die Homosexualität nicht als Grund für diese Dissidenz genannt, eine Reihe Stellen haben jedoch einen Doppelsinn.

Bereits im Prolog erscheint Peter Grimes als Angeklagter: Vor dem Dorfgericht hat er sich für den Tod von «Boy Billy» zu verantworten (eine zufällige Übereinstimmung mit dem zukünftigen Billy Budd!), der auf seinem Boot auf See umgekommen ist. Aus Mangel an Beweisen wird er freigesprochen, doch daß er sich rechtfertigen muß, quält ihn: «Die Anklage, die nicht vorgebracht, schreit mir doch ein jeder nach!» Eine Frau, Ellen, die Dorflehrerin bietet ihm ihr Mitgefühl an. Er hört sie skeptisch an, warnt sie: «Belauscht, bespäht, was wir auch tun, wirst dann auch du geächtet sein.»[10] Das Thema ungerechter Verfolgung wird zum Leitfaden durch die Oper. Peter gelingt es nie, den Anklägern «die Wahrheit selbst, die simple Wahrheit» klarzumachen.

I. Akt. Das Meer, omnipräsent, liefert Bilder voller Sinnlichkeit. Der Chor erwähnt «halbnackte Kinder», die schwimmen und mit den Booten spielen, sich mit dem flüssigen Element bekanntmachen, dann «die fliegenden Wellen», die zum Vergnügen fliegen. «Doch nur solch ungezähmter Springflut Kraft reizt Menschenohnmacht, daß sie wagt und schafft»[11], singen die Männer. Der Apotheker, einer der wenigen, die Peter nicht völlig ablehnend gegenüberstehen, setzt hinzu: «Die Moral erfand der Mensch, die Tid schert nicht sich drum.»[12] Der Fischer Peter Grimes ist ein Wassermensch, und wird durch die Sensualisierung der Wellen nicht nahegelegt, was für Beziehungen er mit den Jungen unterhielt? Dem sanften Motiv des sinnlichen Wassers steht das gehässige Motiv der öffentlichen Meinung gegenüber. «Diese verlorene Fischerseele sei verbannt aus der menschlichen Gesellschaft! O lernte endlich doch einer Frevelmut. Wer Sünder schützt, den trifft des Volkes Wut»,[13] erklärt der Methodist Boles, erbitterter Feind Peters. Als der Fuhrmann sich weigert, den neuen Lehrling im Waisenhaus abzuholen, übernimmt Ellen diese Aufgabe: Nur eine Frau wagt der öffentlichen Meinung zu trotzen, wovon so mancher Homosexuelle sich überzeugt haben mag. Kapitän Balstrode, der Peter gegen die Verleumdungen in Schutz nimmt, drängt ihn, Ellen zu heiraten. Als er ihn zögern sieht, warnt er: «Dann steht die alte Not dir bevor: Es kommt mit dem Neuen ganz wie zuvor.»[14] «Welch Hafen steuer ich zu, weitab von Wetternot, von Sturmflut fern? Welch Hafen bietet Ruh, wird Landung Grimes gewähren?»[15] fragt sich der Held angsterfüllt.

II. Akt. Ellen entdeckt, daß Peter Grimes seinen neuen Lehrling geschlagen hat. Das läßt sich auf zweierlei Weise auslegen: Entweder sind diese Wunden (zerrissenes Hemd, Hals und Brust grün und blau geschlagen) Symbol der dem Jungen zugefügten sexuellen Mißhandlungen, oder man muß annehmen, daß der verfolgte Homosexuelle seinen Verfolgern schließlich recht gibt, nach jenem allgemein bekannten Gesetz, daß man bereit ist, eine ungerechte Verurteilung zu rechtfertigen, um sich von ihr zu befreien. Derjenige, den alle als pervers brandmarken, wird wirklich pervers, so wie sich viele Schwule als Antwort auf das Bild von der Tunte in der öffentlichen Meinung wiegen und kokettieren. Ellen verlangt Klarheit von Peter und streitet sich mit ihm. Beide kommen zu dem Schluß, daß sie unrecht hatten, Pläne zu machen, unrecht, es zu versuchen, unrecht, zu träumen: Der Versuch, sich gegen die Homosexualität zu wenden, und der fürchterliche Ruf, der ihr anhängt, die Deckung durch Frau und Ehe enden mit einem Scheitern. Peter Grimes kommt schließlich so weit, Ellen zu schlagen: Er will nicht gerettet werden, er will sich seinem Ruin entgegenwerfen. Das ist die Logik des Unglücks, wie sie dem Volk der Verfemten eigen ist. Die Brutalitäten des Seemanns lösen eine erste Menschenjagd aus, angekündigt durch einen Trommelwirbel. Die Dorfbewohner stürzen zur Kate Peter Grimes' abseits vom Dorf. Bevor die Meute ankommt, gibt sich Peter einer herzzerreißenden Träumerei über die Unmöglichkeit hin, glücklich zu sein. «Doch Träumen baut, was Träumen kann zerstören, und Totenfinger strecken sich danach; und immer muß ich Stimmen rufen hören: Es gibt, so rufen sie, nicht einen Stein im ganzen Erdenrund, mit dem ein Heim du bauen konntest, wo du bliebst allein!»[16] Erneuter Trommelwirbel; Peter schickt seinen Lehrling zum Fuß der Klippe und verschwindet hinter ihm, bevor die Meute ihn erreicht.

III. Akt. Der Kleine ist ausgerutscht und dabei umgekommen, Peter Grimes ist verschwunden. Eine zweite Menschenjagd, um den «Dorfverbrecher» aufzustöbern. Der Chor speit Angst und Haß gegen den Außenseiter. «Wer stolz sich überhebt, wer uns fernbleibt, und uns verachtet, dem gehen wir zu Leib, und er wird zu Fall gebracht. Was er auch versuch, treff ihn unser Fluch, strafe seinen Übermut!»[17] Auf den drohenden Schrei «Peter Grimes» hin, der mehrere Male aus den Kulissen ertönt, nähert sich die Menge. Allein gegen alle schreit der Seemann seine Verzweiflung hinaus. Bemerkenswert ist hier das von Britten ersonnene musikalische Symbol: Die Stimme des Tenors steigt in höchste Höhen und gleitet in ein Falsett ab, ein neues Mittel, sich zu unterscheiden und Verdachtsmomente zu rechtfertigen. Seine Feinde auf den Fersen, enthüllt der Held, daß er Hirschfelds «drittem Geschlecht» angehöre, einer Sphäre, die nicht die der männlichen Vernunft ist. Wie wahnsinnig geworden fährt Peter Grimes mit seinem Kahn aufs Meer hinaus, versenkt ihn vor der Küste und verschwindet so mit ihm.

Peter Grimes ist in der Geschichte der abendländischen Oper ein einzigartiger Fall, weil nicht die Abenteuer und Mißgeschicke eines Paares dargestellt werden, sondern der Konflikt zwischen einem Paria und der Masse. Die Hauptgegenspielerin des Seemanns ist nicht Ellen, die nach ihrem gescheiterten Rettungsversuch schnell zu einer Nebenrolle wird, sondern die anonyme, grausame Dorfgemeinschaft. Frei wie ein Film im Aufbau, beschreibt diese Oper die Einsamkeit, das Abgleiten eines Helden, der eines verbrecherischen Lebenswandels verdächtigt wird wegen seiner geheimnisvollen Beziehungen zu Knaben. Eine so durchsichtige Maske, daß man sich über soviel Kühnheit wundert. England, das verantwortlich ist für den Tod Oscar Wildes, rächte diesen Mord selbst, indem es mit *Peter Grimes* und *Maurice* zwei unvergleichliche Beiträge zur homosexuellen Kultur lieferte. Lichtseite bei Forster, Finsternis bei Britten, dessen «Jagdszenen in England» auf jeden anwendbar wären, der den anderen «verbrecherisch» erscheint allein durch die Wahl seiner Sexualpartner, selbst wenn er keinen Toten auf dem Gewissen hat, im Unterschied zu Peter, dessen Ächtung durch einen dramatisch plausiblen Grund gerechtfertigt werden mußte.

Peter Pears, geführt von Britten, hinterließ eine wundervolle Interpretation, die übertroffen wird von der Jon Vickers unter der Leitung von Colin Davis. Der wird einer der drei oder vier großen Tenöre des Jahrhunderts bleiben und war auf verletzte oder besiegte Helden spezialisiert: José von Carmen verlassen, Othello an

Verleumdung zerbrochen, Samson, gefangen und entehrt, Florestan in der Tiefe seines Kerkers, Tristan am Strand sterbend. Situationen, die ihn dazu bestimmten, aus dem Opfer par excellence, wie es der öffentlicher Verfolgung ausgesetzte Sexualhäretiker ist, ein überwältigendes, musikalisches Porträt zu machen.

Größe und Niedergang der homosexuellen Literatur

Noch vor etwa zwanzig Jahren wäre bereits die Frage nach einer «homosexuellen Kultur» absurd erschienen. Man braucht dazu nicht ins XIX. Jahrhundert zurückzugehen – eine Zeit, zu der Polizeiberichte (Carlier) und medizinische Abhandlungen (Tardieu) Homosexualität immer mit Prostitution verknüpften. (Zwei Männer, die sich von Herzen lieben? Unmöglich, unvorstellbar, Geld konnte alleiniges Movens einer als «schändlich» angesehenen Verbindung sein.) Ein Proust oder Gide wären höchst erstaunt gewesen, hätte man ihnen gesagt, sie trügen zur Errichtung einer «homosexuellen Kultur» bei. Sie wollten nur gute Schriftsteller sein: Ihr Privatleben oder das ihrer Gestalten war unwichtig. Und wahrscheinlich muß man ihnen darin zustimmen, selbst wenn sich das Problem der «homosexuellen Kultur» heute nicht mit einer Handbewegung beiseite schieben läßt.

Balzac dachte nicht, Anstoß zu einer «Militärkultur» zu geben, als er *Die Königstreuen* (Der letzte Chouan) oder *Oberst Chabert*[1] schrieb. Bekanntermaßen erlaubte die in der UdSSR praktizierte «sozialistische Kultur» schlechten Schriftstellern, ihre Romane zu veröffentlichen, sofern nur die Grundbedingung erfüllt war, um dem Regime zu gefallen – Bauern und Arbeiter im täglichen Leben darzustellen. Und so übel heutzutage in Europa und in Amerika ein Roman auch sein mag, es taucht bestimmt eine Gestalt darin auf, die sich durch ihren Lebenswandel unterscheidet. Und so wie lange Zeit, Jahrhunderte lang, die Zensur von Macht oder Verlegern verboten, von Homosexualität anders als indirekt zu sprechen, muß man heute zugeben, daß diese zum Modethema geworden ist, ein Verkaufsmoment, ein Werbeargument. Viele scheußliche Bücher werden nur deshalb veröffentlicht, weil sie

Liebe zwischen Männern behandeln. Die «homosexuelle Kultur» existiert in diesem kommerziellen und niedrigen Sinn. Sie ist ein Markt wie ein anderer. «Homosexuell» sicher, doch «Kultur»? Hier ein erstes Paradox: Zu einer Zeit, in der die «verfemte» Liebe offen gelebt werden kann, wird sie banal, weniger ein Kultur- als ein Modephänomen; sie gefällt sich in erotischen Beschreibungen, die sie den vulgärsten Produkten der pornographischen Heterosexuellen-Subkultur ähnlich macht. War es der Mühe wert, mit soviel Kraft zu kämpfen, wenn das Ergebnis diese minderwertige Kultur ist, für all jene bestimmt, denen die literarische Qualität eines Werkes egal ist, vorausgesetzt, es behandelt sie und ihre Probleme, und die ein Schwulenbuch nicht in der Absicht öffnen, etwas anderes als in ihren Fachzeitschriften zu finden, in denen die Artikel weniger gierig gelesen werden als die Spalten mit Kleinanzeigen? Eine gewaltige Anthologie neueren Datums hilft bei der Beantwortung dieser Frage[2]. Sollen wir uns freuen über dieses imposante Korpus «homosexueller Kultur»? Oder uns im Gegenteil besorgt fragen, ob die öffentliche Anerkennung einer bisher unterirdischen und versteckten Strömung nicht Vorspiel zum Ende der Homosexualität als literarischem Motiv, als Ferment geistigen Fortschritts und Treibmittels der Zivilisation ist?

Zuerst einmal sollten wir an einer Kultur den inneren und den äußeren Aspekt unterscheiden. Eine Kultur ist vor allem eine Gesamtheit großer Werke, gleich welches Thema sie behandeln. Spricht man über Claudel, Bernanos und Mauriac als Vertreter der «katholischen Kultur», so denkt man (sollte man denken), daß sie gute Schriftsteller und außerdem Katholiken sind. Daniel-Rops oder Pierre-Henri Simon werden nicht zu den Vertretern der «katholischen Kultur» gerechnet, denn sie sind zwar genauso gute Katholiken wie die erst Genannten, doch ihr mittelmäßiges Talent verweist sie auf den Rang von Glaubenszeugen und nicht universeller Schriftsteller. Genauso wenig reicht es, Jude zu sein, um die «jüdische Kultur» zu bereichern: Man muß Kafka, Joseph Roth oder Bernard Malamud sein. Es reicht nicht, aus seinem Vaterland verjagt worden zu sein und im Exil zu leben, um die «Dissidentenkultur» zu bereichern: Man muß Solschenizyn oder Kundera sein. Vor allem Schriftsteller: Vergessen wir diese Vorbedingung nie. Das heißt, ein Werk hat auch einen äußeren Aspekt: das Publikum, an das es sich richtet. Es ist gut, daß Katholiken, vor allem aber verfolgte Minderheiten wie Juden und politische Emigranten eine eigene Kultur haben. Gewiß gibt sich ein Jude einer tiefgründigeren, leidenschaftlicheren, intelligenteren Lektüre Kafkas hin als ein Nicht-Jude: genauso wie ein Homosexueller Genet mit anderen Augen liest als ein Heterosexueller. Grundproblem eines jüdischen, dissidenten oder homosexuellen Schriftstellers ist, zu allgemeiner Anerkennung zu gelangen, ein Publikum anzusprechen, daß sich nicht aus persönlichen Gründen für die Probleme von Juden, Dissidenten oder Homosexuellen interessiert. Proust nannte es den Gipfel des Glücks für einen Bewohner Sodoms, einen Heterosexuellen für sich einzunehmen. Wieviel Freude macht es, jemanden zu gewinnen, der auf der gleichen Seite steht wie du? So ist der homosexuelle Schriftsteller nur glücklich (sollte nur glücklich sein), wenn seine Bücher Leser der anderen Sippe fesseln und bewegen, anstatt nur innerhalb des Gettos zu zirkulieren.

Kaum denkt man über die historische Lage der Homosexuellen nach, stellt sich die Frage jedoch komplexer: So wie die Juden in ihren Prüfungen aus Verfolgung, Exil und Untergrund durch die Bibel immer Unterstützung erfuhren, spielte kein Buch je für die Homosexuellen eine solche Rolle. Denn niemals im Lauf der Geschichte, nicht einmal im antiken Griechenland oder im Renaissance-Florenz wurde die Homosexualität offen verherrlicht. Weder Platon noch Michelangelo kann man als Leitfaden zur Homosexualität ansehen. Bis vor kurzem verfügte ein junger Mann, der spürte, daß er anders war als seine Kameraden, über keinerlei kulturelles Vorbild. Tristan und Isolde, Didon und Äneas, Romeo und Julia, Paul und Virginie hießen die Liebesmythen, die ihnen vorgestellt wurden. Zeus und Ganymed? Apollon und Hyakinthos? Orest und Pylades? Man mußte schon sehr scharfsichtig sein, um hinter dem Schweigen der Sagen und Schulbücher zu erraten, daß es sich um Liebespaare handelte. Selbst David und Jonathan gehörten in eine ferne, heilige Welt, in der körperliches Vergnügen verpönt schien. Zwar las man in der Schule Verlaine und Rimbaud, studierte den *Vater Goriot*, doch welcher Lehrer hätte erklärt, welches Band die beiden Dichter einte und warum Vautrin mit dem jungen Rastignac so herumredete? Der Gymnasiast fand in all den Büchern, die man ihm zu lesen gab, niemanden, der ihm gliche: Also konnte er sich für eine Ausnahme halten, einen Paria, ein Monster. Jemanden, für den es kein Vorbild gab. Ein großer Teil der historischen «Furcht» und «Schuldgefühle» der Homosexuellen sind auf die kulturelle Abkapselung zurückzuführen, in der sie lebten. Was? Keiner der Dichter, die ich bewundere, empfindet die Gefühle, die mich peinigen? Kein Romanautor, den ich lese, erklärt mir, wie ich mich einem Jungen nähere? Bin ich eine Ausnahme, eine Anomalie? Ein Fluch liegt also über meinem Schicksal? Welche Erleichterung für den Jugendlichen heute, zu erfahren, daß die größten Schriftsteller der Vergangenheit auch *für ihn* geschrieben haben, daß Shakespeare, Whitman, Verlaine junge Männer liebten und vom Mittelalter bis zum XVI. Jahrhundert die Homosexualität und Überlegungen zur Homosexualität Stoff zahlreicher Gedichte und Essays war. Der Romanfluß Balzacs, der vom St. Gotthard der *Menschlichen Komödie* fließt – die Trilogie *Vater Goriot*, *Verlorene Illusionen* und *Glanz und Elend der Kurtisanen*[3] – hätte den Durst Manon Lescauts in der Wüste nicht zu stillen, Didos Scheiterhaufen nicht zu löschen vermocht. Die homosexuelle Literatur, verborgen und verdunkelt, um Verfolgungen zu entgehen, tritt heute aus dem Schatten heraus. Ein Verdienst der vorliegenden Anthologie ist, die immense heimliche Solidarität unabhängig von der literarischen Qualität der Texte zu zeigen, die die Homosexuellen aller Jahrhunderte untereinander verband und verbindet. Nachdem er diese Seiten zur Kenntnis genommen hat, kann niemand sich mehr sagen: Ich gehöre zu einem verfemten Volk. Der homosexuelle Samisdat existiert seit der Antike. Trotz Zensur, Selbstzensur, Schikanen und Gewalt aller Art hat das Netz immer funktioniert.

Bis zum XX. Jahrhundert bleibt die «homosexuelle Kultur» verboten, flüchtig, häufig unkenntlich. Ein im Schatten gewebtes Netz, Versteckspiel mit Zensur und Unterdrückung, sie ist eine Tochter von Angst und Scham.

Die drei Kreise der Unterdrückung

Der weiteste, derjenige außen, umfaßt alle direkt von der Zensur betroffenen Bücher, die verbotenen, frisierten oder verstümmelten Werke.

Die Gedichte Michelangelos wurden erst nach seinem Tod veröffentlicht. Der berühmteste seiner Verse «*Resto prigionier d'un cavaliere armato»* ist eine Anspielung, wie sie deutlicher nicht sein kann, auf die Leidenschaft des Dichters für den jungen Tommaso dei Cavalieri. Ein Urgroßneffe Michelangelos, der die posthume Veröffentlichung übernahm, verfälscht diese Zeile; sie wird: «Ich bleibe Gefangener eines mit Tugend gewappneten Herzens.» Bis 1897 mußte man warten, bis ein deutscher Gelehrter die Manuskripte untersuchte und das provozierende Wortspiel wieder herstellte.

Die ersten französischen Ausgaben Whitmans feminisieren den selbstverständlich männlichen Adressaten der Gedichte; Gide prangerte diese Vortäuschung falscher Tatsachen an und ließ das lügnerische «elle» (sie) durch ein deutlich männlich klingendes «il» (er) ersetzen.

O saisons, ô châteaux
Quelle âme est sans défaut?[4]

Wer kennt dieses Rimbaud-Gedicht nicht auswendig? Doch wer vermutete hinter dem geheimnisvoll heiteren Rhythmus dieser hüpfenden Verse, die offenste, unzüchtigste Liebeserklärung des jungen Mannes an Verlaine? Unter den Varianten, die Rimbaud noch hinterließ, wird nämlich immer gedruckt:

Je suis à lui chaque fois
Que chante le coq gaulois.

Oder auch:

O vive lui chaque fois
Que chante le coq gaulois.

Die Zensur (Selbstzensur Rimbauds: denn welche Endfassung hätte er wohl beibehalten?) besteht darin, die ursprüngliche Fassung stillschweigend zu übergehen:

Je suis à lui chaque fois
Que chante son coq gaulois.

«Le» (der) durch «son» (sein) zu ersetzen reicht, um die Art des «Hahnes» und des «Schreis» zu verändern und den Leser auf eine absurde Spur irrezuleiten.

Wir leben nicht mehr zu einer Zeit, in der homosexuelle Dichter zum Scheiterhaufen veurteilt werden, wie es dem großen Théophile de Viau widerfuhr: Nachdem seine Strafe in fünfundzwanzig Monate Kerker umgewandelt worden war, starb er kurz Zeit später, 1626, mit sechsunddreißig Jahren verbraucht durch seinen Gefängnisaufenthalt. Doch die posthume Zensur läßt nicht von ihm ab: Nie wird er in der Schule gelesen, wo er seinen Platz hätte zwischen Malherbe und Corneille, und noch 1982 führt Bordas' Literaturgeschichte *Histoire de la littérature française* all sein Pech auf seine «Gottlosigkeit» zurück.

Es kommt noch besser: Verlaines *Oeuvres poétiques complètes,* erschienen in der Reihe La Pleiade, die gewöhnlich maßgeblich ist. Umsonst sucht man den Zyklus *Hombres* darin, jene flammend erotischen Gedichte, die zu den schönsten homosexuellen Texten zählen, die je auf Französisch geschrieben wurden. Die Legende vom sanften, zärtlichen, sentimentalen, ja faden und abgeschmackten Verlaine konnte nur konstruiert werden, indem man den faunhaften Autor dieser vierzehn Stücke, sowie des *Sonnet du trou du cul*[5] verleugnete, von dem Verlaine die Quartette und Rimbaud die Terzette schrieb.

Man darf nicht annehmen, daß nur die homophobe Mehrheit Druck ausübte. Die Freunde des italienischen Dichters Pier Paolo Pasolini, der in der Nacht des 1. November 1975 am Strand von Ostia ermodert wurde, versuchten, seinen Tod als politisches Verbrechen erscheinen zu lassen. Faschisten wären seinem Wagen gefolgt und hätten den Schriftsteller getötet, dessen Hetzartikel in der Tat Komplotte der italienischen Rechtsextremisten anprangerten. Daß er den fatalen Schlag von der Hand eines Ganoven empfing, den er am Bahnhof von Rom aufgetan hatte, daß eine jener häufigen Schlägereien zwischen Kunde und Prostituiertem in einen Mord ausgeartet war, wollen Pasolinis Freunde, häufig selbst homosexuell, nicht zugeben. Ein solch abscheuliches Ende – das jedoch den geheimen Phantasien des Dichters so sehr entsprach, sein gesamtes Werk beweist es – verstößt gegen die Vorstellung, die sie sich vom «großen Mann» machen. Eine posthume Legendenbildung, für die es in der Geschichte von Kunst und Literatur etliche Beispiele gibt; eine fromme Lüge, um das Opfer der Heiligengalerie der Homosexualität zu entziehen. Doch es hieße Pasolini ein zweites Mal töten, wenn man ihn um den schäbigen Tod bringen wollte, nach dem er insgeheim strebte.

Federico Garcia Lorca erfuhr mehr oder weniger das gleiche

Schicksal. Obwohl man nicht wirklich weiß, ob er 1936 wegen Antifrancismus oder als Folge einer als politischer Mord getarnten Sittenaffäre erschossen wurde, muß man die zweite Hypothese nur vorbringen, um Entrüstung bei den Bewunderern des spanischen Dichters auszulösen. Man mußte bis 1981 warten, um die zwölf *Sonette der dunklen Liebe*[6] als Weltpremiere in der schönen, von André Belamich bearbeiteten Ausgabe von La Pleiade zu lesen und sie ins selbe Regal stellen wie die Sonette Shakespeares und Michelangelos.

Im zweiten Kreis der Unterdrückung sind Autoren zu finden, die es für klüger hielten, sich selbst zu zensieren: wie Proust, der Albert in Albertine verwandelte, oder Cocteau, dessen *Weißbuch* anonym erschien, oder der englische Romancier Forster, der es nicht wagte, seinen wundervollen *Maurice* zu Lebzeiten zu veröffentlichen. Postum erschien ebenfalls der einzige Roman des Triester Dichters Umberto Saba *Ernesto*, dies kleine Meisterwerk an Grazie und Reinheit, doch so kühn, daß der Autor es lieber in der Schublade ließ.

Im dritten Kreis schließlich findet man Schriftsteller, die so verklemmt sind, daß sie sich einer unbewußten Zensur unterwerfen. Anstatt die Homosexualität ihrer Gestalten zu verzerren oder zu kaschieren, wie Proust oder Balzac, drücken sie sie so indirekt aus, daß der Leser sich leicht täuschen kann. In *Billy Budd*, dieser dichten, perfekten Erzählung Melvilles erregt der schöne Matrose, wie wir gesehen haben, den Haß des Waffenmeisters: Schließlich tötet er seinen Verfolger, und er selbst, zum Strang am Hauptmast des Schiffes verurteilt, stirbt ohne ein Wort. Diese Geschichte läßt sich wie die Parabel eines Unschuldigen lesen, der die Fehler der Menschheit auf sich nimmt und für die Verbrechen anderer büßt. Wahrscheinlich wollte Melville nur eine moderne, weltliche Fassung der Leidensgeschichte schreiben. Doch nicht weniger wahr ist, daß sein Text uns, ohne daß es ihm bewußt wäre, eine zweite Geschichte erzählt, die unter der ersten durchscheint: die Tragödie des Waffenmeisters, der in seiner männlichen Ehre beleidigt durch die Zärtlichkeit, die der schöne Matrose in ihm weckt, sich nicht nur weigert, sich diese Liebe einzugestehen, sondern demjenigen unversöhnlichen Haß entgegenbringt, der ihn zweifeln läßt, ob er voll und ganz ein «Mann» ist.

Das Thema der männlichen Kameradschaft, das sich durch den

amerikanischen Roman hindurchzieht (nur Männerpaare! Huck und Jim bei Mark Twain, George und Lennie bei Steinbeck, Ismael und Queequeg bei Melville, Gatsby und Nick bei Fitzgerald) ist ein homosexuelles Thema, das um sich selbst nicht weiß. Besser noch, manche große Mythen der abendländischen Kultur sind typisch homosexuelle Mythen. Selbst wenn Don Juan alle Frauen der Welt besäße, bliebe er ewig unbefriedigt. Sein Drama ist, absolut nicht erkennen zu wollen, wohin seine Natur ihn zieht. Nur Henry de Montherlant scheint in seinem Stück *Don Juan* (1958), das übrigens ein Fiasko wurde, die Gestalt des unermüdlichen Verführers in diesem Sinn verstanden zu haben. Zur Stütze dieser Interpretation erinnern wir uns, daß das Vorbild des ersten Don Juan gewidmeten Textes *Der Spötter von Sevilla* des spanischen Dramatikers Tirso de Molina (1630) war. Der war ein großer spanischer Edelmann und bekanntermaßen homosexuell. Und Orpheus, der als Archetyp eines treuen Ehemannes gilt, war vielleicht eher erfreut, sich Euridikes ein zweites Mal zu entledigen, und sich unter dem Deckmantel untröstlicher Witwenschaft anderen Leidenschaften hinzugeben, die seinen Neigungen mehr entsprachen. War nicht er es, der laut Ovid die Knabenliebe in Griechenland einführte?

Die homophobe Literatur verdiente eine Studie für sich. Man kann sich nur immer wieder wundern, daß Voltaire und Montesquieu, von großer geistiger Weite allen Problemen gegenüber, so tolerant, die Homosexualität ächteten, daß Zola, in politischen Fragen so mutig, es nicht gewagt haben soll, einen Roman über ein Thema zu schreiben, daß ihm, wie er sagte, Ladungen von Beleidigungen und Dreck eingebracht hätte. Was? Es sollte riskanter sein, einen «Invertierten» (wie damals gesagt wurde) zu beschreiben als für einen Juden Partei zu ergreifen? Die erklärte Feindschaft eines Paul Claudel oder André Breton überrascht weniger: Diesen bornierten Geistern und Sektierern kam es auf eine Dummheit nicht an. Flauberts Feigheit tut ein wenig weh: Er, der wußte, woran er war, hatte er sich doch bei seiner Reise in den Orient gewissen Erfahrungen hingegeben, zog es vor, in seinen Romanen nichts darüber zu sagen. Die Schmähreden Malapartes hingegen stimmen heiter: In den fünfziger Jahren schrieb er einen ganzen Essay, um das «Laster» anzuprangern, das das Abendland verderbe, ohne zu ahnen, daß solch kindische Verbissenheit seine eigene Furcht verriet, nicht «männlich» genug zu sein (ein gemeinsamer Zug vieler Faschisten, Nazis und Kommunisten). Dichter, die sich der Satire über die Homosexualität widmeten, bilden eine eigene Gruppe: von Ronsard (Autor von drei erstaunlichen Sonetten aus dem Giftschrank der Bibliothèque nationale) zu Théophile Gautier, von Raoul Ponchon zu Laurent Tailhade und Albert Glatigny. Ihre Verse sind so komisch, genau und heiter obszön, das sie eines geheimen Einverständnisses verdächtig sind mit den Tableaus, von denen sie uns abschrecken wollen. Auf jeden Fall, welche Würze, welch physisches Frohlocken in ihren Versen, besonders wenn man sie mit denen homosexueller Dichter vergleicht, die blockiert sind aus Scham oder Angst vor Zensur!

Bei vor 1869 geschriebenen Werken von «Homosexualität» zu sprechen, ist vielleicht absurd, und es ist an der Zeit, sich dazu Gedanken zu machen. Bekanntermaßen taucht das Wort erst zu diesem Zeitpunkt auf, eine Erfindung des Ungarn Benkert: Ein an sich barbarisches Wort (denn es geht hervor aus einer Klitterung zwischen dem griechischen «homo» – «gleich» und dem lateinischen «sexus»), daß sich jedoch gleich durchsetzt, weil es zwei Vorteile hat. Es ist repressiv und wirkt doch liberal. Der Homosexuelle findet sich in eine medizinische Kategorie eingeordnet wieder, was immer noch besser ist, als auf dem Scheiterhaufen verbrannt zu werden: Man behält ihn im Auge, er wird toleriert unter der impliziten Bedingung, daß er von seiner Anormalität überzeugt ist und sich behandeln lassen will.

Wenn Saint-Simon oder Tallemant des Réaux eine homosexuelle Anekdote zitieren, können sie die Person, um die es geht, sehr wohl nicht billigen. Diese Mißbilligung ist jedoch nur ihre persönliche, sie ist Ausdruck ihrer Laune, ihres Geschmackes, während das Wort «homosexuell» ein Pauschalurteil enthält, eine Ächtung, einen Ausschluß. Ronsard greift die Günstlinge Heinrich III. nur deshalb so heftig an, weil der König wegen der Vergnügen, denen er sich mit ihnen hingibt, die Staatsgeschäfte vernachlässigt, aber nicht wegen ihrer Sitten. Ein von Mätressen umgebener König hätte sich die Schmähungen des Dichters ebenso zugezogen. Etliche Hinweise lassen darauf schließen, daß die Unterdrückung der

Homosexualität bis zur Mitte des XIX. Jahrhunderts eher formal als wirklich war: Gewiß, die religiösen Regeln verdammten sie, ein Montaigne oder Erasmus von Rotterdam hatten vorsichtig zu sein, doch viele Edelleute machten es vor, ohne sich allzu sehr zu verstecken, und sogar der Bruder Ludwig XIV. ließ sich öffentlich mit seinen Liebhabern sehen, zur großen Belustigung seiner Frau Liselotte von der Pfalz, die nur aufbegehrte, als ihr Gatte ihrem Sohn einen seiner Liebhaber als Lehrer geben wollte. Insgesamt gesehen wurde die Homosexualität nicht anerkannt, war aber zulässig. Jedenfalls findet sich zu jener Zeit kein Text, in dem die Rede ist von Scham darüber, «ausgeschlossen» zu sein, «am Rand zu stehen»; kein Text atmet die Schuldgefühle und die Furcht, sich «anders» zu fühlen. Wenn von Zeit zu Zeit ein Geschlechtshäretiker verbrannt wurde (doch nur selten wurde das Urteil vollstreckt; das letzte bekannte Opfer Deschauffours unter Ludwig XV. büßte eher für das Verbrechen des Diebstahls als für die Sünde der Sodomie), dann, um ein Geste gegenüber der Kirche zu machen. Im Grunde mochte man sie, die im Mittelpunkt des Klatsches standen, wie besagter Custine, der sich in einem Wald von einem Soldaten durchprügeln ließ, bevor er die kleine, zweideutige Erzählung *Aloys* schrieb, die eine der Quellen von Stendhals *Armance* gewesen sein soll. Sie zerstreuten, lieferten Unterhaltungsstoff.

Warum markiert das Jahr 1869 eine Schnittstelle? Weil sich mit Erfindung des Wortes eine neue Geisteshaltung durchsetzt, weil in dieser Phase wirtschaftlicher und kommerzieller Entwicklung, die die zweite Hälte des XIX. Jahrhunderts prägt, es nicht mehr in Frage kommt, abweichende Verhaltensweisen nachsichtig zu betrachten, die eine Herausforderung der Wirtschaftsordnung darstellen. Früher erwies man Moses und dem heiligen Paulus seine Referenz, indem man ein paar Anhänger des «unaussprechlichen» Lasters briet. Dem Gott Mammon des Kapitalismus galt es sich jedoch viel unerbittlicher zu unterwerfen. Erste Etappe dieser Knechtung: die Schuldigen zu registrieren. Zweite Etappe: ihnen das Gefühl ihrer Zerrüttung einzuimpfen. Was! Sie verweigerten sich der Pflicht zur Fortpflanzung, sie hemmten den zur Ausweitung der Geschäfte unerläßlichen demographischen Aufschwung, sie brachten die sexuellen Rollen durcheinander, sie bremsten den viel größeren Konsum in einer Ökonomie aus Paaren als in einer aus Singles und maßten sich außerdem noch an, wie andere Bürger behandelt zu werden? Nein! «Homosexuell» sollten sie sein: Durch medizinische Fürsorge, polizeiliche Überwachung und öffentliche Brandmarkung wurde mit dem Finger auf sie gezeigt. Die Zeit von Scham und Heimlichkeit begann zu diesem Zeitpunkt. Vorher hatte man in Frankreich von «bardaches», «bougres», «castors» (XVI. Jahrhundert), «culistes» (XVIII. Jahrhundert), «rivettes», «corvettes», «persilleuses» und «uranistes» (XIX. Jahrhundert) gesprochen: Ausdrücke, in denen es an Spott nicht fehlte, die jedoch eine humorvolle, liebevolle Färbung hatten. Genau ein Jahrhundert, bis 1968 mußte man warten, bis der aus Amerika nach Frankreich importierte Ausdruck «gay» die scheußliche Barbarei des ungarischen Schriftstellers ablöste.

Um sich eine Vorstellung von der Freiheit der Sitten im XVIII. Jahrhundert zu machen, bevor die Bourgeoisie sich daran machte, eine neue Sexualordnung zu gründen in der strengen Trennung in männlich und weiblich, sehen wir wieder einmal Casanova an. Nur sein Vergnügen interessiert ihn: Ob der Partner männlich oder weiblich ist, ist nicht weiter wichtig. In seinen *Memoiren* gibt er ein wundervolles Beispiel für den sexuellen Polymorphismus. Vergebens versucht er uns zu überzeugen, daß er in der schmächtigen, charmanten Person namens Bellino unter der Kastratenverkleidung die Frau hatte durchscheinen sehen. Wir zweifeln stark an, daß er auf seinen Reisegefährten verzichtet hätte, wenn er Mann geblieben wäre.

1869-1968: Zwischen diesen beiden Daten ist die sogenannte «homosexuelle Kultur» anzusetzen. Vor 1869 gehören Texte, in denen von Homosexualität die Rede ist, eher in der Bereich der anekdotischen Literatur am Rande der Geschichte. Kein Homosexueller denkt daran, von sich zu sprechen, denn keiner fühlt sich «anders». Nach 1968 wird der «Unterschied» modern und beliefert den Buchmarkt. Unter «homosexueller Kultur» verstehen wir die Kultur jener, die von der Gesellschaft durch die neuen bürgerlichen Gesetze geächtet wurden und versuchten, sich wieder fassen, sich zu begreifen, dank eines Kunstwerks wieder eine Identität zu erlangen. Eine zwangsläufig heimliche Kultur, die zwischen Scham und Selbstbehauptung hin- und herschwankt. Die Begründer dieser Kultur sind alle – und das ist kein Zufall – zwischen 1840 und 1880 geboren: Verlaine 1844, Loti 1850, Eekhoud, Rimbaud und Wilde 1854, Gide 1869, Proust 1871, Thomas Mann 1875, Montherlant

1876, Forster 1879, Martin du Gard und Zweig 1881. Durch die heimliche Solidarität der Paria miteinander verbunden, irren alle mit einem Licht in der Hand durch die Katakomben der Industriekultur auf der Suche nach dem unmöglichen Heil.

Gide und Proust bleiben die beiden führenden Köpfe, obwohl jeder von beiden deutlich Partei ergriff für eine Art, die Homosexualität zu leben, die mit der Art des anderen unvereinbar war. Gide bezieht sich auf ein mythisches Griechenland, auf Virgils Hirten und preist anmutige Schäfer-Liebschaften. Das Paradies liegt für ihn in Nordafrika. Er glaubt, daß die glückliche Zeit der Alexis' und Ganymeds wiederkehren könne und wiegt sich im Traum einer jugendlichen, heiteren Pädophilie. Eine radikal entgegengesetzte Vision zu der Prousts, für den Homosexualität nur die Hölle bedeuten kann und der mit Monsieur de Charlus den neben Balzacs Vautrin stärksten homosexuellen Helden der Literatur schuf, das Grauenhafte einer zwangsläufig moralisch und physisch erniedrigenden Verderbtheit. Das Eingangskapitel zu *Sodom und Gomorrha*, die große sado-masochistische Szene aus *Die wiedergefundene Zeit*[7] zeigen gut, zu welchen Abgründen an Schuld und Leiden der Homosexuelle Anfang des Jahrhunderts verdammt schien.

Dabei erscheinen uns mit dem zeitlichen Abstand weder Gide noch Proust als die typischsten Vertreter dieser «homosexuellen Kultur», die aus der bürgerlichen Repression geboren wurde. Auf halbem Weg zwischen den naiven Illusionen Gides und dem ausweglosen Pessimismus Prousts, von der Süße Corydons genauso weit entfernt wie vom Ätzenden des Palamèdes, finden wir einen bescheideneren, doch gerade deshalb bezeichnenden Schriftsteller: Roger Martin du Gard. Ein enger Freund Gides, doch ohne dessen Mut. Einem posthumen Roman *Le Lieutenant-colonel de Maumort* (Der Oberstleutnant de Maumort) vertraute er alles an, was er zur Homosexualität dachte. *Maumort* erschien 1983, ein Vierteljahrhundert nach dem Tod seines Autors und ist ein Zeugnis erster Ordnung über die Art, wie ein Großbürger seine «Anomalie» zu Anfang des Jahrhunderts in Frankreich lebte. Martin du Gard hatte das Thema in bereits veröffentlichten Texten, einem Theaterstück *Un taciturne* (Ein Schweigsamer), und mehreren, ehrlich gesagt, höchst schüchternen Passagen der *Thibaults*[8] angesprochen. Doch im Alter, in dem Bewußtsein, daß *Maumort* posthum erscheinen würde, glaubte er sich weniger kleinmütig zeigen und offen, ja sogar deutlich sprechen zu können über männliche Liebschaften. Ständig unterbricht er seine Erzählung, um sich zu entschuldigen, zu rechtfertigen für die Obszönitäten, die er erzählt mit der Pflicht, die Wahrheit, die ganze Wahrheit zu sagen. Er dachte ein kühnes, ein Skandalwerk zu schreiben. Was uns jedoch ganz im Gegenteil erstaunt, ist, bei diesem alten Schriftsteller (er begann *Maumort* mit siebzig Jahren), durch sein Alter und seine Berühmtheit von Vorsicht dispensiert (er erhielt 1937 den Nobelpreis), alle Vorurteile seiner Generation wieder hochkommen zu sehen.

In *Maumort* wird die Homosexualität aus zwei verschiedenen Blickwinkeln dargestellt, je nachdem ob sie von Jugendlichen oder erwachsenen Männern praktiziert wird.

Jugendliche Päderastie. Der Oberst erinnert sich der erotischen Spiele, denen er sich mit einem Cousin, dann mit Schulkameraden hingab. Er verurteilt diese Vergangenheit, jedoch recht nachsichtig, denn es handelt sich, denkt er, um einen jugendlichen Zeitvertreib, der nur dann verwerflich wäre, wenn er über die Jugend hinaus andauerte. Gottseidank entdeckte er nämlich später die Frauen und heiratete. Das steht nicht wörtlich, doch zumindest stimmungsmäßig in der Erzählung. Dahinter wird Freuds berühmte Theorie sichtbar: Alle Jugendlichen gehen durch eine homosexuelle Phase hindurch, was nicht schlimm ist, denn sie wird überwunden, sobald der Jugendliche aus der narzißtischen Phase auftaucht, die ihn zu jemandem seines eigenen Geschlechts treibt und seine Wahl auf jemanden aus dem anderen Geschlecht fällt. Eine gleichzeitig liberale und repressive Theorie: liberal, weil sie die jugendliche Päderastie toleriert und nicht länger als ein Vergehen hinstellt, repressiv, weil sie dem Erwachsenen die Homosexualität untersagt, wenn er als ein echter Mann gelten will. Wer in seiner «Perversion» verharrt, wird nicht im Namen der Moral verurteilt, sondern in dem der Wissenschaft: Er ist in seiner Entwicklung stehengeblieben, er löst nicht ein, was von ihm erwartet wird. Der Psychoanalytiker behält ihn im Auge, bereit, ihn zu «heilen» und ihn zu retten. Als zeitlich begrenzte Phase wird die Homosexualität vergeben, als Endzustand wird sie mit einer «Regression» gleichgesetzt. Martin du Gard, der diesen Standpunkt übernahm, war sich nicht darüber im klaren, wie sehr Freud die Verfolgung der Homosexuellen verstärkte: Nach der neuen Ideologie eines Jahrhunderts, daß sich positiv und frei von religiösen Vorurteilen sah, wurden sie nicht mehr als Kriminelle betrachtet, sondern als Kranke. Der Abweichler wird nicht mehr vor Gott der Ketzerei beschuldigt, er macht sich vor der Gesellschaft schuldig, seinen Aufgaben als Ehemann und Vater nicht nachzukommen.

Erwachsene Homosexualität. Ein so delikates Thema für Martin du Gard, daß er die Episode «Das Ertrinken» nicht dem Oberst Maumort widerfahren läßt, da dieser allzu offensichtlich sein autobiographischer Doppelgänger ist, um sie einer Nebenfigur zuzuschreiben. Die siebzig Seiten von «Das Ertrinken» stellen eine der schönsten homosexuellen Erzählungen der Literatur überhaupt dar. Doch auch der schwärzesten. Xavier de Balcourt, Offizier im Manöver, ist in einer Mansarde über einer Bäckerei einquartiert. Der Bäckerjunge, Yves, gefällt ihm gleich. Langsame Annäherung, Ausweichen, flüchtige Blicke, eine Zärtlichkeit, ein dem Überraschten geraubter Kuß, schließlich das Versprechen, sich mit ihm am Flußufer abseits des Dorfes zu treffen, dort wo der Bäckerjunge endlich ihm gehören soll. Doch als Folge eines Mißverständnisses befinden sich Xavier und Yves am jeweils anderen Flußufer. Die Brücke ist weit, die Zeit drängt, Yves macht aus seinen Kleidern ein Bündel und wirft sich ins Wasser. Die Strömung reißt ihn mit, er ertrinkt. Der andere, verzweifelt und untröstlich, begeht kurz darauf Selbstmord. Der Mythos von der unmöglichen Liebe mit allen Accessoires des Genre behaftet wie dem Klassenunterschied, dem Hindernis des Flusses, der genauso unüberwindlich ist wie das Schwert zwischen Tristan und Isolde, die Erhöhung der Liebe im Tod. Das also hatte ein französischer Schriftsteller 1950 zur Homosexualität zu sagen. Noch einmal, «Das Ertrinken» ist ein Meisterwerk, doch es ist nicht nur keine Beschreibung der Liebe zwischen zwei Männern, es ist ein Dokument der Unmöglichkeit für einen Homosexuellen in der ersten Hälfte unseres Jahrhunderts, sein Schicksal anders zu leben denn als Verfehlung, Angst, Tragödie. Zweitausend Jahre Schuldgefühle und Scham lasten auf dieser kleinen Erzählung, die in einigen Passagen manchen Seiten Gides ähnlich ist, durch das ländliche Ambiente, die frische Darstellung des jungen Yves, die Schamhaftigkeit und das Feingefühl in der verliebten Erregung Xaviers, doch ihre tiefsten Wurzeln reichen in das proustsche Gefühl eines ausweglosen Niederganges, für den keine Bestrafung schwer genug ist.

Seit der «Befreiung» der Sitten fände man unter der Fülle von Romanen mit homosexuellem Thema nur wenige, wirklich bereichernde Beiträge zum Gebäude der «homosexuellen Kultur», das in den hundert Jahren der Scham und Heimlichkeit errichtet wurde.

Die hundert Jahre Elend hatten einen Stil des Unbehagens hervorgebracht: jener verschwommene, bebende Stil Julien Greens oder jenes Netz von Anspielungen, die hinter den Romanen Montherlands, Forsters, Isherwoods oder Mishimas eine zweite Geschichte spinnen, deren Geheimnisse sich nur Eingeweihten erschließen. Selbst die langen Sätze Prousts könnte man auf das Bedürfnis zurückführen, Spuren zu verwischen, das Unaussprechliche zu verbergen. Wäre Proust im permissiven Zeitalter Proust geworden? Hätte er mit offenem Visier wie ein Tintenfisch eine Tintenwolke um sich verspritzt?

Welcher Stil ersetzte den des Unbehagens? Seitdem Stolz oder einfach das Glück zu sein, was man ist, beim Homosexuellen Schuld- und Verzweiflungsgefühle ersetzte, ist nicht zu erkennen, daß die Lebensfreude einen eigenen Stil hervorgebracht hätte. Das Beispiel Pasolinis spricht für sich. Der Schriftsteller aus dem Frioul hatte in seiner Jugend zwei kurze Erzählungen verfaßt, *Amado mio* und *Unkeusche Handlungen*[9], gesponnen aus Anmut, Zurückhaltung, Schamhaftigkeit und Leiden – zwei Erzählungen aus dem Zeitalter der Verdrängung, die übrigens unveröffentlicht blieben, hinten in der gleichen Schublade voll «schimpflicher» Schriften, aus der die Nachwelt nach dem Tod ihrer Autoren auch Lorcas *Sonette der dunklen Liebe*, Forsters *Maurice,* Sabas *Ernesto* und den *Maumort* zog. Zu Lebzeiten veröffentlichte Pasolini marktschreierisch realistische Bücher zum Ruhm der *ragazzi*, irregeleitet von dem Wunsch, Aufsehen zu erregen. Saftlose Werke, die umso verpatzter sind, als ihr Autor unwillentlich von seiner katholischen Erziehung geprägt blieb, und ihm die innere Freiheit zu einem italienischen Jean Genet fehlte. In seinen Filmen ist die gleiche Besessenheit zu finden, roh und von allen Zwängen befreit zu erscheinen: bis zum konsternierenden *Salò*, ein Katalog aller Schändlichkeiten und Verworfenheiten, wie sie nur ein zutiefst christlich gebliebenes Hirn ersinnen konnte.

Manche Schrifsteller waren große Erzähler, solange die Unterdrückung sie zwang, sich nur nach bestimmten Regeln und geheimnisvoll auszudrücken und erwiesen sich als abscheulich an dem Tag, als sie sich zu erotischer Offenheit ermächtigt fühlten. Oscar Wilde, Autor des glitzernden *Bildnis des Dorian Gray*, in dem die Homosexualität nur durchscheint wie eine goldene Arabeske, veröffentlichte anonym das traurige *Teleny* (aber es bestehen Zweifel, was den Autor dieses Buches angeht), ein düsteres Widerkäuen pornographischer Klischees. Roger Peyrefitte, dessen *Heimliche Freundschaften*, sein erster, 1944 veröffentlichter Roman, an Frische und Reiz nicht verloren hat, gab diesem 1979 ein exhibitionistisches Pendant ohne das geringste Talent: *Roy*, die Geschichte eines jungen Amerikaners, der von zwölf Jahren an nur noch mit einer Vaselinetube herumläuft.

Sollte die Freiheit, alles zu sagen und seine erotischen Phantasien ungeschminkt auszubreiten, fatal sein für die homosexuelle Literatur? Erinnern wir uns angesichts dieser beiden Beispiele literarischen Verfalls an Gelungenes aus dem Zeitalter der Scham: Melvilles *Billy Budd*, Stefan Zweigs *Verwirrung der Gefühle*, Thomas Manns *Tod in Venedig*, Elsa Morantes *Arturos Insel*, Bassanis *Die Brille mit dem Goldrand*, Umberto Sabas *Ernesto*[10]. Beim Vergleich zwischen Werken, die unter dem Zwang zur Selbstzensur entstanden und solchen, die sich in aller Freiheit ihren Weg bahnen, läßt sich als Regel aufstellen: Es gibt nur eine «homosexuelle Kultur», wenn der Zwang, die Homosexualität zu verbergen oder sie indirekt zu beschreiben, den Schriftsteller nötigt, eine Sprache voller Anspielungen zu erfinden. Unmittelbare Folge dieser Regel ist, daß wenn ein solcher Zwang verschwindet oder der Schriftsteller sich nicht selbst zur Disziplin zwingt, ihn die Zurschaustellung seiner Phantasien dazu verleitet, die pornographische Sprache der niedrigsten heterosexuellen Literatur zu gebrauchen.

Warum ist das so? Weil, und nun ist der Augenblick gekommen, es zu sagen, Sex das am wenigsten Interessante an einer «homosexuellen Kultur» ist. Die Homosexualität hat in der allgemeinen Kulturgeschichte eine Rolle zu spielen nur wegen ihrer symbolischen Funktion: als Ablehnung der Normalität (doch nicht nur der sexuellen Normalität), als Wahl des Außenseitertums (doch nicht nur des sexuellen Außenseitertums). Ein Homosexueller ist nicht nur jemand, der mit Jungen anstatt mit Mädchen schläft; er ist auch (zumindest der Homosexuelle, der über sein Schicksal nachdenkt, der zur «homosexuellen Kultur» beiträgt) jemand, der anders als die Masse seiner Mitmenschen fühlt und denkt, jemand, der im Hintergrund bleibt, der die herrschenden Werte nicht annimmt, jemand, der zu seiner Zeit und seinem Land auf Abstand geht, der außerhalb der durch die Allgemeinheit ausgetretenen Wege sucht, jemand, den die bestehende Ordnung nicht befriedigt und der unaufhörlich nach einer anderen Welt, einem unbekannten Anderswo strebt.

Da von der Gesellschaft geächtet, ist der Homosexuelle imstande, ihre Schwächen, Laster, Lächerlichkeiten anzuprangern oder einfach ihr Räderwerk mit einer Hellsicht zu zerlegen, die allen verweigert ist, die die bestehende Ordnung bevorteilt. Ist es Zufall, daß Balzac als zentrale Gestalt seiner *Menschlichen Komödie* Vautrin wählte, einen Verbrecher, ehemaligen Sträfling, Anhänger des «dritten Geschlechts» und Vorwegnahme der Helden Jean Genets? Bewundern wir den Schriftsteller, daß er als großer Schriftsteller nicht den sexuellen Lebenswandel Vautrins betonte, sondern dessen Gabe des zweiten Gesichts, die er dank dieses Lebenswandels besitzt: Er erklärt Rastignac die Mechanismen des gesellschaftlichen und politischen Lebens, er breitet vor den entzückten Augen Rubemprés den Prunk und das Elend von Paris aus. Unter den Werken des XIX. Jahrhunderts sind zahlreiche Beispiele zu finden, in denen die Homosexualität des Helden nur dazu dient, die geistige Mittelmäßigkeit und den Konformismus seiner Umgebung anzuprangern. Das gilt für die *Verwirrung der Gefühle*, eine indirekte Kritik der Institution Universität (Zweigs Professor kann mit niemandem über das ihn quälende Geheimnis sprechen), oder Forsters *Maurice*, in dem das viktorianische England bloßgestellt wird oder Bassanis *Brille mit dem Goldrand*, wo die Ablehnung, die Fadigati erfährt, und der Selbstmord des Doktors dem Erzähler Gelegenheit bieten, einer italienischen Provinzstadt den Prozeß zu machen. In anderen Erzählungen Bassanis wird ein Jude ausgeschlossen: Homosexueller oder Jude, immer fällt dem Mitglied einer Minderheit die Rolle zu, Enge und Niedrigkeit der öffentlichen Meinung bloßzustellen. So verstanden steht der homosexuelle Held in einer Reihe mit den großen Romanhelden universeller Literatur, die immer Minderheiten angehören, immer Außenseiter sind. Ob ihre Umgebung sie ausschließt, weil sie verrückt sind wie Don Quichotte, krank wie der Idiot, wegen ihres gesellschaftlichen Ehrgeizes wie Julien Sorel oder ihres lasterhaften Lebenswandels wie Madame Bovary. Jeder große Roman ist die Geschichte eines Mannes allein oder einer Frau allein, die gegen ihre Gesellschaftsschicht ankämpfen. Der Homosexuelle ist also der typische Romanheld, vorausgesetzt, daß er die erotischen Freiheiten nicht akzeptiert, die ihm die freieren Sitten heute gewähren, vorausgesetzt, daß er Toleranz und Anpassung nicht auf den Leim geht.

Anstatt den Homosexuellen zur Gesellschaftskritik zu treiben, kann ihn sein Alleinsein auch zu Meditation und Kontemplation bringen. Man muß nicht auf Platon zurückgreifen: Zwei moderne Texte sind Beweis für eine solche metaphysische Berufung desjenigen, der über eine schwierige oder unmögliche Liebe weniger Befriedigung in der Liebe sucht als einen Bereich, der der Tyrannei der Sinne entzogen ist, einen Bereich jenseits des Menschlichen. Gustav von Aschenbach schmilzt vor Tadzio nicht mit der Hoffnung dahin, die Gunst des Jungen zu erlangen: Von Anfang an ist ihm bewußt, daß es eine verbotene Liebe ist, und er gibt sich ihr nur ganz hin, um die Welt der Sinne, die physische Leidenschaft zu überwinden. Über das Verbotene sucht er das Absolute: Hätte er sich in ein junges Mädchen verliebt, wären die Hindernisse nicht unüberwindlich gewesen. In Tadzio liebte er, sich über die irdische Welt hinaus in die Sphäre der Ideen erheben zu müssen. Die letzte Geste des Jungen, der ihm den Meerhimmel zeigt, läßt ihn in Frieden sterben: denn im Innersten strebte er nach nichts anderem, als sich zur Schönheit des unendlichen Himmels geleiten zu lassen. Tadzio war der Mittler-Engel zwischen Himmel und Erde, und indem Aschenbach ihn liebte, legte er seine allzu menschliche Hülle ab. Homosexualität als Ferment geistigen Fortschritts findet sich auch bei Proust: Indem Monsieur de Charlus, von seinen Leidenschaften mitgerissen, in sado-masochistischem Verfall versinkt, gelangt der Erzähler am Ende der *Recherche* zur Betrachtung des Wesentlichen. Von einem jungen Mann mit mondänen Neigungen hat er sich zu einer Art Eingeweihtem entwikkelt. Seine «Andersartigkeit» transzendentierte und sublimierte er zu einer mystischen Gabe. Die Enthüllungen der *Wiedergefundenen Zeit* gesellen sich zur letzen Erleuchtung in *Tod in Venedig*.

Wie stellt sich die Lage heute dar? Welche Voraussage läßt sich mit aller Vorsicht machen? Ist der Niedergang unwiderruflich? Führt das Ende von sexueller Knechtschaft und Not zum Verschwinden der «homosexuellen Kultur»? Muß man sich einerseits freuen und andererseits grämen? Der Roman scheint als Folge der Befreiung der Sitten die Homosexualität als einfache erotische Praktik zu behandeln, was ihre symbolische Funktion verkommen ließe und sie hindern würde, weiter eine Rolle in der Kultur zu spielen. Die Dichtung scheint dieser Gefahr weniger ausgeliefert, geschützt durch ihre Neigung zum Geheimnis, zu Anspielungen, zum Dunklen. Wir nannten bereits Michelangelo, Shakespeare, Whitman, Rimbaud, Verlaine und Lorca. Andere, weniger Bekannte sind ebenso brillant. Im XVI. Jahrhundert der Türke Junus Emre, der Engländer Auden, der Grieche aus Ägypten Kavafis, die Russen Iwanow und Kusmin, der Deutsche Stefan George, der Portugiese Pessoa, der Argentinier Rodolfo Wilcock, der Italiener Sandro Penna: Sie alle hätte Baudelaire Fixsterne der «homosexuellen Kultur» genannt. Doch so rein, so intensiv, von so wundervoller Fülle, daß die Bezeichnung ganz von selbst fällt: Dichter, sind sie, nur Dichter. Käme es einem in den Sinn zu sagen, daß Flaubert mit *Madame Bovary* und Stendhal mit *Rot und Schwarz* große heterosexuelle Romane geschrieben haben? Es steht zu fürchten, daß diese Formel von der «homosexuellen Kultur» nur der Begünstigung übler Produkte dient. Halten wir uns fest an das Prinzip, daß die literarische Qualität das einzige Kriterium sein darf, ob ein Werk uns als Lebenshilfe dienen kann, was auch immer unsere persönlichen Probleme, unsere Frustrationen und Leiden sein mögen.

Das Bildnis des Dorian Gray: Ein Museum der Glücksmomente

Rom, Palazzo Corsini, nicht weit vom Tiber am Eingang zu Trastevere, der Farnesina gegenüber: Dachte Oscar Wilde je daran, die wundervolle Treppe hinaufzusteigen, um die Gemäldegalerie zu besichtigen, die der Palazzo beherbergt? Im Palazzo Doria in der Nähe des Collegio Romano ging er den großen Velasquez des Pamphili-Papstes anzuschauen: «Das schönste Porträt der Welt, der ganze Mann steckt darin.» Diese Art von Bemerkungen sind aus seiner Feder sehr rar. Überrascht stellt man fest, daß der große Liebhaber des Schönen in seinen Schriften praktisch nie über klassische Malerei sprach: Interessierte er sich jemals für andere Maler als die seiner Epoche: Monticelli, Burne-Jones, Whistler, Aubrey Beardsley, von denen manche seine persönlichen Freunde waren? Die große italienische Malerei scheint ihm fremd gewesen zu sein, obwohl er die Halbinsel häufig bereiste. Hier liegt eines der zahlreichen Rätsel des Falles Oscar Wilde. Oder vielmehr: hier liegt eines der Kriterien, die uns die Behauptung erlauben, daß Oscar Wilde eher ein Ästhet als ein Liebhaber der Schönheit war. Warum ein Ästhet? Weil er nur die Bilder seiner Zeit mochte, die eben geprägt waren von Byzantinistik, wertvoller Seltenheit und manierierter Auflösung (die Präraffaeliten, Gustave Moreau). Ein Maler hatte einen umso größeren Wert für ihn, wenn er der gleichen Welt angehörte, dieselben Salons frequentierte, Mitglied derselben Clubs war, das gleiche glänzende Leben teilte. Welchen persönlichen oder mondänen Nutzen hätte er daraus ziehen sollen, in Italien seit drei- oder vierhundert Jahren tote Künstler aufzusuchen, mit denen er nicht einmal eine Zigarre austauschen oder den neuesten Klatsch der besseren Gesellschaft erzählen konnte? Das

Schweigen Oscar Wildes zu den Meisterwerken, die er im Laufe seiner Reisen nach Frankreich, Italien oder Griechenland gesehen haben mag, spricht Bände über seine Unfähigkeit, ein Gemälde, ein Bauwerk, eine Landschaft um seiner oder ihrer selbst willen zu mögen.

So erklomm er denn nicht die Stufen des Palazzo Corsini. Dabei hätte ihn ein Gemälde Caravaggios, der berühmte *Narziß* aufmerken lassen. Im Gegensatz zur Darstellertradition stellte Caravaggio keinen nackten Epheben dar, sondern einen robusten Kerl, vollständig bekleidet und das mit prächtigen Damastkleidern, die dem Dandy aus dem Café Royal gefallen hätten. Niemals ein Nackter in Wildes Romanen. Dorian Gray, Basil Hallward, Lord Henry: man stellt sie sich immer mit Krawatte und Korsett vor. Selbst wenn Dorian sich den kühnsten Ausschweifungen hingibt, scheint er Zylinder und Glacéhandschuhe anzubehalten. Diesen Tribut galt es dem Puritanismus des viktorianischen Zeitalters zu zollen. Dieser Hymne an das Vergnügen und die persönliche Freiheit, die *Das Bildnis des Dorian Gray*[1] sein wollte, war die erste Befreiung überhaupt, jene des Körpers völlig fremd. Auch der Narziß im Palazzo Corsini ist kein Vorkämpfer der Emanzipation. Er hat nichts gemein mit jenem jungen Algerier, der seinen Burnus in den Sand fallen ließ und in der goldbraunen Pracht seines anmutigen Körpers vor den hingerissenen Augen André Gides auftauchte. Doch ein Detail, das Oscar Wilde besonders überrascht hätte, ist der Umriß des Gesichtes, das sich im Wasser spiegelt. Ein Spiegelbild, das mit dem gespiegelten Umriß identisch zu sein scheint, außer daß man sagen möchte, es ist ein Bild des Todes anstatt des Lebens. Bedeutet sich übers Wasser zu beugen, um sich zu betrachten, nicht bereits das Leben anhalten, in der Bewegung innehalten, seine Züge erstarren lassen, alles in allem sich also aufs Sterben vorzubereiten? Man weiß, daß Oscar Wilde zu Spiegelbild und Spiegel anders dachte: «Man braucht weder die Dinge noch die Menschen zu betrachten. Man muß nur die Spiegel betrachten. Denn die Spiegel zeigen uns nur Masken.» Wo Wilde eine Maske sah, betrachtete Caravaggio den Tod. Sind beide Vorstellungen so unterschiedlich? Ist *Dorian Gray* nicht eine Variation zur Unvereinbarkeit von Kunst und Leben, und ist das Instrument dieser Enthüllung nicht ein Porträt, also ein Doppel, ein Widerschein, ein Spiegel?

Dorian lebt alle Vergnügungen, alle «Laster» (wie zu jener Zeit noch gesagt wurde) bis zur Neige und behält dabei sein Gesicht eines Zwanzigjährigen; das Bild, das er von sich malen ließ, altert an seiner Stelle. Diese Trouvaille sicherte Wildes Roman im Sturm eine Berühmtheit, die nicht wieder nachließ. Zwar ist die Idee wirklich originell (obgleich Balzacs *Die tödlichen Wünsche*, Edgar Allan Poes *Das ovale Porträt* oder Stevensons *Der seltsame Fall des Dr. Jekyll und Mr. Hyde*[2] ihm zur Inspiration hätten dienen können), doch erscheint sie als natürlicher Endpunkt der letzten fünfzig Jahre Literatur- und Kunstgeschichte in Europa. Der Roman erschien 1891: Als Reaktion auf den Industrialisierungsschub, das Häßlicherwerden der Städte, das Wuchern der Vorstädte hatten sich Schriftsteller und Künstler seit Mitte des Jahrhunderts Stück für Stück von der äußeren Welt abgesondert und in eine eigene Welt zurückgezogen, in der die Schrecken des modernen Lebens und die Gewöhnlichkeit der Massen sie nicht erreichen konnten. Auf Stendhals Rezept: «Der Roman ist ein Spiegel, den man auf den Straßen spazierenträgt», Widerhall einer glücklichen Epoche, in der der Schriftsteller im Einklang mit der Gesellschaft lebte, folgte der Elfenbeinturm Flauberts. Die Einsiedelei von Croisset, der heldenhafte Kampf gegen die Wörter, diesem Beispiel gilt es nun zu folgen: Formbesessenheit, der Kult des l'art pour l'art, die Verachtung der Massen werden die moderne Literatur nähren. Die Kunst ist nicht länger Spiegel der Welt, sondern eine Zuflucht gegen die Welt. Zu Ende des Jahrhunderts bleiben nur ein paar Romanciers von außergewöhnlicher Stärke wie Zola Chronisten ihrer Zeit. Doch Zola gehört eben zu denen, die Oscar Wilde verabscheut, genauso wie er Dickens verachtet. Wilde gehört in eine Reihe mit Flaubert, indem er die Ablehnung des Lebens auf die Spitze trieb. Von seinem berühmtesten Aphorismus, «Die Natur ahmt die Kunst nach», bis zu seinem gefeiertsten Scherz «Das unglücklichste Ereignis meines Lebens? Der Tod Lucien de Rubemprés»: seine ganze Philosphie ist Preis einer stolzen Abneigung gegen alles, was nicht durch die Alchimie eines Stils gereinigt wurde. Dorians Grausamkeit, die die Schauspielerin Sibyl Vane das Leben kostet – er liebt sie, solange sie in ihrer Rolle als Schaupielerin eingezwängt bleibt, und stößt sie voller Abscheu weg, als sie Leidenschaft empfindet, anstatt sie zu spielen – ist typisch für diesen übersteigerten Ästhetizismus. Wäre es nach Wilde gegangen, wäre sein Turm nicht aus Elfenbein, sondern aus Lapislazuli, Smaragd oder Jade gewesen. Etwas sehr Seltenem und sehr Wertvollem, um den Nebel, den Gestank und die Trivialitäten Londons auf Distanz zu halten. Dank seines Porträts lebt Dorian, doch entgeht er den Verletzungen durch das Leben: Seine ewige Jugend ist Symbol der neuen Schimäre des Künstlers.

Jeder Leser des Romans wird jedoch einwenden, daß Dorian, statt abseits von Lärm und Ausdünstungen der Metropole zu bleiben, sich mit Wonne an den anrüchigsten Orten suhlt. «Es wurde gemunkelt, er sei in einer elenden Spelunke in den entlegenen Teilen Whitechapels in einem Streit mit fremden Matrosen beobachtet worden, er gehe mit Dieben und Falschmünzern um und kenne die Geheimnisse ihres Gewerbes.»[3] Das Buch erregte 1891 Aufsehen, doch heute muß gesagt werden, daß seine Anspielungen von fast feiger Schüchternheit erscheinen. Die hintergründige Schönheit des Seemanns, die von Cocteau später in seinem *Weißbuch* besungen wurde, von Genet gepriesen (doch um im XIX. Jahrhundert zu bleiben: Erschien Melvilles wunderbarer *Billy Budd* nicht genau im gleichen Jahr wie *Dorian Gray*?) tritt bei Wilde nur sehr diskret auf. Man weiß, daß der Autor selbst sich mit zunehmendem Alter darin gefiel, immer ordinärer zu werden: Kleinen Zeitungverkäufern schrie er auf der Straße nach, Telegrammboten hielt er bei sich zurück, Hafenjungen folgte er in den Straßen Neapels. Nach einem bekannten psychologischen Mechanimus suchen Homosexuelle, die sich schuldig fühlen, ihre Vergnügungen in einem gesellschaftlich niedrigeren Milieu, um sich für ihre «Perversion» durch einen Umgang zu bestrafen, den sie ihrer unwürdig erachten. Um einen Ebenbürtigen zu lieben, muß man wirklich frei sein. Das viktorianische England zwang mehr als einen Schriftsteller, sich zwischen einem offziellen, brillanten und gefeierten Leben und einem heimlichen Liebesleben aufzuspalten. *Das Bildnis des Dorian Gray* hätte eine Variation dieses Themas werden können, wenn Wilde die dunkle Seite vom Leben seines Helden nicht umgangen hätte, um nur die Schauseite hervorzuheben, wo er in Pelzen und Schmuck paradiert.

Genauso überraschend ist, daß der gesamte Roman, der doch dem Schönen gewidmet ist und folglich wie Platons *Gastmahl* oder Nervals *Die Töchter der Flamme*[4] außerhalb der Zeit in einer unbestechlichen Sphäre schweben müßte, fürchterlich zeitgebunden ist. Erstens ist da diese so englische Atmosphäre, die eleganten Landhäuser, in denen Diener dem Besucher den Tee in Tassen aus feinstem Porzellan reichen, diese Parks, in denen der schwere Duft des Flieders es mit dem zarteren des sich rötenden Weißdorns aufnimmt, die Salons mit hohen Vorhängen aus Tussahseide und besonders jene endlosen Konversationen und glitzernden Widersprüche, die ihre freche Lebendigkeit nicht alle verloren haben. Und dann ist da die Tatsache, daß Oscar Wilde die Literatur seiner Zeit ziemlich plünderte. Dorians hedonistische Erfahrungen, seine raffinierte Devotion Pelzen, Parfums, wertvollen Steinen und exotischer Musik gegenüber, dieser ganze Kulturtrödel, stammt geradewegs aus Huysmans *Gegen den Strich*, «diesem Buch voller Gift mit dem gelben Einband», das Lord Henry seinem Freund zu lesen gibt. In seiner Biographie Oscar Wildes hebt Philippe Jullian weitere französische Einflüsse hervor: Den Rahmen verdanke er Elémir Bourges' *Crépuscule des Dieux* (Götterdämmerung), seinen Hang zu Nippes Jean Lorrain. Die Machart entlehnte Wilde bei Gyp und Rachilde: bei Gyp den Dialogroman, bei Rachilde das perverse Gespräch. Théophile Gautiers *Mademoiselle de Maupin* ist ebenfalls eine wichtige Quelle des Romans (und Wilde ließ sich nicht nur inspirieren, er plagiiert häufig): Das brachte den großen italienischen Kritiker Mario Praz dazu, in seinem Klassiker über die Dekadenz in Europa am Ende des XIX. Jahrhunderts (*Liebe, Tod und Teufel*[5]) zu sagen: «Obwohl in englischer Sprache geschrieben, gehört der Roman also eigentlich in die französische Tradition, als deren merkwürdig exotisches Spiegelbild er gelten kann.»[6]

Das Bildnis des Dorian Gray ist weit davon entfernt, ein Tempel zum Ruhm der Schönheit zu sein, es erscheint uns heute vielmehr als eine Art Museum des Fin de siècle, in dem der schlechte Geschmack einer Epoche versammelt ist, die ihre Abneigung gegen das Häßliche der neuen Industriewelt in den Kitsch trieb. Vor allem jedoch spiegelt dies Buch die Innenwelt Oscar Wildes wider, sein eigenes Museum, in dem mehr exquisite Vasen, ziselierte Schatullen, mehr hübscher Flitterkram als Gemälde großer Meister zu finden sind. Das Porträt Graham Robertsons von Sargent, das Vorbild des «Porträts» von Dorian durch den Maler Basil Hallward sein soll und das in der Tate Gallery zu besichtigen ist, stellt einen schönen jungen Mann dar; doch vielleicht ist er eben zu schön, zu geleckt: eher ein Lustobjekt als ein menschliches Wesen. Das gesamte Buch hindurch hat man den Eindruck, daß Wilde sich eher zwischen Lustobjekten als zwischen Menschen bewegt. Das inspirierte Mario Praz zu dem strengen Urteil: «Doch fällt es Wilde ein, mitten in einer Szene, die grausig sein soll, eine Opiumzigarette, ein Paar zitronengelbe Handschuhe, eine lackierte Streichholzschachtel, ein silbernes Louis XV-Tablett oder eine mit Türkisen ausgelegte sarazenische Lampe anzubringen, und schon bricht das ganze Gebäude in sich zusammen, weil sich Wildes eigentliches Interesse auf das Dekorative beschränkt.»[7]

Ein allzu strenges Urteil, denn hätte ein nur «mondäner» Roman seine Anziehungskraft so sehr behalten? Anfangs irritierend, dann faszinierend wirkt an diesem Buch, daß Oscar Wilde seine Fehler mit dem gleichen Willen zu provozieren in den Vordergrund stellt wie im Leben. Genauso wie er England zwischen dem ersten und dem zweiten Prozeß hätte verlassen können und er sich Verurteilung und Martyrium aussetzte, genauso hätte er seine Quellen besser kaschieren, den Flitter in den Beschreibungen streichen, den schicken Ton löschen können, der viele Seiten durch eine heute veraltete Affektiertheit verdirbt. Besonders hätte er besser herausarbeiten können, was die dauerhafte Kraft des Werkes ausmacht, sich zehn Jahre vor Gide zum Boten einer neuen Moral machen können. Die Predigt Lord Henrys an Dorian ist bereits die des Immoralisten. «Das Ziel des Lebens ist Selbstentfaltung. Seine eigene Natur vollkommen zu verwirklichen – dafür ist jeder von uns da. Die Menschen von heutzutage haben Angst vor sich selbst. Sie haben die höchste aller Pflichten vergessen, die Pflicht, die man sich selbst gegenüber hat.»[8] Und auch: «Ich glaube, wenn ein einziger Mensch sein Leben völlig und ganz ausleben wollte, jeder Empfindung Form, jedem Gedanken Ausdruck, jedem Traum Wirklichkeit geben wollte – ich glaube, die Welt erhielte einen solchen Schwung von Freudigkeit, daß wir all das Siechtum des Mittelalters vergäßen und zum hellenischen Ideal zurückkehrten – vielleicht zu etwas, das intimer und reicher wäre als das hellenische Ideal. Aber der Tapferste unter uns hat Angst vor sich selber. Die Selbstverstümmelung der Wilden lebt in tragischer Weise in der Selbstverleugnung fort, die unser Leben verstümmelt.»[9] Wundervolle Zeilen, die nichts von ihrer Aktualität verloren haben (abgesehen von dem Mißverständnis bezüglich des Mittelalters und zu Griechenlands). Kehrte Lord Henry auf die Erde zurück, stellte er fest, daß sein Wunsch wohl kaum erhört wurde.

Er sagt auch: «Es liegt etwas schrecklich Krankhaftes in dem Mitgefühl unserer Zeit mit dem Elend. Man sollte mit der Farbigkeit der Schönheit, der Freude des Lebens mitfühlen.»[10] Wenn man bedenkt, daß der Schmerz nicht nur zu Wildes Zeit, sondern seit Anbeginn der Welt das beherrschende Thema von Literatur und Kunst ist und lange vor Wagner (seltsam entstellt, nebenbei gesagt) und den giftigen Harmonien *Tristans* die großen Dichter und großen Künstler immer die unmögliche Liebe priesen, das Scheitern, den Tod, dann wird man diese Worte nicht überflüssig finden, die die Forderungen des XX. Jahrhunderts bereits ankündigen. Ganz gewiß war Oscar Wilde hinter seiner belanglosen und verkniffenen Attitüde ein Schriftsteller, der «etwas zu sagen» hatte. Aus Kokettterie, aus Masochismus beschränkte er sich darauf zu amüsieren, dabei hätte er das Zeug zum Propheten gehabt. «Hinter allem Erlesenen findet sich Tragisches.» Damit der Leser Bescheid weiß! Gleichwohl machte Oscar Wilde aus dem *Dorian Gray* aus übertriebener Furcht, nicht so lässig und frech zu sein, wie es in der großen Welt angesagt war, ein weit eher erlesenes als tragisches Buch.

Die Tragik ist bekanntermaßen in seinem Leben zu suchen. Und immer wieder drängt sich zu Wilde die gleiche Frage auf: Hätte sein Werk ohne das Drama des Prozesses, ohne das Trauma des Gefängnisaufenthaltes, der sein Leben ruinierte, diese Ausstrahlung bewahrt? Bestand sein Talent nicht gerade darin, einen einfachen Skandal in eine exemplarische Katastrophe verwandelt zu haben? So wurde er auf ewig zum Helden und etwa hundertzwanzig Jahre nach der Ermordung Winckelmanns in Triest Opfer jener Liebe, die ihren Namen nicht zu nennen wagte. Nach ihm gilt es weitere achtzig Jahre zu warten, bis man ihm einen würdigen Nachfolger zur Seite stellen kann in der häufig düsteren Galerie von Opfern und Märtyrern der Homosexualität. Interessanterweise weckte der Mord an Pasolini 1975 und das ungeheure Echo darauf das Interesse an Wilde wieder, wegen der Ähnlichkeiten zwischen beiden Tragödien. Man stellte fest, daß Gesellschaften in der Krise einen Sündenbock gern in derselben Kategorie von Außenseitern suchen. Wir stellten bereits fest, daß das erwählte Opfer, weil es sich von

Presse und Öffentlichkeit gehetzt fühlt, ein selbstzerstörerisches Verhalten annimmt und sich der Marter von sich aus entgegenwirft. Eine umso verwirrendere Parallele, als das mit Puritanismus gewappnete viktorianische England von 1895 nichts gemein hat mit dem permissiven und augenscheinlich wohlmeinenden Italien von 1975.

Der schlimmste Irrtum bei einer Wilde-Biographie wäre, auf die Schemata der Psychoanalyse zurückzugreifen und sein Schicksal durch seine Kindheitskomplexe «erklären» zu wollen. Sicher, seine Mutter, Lady Wilde, war eine ebenso besessene Patriotin wie Literaturnärrin, eine Mischung aus einer irischen Pasionaria und einer Provinz-Madame Récamier und vermittelte ihm kein sehr anziehendes Bild der Frau. Sicher, sein Vater William gab sich Ausschweifungen hin und alterte unter der ehrenrührigen Anklage, eine Minderjährige vergewaltigt zu haben, und wies den Knaben so unfreiwillig auf die Gefahren durch das andere Geschlecht hin. Doch all dies – nicht einmal die berühmte Ausstaffierung als Mädchen, die dem Neugeborenen zugemutet wurde – hätte nicht genügt, seine Vorlieben zu bestimmen, wären nicht seine angeborene Neigung und später seine ästhetische Wahl bestimmend gewesen. Er wurde aufsässig geboren, aus Präferenz für den männlichen Körper genauso wie aus Widerspruchsgeist, selbst wenn der Druck durch sein Milieu ihn zwang, einen Seitensprung in die Ehe zu machen. Zur sexuellen Häresie bekannte er sich aktiv nicht nur um seines körperlichen Vergnügens willen, sondern weil dieser höchst symbolische Schritt für ihn der beste Weg war, sich der Gesellschaft seiner Zeit in allen Bereichen zu widersetzen.

Das Geheimnis seiner Faszination hängt glaube ich mit dem heftigen Kontrast zwischen seiner Salonpracht am Anfang und dem traurigen Niedergang anschließend zusammen. Seine Vortragsreise in die Vereinigten Staaten mit achtundzwanzig Jahren bleibt eine meisterhafte Herausforderung. Hose nach französischem Schnitt, Lackschuhe, Diamantnadel auf der weißen Krawatte, Sonnenblume im Knopfloch: So stellte er sich seinem naiven Publikum in höchst extravaganten Kleidern, auf die Gefahr hin, es zu schockieren. Als er den Goldgräbern an der Westküste den Zauber der impressionistischen Malerei beschrieb – einen grünen Himmel etwa oder rote Schatten –, sprangen diese auf und schworen, daß es solche Farben nicht gäbe. Die Jüngeren zogen den Revolver! In London, später in Paris schuf Wilde sich schnell den

Ruf eines Dandys und Ästheten, den er nicht wieder loswurde. Doch all jene, die sich seiner gern entledigen würden, indem sie ihn der «Dekadenz» bezichtigen, sollten den Roman *Park* seines Schülers John Gray lesen. Ein esoterisches, gedrechseltes und nebulöses Werk, das im Kontrast zeigt, wie klar der Autor von *Das Bildnis des Dorian Gray* (Dorian soll nach John benannt sein) seine Personen zu zeichnen und seine Geschichte mit der Durchsichtigkeit eines Klassikers zu führen verstand.

Der Niedergang, der Verfall kamen, doch sehr viel später, nach dem Gefängnisaufenthalt. Nicht ohne Beklemmung verfolgt man den Bericht seiner letzten Jahre, dieses Umherirren am Rande der Bettelei, das ihn nach Italien und Frankreich trieb, gesundheitlich wie finanziell ruiniert, von seinen Landsleuten abgelehnt und seinen ehemaligen Bewunderern auf Distanz gehalten. An einem Abend in Capri in Begleitung Alfred Douglas' fand er nicht einmal einen Ort zum Essen. In allen Restaurants, die die Freunde betraten, verlangten englische Gäste vom Maître de salle, das skandalträchtige Paar abzuweisen. In Paris war selbst Gide «peinlich berührt», gestand er, den Geächteten auf den Boulevards zu treffen, «an einem Ort, wo so viele vorbeikamen». Die Dreyfuß-Affäre war gerade auf dem Höhepunkt, und Wilde konnte feststellen, daß man auf beiden Seiten des Ärmelkanals ein Opfer der Sühne brauchte. Er machte sich daran, diese Rolle mit selbstmörderischer Beflissenheit zu spielen. Einmal mehr kann man nicht umhin, den Dichter mit dem italienischen Filmregisseur zu vergleichen. Oscar Wilde zeigte seine schwere, hinfällige Gestalt auf den Pariser Boulevards, verwendete seine letzten Kräfte und letzten Groschen auf die gefährliche Jagd nach nächtlichen *ragazzi* und starb mit sechsundvierzig Jahren keines gewaltsamen Todes, sondern ließ sich von Krankheit, Elend und Verzweiflung zerstören.

Wie groß die Versuchung auch sein mag, die Aspekte des *Dorian Gray* zu rechtfertigen, die uns ein wenig schwach erscheinen, wir sollten uns hüten, dieses trotz allem leichte Buch im blutigen Schein seines desaströsen Endes zu lesen. Was bleibt also von dem Roman an sich? Eine brillante Komödie im Stil der Wildeschen Theaterstücke, ein phantastisches Märchen, eine psychologische Variante zum Thema des todgeweihten Narziß, eine Hymne an die Jugend, die erschütternd bleibt.

Erschütternder als der 1945 von Albert Lewin mit George Sanders und Donan Reed gedrehte Film. 1945! Die Zeit war noch nicht reif für ein kühneres Werk. Der Film ist nur eine archäologische Rekonstruktion des Romans, noch zaghafter gar als der Roman selbst. Einem unwissenden Betrachter wäre es unmöglich, die Art der Ausschweifung zu erraten, der der Held sich hingibt. Nicht einmal der Schatten eines Matrosen läuft über die Leinwand. England hatte sich in fünfzig Jahren kaum gewandelt. Der Regisseur mußte alles streichen, was der Übergang vom Wort zum Bild aus dem Rahmen der Anspielung ins Scheinwerferlicht gerückt hätte. Die Untertanen Georgs VI. waren genauso wenig bereit, eine Apologie sexueller Abweichung zu dulden wie die seiner Urgroßmutter Victoria. Die Hauptbedeutung dieses Film besteht darin, daß er uns zeigt, daß selbst zwei Weltkriege nicht ausgereicht hatten, um den Panzer der Sitten zu sprengen. Und er erinnert uns daran, daß der Film noch reservierter sein mußte wegen der vergröberten Darstellung und uns nur ein schwächeres Abbild eines beunruhigend bleibenden Buches liefern konnte.

Trotz seiner Mängel oder vielleicht gerade wegen seiner Mängel läßt das Buch immer noch aufmerken. Ein Zeichen für unsterbliche Geisteswerke. Dieses hier stört uns häufig, ärgert uns manchmal und hält uns trotzdem in Atem. Selbst der Stil erscheint uns nicht immer glücklich gewählt, nicht einmal entlastet genug von unnützen Manieriertheiten. Es wäre Wilde so leicht gewesen, uns im Zauber seiner Prosa einzulullen! Aber nein, er wollte uns verunsichern, er verzichtete auf die Leichtigkeit des *Bel canto* in nur luftigleichten Tönen, seine Feder drückt und schabt, und das ist besser so, denn so fahren wir auf, und anstatt den Roman zu lesen, wie man einen Zaubertrank trinkt, nehmen wir uns die Zeit, auf jeder Seite innezuhalten, über die Widersprüche und Überraschungen nachzudenken, mit denen er gespikt ist.

«Um ein Wesen zu beschädigen, muß man es nur umgestalten.» Wollte Wilde uns in seinem Roman wirklich in ein Museum des Kitsches führen, so genügte ein derartiger Satz (und davon gibt es viele), den Ausdruck umzukehren und zu dem Schluß zu kommen, daß *Das Bildnis des Dorian Gray* zwar ein Museum ist durch seine hermetische Atmosphäre und seine steife Kunst, jedoch ein Museum der Glücksmomente.

Maurice: Vom Roman zum Film

Der Roman *Maurice*[1] des Engländers Edward Morgan Forster wurde 1913/14 geschrieben. Der Romancier, 1879 in London geboren, hatte bereits Griechenland, Italien und Indien besucht und mehrere Bücher geschrieben, mit denen er sich einen Namen gemacht hatte. Er starb viel später, sehr betagt, 1970, ohne *Maurice* aus Furcht vor einem Skandal je veröffentlicht zu haben. Das Buch erschien erst 1971.

Maurice ist anfangs Student in Cambridge, bevor er Geschäftsmann in der Londoner City wird. Er ist weder schön noch häßlich, ein eher langsamer Kopf, ein guter Sportler, seinen Klassenkameraden sympathisch. Er braucht Zeit, bis er begreift, was in ihm vorgeht. Sein Studienkollege Clive ist sich viel stärker über sich selbst im klaren: Seit langem weiß er über seine Neigungen Bescheid, doch durch seine religiöse Erziehung geprägt, ist er entschlossen, sie zu bekämpfen. Die erste Gelegenheit für die beiden Studenten, das verbotene Thema anzuschneiden, liefert ihnen der Griechischunterricht, als der Lehrer seine Schüler auffordert, eine Zeile zu überspringen, die auf das «unaussprechliche Laster der alten Griechen» anspielt. Nach der Stunde empört Clive sich über solche Heuchelei. Erstaunen Maurices. «Haben Sie *Das Symposion* nicht gelesen?»[2], fragt Clive ihn. Maurice gesteht seine Unkenntnis und nimmt den Rat mit, Platon zu lesen.

Wie die Liebe zwischen den beiden Freunden wächst, erst im College, dann bei mehreren Aufenthalten beim einen oder anderen zu Hause, darin liegt die ganze Kunst Forsters: wie er sie uns durch kleine Fingerzeige verdeutlicht, mit denen er ihr heftiges Begehren und die schmerzliche Unmöglichkcit beschreibt, es zu befriedigen. In beiden Familien ist der Vater tot, in beiden Familien auch wuchs der Junge mit einer Mutter und zwei Schwestern auf. Doch keine Bemerkung, zu keinem Augenblick, erlaubt dem Leser zu denken, daß eine Verbindung bestehen könnte zwischen dem fehlenden Vater und dem Überfluß an Frauen einerseits und der Homosexualität der Jungen andererseits. Wie der Schriftsteller in sich selbst ruht, ist wundervoll: Zu einer Zeit, als die Verbreitung der Psychoanalyse zu Klischees über die Komplexe in Familien führte, behauptet der junge Forster, daß Homosexualität unproblematisch sei. Er sucht nicht nach ihren Ursachen, die in der Natur liegen und keiner «Erklärung» bedürfen, er zeichnet nicht ihre Geschichte nach, er studiert ihre Auswirkungen.

Beide Familien gehören zum Großbürgertum und bewohnen schöne Landhäuser. Die Familie Clives wohnt in Penge in einem Landhaus inmitten eines üppigen Parks und ist ein wenig höher gestellt, reicher und bedeutender als die Maurices: ein Unterschied, der eine nicht zu vernachlässigende Rolle spielt, wenn für die beiden Freunde der Augenblick gekommen ist, ihrem Leben eine endgültige Richtung zu geben.

Für den Augenblick, im College oder auf den Wiesen, die sie im Motorrad mit Seitenwagen durchstreifen, lieben sie sich, jedoch rein platonisch. Forster weist mit wundervollem Feingefühl darauf hin, wie zerbrechlich die Schranke ist, die sie hindert, sich körperlich zu vereinigen. Für Clive ist der Hauptgrund seines Widerstandes das Bewußtsein seiner gesellschaftlichen Verantwortung. Er will in die Politik gehen und sich in seiner Grafschaft wählen lassen. Aus diesem Grund beschließt er, sich zum anderen Geschlecht zu bekehren und zu heiraten. Er heiratet ein junges Mädchen der besseren englischen Gesellschaft, das er auf der Akropolis kennenlernte, bei den Griechen also – welche Spitze des Romanciers, die Heimat des Sokrates für den Triumph Hebes über Ganymed zu wählen. Auch Maurice versucht «normal» zu werden. Einmal bittet er einen Arzt, ihn zu untersuchen, als ob seine Neigungen eine organische Ursache haben könnten. Der Arzt ist ein Esel; er begreift nicht, was den Jungen quält, glaubt, er sorge sich wegen einer Geschlechtskrankheit, bestätigt ihm, er sei völlig gesund, und als Maurice schließlich mit der Sprache herausrückt, verabschiedet er ihn, völlig außer sich, nur mit dem Verdikt: «Unsinn!» Ein andermal vertraut sich der junge Mann dem Zauber eines Hypnotiseurs an, mit einem nicht weniger enttäuschenden Ergebnis.

Insgesamt gesehen verhält sich Maurice wie ein lieber Junge voll guten Willens und überfordert durch das Los, das ihm bestimmt ist. Hierin liegt die erste Originalität des Buches: in der Wahl eines durchschnittlichen Helden. Oscar Wilde hatte im *Bildnis des Dorian Gray* den giftigen Invertierten, der mit dem Teufel paktiert, zum Vorbild gemacht: ein Vorbild, das die homosexuelle Literatur bis heute nährt. Ästheten bei Oscar Wilde, Wracks bei Marcel Proust, Gauner bei Jean Genet, solche Außenseitergestalten mit schwarzem Heiligenschein sind unzählbar. Nichts davon bei Maurice: Er ist kein Erwählter Satans, seine Neigungen führen nicht in den Himmel der Verdammten. Irgendein Junge, «ungeschliffen, ein wenig dümmlich»; daß er homosexuell ist, ändert ihn im Grunde nicht; er ist mittelmäßig, gesund und mit einem harmonischen Gesellschaftsleben vereinbar.

Außer daß wir uns 1913 in England befinden, mit Gesetzen, die Homosexualität streng verurteilen. Die Größe Maurices im zweiten Teil des Buches – da, wo er schließlich ein Held wird – besteht darin, daß er der unterdrückenden Gesellschaft gegenüber die wundervolle Einfachheit der Natur verkörpert. Ein Dritter hilft ihm, diese Umwandlung zu vollziehen: Alec, der junge Jagdhüter, Angestellter der Familie Clives in Penge. Daß Maurice in die Freundschaft mit einem Jungen aus einer so viel niedrigeren Gesellschaftsklasse einwilligte, wäre unwahrscheinlich erschienen: Die Vorurteile eines ehemaligen Cambridge-Studenten sind viel zu stark, um ihm zu erlauben, der sakrosankten britischen Kastenregel zuwiderzuhandeln. Maurice bemerkt Alec bei seinen Spaziergängen im Park kaum: Alec stellt fest, daß er auf Maurice Eindruck gemacht hat. Alec begreift für Maurice, anstelle Maurices, was sich in Maurice abspielt. Maurices Körper, seine Reaktionen sprechen für ihn zu Alec, ohne daß es ihm bewußt würde. Zu einem bestimmten Augenblick bemerkt Maurice, daß zwei schwarze Augen ihn ansehen: Er hätte diese zwei schwarzen Augen nicht gespürt, wenn das Bild ihres Besitzers sich seinem Körper nicht bereits eingeprägt hätte. Als der Jagdhüter eines Nachts ohne Vorankündigung mit einer Leiter in Maurices Zimmer einsteigt und in sein Bett schlüpft, ist der Überraschungseffekt für den Leser total. Gleichzeitig hat Forster die Episode so gut vorbereitet, daß sie richtig, notwendig und unvermeidlich erscheint.

Maurice und Alec lieben einander aufrichtig und ganz und gar.

Nach ihrer ersten Nacht kehrt Maurice, noch Gefangener der Feigheit, von der er als gesellschaftlichem Wesen durchdrungen ist, nach London zurück und beschließt, mit dem Jagdhüter zu brechen. Dieser setzt ihm zu: Um ihn zu erpressen, wie man anfangs glauben könnte? Nein, die Erpressungsdrohung ist für ihn nur ein Mittel, Maurice einzuholen. Um bei Maurice zu bleiben, verzichtet er darauf, mit seiner Familie nach Argentinien auszuwandern, die ihm bereits die Fahrkarte bezahlt hat. Die Liebenden verbringen eine weitere Nacht in London in einem Hotelzimmer. Danach kehrt Maurice nach Penge zurück und trifft Alec im Bootshaus. Und dort, wie es dem *natürlichen*, einfach-ländlichen, abrupten Charakter ihrer Liebschaft entspricht, nimmt der Londoner Bürger, bezaubert durch den «Mann der Wälder» sein Schicksal endgültig an. «Und jetzt werden wir nicht mehr getrennt, und diese Geschichte hat ein Ende», sagt Alec zu ihm.

Das letzte Kapitel zeigt den Sieg der Natur über die Gesellschaft in vollem Glanz. Clive, dem Maurice sein Abenteuer gesteht, stößt einen Schrei des Abscheus aus. «Eine Beziehung zwischen Männern kann nur dann entschuldigt werden, wenn sie platonisch bleibt!» Ohne ihm zuzuhören, zerknittert Maurice Nachtkerzenblätter in der Hand, geht davon und verschwindet in der Nacht: Mit diesem Bild leuchtender Glückseligkeit verschwindet der junge Mann für den Leser wie auch für seinen ehemaligen Freund. «Das *blaue Zimmer* (Symbol ihrer verflossenen Intimität) schimmerte immer noch schwach, die Farne wogten. Von einem zeitlosen Ort aus, der Cambridge ähnelte, begann sein Freund ihm zuzuwinken, eingetaucht in die Sonne, während er die Düfte und Geräusche des Frühlingstrimesters von sich abschüttelte.» «Eingetaucht in die Sonne», mitten in der Nacht!

Maurice ist kein Thesenroman. Als getreuer Vertreter der englischen Schule hütet sich Forster, «Ideen» in Romansituationen einzuschieben. Dabei mußte ihm jedoch am Herzen liegen, daß man ihn nicht mißverstehe. Manche Sätze sprechen für sich. «Wenn das Verlangen die gebotenen Grenzen der Gesellschaft überschreiten kann, dann geht die Zivilisation, die wir aufgebaut haben, zugrunde», sagt sich Maurice nach seiner ersten Liebesnacht. Die Homosexualität ist natürlich, ihr Verbot hat gesellschaftliche Gründe: Klarer ließe sich das nicht ausdrücken. Zwei Stimmen stehen in Maurice einander gegenüber: «Das Leben auf Erden, Maurice, gehörst Du nicht dazu? – Nun, was nennst du das ‹Leben auf Erden› – es sollte dasselbe sein (...) wie das Leben in der Gemeinschaft der Menschen. Das Nächste sollte auf dem Vorhergehenden gründen, wie Clive einmal sagte.» Der Mann aus den Wäldern, der Mann der Natur ermöglicht es Maurice, die Konventionen seines Milieus abzulegen. Maurice verrät seine Klasse, um sich selbst ganz zu verwirklichen. Die sexuelle Befreiung läuft über die gesellschaftliche Emanzipation: Dies ist die eindeutige Lehre des Romans.

Kühner noch als diese Legitimation des Begehrens außerhalb jeden Endzweckes, klingt der optimistische Schluß von *Maurice* fanfarengleich. Sicher, es ließe sich lange spekulieren, was mit den beiden Liebenden geschehen wird, die Forster im Bootshaus zurückläßt. Werden der Klassen-, der Bildungs- und der Vermögensunterschied ihre Liebe nicht zerstören? Lesen wir, was im Roman steht. «Er hatte den Mann in Alec hervorgelockt, und jetzt war es an Alec, den Helden in ihm hervorzulocken. Er kannte den Ruf und wußte, worin seine Antwort bestehen mußte. Sie mußten außerhalb seiner Klasse leben, ohne Beziehungen, ohne Geld. Sie mußten arbeiten und bis zum Tode zueinanderstehen. Aber England gehörte ihnen. Darin bestand, außer ihrem Zusammenhalt, ihre Belohnung. Englands Luft und Englands Himmel gehörten ihnen und nicht den verzagten Millionen, die stickige, kleine Hütten besaßen, nicht jedoch ihre eigenen Seelen.»

Diese Zeilen wären bereits erstaunlich, wenn man nur den historischen Kontext im England von 1913 zugrundelegte, weniger als zwanzig Jahre nach der Verurteilung Oscar Wildes, als Homosexualität noch gesetzlich bestraft wurde, ohne an die moralische Ablehnung zu denken, die den Schuldigen anhing. Sie erscheinen völlig revolutionär im allgemeineren Rahmen der Homosexuellenliteratur weltweit, vor und nach *Maurice*. Ein tragisches Ende, häufig durch Selbstmord, ist *bis heute* der übliche Schluß von Romanen, in denen es um Homosexuelle geht. Der kleine Alexandre Peyrefittes gesellt sich im Tod zu dem jungen Rubempré Balzacs.

Bereits 1913 wagt Forster im repressivsten Land Europas ganz ruhig das Recht der Natur und das Recht der Homosexuellen auf Glück zu verlangen. Er stürzt zwanzig Jahrhunderte jüdisch- christlicher Tradition, zwanzig Jahrhunderte Masochismus und Schuld. «Englands Luft und Englands Himmel gehörten ihnen.» Dabei befleckt keine Abgeschmacktheit den Roman. Die Zeichnung der unmöglichen Liebschaft zwischen Maurice und Clive, das Gefühl des Unwohlseins und der Trauer, die beim Leser aus diesem Scheitern erwächst, der Kontrast zwischen der lieblichen englischen Landschaft im Frühling und dem Elend ihres unerfüllten Begehrens bewiesen – falls es noch nötig wäre –, daß Forster sich nichts vormachte über die sehr engen Grenzen seines Optimismus. «Englands Luft und Englands Himmel gehörten ihnen»: Für zwei Menschen jedenfalls, die den Mut dazu hatten, war Befreiung kein leeres Wort.

Dem Autor fehlte es nur an einem: dem Mut, seinen Roman gleich zu veröffentlichen. Mehrere Generationen von Homosexuellen hätten ein anderes Leben geführt, wenn sie die Geschichte von Maurice und Alec während jener Jahre gelesen hätten, als die homosexuelle Literatur nur von Niedergang (Thomas Mann, Proust), Freitod oder Mord erzählte. 1926: Der Österreicher Stefan Zweig veröffentlicht *Verwirrung der Gefühle*, wo ein in seinen Schüler verliebter Lehrer ihm nur einen einzigen Kuß zu geben wagt «wild und verzweifelt wie ein Todesschrei», bevor er ihn für immer aus seinem Blickfeld verjagt. 1932: Der Engländer Christopher Isherwood berichtet in *The Memorial* (Das Denkmal), seinem ersten Roman, von dem Selbstmordversuch Edwards, einem untergehenden Homosexuellen. 1948: Der Amerikaner Gore Vidal veröffentlicht *The City and the Pillar* (Die Stadt und der Pfeiler): Jim tötet Bob, einen Jungen, mit dem er früher eine sexuelle Erfahrung machte und der Jahre später, nachdem er «normal» geworden ist, seine Avancen zurückweist. 1956: Ein anderer Amerikaner, James Baldwin, beschreibt in *Giovannis Zimmer* den inneren Konflikt, der David zermürbt, da er unfähig ist, mit Giovanni zusammenzuleben; ihr Abenteuer nimmt ein brutales und mörderisches Ende. 1958: *Die Brille mit dem Goldrand* des Italieners Giorgio Bassani erzählt den Niedergang und Selbstmord eines Arztes aus Ferrara, der in einen Studenten verliebt ist. Selbst in Japan scheint es nach dem Beispiel Mishimas nicht so, als ob eine andere religiöse Tradition zu weniger dramatischen Auswirkungen führe. Bereits 1910 hatte *Tod in Venedig* zu diesem endlosen (und nicht beendeten) Totengeläut angestimmt. Ich las Thomas Manns Erzählung sehr jung und werde nie vergessen, wie tief sie mich beeindruckte. Vielleicht wäre mein bißchen Hoffnung in die Möglichkeit, eine homosexuelle Beziehung bei Tageslicht zu leben, gleich einem vernünftigen Optimismus gewichen, wenn ich mit zwanzig Jahren die Augen über dem weichen Licht der Morgenröte Forsters geöffnet hätte, anstatt von der düsteren Pracht Thomas Manns entzückt zu sein. Noch heute, da die gesamte homosexuelle Literatur von schwärzestem Pessimismus durchdrungen bleibt, den die Aidsepidemie wieder erstehen läßt (außer den Kitschromanen, die jedoch keine literarische Kraft besitzen und folglich auch keine moralische Überzeugungskraft), würde ich einem jungen Homosexuellen raten, der mich fragte, wo er in Büchern Stütze fände: «Lesen Sie zuerst *Maurice.*» Ja, *Maurice*, ein großer Liebesroman, der gut auszugehen wagt im Gegensatz selbst zu den meisten heterosexuellen Liebesromanen, in denen die Angst, romantisch zu wirken, den Autoren einen tragischen Schluß aufzwingt.

Es stand zu befürchten, daß *Maurice*, da das Buch so spät erschien, als Toleranz sich in England und der restlichen Welt auszubreiten begann, an Kraft verloren hätte oder es fast überflüssig erschiene. Eine müßige Furcht, wie der Erfolg des schönen Films von James Ivory 1987 sechzehn Jahre nach der Veröffentlichung des Romans bewies. Trotz aller Fortschritte bleibt die Lage der Homosexuellen prekär: Noch heute gibt es viele Maurices und Clives, die unüberwindliche Hindernisse, innere und äußere, an einer erfüllten Liebe hindern. Das euphorisierende Ende des Buches bleibt für mehr als einen Leser eine schimärenhafte Apotheose.

Der Film hält sich genau an den Roman. Wie bei Viscontis *Tod in Venedig* fällt eine übermäßige Neigung zum Dekor, zum Hübschen und Geleckten auf: Doch dieser Mangel ist für Forsters Roman weniger schwerwiegend, da er manche Beschreibungen von Häusern und Landschaften enthält, als für die sehr viel nacktere Erzählung Thomas Manns, deren Übertragung auf die Leinwand durch die gefällige Zurschaustellung von Damentoiletten am Strand des Lido schwerfälliger wird.

Forster schrieb eine Episode, in der Maurice, fasziniert von einem Schüler, einem Gast seiner Eltern, diesen nackt im Schlaf betrachtet. «Anmutiger Körper», «der Flaum auf seiner Oberlippe hatte einen goldenen Schimmer», «Abgott» usw. Ivory tat gut daran, diese endymioneske Episode zu streichen, die durch das Bild vergröbert, ein Element «schwuler» Ergötzung hineingebracht hätte, das im Widerspruch zu Maurices Schüchternheit und seiner puritanischen Ethik stände. Hingegen kommt im Film eine Szene vor, die im Buch fehlt: die Festnahme des zynischen Risley, eines Cambridge-Studenten, der mit einem Soldaten auf der Straße überrascht wird. Diese Szene ist gerechtfertigt, da es zweckmäßig ist, den Zuschauer 1987 daran zu erinnern, daß Homosexualität, selbst zwischen Erwachsenen in England gesetzlich verboten war (bis 1967). Unter den winzigen Veränderungen merken wir an, daß er als Hommage an Sizilien Segesta wählte (Theater und Tempel) als Beispiel für die Schönheiten Griechenlands. Eine schlüssige Entscheidung, denn nirgends ist Griechenland so schön wie auf Sizilien.

Dank seiner Intelligenz und Sensibilität nutzte Ivory das dem Film eigene visuelle Moment, um gewisse Aspekte des Buches hervorzuheben, die sozusagen unterschwellig darin vorhanden sind. Der spektakulärste Beitrag des Films liegt in der Rolle, die Kleidern darin zugewiesen wird. Die jungen Männer in Cambridge und der City tragen immer steife Kragen, Krawatte, Plastron und Jackett. Zu einem Abendessen unter Freunden sind sie sich einig, daß der Smoking genüge. Selbst um auf dem Land spazierenzugehen, haben sie den Hals nicht frei. Bereits das Auftauchen Alecs ohne Krawatte, mit offenem Hemd, mit seiner Mähne und einer weichen Mütze löst bei Maurice wie beim Zuschauer einen Schock aus. Alec ist nicht wie die anderen: Seine andere Kleidung kündigt uns an, daß er nicht denselben Regeln gehorcht wie seine Herren.

Das Verbot des nackten Körpers ist einer der Hauptartikel des viktorianischen Ehrenkodex. Clive und seine Gattin sehen sich niemals nackt, nicht einmal in der Hochzeitsnacht. Diese bei Forster kaum erwähnte Einzelheit nimmt im Film komische Züge an. Alec und Maurice hingegen sind nackt zusammen zu sehen: bis zur Taille während der ersten Nacht in Penge, ganz nackt in der zweiten Nacht in London. Sprengt das Bild hier den Text? Im Film wird nahegelegt, daß Kleidung nicht nur eine gesellschaftliche Konvention ist, sondern auch eine sexuelle Konvention. Das Ehepaar ist erstarrt in der doppelten Konvention: der der Schamhaftigkeit und der der Heterosexualität. Sich von seinen Kleidern zu befreien, seinen Körper nackt zu machen und einzuwilligen, ihn auch zu zeigen heißt bereits, zum Freischärler des Gesetzes zu werden. Die Homosexualität ist nur die Rückkehr zur Natur, zur doppelten

Natur des nackten Körpers und des von jedem gesellschaftlichen Zwang befreiten Begehrens. Ich glaube nicht, daß Ivory Forster verriet, indem er so sehr auf der Bedeutung der Kleidung als Korsett gegen das Aufbrechen der sexuellen Wahrheit beharrte. Er kommentierte mit visuellen, konkreten Mitteln die Dialektik zwischen Natur und Gesellschaft, die dem Werk des englischen Romanciers zugrunde liegt.

Nicht ohne ein paar persönliche Spitzen. Als Maurice in die City kommt, läßt er sich einen Schnurrbart wachsen. Dann, nachdem er die Liebe mit Alec entdeckt hat, rasiert er ihn ab. Der Schnurrbart scheint ein weiteres Emblem gesellschaftlicher Respektabilität zu sein: Als Clive heiratet, läßt er sich einen wachsen. Es läßt sich nicht sagen, daß dieser Haarschmuck ihm stände: Der schöne und anziehende Junge aus der ersten Hälfte des Films verwandelt sich, als er auf die sexuelle Ambivalenz verzichtet, in einen banalen, farblosen Erwachsenen. Als ob seine Anpassung ihm sogar seine körperlichen Vorzüge genommen hätte. Der Schauspieler, der Maurice verkörpert, wird eher schöner: Ein bläßlicher Blondschopf am Anfang, umgibt ihn zum Ende hin ein wenig von jenem «Licht», das mit der Freiheit einhergeht.

Alec wird im Roman nicht beschrieben; er braucht bloß aufzutauchen mit seiner üppigen Mähne, den vollen Lippen, seinem geraden Blick, um die kräftige, warme Sinnlichkeit zu verkörpern, die in den aristokratischen Colleges von Cambridge ebenso fehlt wie in den luxuriösen Häusern der Eltern. Das ist gegenüber dem Buch gleichzeitig ein Vor- und ein Nachteil: Ein Vorteil, denn die Natur hat plötzlich ihren Meister gefunden und Forsters Absicht wird deutlich; ein Nachteil, denn indem wir klar sehen, worin der Charme des Film-Alec besteht, ist er frei von Geheimnis. Es fehlte nicht viel und er gesellte sich zu der Schar der Vorurteile über die plebeische, immer rüde, lässige und eine Spur gaunerhafte Sexualität: Vom Jagdhüter (ein anderer!) Lady Chatterlys bis zu Cocteaus Seeleuten.

Die letzte Diskussion, mit der das Buch endet, findet im Garten statt. Im Garten sieht Clive seinen Freund weggehen, und er erscheint ihm «eingetaucht in die Sonne». Ivory fügt eine kurze Schlußszene an: Clive kehrt ins Haus zurück, geht ins eheliche Schlafzimmer, wo seine Frau ihn erwartet, und als er dic Läden für die Nacht schließt, wirft er einen letzten Blick aus dem Fenster in der Richtung, in der sein Freund verschwunden ist. Dieser Textverstoß erscheint schwerwiegender. Der geschlossene Raum im Vergleich zur unendlichen Nacht, mit der Maurice verfließt, die Läden, die man schließt, als wolle man sich gegen illegitime Versuchungen schützen, der nostalgische Blick des Gatten: Lauter Symbole, mit denen er uns sagt, daß die Ehe ein Gefängnis ist, das sich um Mann und Frau schließt. Clives Frau Anne ist gewiß ein unscheinbares Geschöpf, doch sie ist nicht die dumme Pute, über die der Film ironisiert. Forster beschränkt sich darauf, die unwiderstehliche Macht der Natur über einen Menschen zu zeigen, dem es gelingt, sich zu befreien. Es ist überhaupt nicht nötig, zur Verherrlichung dieses Sieges der Aufrichtigkeit und des Mutes das Gegenbild eines konventionellen Paares zu gebrauchen.

Bis auf diesen leichten Einwand ist der Film *Maurice* wie der Roman *Maurice* nicht nur ein intelligentes Werk, ein schöner Erfolg des Geistes, sondern ein wertvoller Vertrauensbeweis ans Leben. Auch Tadzio entfernt sich am Ende des Visconti-Films *Tod in Venedig* in einem Lichtschein; doch diese Helligkeit schließt ihn in einem Himmel reiner Schönheit ein, unerreichbar für einen Normalsterblichen, eine durch ihre Perfektion zerstörerische Helligkeit. Das Licht, das Maurice in seine weichen Strahlen aufnimmt, ist ein nahes Licht, ein brüderliches Licht: Alle, die nicht daran glauben, daß ein Kunstwerk nicht minderer Qualität sein muß, weil es glücklich endet, schöpfen hierin Wärme, Hoffnung und Stärkung.

Konstantin Kavafis

Er sparte seine erotische Inspiration nicht wie Verlaine für einige wenige Gedichte auf oder versteckte Erzählungen zu seinen Liebschaften in der Schublade wie Cocteau. Er versuchte nicht, die Öffentlichkeit mit Lügen zu gewinnen, die dem vorherrschenden Geschmack entsprachen. Er ertränkte seine Leidenschaft für den männlichen Körper auch nicht wie Whitman in einer demokratischen und republikanischen Verherrlichung universeller «Bruderschaft». Bis heute ist Kavafis der größte homosexuelle Dichter, eben weil er den Mut hatte, ein ausschließlich homosexueller Dichter zu sein, ohne Konzessionen an die Öffentlichkeit, ohne Ausflüchte, ohne Rechtfertigungen: Er pries die Schönheit von Knaben und die Freude des Besitzes «ohne absurde Scham, was die Art der Lust angeht.»

Der im ägyptischen Alexandria geborene Grieche (1863-1933) war ein Meister des Griechischen. Auf den ersten Blick könnte er nur die freie, helle Welt des antiken Athen wiedererweckt haben, wo Päderastie offenbar nicht nur nicht für widernatürlich gehalten wurde, sondern Teil der Institutionen war. Dann vergäße man, daß das letzte Drittel des XIX. Jahrhunderts und das erste Drittel des XX. in Europa eine Periode der sexuellen Unterdrückung ohnegleichen war, daß die Auswirkungen der bürgerlich-kapitalistischen Moral (mehr als der christlichen) bis in die Städte des Mittelmeerraumes spürbar wurden. Der reife Kavafis jedoch scheint kein Gefühl der «Sünde», kein Schuldgefühl zu kennen. Nur die (in Wirklichkeit stimulierende) Furcht vor gesellschaftlicher Ablehnung, das (häufig erniedrigend) Erregende der Gefahr. Wörter wie «unerlaubt», «ungesetzlich» kehren immer wieder, um hastig hinten in einem Laden, in einem Bordellzimmer genossene

Vergnügen zu beschreiben. Eines seiner schönsten Gedichte, *Tage von 1896*, zeigt den Niedergang von jemanden, der «über seinen Ruf, ohne zu püfen, setzte / Die unbemakelte Lust seines unbemakelten Fleisches». Und dagegen: «Erniedrigt war er völlig. Besessenheit des Eros,/ Die auf ihm lag, gar sehr verboten und verachtet,/ (Ob auch naturgegeben) bestand dafür als Ursach:/ Geschwellt war die Gesellschaft von Anstandsdünkel hoch».

Kavafis ist also ein moderner Dichter, ein Dichter der modernen Homosexualität, die selbst für jene, die sich von Vorurteil und Scham nicht mehr unterjochen lassen, aus Übertretungen und Heimlichkeit besteht: flüchtige Begegnungen, nur kurz entblößtes Fleisch, anonyme Freuden losgelöst vom Gefühl. Noch anderes entfernt Kavafis vom klassischen Griechenland. Seine zahlreichen Gedichte mit historischem oder mythologischem Thema behandeln Gestalten oder Helden der hellenistischen Periode aus den Jahrhunderten nach dem Tod Alexanders. Antiochia, Byzanz, Syrien, der Nahe Osten, Alexandrien gar nicht gerechnet, geistern viel mehr durch die Phantasie des Dichters als Athen oder der Peloponnes. Keine «dekadenten» Epochen, wie eine tendenziöse puritanische Geschichtsschreibung uns allzu lange glauben machen wollte, sondern reich, berauschend nach den Kräutern des Kosmopolitismus duftend.

Man muß nur das Alter der jungen Männer erwähnen, die Kavafis liebte, um das einem sokratischen oder platonischen Humanismus völlig Fremde zu enthüllen: zweiundzwanzig, dreiundzwanzig Jahre. In jedem Gedicht gibt er mit betonter Genauigkeit ihr Alter an. Sie sind immer erwachsen. Die «volle sinnliche Entfaltung» setzt er auf neunundzwanzig Jahre fest. Es sind niemals Kinder, selbst wenn er sie manchmal «Epheben» nennt. Kavafis war homosexuell und kein Päderast[1]. Bekanntermaßen wurde die Päderastie im klassischen Griechenland gerechtfertigt durch die pädagogische Beziehung zwischen einem Erwachsenen und einem Kind. Der Mann erzog, belehrte den Jungen, bis er reif genug war, sich Frauen zuzuwenden. Die Homosexualität als Übergangsperiode vor der Heterosexualität und insofern toleriert, blüht in den Mittelmeerländern weiter. Sie erhielt durch die ansonsten repressive und reaktionäre Theorie Freuds und der Psychoanalytiker sogar eine Art Legitimation. Kavafis zeigt sich viel kühner: Seine Jungen sind Männer; ihre Neigungen sind keine flüchtigen Erfahrungen; sie haben eine

Wahl getroffen, von der sie nicht mehr ablassen; sie fordern ganz bewußt, sie selbst sein zu dürfen und sie wissen, was sie tun.

Trotz aller Hindernisse, innerer wie äußerer. Anscheinend gelangte der Dichter nicht ohne Zögern und Furcht zu dieser kühnen, «natürlichen» (kühn, weil natürlich) Sicht der Homosexualität. Seine ersten erotischen Gedichte ließ er aus Vorsicht unveröffentlicht (*In der Treppe*, *Im Theater*); sie wurden erst nach seinem Tod bekannt. In seinem zu Lebzeiten veröffentlichten Werk (insgesamt hundertvierundfünfzig Gedichte), scheint das persönliche Geständnis kaum vor 1915 durch, er also über fünfzig war. Bis dahin bewegte er sich nur maskiert vorwärts: indem er in kurzen Dithyramben, gestochen wie Medaillen, die Schönheit mancher Helden aus Geschichte und Mythologie feiert: Kaisarion, Patroklos, Endymion, Orophernes. Er errichtete jungen Männern, die für ihre gleichmäßigen Gesichtszüge berühmt waren, «Grabmäler» (eine zusätzliche Vorsichtsmaßnahme, denn der Tod erlaubt freiere Elogen): Sarpedon, Evrion, Lanis, Aristobulos. Die «Befriedigung unerlaubter Begierden» und die «Unruhe», die die Liebhaber fliehen läßt, sobald er Akt vollzogen ist, stellt er der «Bereicherung» gegenüber, die der Dichter auf der Suche nach Inspiration aus dieser Minute schöpft (*Deren Ursprung*): als ob die Kunst (Freuds berühmte Sublimierung) nachträglich für die verbotene Lust büßen müßte. Kavafis benützt immer wieder das gleiche Verfahren: er erinnert sich. Küsse. Zärtlichkeiten, Berührungen stehen nie im Präsens. «Fleischer Genuss inmitten / Der halbaufgegangenen Kleider, / Rasch des Fleisches Nacktwerdung … deren Geistbild / Sechsundzwanzig Jahre durchlitten hat und jetzt auftrat, / Damit es bleibe in dieser Dichtung» (*Damit es bleibe*). Das Geschehen wird mittels der Erinnerung auf Distanz gehalten, die Schonungslosigkeit des sinnlichen Gefühls so gemildert. Man sollte auch Varianten untersuchen, um sich darüber klar zu werden, durch welch harte, mutige Lehrzeit sich Kavafis seine Freiheit eroberte. Von dem Gedicht *In einem alten Buch* gibt es drei Versionen. Zuerst: «Mit seines Antlitzes erlesener Schöne, / Ausgeliefert dem sinnlichsten Begehren/ Dem schuldhaftesten; mit seinen denkbildhaften Lippen, / Die dem Körper Wollust spenden. / Geliebt, mit seinen denkbildhaften Gliedern, / gestaltet für schamlose Betten.» Danach folgte den Adjektiven «schuldhaft» und «schamlos» ein in Klammern gestelltes Fragezeichen.

Und schließlich die endgültige Fassung, endgültig frei von christlich-jüdischen Vorurteilen: «Mit seines Antlitzes erlesener Schöne, / Der Schöne der regelwidrigen Dränge, / Mit seinen denkbildhaften Lippen, die tragen / Die Lust zu dem geliebten Leib, / Mit seinen denkbildhaften Gliedern, geformt für Betten, / Die als schamlos bezeichnet die gängige Sittlichkeit.»

Auch ohne auf solch gelehrte Nachweise zurückzugreifen, wird der Leser den unpersönlichen Ton dieser Gedichte bemerken: Es geht immer um «ihn», nie um «dich» (das nur in den unveröffentlicht gelassenen Jugendgedichten vorkommt). Seine griechische Vorliebe zum gut geschnittenen Profil; Schamhaftigkeit (oder Furcht) vor einem autobiographischen Geständnis; der Schrecken, weich zu werden; von allen Arten, Liebesbeziehungen zu leben, sich für eine stolze, unabhängige, knappe und schnelle Homosexualität zu entscheiden; Stolz ohne Angeberei. Die wahre Freiheit: das Überwinden von Hemmungen, die Verachtung von Zurschaustellung.

Niemals Pornographie oder anstößige Details: «vollkommene Glieder», ein «anmutiger Kopf», «denkbildhafte Lippen» reichen zur Beschreibung des Begehrten aus. Eine völlig racinische Diskretion, wie Marguerite Yourcenar anmerkt. Doch auch keine Liebe im ernsten, tiefgehenden, heiligen Sinn, den die abendländische Kultur, von Abscheu vor dem Körper und körperlichen Freuden geprägt, diesem Wort verleiht. Für Kavafis bedarf erotischer Antrieb keiner Rechtfertigung, keiner Veredlung durchs Gefühl: Er ist ein Dichter von Schönheit und Erscheinung par excellence, ein Dichter des Augenblicks, des Blitzhaften. Flüchtiges Aufblitzen umso reiner und heiliger, als es kein zweites Mal gibt. In heutiger Sprache würde man sagen: Er ist ein Dichter der Anmache. Er verabscheut «alle Lust aus gewohnheitsmäßiger Liebe», nutzt jede Gelegenheit. «Nahe bei eines Tabakladens erleuchtetem/ Schaufenster standen sie unter vielen sonst.» Ihre Blicke treffen sich, ihr Fleisch regt sich, ein paar unruhige Schritte auf dem Trottoir... «Und dann noch die zugeschlossene Kutsche... / Diese sinnliche Näherung der Körper:/ Die vereinigten Hände, die vereinigten Lippen.» (*Das Schaufenster des Tabakladens*) Hier ein Büroangestellter, der nach Hause bummelt; eine nur kurz wahrgenommene Gestalt in einem Geschäft läßt ihn eintreten; er fragt nach der Qualität von Taschentüchern «Nach ihrem Preis, mit erstickter Stimme, / fast tonlos vor Begehren.»

Zerstreute Antworten mit unterschwelliger Zustimmung. «Immer noch Worte über die Ware / Doch ihr einzig Ziel: Das Berühren der Hände / Über den Taschentüchern; Annäherung/ der Gesichter, der Lippen, wie zufällig; / Augenblickliches Streifen der Glieder.» (*Fragte nach der Machart*)

Verborgene Kraft in all diesen Gedichten ist das Begehren. Kein Schwur, «er fange ein besseres Leben an», hindert den Körper, wenn es Nacht wird «zur gleichen schicksalhaften Freude» zurückzukehren (*Er schwört*). Eine ärmliche Taverne, ein dreckiges Zimmer, die Matratze in einer Ecke bremsen sein Begehren nicht, sie erregen ihn. Auch wenn der Mensch, mit dem er sich für einige Tage verbunden hat, «eine dieser zahlreichen Gestalten ist, unbekannt und zwielichtig/ Junger Männer», erhofft man seine Rückkehr nicht weniger schmerzlich, mit nicht weniger verkrampftem ausgehungertem Magen. Sollte man sich «einem verheerenden Skandal» aussetzen (*Das 25. Jahr seines Lebens*). Homosexualität ist natürlich für Kavafis, doch die bei jungen Schwulen heute verbreitete Selbstsicherheit, ihr Dünkel könnten ihm nicht ferner liegen. Die Freuden der Liebenden sind immer bedroht. Durch die Zeit, die ihre Anziehungkraft verringert. Häufig durch den Altersunterschied und die gesellschaftliche Klasse. Duch die unvermeidliche Vergänglichkeit ihrer Begegnungen, bei denen sie weder Namen noch Adressen austauschen, sondern nur Küsse und Gesten. «Für einen Monat liebten wir einander./ Dann ging er fort, mich dünkt nach Smyrna,/ Um dort zu schaffen, und nie mehr sahn wir einander» (*Graues*).

Arbeit: Hier ist Gelegenheit festzustellen, daß die Jungen, die Kavafis liebt, nicht dem Bürgertum angehören, sondern der rauhen Arbeitswelt des Volkes. Ihre Hände sind fleckig von Rost und Öl, ihre Kleider zerrissen (*Tage von 1909, 1910 und 1911*). Sie verdienen ihren Lebensunterhalt im Kartenspiel (*Zwei Jünglinge von 23 bis 24 Jahren; Tage von 1908*), wechseln den Partner für einen neuen Anzug (*Liebliche Blumen, weiße*), verkaufen ihre Gunst für einen oder zwei Dollar, verbrauchen ihren Körper in Käuflichkeit und Ausschweifung (Tage von 1909. 10 und 11). Dieser Liebhaber «griechischer» Schönheit und ephebischer Formen steht einem Verlaine viel näher («Meine Liebhaber gehören nicht den reichen Klassen an: / Es sind Arbeiter aus den Vorstädten oder vom Land.») als einem Cocteau. Er zeichnet die Welt der

Homosexuellen ohne abgeschmackte Idealisierungen, ohne den Vierfarbglanz, den ästhetisierende Illusion einer Modepäderastie zuschreibt. Gerade weil der Glamour der Liebe neben den Banalitäten des Lebensunterhaltes, Traumlippen neben dreckigen Händen, die Trunkenheit der Extase neben der Tristesse von Bordellen stehen, rührt diese Dichtung so an. Sechzig Pfund in der Spielhölle zu gewinnen oder zu verlieren, einen oder entzweien ein Freundespaar (*Zwei Jünglinge von 23 bis 24 Jahren*).

Man könnte Kavafis einen Stoiker nennen, einen würdigen Erben der Griechen und, wie er sich selbst beschrieb, «einen Altersdichter». Er akzeptierte, daß das Leben uns gibt und wieder nimmt. Er ist offen für alle Abenteuer, die der echte Wunsch danach rechtfertigt, reagiert gelassen resigniert gegenüber Bruch und Hintergehen. Ihm ist bewußt, wie zerbrechlich das Band zwischen zwei Körpern ist, die zwanzig Jahre voneinander trennen. Niemals der Gedanke, sich zu beklagen, der Vergangenheit nachzujagen. Dieser Orpheus wendet sich nicht um, klagt nicht. In seine Hellsicht mischt sich sogar ein gewisser Pessimismus, das – niemals offen ausgesprochene – Gefühl, daß Schönheit fatal ist für jemanden, der sie besitzt in dem Maß als sie ihn hindert, sich selbst zu verwirklichen. Wenn einem jungen Mann bei der Geburt bereits alles gegeben ist, sein perfekter Körper ihn davon befreit, ums Überleben kämpfen zu müssen, wenn er gegebenenfalls seine Reize zu verkaufen gedenkt, ihm die Schönheit gegeben ist, mangelt es ihm am notwendigen Charakter, um sein Schicksal zu erfüllen. (Kavafis selbst mit seinen kurzsichtigen Augen, der ungefälligen Nase scheint ziemlich häßlich gewesen zu sein.) *Orophernes*, ein historisches Gedicht, erzählt die Geschichte eines Prinzen von Kappadokien, «Mit Jaspisen geschmückt, hellenisch gewandet, / Leib von jasminischen Wohlgerüchen duftend, / Unter den schönen Jünglingen Joniens / Er der schönste, er vollkommenes Bild», der wegen Nachlässigkeit und Unfähigkeit aus seinem Reich verjagt wird. «Er versuchte, eine Intrige zu spinnen / einen Plan zu schmieden und auszuführen / und scheiterte kläglich, und verschwand.» Scheitern, düsterer, heimtückischer Gefährte der Schönheit: Daraus sollten wir jedoch nicht ableiten, daß Kavafis eine «tragische Vorstellung» der Homosexualität hatte. Damit käme man allen Heuchlern der Sexpolizei allzu sehr entgegen. Nachdem er die Ausschweifungen und den politschen Bankrott seines

Helden beschrieben hat, kommt der Dichter darauf zurück, was wirklich zählt: die strahlende Erinnerung an ein Gesicht. «Dieser, der vorn auf dem Vierdrachmenstück,/ Ein Geschenk seiner Jugend machte, / von liedwürdiger Anmut einen Strahl, / Eine Sinnerinnerung an jonische Jugend ./ – Dieser ist Orophernes, Ariarathos' Sohn.»

Wir sind Scheitern und Tod bestimmt: Schön gewesen zu sein ist unsere einzige Heilschance, Das sagt er in dem wundervollen *Tage von 1896*, dem plebejischen Pendant zum *Orophernes*. Auch hier geht es um einen «völlig heruntergekommenen» jungen Mann, der nacheinander Geld, Stellung und Ruf verlor. Nach außen ein völlig negatives Fazit. «Aber nicht dies allein: Das wäre nimmer richtig! / Hinaus darüber wert ist Erinnrung seiner Schönheit.»

«Die Schönheit rettet die Welt» sagte Dostojewski, bestimmt jener Schriftsteller, der am wenigsten Ästhet war. Bei Kavafis verbinden sich das Gefühl der Schönheit und seine raffinierten Verse mit einer erzählenden Nüchternheit, die die größte Originaliät seiner Kunst darstellt. Die beiden Freunde, die auf Spielgewinne rechnen, um ein Zimmer zu mieten und sich dort der Liebe hinzugeben (*Zwei Junge Männer von 23 bis 24 Jahren*); der Schneiderbursche, der sich im Garderobenspiegel betrachtet, während er auf die Quittung wartet (*Der Spiegel am Eingang*); Treffen und Hingerissensein in einer Wirtshausecke beim Licht der Petroleumlampe (*Damit es bleibe*); der Büroangestellte, der unter dem Vorwand Taschentücher kaufen zu wollen, einen Laden betritt (*Fragte nach der Machart*): Lauter kleine Szenen, die auch Novellen ergeben hätten. Sicher Lebensfreude bis zur Liebe für winzige, trivialste Einzelheiten getrieben: Die Nachmittagssonne auf dem Bettrand (*Die Sonne des Nachmittags*), eine Stellung für drei Pfund monatlich in einem Schreibwarengeschäft (*Tage von 1908*), Ringe um die Augen durch Ausschweifungen, geflickte Unterwäsche (*Tage von 1908*). Doch auch Mut. Der Mut, die verachtete Liebe ungeschminkt und ohne auf das Symbolrepertoire zurückzugreifen zu besingen. Der Mut, die Hermetik abzulehnen, in die sich so viele Dichter gefällig einhüllen, die nichts zu sagen haben oder verbergen wollen, was sie zu sagen haben. Kavafis' Dichtung ist direkt, bloßgelegt, durchsichtig. Sie ist nackt wie Praxiteles' Hermes oder Caravaggios Eros. Vom ersteren hat sie die aristokratische Eleganz, das bebende Sehnen, die zerfließende Anmut. Von letzterem die «bissige, pöbelhafte Würze», wie Colette gesagt hätte. Doch warum soll man Bezüge herstellen für dies Werk, das sich stark, einfach zu ganzer Höhe aufrichtet in der gewundenen Landschaft der Gegenwartslyrik?[2]

Montherlants Don Juan

Im November 1958 ließ Henry de Montherlant im Pariser Théâtre de l'Athenée einen *Don Juan* aufführen. Im Januar darauf berichtete ich darüber in der *Nouvelle Revue française* (*NRF*), bei der ich Theaterkritiker war. Das Stück fiel durch, doch ich war überwältigt. Zu meiner großen Überraschung übrigens, denn der Autor hatte mir nie sehr gefallen, vielleicht weil ich spürte, daß sein Werk, aufgeblasen durch wortreiches Streben nach «Männlichkeit» und «Heldentum», auf einer Lüge beruhte. Wenn ich den Artikel aus der N.R.F. hier vorstelle, ohne eine Zeile daran zu ändern, dann nicht, weil ich die Ungeschicklichkeiten und Mängel nicht wahrnähme. Mängel? Eher Zeichen der Zeit, zu der er geschrieben wurde, Zeugnis der Widersprüche, der Schwierigkeiten, mit denen ich mich selbst herumschlug. Heute würde ich das Geheimnis des Don Juan nicht mehr «schmerzlich» nennen. Ausdrücke wie der «normale Mann», der «vollständige Mann» würden mir heute nicht mehr unterlaufen, um jemanden zu bezeichnen, der zur «Entfaltung» einer «echten, ursprünglichen Männlichkeit» gelangt. War ich aufrichtig, als ich sie damals gebrauchte? Ja und Nein. Nein in dem Maß, als Vorsicht und Kleinmut mich die Homosexualität Don Juans nur insoweit erwähnen ließen, als ich sie als eine «undeutliche, zweifelhafte Männlichkeit» bezeichnete. Ja in dem Maß, als ich durch meine psychoanalytische Lektüre vergiftet, bezweifelte, ein ganzer Mann zu sein und an mir selbst ein Scheitern diagnostizierte. «Eine Maske, die einen Verzweifelten verbirgt», das war ich, so wie ich mich sah, und ohne die Tröstung, auch nur ein Don Juan zu sein.

Wie auch immer, der Artikel bleibt ein beredtes Zeugnis der Zeit vor den sechziger Jahren. Ich hätte einen Platz dafür im Katalog der «Hundert Jahre Elend» finden können. Ich stelle fest:

1. Ein homosexueller Autor konnte die Furcht einer Theaterfigur vor der Homosexualität 1958 nur darstellen, indem er sie als Angst vor dem körperlichen Altern umkleidete: Auf einer Bühne (wie auch im Kino) direkt über Homosexualität zu sprechen, wäre unmöglich gewesen wegen der spektakulären Vergröberung der Situationen. Selbst Jean Genet, der sich in seinen Romanen so frei geäußert hatte, mußte im Theater Symbole und Verkleidungen gebrauchen. Die Offenheit und Deutlichkeit von *Querelle* (1944) oder *Notre-Dame-des-Fleurs* (1946) einerseits ist nicht zu vergleichen mit *Die Zofen* (1947) oder *Unter Aufsicht* (1949)[1] andererseits. Dabei wurden die Stücke später geschrieben als die Romane. Es ist nicht sicher, daß diese so gut altern wie die Stücke, da Selbstzensur sie gegen übertriebenen Lyrismus schützt.
2. Der homosexuelle und verklemmte Zuschauer, der ich 1958 war, stürzte sich auf jeden Lichtstrahl, der durch die dichte Finsternis drang, in der er sich zu leben verurteilt fühlte. Wahrscheinlich wünschte ich die schüchternen Anspielungen des Stückes zu eilfertig herbei; selbst der Ton des Artikels verrät eine Aufregung, ein Fieber, über die man heute lächeln würde. So wie ein Gefangener sich über den geringsten Laut freut, der in seine Zelle dringt. Alles ist besser als die Stille. Mich dürstete so sehr, darüber sprechen zu hören, was mich quälte, daß ich Montherlants Werk phantastische Qualitäten zuschrieb und vielleicht nicht kritisch genug war.

Ein sehr guter Don Juan, den Keuchen und Angst schütteln. Angst nicht vor dem letzten Stündlein wie beim traditionellen Don Juan von Autoren, die ihr Stück auf den Endkampf zwischen einem gottlosem und dem verhöhntem Gott hin strukturieren. Eine Angst, die er von jeher hatte, die von Innen heraus kommt, die mit seiner Natur zusammenhängt, seiner physischen und psychischen Besonderheit, und nicht von einer äußeren Gewalt abhängt, einer Religion oder einem Gott. Wahrscheinlich reagierten die Kritiker der großen Zeitungen und der größte Teil des Publikums auf Montherlants Stück mit so totalem und heftigem Unverständnis, weil eine solche Angst ohne offensichtlichen Grund, eine, die sich so indirekt, symbolisch und manchmal so weit entfernt von den klassischen Formen der Angst äußert, ein Gefühl ist, daß man nur angemessen erkennen und beurteilen kann, wenn man in der analytischen Kenntnis des menschlichen Wesens etwas versiert ist.

Montherlant behielt die üblichen Elemente der Intrige bei, doch setzt er sie völlig anders ein. Sehen wir sie uns einmal an: Im ersten Akt geht Don Juan, ein gealterter Don Juan (er sagt, er sei sechsundsechzig Jahre alt), weiß geworden, dicklich, auf einem Platz in Sevilla auf und ab und erwartet eines seiner galanten Rendezvous. Er hat einen Vertrauten, dem gegenüber er sich zungenfertig über seine Eroberungen und seine Liebesstrategien ausläßt – doch dieser Vertraute ist nicht der traditionelle Taugenichts in Diensten seines Herrn, Sganarelle oder Leporello, sondern Don Felipe, der Sohn Don Juans, ein gutaussehender junger Mann, gut gebaut, wesentlich anmutiger und anziehender als sein Vater. Im zweiten Akt trifft Don Juan auf einer Waldlichtung den Grafen von Ulloa, den Kommandeur der Sage, den Vater Anas, die ein nächtlicher Verführer in ihrer Ehre gekränkt hat, der ein gewisser Don Antonio sein soll. Als Don Juan erfährt, daß Don Antonio für diese Missetat verbannt worden ist, zeigt er sich selbst an. Der Kommandeur, eine groteske Gestalt, die den Vorurteilen ihrer Klasse blind gehorcht, fordert ihn zum Duell, doch es gelingt Don Juan, ihn von der Lächerlichkeit seiner Geste zu überzeugen. Auf Drängen der Gräfin, seiner Frau, zieht der Kommandeur sein Schwert erneut, und Don Juan tötet ihn. Arbeiter, die Karnevalsmasken herstellen, haben die Szene beobachtet. Im dritten Akt wird Don Juan von der Polizei gesucht und wartet auf den Tod. Ein paar wunderliche Besucher kommen vorbei, die Don Juan aber nicht empfängt: eine Witwe, die ihm nachläuft, die Karikatur der Elvire, und drei Doktoren des Donjuanismus. Schließlich taucht ganz in Weiß eine Statue des Kommandeurs auf: doch dies ist ein Scherz, den sich die Maskenhersteller ausgedacht haben. Nach einer Unterredung mit Ana, bei der Don Juan eine Art mystischer Liebe zu dem Mädchen entwickelt, entflieht er, gefolgt vom jungen Felipe, auf seinem Pferd bei Nacht gen Sevilla.

Was enthüllt der Plot? Vor allem wird die Gestalt des Kommandeurs nebensächlich, abgeschoben, systematisch ins Lächerliche gezogen und damit auch das Thema der Gottlosigkeit Don Juans. Der steinerne Gast, für die Gestaltung von Molières oder Mozarts *Don Juan* notwendig, ist zum lächerliches Requisit geworden ... Dabei schwächt Montherlant die Theatertradition nicht etwa, sondern knüpft an die reinsten Ursprünge des Don-Juan-Mythos an: Verglichen mit dem Motiv des Verführers, dem das Glück in den Schoß fällt (*El Burlador* von Tirso de Molina), ist das Motiv des steinernen Gastes, des frevelhaften Scherzes mit Gott und den Toten zweitrangig und später hinzugekommen. Dies Nebenmotiv war lange Zeit das farbigste, das spektakulärste der Don- Juan-Legende, doch es ist nicht und war nie notwendig für die Psychologie des Helden. Das hat Montherlant begriffen, und so ist der Kommandeur in seinem Stück nur noch Vorwand für einige geschickt aufgebaute, komische Intermezzos, die die tiefere Bedeutung des Werkes nicht berühren. Ebenso zeigen die Umwandlung von Mozarts leidenschaftlicher Rächerin Elvire in eine unerträgliche Alte und die Lächerlichkeit der drei Gelehrten, die in Don Juan um jeden Preis ein Symbol der Suche nach dem Absoluten sehen wollen, daß Montherlant das Don-Juan-Thema des ganzen Konfliktes mit Gott, des satanischen Stolzes, entkleiden wollte, um es auf das zurückzuführen, was es in Wahrheit ist: ein bestimmter physischer und psychischer Drang, der zu erhellen bleibt.

Er stellt den Frauen nach: Nur darum geht es diesem neuen und sehr alten Don Juan. Doch seit Jahrhunderten verschließen wir die Augen vor der wirklichen Bedeutung des Satzes: «Er stellt den Frauen nach». Don Juan wurde zum Sinnbild eines Mannes gemacht, der die Frauen liebt, der sie zu seinem Vergnügen sucht und glücklich ist, sie zu besitzen. Sein Leben soll ein Dauerhymne an die Schönheit, die magische Kraft, die Souveränität der Frauen sein. In Montherlants Stück überrascht dic Dummheit, die Mittelmäßigkeit, ja fast Bedeutunglosigkeit der Frauen, erst einmal an sich, sodann auch in den Augen des Helden, der sich nichts vormacht. Die erste auf der Bühne ist ein albernes Gänschen, das kokettiert, um eine Brosche zu bekommen, und Don Juan ist es ein bitteres Vergnügen, diese Brosche gegen einen Kuß einzuhandeln. Die Witwe ist völlig lächerlich. Es gibt ein sehr schönes Moment im dritten Akt, als Don Juan sich zu fliehen weigert, weil er mit einer Schwatzbase verabredet ist, die auch noch hinkt und auf die er warten will: Das ist keine Spinnerei von ihm, es ist im Gegenteil die sehr logische Konsequenz seiner Ernüchterung, seiner Verzweiflung, was die Welt der Frauen angeht. Indem er sich darauf versteift, diese Schwatzbase zu erwarten, gegen all Vernunft, gegen alle Lust, und sogar seine Freiheit zu riskieren, da die Polizei ihn sucht, ruiniert Don Juan bewußt und mit fast dostojewskischem Vergnügen das Bild der Frau und auch seine persönlichen Chancen, je mit einer Frau glücklich zu sein. In Wirklichkeit liebt er die Frauen nicht, obwohl er ihnen nachstellt: Niemals wurde diese Wahrheit, die das Wesen des Donjuanismus berührt, besser verdeutlicht als von Montherlant, trotz der Schlußszene mit Ana und der mystischen Aufwallung Don Juans, auf die wir noch zurückkommen werden. Eines seiner Opfer sagt sehr tiefsinnig über ihn: «Er ist liebenswürdiger, wenn er geht als wenn er kommt.» Verstehen wir ihn recht: Er ist weder glücklich noch frei, wenn er liebt; er wird durch eine innere Notwendigkeit zu den Frauen getrieben, die ihn verzehrt, unter der er leidet und deren Folgen die Frauen tragen, da er sie ohne Liebenswürdigkeit behandelt.

In der Wendung «Don Juan oder die Verfolgung der Frauen» verschleiert der zweite Ausdruck «die Frauen» immer den ersten «die Verfolgung». Die Persönlichkeit Don Juans bleibt bis heute wenig verstanden trotz des Interesses, das er immer wieder weckte, wegen der eigenartigen Blindheit von Autoren und Publikum gegenüber dem charakteristischsten Zug des Donjuanimus: diesem Bedürfnis jemandem nachzustellen, dauernd das Ziel zu wechseln, unaufhörlich vorwärts zu drängen, dieser Unfähigkeit, einen Augenblick zu rasten, diese Unmöglichkeit innezuhalten, sich zurückzuziehen, nachzudenken. Montherlant betonte diesen Zug wundervoll: Die Einheit von Ton und Denken im Stück liegt im Rhythmus, in der Bewegung, im jagenden Galopp, im Fieber, in der atemlosen und verbissenen Überstürzung des Helden. Das Bedürfnis zu verfolgen, welches Ziel auch immer, scheint stärker in ihm zu sein als das Bedürfnis nach Frauen. Er täte alles eher, als an Ort und Stelle zu bleiben. Der erste Akt, ein langer unzusammenhängender Monolog Don Juans, entspricht demselben Erfordernis: Don Juan kann nicht nur nicht lange ruhig bleiben, er kann auch Stille nicht ertragen. Er muß sprechen, sprechen, gleich was er sagt. Man könnte sich einen Don Juan als Grenzfall vorstellen, der unaufhörlich redete, über irgendetwas, nur damit es nicht still in ihm würde. Montherlants Don Juan verhält sich typisch für einen Gehetzten, Verfolgten, von einer inneren Furcht Bedrängten, die ihm keine Ruhe läßt und ihn vorwärts zwingt. Er erzählt seinem Sohn von dem Gefühl des Grauens, das ihn plagt. Er stellt den Frauen nur deshalb unaufhörlich nach, um diesem Gefühl des Grauens zu entgehen, sagt er selbst. «Zwischen den Augenblicken der Liebe bin ich ein Gespenst», wiederholt er. Er gesteht dauernd sein Unglück und sein Bedürfnis zu vergessen. Mehr noch, er möchte gar nicht so sehr von anderen aus dieser Furcht herausgerissen werden, was ein unfehlbares Zeichen für wirkliche Angst ist. «Mir graut davor, geliebt zu werden», erklärt er. Linda, dem Zierpüppchen aus dem ersten Akt, rät er, noch bevor er sie nimmt, sich nicht an ihn zu hängen. Alles weist darauf hin, daß er so unruhig ist und so beredt, um eine bestimmte Wahrheit über sich selbst zu fliehen, die sich ihm in der Bewegungslosigkeit und der Stille einer Ruhephase enthüllte. Eine gefährliche und vielleicht tödliche Wahrheit, die das tiefste Geheimnis seiner Natur angeht. Dem Kommandeur vertraut er an: «Meine Art zu leben macht mich nicht unglücklich, sie hindert mich, es zu sein.» (Ich zitiere aus dem Gedächtnis, da ich den Text nicht gelesen habe.) Würde der Rhythmus der Verfolgungen einen Augenblick langsamer, fände die schreckliche Enthüllung statt: Diese Vorahnung untersagt Don Juan das geringste Innehalten. «Ich bin ohne Gedächtnis», wiederholt er ebenso nachdrücklich. Das entbindet ihn davon, seine Vergangenheit in Frage zu stellen, anzuhalten, um auf die Vergangenheit zurückzukommen. Da er ständig dem Augenblick ausweicht, in dem er sich über sich selbst klar werden müßte, kann es da erstaunen, daß er unaufhörlich in Angst lebt? Sie äußert sich in seinem Bedürfnis, sich der Gefahr auszusetzen, einzig und allein, um sich darin zu verlieren, um das Bewußtsein seiner Schuld abzuschwächen. Als sein Sohn ihn fragt, wann er endlich vorsichtiger werde in seinen Tricks, antwortet er: «Wenn es zu spät ist.» Er gesteht dem Kommandeur die Vergewaltigung Anas nicht aus Ehrgefühl, sondern aus einem Drang heraus wie dem zum Selbstmord bei Angstneurotikern. Und auch die Aufwallung mystischer Liebe zu Ana ist indirekt Ausdruck eines Gefühls, das er nicht länger tragen kann und das sich in Fieber und Wahnsinn Luft macht: Deshalb ist dieses plötzliche Feuer so übersteigert, ohne Bezug zur Farblosigkeit Anas oder zu Don Juans wirklicher Lust auf sie.

Als Künstler nannte Montherlant den Grund für diese Angst nicht, für diese krankhafte Angst, die Don Juan hindert, jemals in sich hineinzublicken. Sicher betont der Autor das Alter seines Helden: sechsundsechzig Jahre. Don Juans Altern ist grausamer als das anderer; der körperliche Niedergang ist für ihn besonders düster. Das Motiv ist folglich völlig plausibel. Und Montherlant hatte recht, das Alter als Vorwand für die Angst seines Helden anzugeben. Mit Blick auf eine Bühne konnte er keinen besseren finden. Doch dies ist nur ein Vorwand. Er verbirgt das Drama Don Juans. Don Juan ist weit davon entfernt, ein Archetypus der Männlichkeit zu sein wie irrtümlich immer angenommen. Ein genauso hartnäckiger Irrtum wie der von «Don Juan, dem Frauenliebhaber». Sein Sexualtrieb ist in einem extrem frühen Stadium stehengeblieben. Er sucht alle Frauen und ist unfähig, eine einzige zu lieben, weil er keinen Wert auf die Eigenheit des Liebesobjektes legt. Denn eine wirkliche, echte Männlichkeit hebt sich durch das Bemühen um eine bestimmte Partnerin ab. Don Juan ist genau das Gegenteil eines vollkommenen Mannes. Gregorio Marañon, Autor eines denkwürdigen *Amiel* und eines *Tiberius* fand in seinem hervorragenden Buch über Don Juan[2] heraus, daß das historische Vorbild der legendären Don-Juan-Gestalt der Graf von Villamediana war, ein Adliger am Hof Philipps IV., gestorben 1622, überzeugter Anhänger der «scheußlichen Sünde» wie früher gesagt wurde. Seinerzeit geheim gebliebene Dokumente, um den Ruf des in einer Sittenaffäre ermordeten Grafen nicht zu schädigen, sind anscheinend kürzlich entdeckt worden und beweisen dies unwiderlegbar. Was soll man daraus schließen? Sicher nicht, daß alle Don Juans homosexuell sind, doch viele sind Homosexuelle, die es selbst nicht wissen. Sie befinden sich in einem Latenzzustand und sterben vielleicht, ohne es jemals erfahren zu haben. Das erklärt, warum sie niemals mit einer Frau glücklich sind und sich unaufhörlich zu den Frauen getrieben fühlen, um sich nicht selbst in Frage stellen und ihr schmerzliches Geheimnis entdecken zu müssen. Das Alter von Montherlants Don Juan ist ein symbolischer Hinweis auf die unbestimmte, zweifelhafte, zweideutige Männlichkeit des Helden. Andere Anzeichen sind ebenso aufschlußreich: Sein Bedürfnis, sich bei all seinen Liebesabenteuern von einem jungen Mann mit einnehmendem Äußeren begleiten zu lassen, den er so zu seinem heimlichen Komplizen macht; Worte entfahren ihm wie «Alles, was ich tue, ist verzweifelt» – «Wir leben in einer Tragödie» – «Laß mir meinen Abgrund» – und genauer noch: «Ich suche bei den Frauen eher Beweise als Vergnügen» – «Ich versuche mir zu beweisen, daß ich lebe» – als normaler Mann, versteht sich. Doch ich wiederhole es noch einmal: Es ist unwichtig, ob dieser Don Juan homosexuell ist oder nicht. Er ist besessen von der Angst, seine innerste Natur kennenzulernen; das ist das Wesentliche. Er muß sich dauernd selbst fliehen, um zu vermeiden, je zu entdecken, daß er niemals ein vollständiger Mann sein wird und daß er niemals erfahren wird, wie herrlich eine einmalige Liebe ist, weil seine physische und psychische Besonderheit nicht die richtige Voraussetzung für eine Entfaltung der Männlichkeit ist.

Warum ist Don Juan so eindeutig eine Theaterfigur und keine Romangestalt? Gestern die Spanier, Molière, Mozart; heute Milosz und Montherlant; morgen jener *Monsieur Jean*, den Roger Vailland für die Bühne vorbereitet. Erstens ist seine Eitelkeit, eine Theatereitelkeit, ein Charakterzug der Gestalt: Rühmte er sich nicht mehr vor aller Welt seiner Erfolge, wäre er nicht mehr Don Juan. Diese Eitelkeit ist nicht schäbig: Sie verrät ein sehr tiefreichendes psychologisches Bedürfnis. Don Juan ist Exhibitionist. Eine Liebe, die von Geheimnis umgeben ist, in die sein geheimes Wesen einbezogen wäre, ertrüge er nicht. Er braucht eine Bühne, oder noch besser einen öffentlichen Platz, einen Wald, in dem Leute vorbeikommen, ein Schloß mit Besuchern, denn er fürchtet mehr als alles, sich allein mit seinem Gewissen wiederzufinden. Ein weiterer Grund, der aus Don Juan einen fürs Theater prädestinierten Helden macht, ist das Wort- und Bewegungsfieber, das ihn dauernd schüttelt. Pierre Brasseur war bemerkenswert in der Rolle: der monotone, heftige Rhythmus der Stimme – monoton, weil das Übel, das Don Juan peinigt, es ihm nicht erlaubt, scinc Diktion zu variieren-, das Keuchen, das Erstickte, wie er die Worte in Seufzer verlängert, Schluckauf, Zischen, all das machte das Verborgene fast tragisch wahrnehmbar hinter der offensichtlichen Bedeutung der Wörter einer psychischen Welt, die in Worte nicht übersetzbar ist, die Welt eines Gehetzten, der sich mit unüberwindlichen Schwierigkeiten herumschlägt. Die Interpretation Brasseurs ist um so packender, als diesem gealterten, dick gewordenen Don Juan alles Jugendliche und Brillante fehlt, mit dem die Figur traditionell ausgestattet ist – und auch jene Arroganz, jene großartige Verachtung, die Jouvet in der Molière-Rolle an den Tag legt; oder jene geometrische Kälte, die Strenge des Plans, wie Vilar sie wollte – all diese bestechenden Attribute, die zur Verbreitung und zur Popularität vom Mythos des gesetzlosen Verführers beitrugen, doch die, denken wir daran, Beiwerk sind, dem tiefsten Wesen des Donjuanismus fern. Brasseur ließ die Idee eines Don

Juan triumphieren (triumphieren leider nicht wegen des Unverständnisses vom Publikum), der durch seine Haltlosigkeit erniedrigt ist, ein Sklave seiner Angst, die ihn häßlich und bemitleidenswert macht. Ist der spezifischste Zug des Donjuanismus jedoch die Notwendigkeit, sich vor einer allzu erschreckenden Enthüllung durch dauernde Zerstreuung zu schützen, dann muß man anerkennen, daß der von Pierre Brasseur verkörperte Don Juan Henry de Montherlants der echteste, reinste, erschütterndste Don Juan ist, den man sich vorstellen kann.

Alle anderen Don-Juan-Konzeptionen (unter anderen die Milosz', der Don Juan ungeschickterweise gleichsetzte mit Tenorio Miguel Mañara, dessen Jugendverirrungen nur eine Vorbereitung auf seine Heiligkeit am Ende sind) können interessant, eindringlich und schön sein, doch lassen sie die innerste Wahrheit des Donjuanismus außer acht, diesen physischen und psychischen Fluch, für den es keine andere Erlösung als den Tod gibt. Der Don Juan, der mir Montherlants am nächsten zu stehen scheint, ist der Mozarts: Bei Mozart wird dem Helden keine Pause zugestanden, keine jener «großen Arien», in denen die Figuren des lyrischen Theaters sich in aller Ruhe aussprechen; alles ist nur Bewegung, Fieber und Überstürzung. So muß Don Juan sich betäuben, um der Wahrheit nicht ins Auge zu sehen; ebenso muß er Reichtum und Prunk ausstellen, um vor sich selbst zu verbergen, daß er im Herzen arm, elend und bedürftig ist. Don Juan ist eine Maske, die einen Verzweifelten verbirgt.

Wer tötet Mishima?

Märtyrer oder Histrione? Der spektakuläre Selbstmord Mishimas 1970 – Harakiri mit dem Säbel und nachfolgende Enthauptung durch seinen Liebhaber, der sich ebenfalls den Bauch aufschlitzte – begeisterte manche ebenso sehr wie er andere verunsicherte. Manche: In Japan selbst die Nostalgiker militärischer Größe, die fanatischen Kaiseranhänger, die durch die Niederlage 1945 noch erniedrigte Rechte, und im Abendland Ästheten, die schier vergehen wollten angesichts einer Einheit von Blut, Lust und Tod. Andere: all jene, die der geniale Werbecoup des Schriftstellers seinen literarischen Wert anzweifeln ließ und die sich fragten, ob er durch diese ebenso grandiose wie unheimliche Geste nicht versucht hatte, ein heteroklites und ungleiches Werk aufzuwerten.

Mishima tötete sich öffentlich im Armeehauptquartier, nachdem er eine Ansprache an die Truppen gehalten hatte. Er war bereits ein berühmter Schriftsteller, doch das Ritual und die Tragödie seines Todes verbreiteten seinen Ruhm weltweit. Sein Biograph[1] verglich ihn im Schluß mit André Gide, weil beide aus einer großbürgerlichen Familie stammten, in der die Mutter dominierte, beide homosexuell waren (obwohl Mishima als verheirateter Familienvater «beide Säbel trug», wie es auf Japanisch so schön heißt), und beide sich in der Autobiographie gefielen. Sei's drum. Doch außer daß seine Fertigkeit, sich der Medien zu bedienen und der besessene Rummel um seinen Namen Mishima von dem nüchternen und zurückhaltenden Gide deutlich abhebt, weicht diese Parallele der wichtigsten Frage aus: Würden wir uns ohne diesen prunkvoll-düsteren Epilog so sehr für Mishima interessieren? Man sollte ihn eher mit Wilde und Pasolini vergleichen:

Helden, die ihr dramatisches Ende der reinen Literaturgeschichte entriß, um sie zu Trägern eines Schicksals zu machen.

Henry Scott Stokes erwähnt die Romane kaum, die mir als die besten erscheinen, wie der hinreißende *Die Brandung*, eine Art Idylle zwischen jungen Fischern, oder *Der Seemann, der die See verriet*, ein scharfer Blick in die grausame Welt der Kinder. Seine Biographie ist eher eine Thanatographie. Mit angelsächsischer Genauigkeit, Objektivität und Nüchternheit versucht er die Gründe für diesen Selbstmord herauszubringen. Wer tötete Mishima? Sollte patriotisches Feuer ihn dazu gebracht haben, sein Harakiri wie eine feierliche Zurechtweisung des Kaisers und des Generalstabes zu organisieren, die Schuld wären an der Herabsetzung der japanischen Nation? War ihm bewußt, sein Talent nach dreißig Jahren Karriere erschöpft zu haben? Sollte ihn ästhetische Suche veranlaßt haben, seinen Tod wie ein Kunstwerk anzulegen? Sollte erotische Raserei ihn getrieben haben, sich mit seinem Geliebten im Tod zu vereinen wie Tristan und Isolde? Oder einfach ein Anfall von Wahnsinn? All diese Erklärungen stimmen teilweise. Doch sie berücksichtigen nicht, was in unseren abendländischen Augen die beiden Grundwidersprüche Mishimas ausmacht.

Wenn wir ihn etwa sagen hören: «der Hang meines Herzens zu Tod, Nacht und Blut war unleugbar», wenn wir erfahren, daß die Schriftsteller, die ihn am meisten beeinflußten, Rilke (und seine Todesengel), Radiguet und Wilde waren und daß die *Salome* des englischen Dichters eines seiner Lieblingswerke war, bringen wir ihn gleich in Zusammenhang mit der Zeit um 1900, jener dekadenten Atmosphäre, als die Herodiade Gustave Moreaus, die Androgynen Richard Strauss', die heiligen Sebastiane D'Annunzios wie bleiche, giftige Blumen erblühten: Was uns unvereinbar scheint mit unserer Vorstellung vom heutigen Japan, einem ultramodernen Land, hochindustrialisiert, das nur noch die Religion des wirtschaftlichen Fortschrittes und der Handelseffizienz kennt. Wenn Mishima gegen diese neue Profitgesellschaft protestieren wollte, konnte er nicht auf weniger platte Mythen zurückgreifen als solche Gassenhauer aus dem sadomasochistischen Repertoire Europas? Nicht weniger seltsam erscheint uns die Photographie, auf der er sich nackt als heiliger Sebastian zeigte: Welche Inkonsequenz, sich in dieser alten christlichen Vorstellung zu gefallen, für einen Japaner, der sich als Erbe der Samurai sah!

Ein zweiter Widerspruch: Zwischen Chrysantheme und Säbel soll Mishima einer der größten japanischen Stilisten sein, ein raffinierter Schriftsteller, doch seine Besessenheit, Kunst und Waffen, Literatur und Handeln miteinander in Einklang zu bringen, wurde immer größer. So sehr, daß er eine Privatmiliz gründete, daß er für sie eine Hymne komponierte, deren poetischer Schwachsinn seine Nazi-Schwärmerei unterstreicht, und daß er seine Wochenenden dazu nutzte, im Gebirge rund um Tokio mit Jeeps und in Militärdrillich zu trainieren.

D'Annunzio wäre als Bezug angemessener als Gide. Von nationalistischer Raserei erfaßt, hielt es der italienische Dichter für notwendig, Legionäre auszubilden und zur Eroberung Fiumes aufzubrechen – eine heldisch-komische Episode, die mit seiner Pleite endete. Doch wahrscheinlich schrecken wir davor zurück, einen Schriftsteller, der im Augenblick auf dem Gipfel seines Ruhmes steht, mit einem in einen Topf zu werfen, der uns als ein Muster an Kitsch und gedrechselter Rhetorik erscheint.

Zenon und Alexander: Zwei Helden stehen über dem Gesetz

Allem Anschein zum Trotz ist der Erzähler der *Erinnerungen des Kaisers Harian*[1] nicht zu den Helden der homosexuellen Kultur zu rechnen. Ausführlich erzählt er das Abenteuer seiner Liebe mit dem jungen Antinous; ungeschminkt spricht er von seiner Neigung zu Knaben («Ich hatte ja selber meine heilige Schar», «meine leidenschftliche Lust am Fleische», usw.), doch eben weil seinen Neigungen nichts entgegensteht, verlieren diese alle Bedeutung. Das II. Jahrhundert unserer Zeitrechnung war ein Jahrhundert völliger sexueller Freiheit: Ob man Epheben oder Frauen verführte, war der Öffentlichkeit gleichgültig. Hadrian nutzte diese Permissivität genauso natürlich aus, wie er seine Speisen und Haustiere auswählte. «Dies schöne Windspiel, das nach Zärtlichkeit und Zucht lechzte, legte sich quer über meinen Lebensweg», sagt er über den Jüngling aus Bythinien und nennt ihn an anderer Stelle ein «junges Kitz».

Ohne die Sprachsicherheit und die schönen Sätze Marguerite Yourcenars zu leugnen, melden manche Vorbehalte an, was den dramatischen Wert dieses Buches angeht. In der Tat rollt es mit der prächtigen, jedoch eintönigen Majestät eines Teppichs ab, dessen Entfaltung nichts behindert. Die Sichtweise der Autorin – einen Greis sein Leben erzählen lassen, der sich seinem Ende nähert und sich mit der Weisheit des hohen Alters über sein Leben beugt – ist sicher für die leichte Langeweile verantwortlich, die der Bericht verströmt. Ich frage mich hingegen, ob man nicht eher einen anderen Grund suchen sollte für die fehlende Spannung und Leidenschaft der *Erinnerungen des Kaisers Hadrian*. Konfliktlos gelebte Homosexualität wird leicht eine langweilige

Homosexualität, eine allzu einfache Spielart der Liebe. Damit eine homosexuelle Kultur entsteht, muß das Begehren sich an der Gesellschaft reiben: Dann findet eine Dramatisierung statt in einem Kampf gegen die Gesetze oder gegen die öffentliche Meinung, der den Knabenliebhaber zu einem Freiheitshelden (als Sieger oder Besiegter) macht. Genau das geschah im folgenden Buch Marguerite Yourcenars, *Die schwarze Flamme*[2].

Zenon Geburt wird auf 1510 angesetzt; somit lebt er in einem Jahrhundert der Unterdrückung und der Inquisition. Indem Marguerite Yourcenar ihn nicht nur zum Alchimisten sondern zum Homosexuellen macht, erhebt sie ihn zu einem Häretiker von Rang, einem Outlaw, der sich seines Kampfes bewußt ist. Zenon gehört zu den großen geschichtlichen Persönlichkeiten wie Oscar Wilde und Pasolini, aber auch in die Galerie der vorgestellten Helden der Rebellion an der Seite Vautrins, der von Gides Immoralisten und Genets Notre-Dame-des-Fleurs. Einen Vorläufer könnte man im Helden von Marguerite Yourcenars erstem Roman sehen, *Alexis oder der vergebliche Kampf*[3], den sie 1929 veröffentlichte. Die Beichte eines Mannes, der, nachdem er gegen seine Neigungen angekämpft hat, schließlich Frau und Sohn verläßt, um eine Freiheit wieder aufzunehmen, ohne die er nicht mehr leben kann. Doch was damals nur schüchterner Protest war, wegen des für die damalige Zeit allzu heiklen Themas nebenher angesprochen, tritt vierzig Jahre später offen zutage.

Zenons Homosexualität ist keine ausschließliche (er hat Mätressen) und auch nicht zwanghaft (er kennt lange Perioden der Keuschheit). Mit Knaben zu schlafen ist ihm geistige Wahl, eine Herausforderung der Vorurteile und Verbote. Wenn er letztendlich Jünglinge vorzieht, dann um seinem Willen zur Häresie überhaupt Ausdruck zu verleihen, die eine Reihe anderer Bereiche berührt als nur die Sitten. Man nennt ihn «den Philosophen» und Wörter wie «Revolte» und «Rebell» kehren in seinen Aussagen häufig wieder. Er ist ein Aufrührer par excellence. Seine uneheliche Geburt bestimmt ihn zu dieser Rolle: Als Sohn eines Mädchens aus der Handelsbourgeoisie Brügges und eines Florentiner Prälaten, der später Kardinal wird bei einer Zecherei jung stirbt, vereint er in sich die flämische Vitalität und den italienischen Abenteuergeist. Marguerite Yourcenar zeigt ihn uns zum ersten Mal, wie er einen breiten Weg entlanggeht: ein Zeichen seines Nomadencharakters.

Er führt ein freies Leben am Rand der Gesellschaft. Seine Leidenschaften: die Medizin, die Wissenschaften vom Jenseits, das Geheimnis der Körper zu entdecken und bis in die Arkana des Universums vorzudringen, wodurch er sich den Zorn der Inquisition zuzieht. Obwohl die Worte, mit denen die Autorin sein Bild zeichnet, sich erst einmal auf seine geistigen Beschäftigungen beziehen, verweist ihr Doppelsinn auf seine sexuellen Aktivitäten. «Seine Existenz war geheim und gewissen Einschränkungen unterworfen: sie war es immer gewesen.» «als Mensch, der überall und nirgends Bürgerrecht genießt,» «Wie einem Menschen, der gegen den Strom und durch eine finstere Nacht schwimmt, fehlten ihm die Anhaltspunkte, um genau zu berechnen, wie weit er abgetrieben wurde.»[4]

Was zieht Zenon zur Homosexualität? Er spricht sich mit seinem Cousin Heinrich-Maximilian darüber aus, der die Liebe zur Frau heiß verteidigt und den weiblichen Körper preist in den man «wie Eroberer in eine jubelnde Stadt eindringt». Von Zenons Argumenten, dem Hang zum Geheimnis, der Anziehung durch das Gleiche, der Suche des Flüchtigen fallen zwei ins Auge: «die angenehme Abwesenheit all dessen, was die gezierten Mienen der Kurtisanen, die Sprechweise der Petrarkisten ... der Lust hinzufügen», und jener «Umgang, der sich nicht scheinheilig durch die Fortpflanzung der menschlichen Gesellschaft rechtfertigt».[5] Mit anderen Worten, dieser Freischärler des Geistes schätzt die Homosexualität, weil sie gegen die Mode ist und gleichzeitig außerhalb jeden gesellschaftlichen Zweckes steht: Sie ist reine Natur, weil sie der jeweiligen Kultur (jenen von Petrarca inspirierten «gerade beliebten Liedchen») genauso wenig verpflichtet ist wie der politischen Fortpflanzungsideologie.

An anderer Stelle kommt Yourcenar auf die «sinnliche Freude» ihres Helden zurück, und nennt zwei Gründe für seine Neigungen. «Die Freuden, denen er den Vorzug gegeben hatte, gehörten zu den heimlichsten und gefährlichsten, zumindest in christlichen Landen und in jener Zeit, in der er zufällig auf die Welt gekommen war. Vielleicht hatte er sie nur gesucht, weil Verheimlichung und Verbot aus ihnen einen wilden Bruch der Sitten machten, ein Hinabtauchen in die unter dem Sichtbaren und Erlaubten schwelende Welt.»[6] Dem «wilden Bruch der Sitten» steht die «niedrige Anpassung an die Sitte» entgegen, die er den Frauenliebhabern vorwirft und Zenon so zum ersten modernen Schüler Platons macht. Wenn Männer, die es spontan zu Menschen ihres Geschlechts zieht, so steht im *Gastmahl*, schließlich heirateten und Kinder zeugten, dann nur, weil sie von den Bräuchen dazu gezwungen würden, ohne daß die Natur sie dazu treibe. Zweiter Grund: «Oder vielleicht rührte diese Wahl aus einem so einfachen und unerklärlichen Sehnen her, wie das, das einen eher eine Frucht als eine andere wählen läßt.» Auch durch die Art, Knabenliebe so natürlich und ohne Ursache (als ein «unerklärliches» Bedürfnis) darzustellen wie die Vorliebe für eine Frucht, läßt *Die schwarze Flamme* das Auf-der-Stelle-treten Freuds und das Gestammel der Psychoanalyse auf der überholten Suche nach einer Ätiologie der «Perversion» in sich zusammenfallen.

Zenon lebt nur im Untergrund, um sich vor den Gerichten zu schützen, die ihn auf den Scheiterhaufen schicken würden, und nicht aus einem Unterlegenheits- oder Schuldgefühl heraus. Die große Originalität dieses Romans besteht darin, daß im Vergleich zu zeitgenössischen Arbeiten von Thomas Mann bis Bassani, von Martin du Gard bis Visconti, die die kulturelle Tradition des verschämten Homosexuellen weiterführen, Zenon der Traum von der Macht beseelt. Er vertraut sich seinem Cousin bei eben jenem «Gespräch in Innsbruck» an.[7] Der Gelehrte, der Alchimist ersinnt Maschinen, die das Feuer leiten sollen, andere sollen in der Luft fliegen oder unter Wasser schwimmen: Ausdruck des Stolzes bei einem Mann, dessen Privatleben eine Herausforderung der Gesetze ist. Zenon erinnert sich einiger seiner jungen Liebhaber: sein «Jonathan», ein lässiger Blonder aus Leuven,[8] Gerhart aus Lübeck, ein «besonnenes Kind», «kostbares Objekt» und «eifriger Schüler».[9] Niemals verdüstert eine Spur von Zweifel, von Gewissensbissen oder Scham seine strahlende Ungeniertheit. Er lebt eine erobernde, dominierende Homosexualität, die auch heute noch bemerkenswert wäre – wiederholen wir es nur. So revolutionär diese Haltung im Jahrhundert des *Tod in Venedig* und des *Maumort* erscheint, sie ist jedoch umso schneidiger, als sie gegen die Gebote der Kirche verstößt und schließlich neben anderen Anklagepunkten, die aus seinen wissenschaftlichen Aktivitäten abgeleitet werden, zum Todesurteil gegen Zenon führen.

Zwei Details bestätigen, daß *Die schwarze Flamme* in den Windungen seiner Sätze etwas wie ein Brevier homosexuellen Stolzes verbirgt. Bevor Zenons Cousin geht, zitiert er eine Stelle aus

Petronius, in der der «alte Lüstling» Eumolpus seine «beiden Lieblinge» Encolpius und Giton anraunzt: «Ihr könntet glücklich sein und führt dennoch ein elendes Leben, seid jeden Tag einem schlimmeren Ärgernis ausgesetzt als am Tage vorher. Ich für mein Teil habe jeden Tag gelebt, als ob dieser Tag, den ich erlebte, mein letzter sein sollte, das heißt *in aller Ruhe*!»[10] Ein Zitat, das im Munde eines reinen Heterosexuellen seltsam klänge, wenn es nicht der Absetzung des ehrenwerten Offiziers Heinrich-Maximilian Ligre von dem ätzenden Zenon diente: für den kommt es gar nicht in Frage «in aller Ruhe» zu leben. Vielleicht gibt es eine friedliche, alltägliche Homosexualität ohne Ehrgeiz und ohne Gefahr, doch die ist nicht seine: Strahlend steht sie da als wesentlicher Bestandteil seines großen alchimistischen Planes einer Umwälzung der Werte und der Transsubstantiation der Welt.

Ein weiteres Zeichen dieses Strebens: das Pseudonym, das er er gewählt hat. «Aus Vorsicht», erfahren wir von der Autorin, doch welch doppelsinnige Vorsicht läßt ihn den Namen Sebastian Theus wählen! Sebastian verweist gleichermaßen auf eine bestimmte Art von Erotik und den Mut gegenüber Verfolgung, und Theus ist nichts anderes als die griechisch-lateinische Form von Gott. Die Notwendigkeit, sich zu verstecken, ermöglicht Zenon hervorzutreten, indem er sich mit Gott gleichsetzt.

Bekanntermaßen versuchte Friedrich II. von Staufen, König von Sizilien und deutscher Kaiser an jungen Pagen die Sodomie. Solche Versuche erkläre ich mit seinem Wunsch, wie Zenon alle Möglichkeiten des Körpers unabhängig von Moral und herrschenden Gesetzen auszuprobieren. Yourcenar zitiert in ihrer «Anmerkung des Verfassers», die an den Roman angehängt ist, nicht diesen Herrscher aus dem XII. Jahrhundert, sondern Zeitgenossen Zenons, mit denen ihre Figur verwandt ist durch ihre Neigung, sich allen Konventionen zu entziehen, die Brauch und Kultur entspringen, aus Durst, die Grenzen des Bekannten zu versetzen: Leonardo da Vinci, Paracelsus, Kopernikus, Etienne Dolet, Campanella, Giordano Bruno, Ambroise Paré, Erasmus von Rotterdam, Michel Servet. Alle sind Helden, manche Märtyrer ihrer Leidenschaft, zu wissen und auszuprobieren. Was Leonardo für die Naturwissenschaft darstellte, Paracelsus und Servet für die Medizin, Ambroise Paré für die Chirurgie, Kopernikus und Galilei für die Astronomie, Bruno und Campanella für die Theologie, Dolet für die Druckerkunst und

Erasmus für die Philosophie, das stellte Zenon laut *Die schwarze Flamme* für die Homosexualität dar. Obwohl Zenon gänzlich erfunden ist, gehört er voll und ganz zu jener Elite von Wegbereitern, die gegen Grenzen stoßen und deren Werk im Namen der Renaissance gepriesen wird.

All jene, die diese allzu sexuelle Lesart von Marguerite Yourcenars Buch verärgert, weise ich auf ein letztes Detail hin, das unbemerkt bleiben könnte. «Eine schöne Wohnung» heißt das Kapitel ironisch, das dem großbürgerlichen Paar Philibert und seiner Frau Martha gewidmet ist, einer Halbschwester Zenons. Zur kostbaren Ausstattung ihres «prächtigen Wohnsitzes» gehören an erster Stelle italienische Gemälde. Die Themen werden aufgezählt und das nicht zufällig: «Der Edelmut von Alexander, die Mildherzigkeit von Titus, die vom Goldregen überschwemmte Danae und der zum Himmel aufsteigende Ganymed».[11] Zwei Sinnbilder politischer Liberalität neben zwei Sinnbildern sexueller Ausgelassenheit: Jupiters Genußsucht, der sich in einen Goldregen verwandelt, um zu der Prinzessin vorzudringen, die in einem ehernen Turm eingeschlossen ist, und der Raub des schönen Mundschenks.

Martha und ihr Mann werden von einem Fürsprecher Zenons angefleht und diskutieren, ob sie ihren Einfluß geltend machen sollen, um den Verwandten vor dem Scheiterhaufen zu retten. Sie beschließen, es nicht zu tun und bescheiden ihn abschlägig. Martha ruft ihren Haushofmeister, damit er ihren Ablehnungsbrief zur Post trage. Der Haushofmeister nutzt die Gelegenheit, um mit seiner Herrin über eine Sache zu sprechen, die augenscheinlich nichts mit dem Geschick ihres Halbbruders zu tun hat. Schöne Aubusson-Teppiche stehen zum Verkauf, und «Madame hatte gerade erwähnt, daß sie die Wandbehänge im Ganymed-Salon recht gern erneuert haben wollte.»[12] Was stellen diese Teppiche dar? Die Auswahl wurde wieder nicht dem Zufall überlassen. *«Die Anbetung des Goldenen Kalbes», «Die Verleugnung des Petrus», «Die Feuersbrunst von Sodom», «Der Sündenbock», «Die Juden im Feuerofen».*

Biblische anstelle antiker Themen: Anstatt Bilder voller Frieden, Süße und Weitherzigkeit wird Martha Szenen der Angst und Gewalt an ihre Wände hängen, besonders Anspielungen auf sexuelle Verfehlungen und die dafür notwendige Bestrafung. Wir befinden uns am Ende des XVI. Jahrhunderts, die bürgerliche Ordnung beginnt die Anarchie der Renaissance zu verdrängen, und diese beiden Vertreter des aufkommenden Kapitalismus Philibert und Martha, Tuchhändler, verhalten sich ihrer Zeit und ihrer Klasse gemäß, wenn sie den häretischen Verwandten verleugnen und den strahlenden Ganymed durch das von Flammen verwüstete Sodom ersetzen. Nein der Freiheit, ja der Strafe!

Eine solche Drohung hätte Zenon nicht eingeschüchtert, und er zog sie niemals in Betracht, bereit, an der Unbeugsamkeit der kirchlichen Inquisitoren zu zerbrechen. Auch er nahm sich das Leben, doch um der entehrenden öffentlichen Marter zu entgehen. Im Unterschied zu all den Selbstmorden von Homosexuellen in der Literatur ist es eine Art «freiwilliger Abgang», heiter und ohne Gewissensbisse gewählt. Einmal, erzählt uns Yourcenar, als Zenon bei der Belagerung von Budapest eine junge Ungarin als Beute annehmen mußte, hatte er es sich nicht nehmen lassen, von den «Früchten der Eva» zu kosten. (Wir sollten beachten, wie sehr die Autorin die Feder in die Tinte von Klischees taucht, um das sogenannte «normale» Vergnügen zu beschreiben.) Doch dann, und wir verlassen den Helden mit diesem Bild, das die Einsamkeit des kühnen Abenteurers mit Wonnen verknüpft, die ihn für seinen Mut belohnen, «war er in die glühenden Ebenen zurückgekehrt, die von Salzsäulen und Engeln mit langen Locken bevölkert waren ...»[13]

Alexandre, der Held der *Zwillingssterne*[14], wird 1947 ermordet. In diesem Roman, der im März 1975 erschien, entwickelt Michel Tournier eine neue Theorie der Homosexualität anhand des Porträts von einem Menschen, der obwohl er sein ganzes Leben in einer Zeit der Unterdrückung lebte, niemals darunter litt, von den anderen verschieden zu sein. Ohne jeden Bruch in seinem skrupellosen Dandytum behauptet Alexandre frech seine Einzigartigkeit. Ein völlig unerhörter Blickwinkel, kaum glaubhaft für eine Gestalt, die doch ein Zeitgenosse Jean Genets und Roger Peyrefittes ist und sich trotzdem von der gequälten Aggressivität des einen ebenso radikal unterscheidet wie von der durchtriebenen Provokation des anderen. Homosexuell zu sein bedeutet für Peyrefitte, zu einer mondänen Clique zu gehören, die unter ihrer herablassenden Geziertheit das Trauma verbirgt, das der Sippe durch die ferne, doch immer noch brennende Erinnerung an den Selbstmord des jungen Alexandre aus den *Heimlichen Freundschaften* zugefügt wurde – dem einzigen Buch des Autors, das in seinen dramatischen Peripetien ein echtes Gefühl der Homosexualität von Männern widerspiegelt, die zu Beginn des Jahrhunderts geboren wurden. Für Genet hingegen ist die Homosexualität nur eine Variante der Delinquenz, eine Verherrlichung des Bösen, ein Mittel, zur absoluten Schwärze einer funkelnden Verworfenheit zu gelangen, und die zornige Härte, die seine Helden an den Tag legen, darf nicht über die riesigen Reserven frustrierter Zärtlichkeit hinwegtäuschen, vor denen ihr Herz überquillt und die dem Stil des Schriftstellers eine Art verkehrter Romantik verleihen. Diese beiden Haltungen sind in Wirklichkeit auf eine einzige zurückzuführen, denn in beiden Fällen geht es um die Kompensation einer Kindheit, die als Tragödie erlebt wurde, durch stolze Herausforderung der Gesellschaft. Sie sind dem Alexandre der *Zwillingssterne* völlig fremd, den keine schmerzhafte Vergangenheit belastet, der niemals das Elend des Ausgeschlossenen kannte und der eher als ein Denkspiel denn als ein Verlangen nach Empfindsamkeit eine Art platonische Idee vom Menschen über den Gesetzen kalt konstruiert.

Von der Mittelschule an, als ein Mitschüler ihm bei einer Balgerei im Hof sein unter dem dünnen Hosenstoff eregiertes Glied in die Hände legt, lebt Alexandre dies erste Zusammentreffen mit dem Begehren nicht als «ein schändliches Geheimnis», sondern mit dem Staunen, das «ein unsichtbarer Ruhm» verleiht. Damit ist der Ton gegeben: Alexandre ist mit zwölf Jahren der Schlüsselhalter eines Königreiches und will sich dieser außergewöhnlichen Gunst immer würdig erweisen. Es spricht Bände, daß unter der erklärten Polemik gegen die Heterosexualität und die Verblödung, die sich für die meisten Männer daraus ableitet, das Buch implizit sogar gegen alle Homosexuellen ist – Peyrefitte und Genet eingeschlossen –, bei denen die geringste Furcht feststellbar ist, der geringste Schrecken und selbst das geringste Zögern angesichts ihres glorreichen Schicksals.

«Heterosexuelles Gesindel» nennt Alexandre die zahlreichen Götzenanbeter häufig verächtlich, die den wirklichen Gott nicht zu erkennen vermögen, den er sich nicht anders vorstellen kann «als einen Penis, der sich hoch und hart auf seinen beiden Hoden emporreckt, ein ragendes Denkmal der Männlichkeit, ein Schöpfungsprinzip, eine heilige Trinität, ein Rüsselidol in der Mitte des menschlichen Körpers (...) eine seltsame Vereinigung von seidiger Zartheit und muskulöser Härte.»[15] Dabei schließt diese blasphemische Sprache jede Schwärmerei aus. Alexandre behält einen kühlen Kopf und mit einem ehemaligen Mitschüler aus dem Collège Thomas, der Pfarrer der Heiliggeistkirche geworden ist, philosophiert er über die Vorteile von Homo- und Heterosexualität. Die beiden Freunde stimmen darin überein, daß sie «die Herren des Lebens» sind, «das Salz der Erde». Sie bilden einen bindungs- und zwanglosen Adelsstand; «leicht und heiter wie Reisende ohne Gepäck», geborene Jäger und Nomaden, während die anderen, «vor den schweren Karren der Weitergabe des Lebens» gespannt, gleichzeitig fruchtbar und proletarisch, ihnen die «spielerische, grundlose und leichte Liebe des ewigen homosexuellen Frühlings» nur neiden können.

Worauf ist die Homophobie zurückzuführen? Auf den «Haß des Kettenhundes gegen den freien einsamen Wolf». Die Gegenprobe für die Überlegenheit des Homosexuellen – und Michel Tournier in seiner Bosheit brennt hier eines seiner glänzendsten Feuerwerke ab – liefert die Entwicklung der Sitten und Neigungen. Die Heteroexuellen wollen heute nicht mehr, daß ihre Frauen fett und fruchtbar sind, sie wünschen sie sich mager und steril, anders gesagt, sie behandeln sie wie einen Knabenersatz, da ihnen die Weisheit der Araber fehlt, die die Fortpflanzung der Art und das Vergnügen voneinander trennen und von einem Geschlecht das eine und vom anderen etwas anderes erwarten. Trotz ihres Tricks bleiben die abendländischen Heterosexuellen Haustiere, die ihrem Penis einen Maulkorb anlegen – die Heterosexualität – und ihn in einen Käfig sperren – die Ehe.

Doch nicht alle Homosexuellen sind auf der Höhe ihres außergewöhnlichen Schicksals als einsame, nächtliche Räuber. Manche geben dem feindlichen Druck der Masse nach und nehmen das karikaturistische Klischee an, das die Heterosexuellen erfanden, um jene lächerlich zu machen, die sie beneiden. Die Tunte, der Transvestit sind nur verschämte Unterprodukte einer ihrer Berufung unwürdigen Homosexualität. Der Roman betont stark, daß Alexandre, durch eine höhere Kraft getrieben, die ihn «auf ein übermenschliches Niveau» erhebt, die Unterdrücker, die seine Art herabzusetzen suchen und die Opfer, die sich herabsetzen lassen, gleichermaßen verachtet.

Parenthese zu Jean Genet
Nichts unterscheidet Michel Tournier so sehr von Jean Genet wie sein Urteil über die Transvestiten. Für Genet ist es ein Akt des Heroismus, sich zu transvestieren und das Weibliche in sich zu übertreiben. Es muß eine möglichst große Übereinstimmung hergestellt werden mit dem Negativbild vom «warmen Bruder», wie es dem Heterosexuellen lieb ist, indem man es sogar übertreibt. Gewissermaßen eine Politik des größten Übels, deren Ziel darin besteht, sich größtmögliche Ablehnung zuzuziehen. Indem Genets Homosexuelle verbreiten, Homosexuelle seien Lügner, Feiglinge und Kriminelle, laden sie sich alle Laster auf, nicht weil sie sie besäßen, sondern um die anderen endgültig von ihrer Nachsicht oder ihrem Mitleid abzubringen. «Aber ja, wir stinken», könnten sie wie die Neger sagen. Zurschaustellung ist nötig für sie; sehr aufschlußreich: Genet wechselte vom Roman zum Theater. In dem Maß, in dem die Zeit sich bewegte und Toleranz sich ausbreitete, begann er im Theater auszuposaunen, daß die Homosexuellen nicht wieder in die Gesellschaft integriert werden könnten, daß sie der Abschaum der Menschheit blieben, indem er sie mit falschen Brüsten und Perücken ausstaffierte. Eine Generation trennt Genet von Tournier, doch die dreißig Jahre zwischen *Notre-Dame-des-Fleurs*[16] und den *Zwillingssternen* wirken so lang wie ein Jahrhundert. «Was ist eine Tunte?» fragt Thomas. «Das ist ein Homosexueller, der den Befehlen der Proletarier gehorcht.» Ein unwiderrufliches Urteil, das das Gerede von der Töle in sich zusammenfallen läßt: Ist die Wimperntusche abgekratzt, bleibt nur noch die Scham des Sklaven.

Heute hätte es den Autor des *Wunders der Rose*[17] nicht mehr interessiert, homosexuell zu sein oder sich dafür auszugeben. Er wollte der bürgerlichen Gesellschaft hassenswert erscheinen, die Geschlechtshäretiker noch an den Pranger stellte, als er zu schreiben begann. In seinen Augen gab es keine größeren Feinde als die verschiedenen Arten von Fortschrittlern und Reformatoren: von keiner Gefahr fühlte er sich bedrohter als durch ihre Bemühungen, den Bann aufzuheben, der den Paria mit einer schwefelgelben Aureole umgibt. Den Triumph der Permissivität hätte er als ein Scheitern empfunden. Die Toleranz hätte ihm sein Lieblingsargument geraubt, mit dem er jede Versöhnung mit der herrschenden Macht ablehnte. Im *Tagebuch eines Diebes*[18] steht folgendes bezeichnende

Geständnis. Als der Erzähler zu Fuß von Breslau nach Berlin geht, ist er versucht zu stehlen. Eine «geheimnisvolle Kraft» hält ihn zurück. «Es ist ein Volk von Dieben – das ist es, was ich in meinem Inneren empfand. Wenn ich hier stehle, tue ich nichts Außergewöhnliches, nichts was mir helfen könnte, mehr aus mir selbst zu machen: Ich gehorche der natürlichen Ordnung. Ich zerstöre sie nicht. Ich begehe nichts Böses, verursache keine Störung. Der Skandal ist unmöglich. Ich stehle im leeren Raum.»[19] Übertragen wir: Werden Homosexuelle verfolgt, macht die Homosexualität mehr aus Genet; werden Homosexuelle akzeptiert, stößt ihn die Homosexualität ab.

Er starb 1986, zu spät; er erfuhr die höchste Beleidigung, die Rebellen bestimmt ist, wenn das Gericht sie zu harmlosen Unruhestiftern erklärt. Sodomit «im leeren Raum», was gibt es Deprimierenderes? Bereits seinen Ruhm als Schriftsteller ertrug er schlecht, im Namen dessen seine bourgeoisen Leser die Augen verschlossen vor seiner Lebensweise. In einen Essay über die «homosexuelle Kultur» aufgenommen zu werden, hätte seinem Schrecken die Krone aufgesetzt, denn was ich hier Kultur nenne, spuckte er als ein Instrument gesellschaftlicher Unterdrückung an. Sein Biograph Bernard Moraly lehrt uns, wie sorgfälig er versuchte, als ein ungebildeter, barbarischer Dichter ohne Erziehung zu gelten. Er hatte Gide, Dostojewski und Proust gelesen, bevor er zu schreiben begann, doch wollte er glauben machen, daß seine einzige Schule das Gefängnis gewesen sei. Als Cocteau ihm vorschlug, ihn Gide vorzustellen, lehnte Genet mit einem wenig schmeichelhaften Urteil über den Autor der *Falschmünzer* ab: «Seine Unsittlichkeit ist verdächtig. Ich mag Richter nicht, die sich verliebt zum Dieb hinabbeugen.» Dabei hatte Genet schon mit Gide korrespondiert, vielleicht kannte er ihn sogar, doch diesen Umstand verschwieg er Cocteau, um die Legende vom Primitiven, dem Wilden mit seinem Zorn als einziger Waffe, nicht zu zerstören, die Cocteau gerade in Paris verbreitete. Der Mythos hielt nicht an; Genet ist nur ein Schriftsteller neben anderen. Er bemerkte es selbst und hörte sehr früh auf, Erzählwerke zu schreiben. Von 1961 bis zu seinem Tod: fünfundzwanzig Jahre Schweigen!

«Parenthese zu Genet»: Das ist die beste Würdigung, die man einem Autor erweisen kann, dem es bereits schwer fiel, Sartres erdrückenden Kommentar zu überleben. Es heißt nicht, sein Talent zu verkennen, wenn man sagt, daß er einer vergangenen Zeit angehört. Mit übergroßer Üppigkeit und Emphase mußte er das Pech bezahlen, in einem Jahrhundert geboren zu sein, das den Skandal außer Kurs gesetzt hatte, verwünschte Dichter nicht mehr zum Elend verdammte und mildernde Reformen ins Strafgesetz aufnahm.

Was Michel Tournier angeht, ist sein Urteil so hellsichtig, seine Rede so frei von Unklarheiten, seine Sprache so lapidar, daß ich mich darauf beschränken konnte, das Kapitel zu Alexandre («Der Himmel und die Hölle») nachzuerzählen, ohne – glaube ich – ein Denken zu verraten, das sich von allem abhebt, was vorher zur Homosexualität geschrieben wurde durch seine völlig *schmerzlose* Entschlossenheit. Ich finde kein angemesseneres Beiwort als das Adjektiv «schmerzlos», um den Stil dieses Werkes zu bezeichnen, so überraschend für den Leser, der gewohnt ist, in homosexuellen Romanen entweder den ängstlichen Nebel eines Julien Green oder die anspielungsreiche Dunkelheit eines Oscar Wilde, die erschreckte Verkrampftheit eines Mishima, das fiebrige Pathos eines Jean Genet oder den plüschigen Hedonismus eines Jouhandeau zu finden, immer jedoch, welchem Temperament oder welcher Generation der Schriftsteller auch angehört, etwas Bebendes, Geheimnisvolles, das das Markenzeichen von Romanciers ist, die außen vor stehen. Alexandre litt nicht, und er fand einen Schreiber, dessen Feder, des geringsten Zitterns unfähig, unerschütterlich weiterschreibt.

In *Zwillingssterne* bleiben jedoch zwei Fragen offen. Erstens, warum machte er aus Alexandre einen Hausmüllunternehmer, dessen berufliche Beschäftigung darin besteht, Abfallfelder zu besichtigen und Unratgebirge zu erklimmen? Aus dem reinen Vergnügen, starke, wundervolle Beschreibungen der dreckigen Kehrseite des Lebens zu wagen? Natürlich nicht. Sollen wir uns mit dem symbolischen Schlüssel zufrieden geben, den er uns selbst mitliefert, indem wir ein Parallele ziehen zwischen den beiden gleichermaßen unfruchtbaren Tätigkeiten Alexandres, Exkrementhügel zu beackern und seinen Samen Knaben hinzuwerfen? Oder sollte es diesem Verächter der heterosexuellen Herde natürlich erscheinen, das er den Beruf eines Müllarbeiters und Vernichters wählte, der es ihm erlaubt, die Mülltonnen jenes Gesindels zu durchwühlen, das er verabscheut? Oder auch – die einfachste Analogie – findet jemand, der von der Öffentlichkeit geächtet wird, nicht einen idealen Spiegel im Erbrochenen der Gesellschaft?

Meines Erachtens ungenügende Erklärungen. Der Alexandre gewidmete Teil der *Zwillingssterne* beruht auf einem Paradox. Wie? Jemand, der uns als Creme libertären Adels vorgestellt wird, als ein Vorbild an Unabhängigkeit, spielerischer Frische, an Frühlingsheiterkeit, verbringt seine Zeit damit, Tonnen von Abschaum umzuwälzen, Aasgestank einzuatmen, wenn er sich nicht gerade gegen Horden von Ratten schlägt! In der Gestalt Alexandres liegt etwas Widerliches, Abstoßendes, das in offensichtlichem Widerspruch steht zu seiner moralischen Haltung eines freien Herren und seinem Äußeren eines wie aus dem Ei gepellten Dandy. Cocteaus verrufene Matrosen, Genets Gauner, Maurice Sachs Lumpen, Carcos Jésus-la-Caille, dies ganze dreckige Volk, das mit seinen üblen Tricks den Bodensatz der homosexuellen Literatur belebt, behält eine strahlende Aura und folglich die Macht, zu verführen und zu überzeugen. Michel Tournier hingegen gibt sich größte Mühe, seinen Helden jeden poetischen Prestiges zu entkleiden. Einerseits preist er seine Charakterstärke, doch gleichzeitig schreckt er uns ab, ihn nachahmen zu wollen. Der Müllkönig kann kein und wird niemals Vorbild für irgendjemanden sein.

1975 hatte die homosexuelle Befreiung begonnen, und nichts hätte Michel Tournier so sehr mißfallen, wie mehr oder weniger als ein Vorkämpfer zu gelten, indem er einen «positiven» Helden der Homosexualität darstellte, einen Fixstern, der noch in der Nacht verlorene Seglern leiten könnte, einen Bannerträger der Schwulen, gierig ihr «come out» hinauszuposaunen. Wie sollte man der Standarte eines Müllfürsten folgen? Durch eine jener «Inversionen», auf die sich *Der Erlkönig*[20] versteht, machte er seinen Alexandre abstoßend, da es Tournier widerstrebte, in der Schwulenbewegung eine Rolle zu spielen. Insofern ist das vollendetste Beispiel an Mut und Unabhängigkeit gleichzeitig das Gegenteil eines Wegbereiters für die menschliche Art. Edel und schändlich; niemand wird ihm auf seinen Dreck- und Jauchethron folgen.

Die andere Frage ist die seines augenscheinlich tragischen Endes. Alexandre ist im Hafen von Casablanca auf Anmache, er trifft zwei Spitzbuben, die ihn mit Messerstichen töten. Als er an dieser Stelle ankam, könnte der Leser ausgerufen haben: auch er!, wenn er denn an die Erlösermission Alexandres geglaubt hat, oder im Gegenteil befriedigt, wenn er zu den Furchtsamen gehört, die Exzesse bestraft sehen möchten. Ist es nicht auf den ersten Blick seltsam, daß Tournier den furchtlosen Jäger eines schändlichen Todes umkommen lassen soll nach der Regel, die derselbe Tournier zweifellos verabscheut, daß jeder Homosexuelle, von Vautrin bis Charlus, nach Strafe verlangt? Was! Alexandre, der Rebell par excellence gegen jedes Schamgefühl, der von unsichtbarem Ruhm umgeben verbotene Pfade eingeschlagen hatte, dieser selbe Mann empfing die Bestrafung, die ihn anscheinend in die Schar der ewig Besiegten einreihte? Einige Monate nach Erscheinen der *Zwillingssterne* sollte Pasolini am Strand von Ostia unter ähnlichen Umständen getötet werden. Dabei sind die beiden Toten völlig unterschiedlich. Pasolini gehorchte tatsächlich dem alten Schuldgefühl, das an Homosexuellen jüdisch-christlicher Erziehung nagt, und er leistete sich seinen Henker als Bestrafung für seine «Sünde», doch der Fall Alexandres liegt ganz anders. Dessen Tod ist nicht die rituelle Wiederherstellung der Ordnung durch Beseitigung des Störenfriedes, sondern ein durch die Natur der Dinge erklärbares Ereignis.

Um dies Ereignis zu begreifen, muß man es mit dem Rest des Buches und der Philosophie der Zwillingsliebe in Zusammenhang sehen, wie der Autor sie ausführt. Laut Tournier sind nur Zwillinge zur idealen Liebe fähig, weil sie den anderen auf sich selbst zurückführen, das Werden und die Zeit leugnen, die das heterosexuelle Paar untergraben, und die Ganzheit eines von der Welt abgeschiedenen, ewig reinen und sterilen Bundes verwirklichen. Das ist die einigen wenigen vorbehaltene Krönung der ausschließlichen Endogamie. Der Homosexuelle, der wie der Zwilling nach einer in sich abgeschlossenen Liebe strebt, frei von den Verpflichtungen, die die Gesellschaft ihm aufzwingt, absolut, strahlend, Siechtum und Tod entzogen, sieht sich an der Verwirklichung dieses Ideals gehindert, weil er nicht seinesgleichen hat. Zur Exogamie verurteilt muß er anderswo, sehr weit entfernt sein immer vorläufiges und immer enttäuschendes Doppel suchen. Das ist der gleichermaßen köstliche und kränkende Zwang der Anmache. Alexandre ist dem Tod geweiht, denn das Fehlen eines biologischen Zwillings zwingt ihn, der Welt entgegenzutreten. Doch als sein Tod eintritt, hat er nichts Tragisches. Er drückt nicht das heimliche Schuldgefühl eines Menschen aus, der bereut und sich dem lange verhöhnten Recht beugt. Tournier beschreibt den Mord nicht, wir erfahren nur durch einen kurzen Einschub davon, keine Inszenierung des Todes, keine Zeremonie für ein rein klinisches Ereignis. Was ist Alexandres letzter Gedanke? Wir wissen es nicht, doch falls er sterbend einen Seufzer ausstieß, können wir uns vorstellen, daß es das einfache Bedauern ist, daß er niemals über eine unbestechliche Zwillingszelle verfügte, deren ihn seine sexuellen Vorlieben würdig gemacht hätten. Bevor er übrigens den siebzehn Messerstichen erlag, blieb ihm die Zeit, seine beiden Angreifer mit dem Schwert zu töten, das er in seinem Stock verborgen trug. Er fällt nicht als Besiegter sondern als Sieger. Sein Tod ist keine Niederlage, er ergibt sich aus der Unvollkommenheit der Natur, einer Unvollkommenheit, die von einer Tatsache herrührt und nicht von einem moralischen Urteil. Da er bei seiner Geburt kein exaktes Doppel vorfand, unveränderlich und unveräußerlich, mußte er sich auf fremdes Terrain vorwagen und sich auf die Jagd nach täuschendem Ersatz machen. Die Ermordung Alexandres ist letztendlich nur die objektive Feststellung dieser Täuschung.

Zwillingssterne verstärkt das Totengeläute also nicht, dessen Grabesklänge über die Leichen Lucien de Rubemprés, Gustav von Aschenbachs und Athos Fadigatis wehen. Alexandre bleibt inmitten seines Abfalls eine Triumphgestalt. Ein anderes Motiv zwang den Autor, ihn zu töten. Ein Romanheld wird immer durch den Konflikt zwischen sich und seiner Familie, seiner Klasse, seinem Land oder seiner Religion definiert. Damit es einen Roman gibt, muß es Unvereinbarkeit zwischen einem Individuum und seiner Umgebung geben. Weil Marguerite Yourcenar diese Regel mißachtete, sind die *Erinnerungen des Kaisers Hadrian* mißlungen, weil sie sich daran hielt, ist *Die schwarze Flamme* gelungen. Die grundsätzliche Unmoral Alexandres, seine völlige Geringschätzung der Öffentlichkeit wie auch der Gesetze, seine Erfolge in der Liebe, sein Geschick, sich seine Beute zu sichern, hätte den Eindruck erwecken können, daß alles für ihn gelöst wäre, daß das Leben wie ein gleichmäßiger Teppich unter seinen Füßen abrollte. Ein allzu dauerhaft leichter Erfolg hätte ihn herabgesetzt. Seine Heldennatur hätte sich mangels Hindernissen aufgelöst. Das Verbrechen der beiden Gangster gibt ihm das Strahlen des großen, einsamen Raubtieres zurück.

La gloire du paria (Der Ruhm des Paria)

Diesen Titel gab ich einem 1987 veröffentlichten Roman. Zwei Freunde, der Schriftsteller Bernard und der Student Marc, leben zusammen. Ersterer ist fünfundvierzig, letzterer fünfundzwanzig Jahre alt: Der Altersunterschied ist wesentlich, denn er erklärt zwei unterschiedliche Einstellungen, Verhaltensweisen. Marc gehört zu jener Generation, die durch die Ereignisse im Mai 68 und ihre psychologischen Auswirkungen befreit wurden. Sehr jung konnte er sich seinen Eltern ganz offen anvertrauen, und diese machten ihm kaum mehr Schwierigkeiten als er selbst hatte, eine Tatsache zu akzeptieren, die ein großer Teil der Bevölkerung nunmehr für völlig natürlich hielt. Bernard hingegen wuchs noch in einer Zeit der Scham und der Heimlichkeiten auf, und obwohl er aus Vernunftgründen mit den Homosexuellen kämpfte und zur Befreiung der Sitten beitrug, hat er aus seiner Jugend in Heimlichkeiten und Schatten eine völlig romantische Nostalgie für verbotene und gefahrvolle Momente bewahrt. Zwar ist er glücklich, jetzt ganz offen mit dem Freund seiner Wahl leben zu können – ein Traum, der einst reine Schimäre war – doch trauert ein Teil in ihm der Erregung nach, die aus der Gefahr erwuchs, dem Schauder, den er empfand, weil er sich als Außenseiter und schuldig fühlte, und all jenem zusätzlichen Reichtum, der aus der Tiefe des Elends hevorquillt.

Der Aids-Epidemie gegenüber reagiert jeder der beiden Freunde seiner Erziehung entsprechend. Der Jüngere weigert sich, daß Problem anders als unter rein wissenschaftlichem Winkel zu betrachten. Die Krankheit gehört für ihn in den rein medizinischen Bereich, und er macht sich daran, sie mit aller Kraft als furchtloser Ritter ohne Tadel zu bekämpfen. Bernard hingegen verwirrt dieses unerwartete Hindernis, das die Natur gegen die ungebremste Blüte des Sexualtriebes errichtet. Nicht daß er an irgendeine Gottesstrafe oder eine moralische Strafe dächte, die die Schwulen für ihre Exzesse verdient hätten: Man müßte schon sehr böswillig sein, um in dem Buch den geringsten Hinweis in dieser Richtung zu finden. Bernard beschränkt sich darauf festzustellen: 1. Die Homosexuellen sind wieder eine *Risiko*gruppe geworden, eine Formulierung, die auf angenehme Art den Stolz in ihm weckt, zu einer bedrohten Art zu gehören; 2. Ist Aids oder zumindest seine blitzartige Ausbreitung in den Vereinigten Staaten und in Europa nicht auf eine grenzenlose Permissivität zurückzuführen, die *backrooms*, Saunen und andere Orte der Anmache für Liebhaber flüchtiger, anonymer und fast mechanischer Vergnügen begünstigten? Das hieß, daß eine Zeit, in der Sex banaler Konsumartikel geworden ist, nicht nur nicht das vom «Fortschritt» der Sitten versprochene Paradies, sondern das Scheitern des Optimismus markierte, den die Schwulen verkündeten. Noch einmal, es handelt sich nicht um ein moralisches Urteil. Jeder ist frei, sich den Bauch vollzuschlagen oder sich zu besaufen, so lang er will: Doch ißt er zuviel, dann wird er krank, und überschreitet er eine bestimmte Menge Alkohol, so kann dieser Exzeß tödlich enden. «Selbst die Natur erträgt keine völlige Freiheit», sagt Bernard. «Vielleicht trägt jede volle Entfaltung in sich selbst den Keim der Zerstörung. Alles, was sich zu vollständig verwirklicht, ruft nach dem Keim der Vernichtung», erklärt er dem empörten Marc.

Diese Überlegungen und das Bewußtsein, daß er sein Schicksal letztendlich verraten hat, indem er als glücklicher Homosexueller lebt, der das auch zeigt, bereiten Bernard darauf vor, Aids, als die Reihe an ihn kommt, weniger mit Schrecken als mit Erleichterung anzunehmen. Lange hatte er in dem schmerzhaften, doch stimulierenden Gefühl gelebt, ein Outlaw zu sein, Opfer eines Fluches, der ihn quälte, ihm jedoch gleichzeitig den unschätzbaren Vorteil lieferte, sich von den anderen zu unterscheiden und dem allgemeinen Los zu entgehen. Nach einem kurzen Intervall von einigen Jahren, in denen er friedlich von den Wohltaten der Toleranz profitierte, wird er plötzlich zurückversetzt in die dramatische Atmosphäre seiner Jugend. Alle, die ihm nahestehen, verlassen ihn nach und nach; es wird leer um ihn. Aus der Gemeinde ausgestoßen, allein im schwarzen Schein der Erniedrigung, holt ihn sein rühmliches

Pariasein wieder ein. Dadurch kann er im Einklang mit sich selbst sterben, dem treu, was er immer für sein Geschick gehalten hatte, und nicht ohne Marc von der Idee überzeugt zu haben, daß die höchste Liebe nicht diejenige ist, die wie ein Tier in der Sonne das Wasser abschüttelt.

Es wäre auch völlig unberechtigt, diesem Buch vorzuwerfen, ein Modethema aufgegriffen zu haben. Der Ruhm des Paria, das heißt, die düstere Aureole zum Ruhm des Geächteten, ist Thema all meiner Romane seit dreißig Jahren, und alle hätten diesen Titel tragen können. Anfangs hatte ich gedacht, den später *Porporino oder die Geheimnisse von Neapel* (1974)[1] getauften Roman «Ruhm und Ächtung» zu nennen; die Lebensgeschichte eines Opernkastraten im XVIII. Jahrhundert. Am Lebensabend hat sich Porporino nach Heidelberg zurückgezogen und spricht über seine Sängerkarriere. Er stellt dar, von welchen Aufwallungen von Scham und Stolz er sich nacheinander hinreißen und niederdrücken ließ, je nachdem ob das Theaterpublikum ihm wegen seiner Kunst applaudierte oder ihn wegen seiner Verstümmelung verspottete. In *L'Amour* (die Liebe) (1986) wird das künstlerische Scheitern des deutschen Malers Friedrich Overbeck seiner Reue, wenn nicht seiner Feigheit zugeschrieben: Nach dem Scheitern eines Ausflugs nach Italien und seiner Liebe zu Franz, kehrt er nach Lübeck zurück, heiratet und tritt in das Geschäft seines Vaters ein, eines Weinhändlers in der reichen Hansestadt. Indem er dem Fluch ausweicht, der dem Außenseiter bestimmt ist, verfehlt Friedrich auch den Ruhm.

Ein Leser von *Gloire du paria* (der Ruhm des Paria) teilte mir mit, er habe in dem 1978 – also lange vor dem Auftauchen von Aids – erschienenen *l'Etoile rose* (der rosa Stern) genau die Worte gefunden, die ich acht Jahre später auf einen Aidskranken anwandte. Dieser Roman, der dreißig Jahre aus dem Leben eines französischen Homosexuellen nachzeichnet, beschreibt die Schritte seiner fortschreitenden Befreiung zwischen 1945 und 1975. Er heißt David, spricht in der ersten Person und sucht in seiner Kindheit Anzeichen für sein Schicksal. Mit vierzehn Jahren, obwohl er Radio London hört und den Sieg der Alliierten herbeisehnt, zieht ihn eine zweischneidige Sympathie, für die er sich im übrigen Vorwürfe macht, zu den in Stalingrad eingeschlossenen und besiegten Deutschen hin. In seinen Teenager-Träumen hört er den

Nachhall ihres Zusammenbruchs wie ein wohliges Rumoren, von dem er sich berauschen läßt. «Vor meinen sich schließenden Augen treiben die tapferen Männer von Paulus auf dem Rücken dem Abgrund zu, treiben mit den Eisschollen der Wolga dahin. Sie füllen das Universum mit Feiertagsgeschrei, unerklärlich für Sterbende. Durch welches Geheimnis geht von diesen Männern, die die Zivilisation einmütig verdammt und die Niederlage gerecht bestraft, diesen *Parias* für mich der freudige *Ruhm* Erwählter aus?»[2] (Hervorhebung von mir.)

David weiß, daß die Vernunft, das Recht, die Gerechtigkeit, das damit verknüpfte Lob auf Seiten der Sieger sind, doch er muß sich einfach solidarisch fühlen mit einem nunmehr verdammten Volk, das die ganze Welt und selbst sein Gewissen verurteilt. Der Zusammenbruch der deutschen Armee, obwohl reichlich verdient, führt ihn hin zu einem für ihn anziehenderen Kult als dem des Lichtes. Ohne sie benennen zu können, ist sein Herz bereits einer Religion zugetan, deren Pracht sich in den Tiefen eines Kellers entfaltet.

«Gloire du paria» hätte als Titel auch zu dem Roman *In der Hand des Engels* (1982)[3] gepaßt, den eine kurze Erzählung *Signor Giovanni* (1981) bereits ahnen läßt, in der ich von dem gewaltsamen Tod des deutschen Gelehrten Joachim Winckelmann berichte, der 1768 von einem Spitzbuben erdolcht wurde, dem er sich in einem Hotel genähert hatte. Ebensogut hätte ich den Maler Caravaggio als Vorbild wählen können, dessen turbulentes Leben tragisch an einem Strand der Toscana endete. Da ich jedoch ein zeitgenössisches Thema vorzog, fiel meine Wahl auf den Dichter und Cineasten Pier Paolo Pasolini, Held und Opfer eines ähnlichen Abenteuers. Doch anzunehmen, daß Pasolini selbst, «sein Leben und Werk» mich gefesselt hätten, wäre ein Zeichen von Kurzsichtigkeit. Er interessiert mich nur als bis heute vollendetstes Beispiel dieses ziemlich verbreiteten Typus des Homosexuellen voller Schuldgefühle, der gefährlich leben muß, sich eine Bestrafung zuziehen muß, und sie bereitwillig annimmt, wenn sie sich ihm bietet. In Form eines Gerichtes und einer gesetzlichen Verurteilung wie im Fall Oscar Wildes oder in Form einer jungen Bestie, gleichzeitig Götze und Henker, wie im Fall des Autors von *Mamma Roma*.

Als ich noch nichts über Pasolini wußte und *Lettre à Dora* (Brief an Dora) (1969) schrieb, schlich sich eine Seite ein, mit der ich die

Ermordung des italienischen Dichters durch Stockhiebe sechs Jahre später hätte beschreiben können. John geht nachts in einer Stadt spazieren: Er stellt sich vor, daß ihm in der Dunkelheit Übeltäter auflauern, sagt sich jedoch, daß er, anstatt zu fliehen, sich ihren Mißhandlungen willig hingeben würde. «Würde er sich nicht lieber zu Boden werfen, durchsuchen und verprügeln lassen? Halb bewußtlos würde er seine Angreifer Beleidigungen murmeln hören, weil nichts bei ihm zu holen sei. Und selbst wenn sich eine Hand unter sein Hemd schöbe, um ihm sein Goldkettchen wegzunehmen, bliebe er reglos liegen, ohne eine Geste der Verteidigung. Sie würden seinen Körper mit dem Fuß wegstoßen, ihn wie einen Kadaver in der dunkelsten Straßenecke liegen lassen. Im Oktober war die Leiche eines Matrosen entdeckt worden, eines jungen Rekruten vom benachbarten Standort, mit ausgestreckten Armen und gespreizten Beinen, ein Messer im Herz. Die Untersuchungsbeamten hatten überrascht festgestellt, daß das Gesicht nicht den wilden Ausdruck eines Menschen trug, der sich mit dem Mut der Verzweiflung schlägt, sondern im Gegenteil, daß er friedlich wie ein schlafendes Kind lächelte»[4].

In der Hand des Engels: Pier Paolo beschreibt den letzten Höhepunkt seines Kampfes mit seinem Mörder folgendermaßen: «Ihn an den Beinen zu fassen und auf den Boden zu schmettern, wäre für mich, Meister in Karate, ein Kinderspiel gewesen. Ich wälzte mich auf den Rücken und empfing den ersten Schlag auf den Unterleib. Er hielt seine Waffe wie einen Stock und verprügelte mich nach Strich und Faden. Eine Art Raserei bemächtigte sich seiner. Sein Gesicht strahlte in schrecklicher Schönheit. Er warf den Pfahl fort, hob ein Brett auf und zerbrach es auf meinem Kopf. Dann stand er auf und bearbeitete mein Thorax mit Fußtritten. Instinktiv hatte ich die Arme kreuzförmig ausgebreitet. Ich schaute ihn an, die Augen weit aufgerissen. Dieser stumme und kriecherische Blick brachte ihn auf den Gipfel der Erregung. Jawohl, ich glaube, daß er sich gegen mich ereiferte, um mich zu zwingen, die Augen zu schließen, und daß er mich verschont hätte, wenn es ihm gelungen wäre, nicht mehr die drückende Bürde meiner stillen Bewunderung auf sich zu spüren. Mochte er schlagen, soviel er wollte, selbst tot würde ich meinen Befreier weiterhin verehren.

Und als ich, tatsächlich tot, mich ihm in dem ganzen Entsetzen eines verunstalteten und besudelten Leichnams offenbarte, leuchtete meine fluoreszierende Pupille ungebrochen inmitten dieses Schmutzes. Hörte er den Lobgesang aus meinen halbgeöffneten Lippen zum Himmel steigen? Mein geheimstes Gelöbnis hatte sich erfüllt.»[5] Stellt man diese beiden Texte nebeneinander, zeigt sich gleich, daß der Tod des Helden in *In der Hand des Engels* nur die Verwirklichung der Phantasien Johns ist, des Helden des *Briefes an Dora*. Was bei diesem nur vager Wahn zur Aufopferung gewesen war, wurde bei jenem ein Ritualopfer, das das Tor zur Unsterblichkeit öffnet. «Arme und Beine gespreizt» bei John, «Arme ausgebreitet» bei Pier Paolo: Das Kreuzesbild beeinflußt beide; Eros ist nur ein Mittel, um zu Gott zu gelangen.

Pasolinis Leiche wurde am 2. November 1975 im Morgengrauen am maßlos schmutzigen Strand von Ostia entdeckt. Die Umstände des Verbrechens wurden nicht aufgeklärt und werden es sicher niemals. Zwei Behauptungen stehen einander gegenüber. Die Freunde des Toten behaupten, der Dichter sei von Faschisten in einen Hinterhalt gelockt worden und könne nur von mehreren gedungenen Mördern getötet worden sein, die ihm im Auto gefolgt wären. Der junge Giuseppe Pelosi, ein am Bahnhof von Rom aufgetaner Prostituierter, der den Mord gestand, habe ihnen nur als Deckung gedient. Allein wäre dies siebzehnjährige Kerlchen nie gegen einen Athleten wie Pasolini angekommen. So lautet die fromme Version, die der Clan seiner «Witwen» verbreitet: fromm, weil darin anklingt, daß es die Erinnerung an ihn «beschmutzen» hieße, wenn der Tod des «großen Mannes» einem Sittendelikt zugeschrieben würde. Alberto Moravia beharrte auf einer besser durchdachten Haltung. Pasolini, so sagte er, habe das Leben zu sehr geliebt, um sich vom erstbesten niedermachen zu lassen. Der Beweis dieser Lebensfreude? Seit er 1950 nach Rom gekommen sei, seit fünfundzwanzig Jahren also, habe er sich jeden Abend am Bahnhof von Rom umgesehen, dem Treffpunkt der «harten» Prostituierten. Er erzählte mir ebenfalls, daß er Pasolini bei gemeinsamen Reisen nach Afrika und in den Orient im Morgengrauen voller blauer Flecke habe heimkommen sehen, doch machte er sich nicht klar, daß seine Verteidigung des Dichters als eines Paladin der Vitalität meiner Version seines Todes als Zustimmung zu einer seit langem erwarteten Bestrafung keineswegs widerprach.

Warum ging er jeden Abend im gefährlichsten Milieu von Rom auf Anmache? Warum, wenn man die Mittel hat, ein Hotel zu bezahlen, geht man in einer Novembernacht, die selbst in Rom kalt und unbequem ist, irgendwo ins Gelände, wo es besonders düster und zwielichtig ist, zwischen Wellblechhütten und Bauschutt? Ich behaupte nicht, daß Pasolini von sich aus die Qual gesucht habe. Ich sage, daß er ihr nicht auswich, als sich ihm die Gelegenheit bot, zu der Strafe zu gelangen, die er dunkel seit vielen Jahren gesucht hatte. Man kann voller Lebenskraft sein und heimlich mit dem Tod paktieren. Pier Paolo war wie Bernard und mehr als Bernard als Paria geboren. Er schockierte seine Freunde, wenn er, ein Mann der Linken, wild gegen eine Befreiung der Sitten polemisierte. In der Tat gibt es keine schlimmere Enttäuschung, keine schlimmere Kränkung für jemanden, der in der erregenden Heimlichkeit großgeworden ist, als sich in einer Welt wiederzufinden, in der alles erlaubt ist. So wie Aids Bernard (selbst wenn er natürlich eine weniger schreckliche Form gewünscht hätte) als die unerhoffte Wiederkehr des Tragischen in der Homosexualität erscheint, grüßt Pier Paolo (den ich niemals «Pasolini» nenne, ein zusätzliches Zeichen, das auf mein geringes Interesse an der «wirklichen» Geschichte Pasolinis schließen läßt) in seinem Mörder den Erlöserengel, der ihn vor den abstoßenden Leichtigkeiten des Nach-68 rettet.

Wenn Eros seine Dienste allzu schamlos anbietet, bleibt nur noch die Zuflucht zu Thanatos. Mehr noch, meiner Figur – und es interessiert mich wenig, ob die Gefühle, die ich ihr zuschreibe, den Tatsachen entsprechen oder nicht – wird der höchste Wunsch gewährt, der jeden Liebenden erfüllt: von der Hand des Geliebten sterben, im und während des Liebesaktes selbst sterben. Er läßt meisterlich Wirklichkeit werden, was ein Oscar Wilde und ein Jean Genet verfehlten, indem er am Strand eine prächtige, düstere Zeremonie inszenierte, der nur der Doppeltod Bernards und Marcs auf ihrem von Fackeln umgebenen Bett gleichkommt.

Pier Paolo und Bernard sind Schriftsteller, Friedrich Overbeck Maler, Porporino Opernsänger, Winckelmann Kunsthistoriker. Um in meine persönliche Mythologie zu gelangen, muß ein Mensch bereits zu einer gesellschaftlichen Randgruppe gehören. Das Künstlersein verdoppelt gewissermaßen das Homosexuellsein. Außerdem haben offensichtlich nur Künstler und besonders Schriftsteller in der permissiven Gesellschaft zu verlieren: Die Spannung eines Werkes hängt ab von der Menge des Verbotenen, des Ungesagten, die es beinhaltet, von seinen Verbindungen zu Schattenzonen und unsichtbaren Strömen.

Ich war, glaube ich, zwölf Jahre alt, als ich mir meine persönliche Mythologie schmiedete: lange vor jeder sexuellen Praxis, lange bevor ich ahnte, daß die ersten Keime, die meine Lektüre und meine Louvre-Besuche in meiner Phantasie hinterlassen hatten, meine sexuelle Orientierung bestimmen würden. Als ich in dem kleinen Saal «du Cavalier Campin» die griechischen Statuen, Girodets *Endymion* oder Flandrins *Nackter Jüngling am Meer* betrachtete, als ich Racines Verse auswendiglernte, in denen Phädra von Kopf bis Fuß zittert unter dem Schrecken einer unmöglichen Liebe, ahnte ich bereits, daß ich abseits von den anderen aufwüchse, mich Dinge interessierten, über die ich mit niemandem um mich herum sprechen könnte, daß diese Situation eine Quelle endloser Qualen würde, doch auch das Zeichen eines geheimen, wunderbaren Erwähltseins. Dieses Bewußtsein war natürlich noch sehr vage: In mir mischten sich Stolz und Schrecken, dadurch einem Geheimbund beizutreten, der öffentlicher Ablehnung ausgesetzt wäre. Sie beflügelten meine Jugendjahre und bereiteten mich darauf vor, meine Bücher zu schreiben. Lange bevor ich ihre Geschichte erzählte, war ich selbst Porporino, Winckelmann, Pier-Paolo, Friedrich und Bernard: lauter Personen, die zerrissen waren zwischen ihrem «legitimen» Streben nach menschlichem Glück, nach Sicherheit und «Normalität», so wie Millionen Menschen sie leben, und der Gewißheit, daß nur demjenigen Heil und Heiterkeit winken, der es wagt, in die Hölle der Parias hinabzusteigen. Friedrich, der die Versuchung zum Risiko bannt, ist letztendlich nur ein Verräter. Die wirklich Erwählten sind die anderen, die ihre Kehle dem Scharfrichter bereitwillig hinhalten, ob dieser Henker nun den Namen öffentliche Schmach, Kerker von Reading, Hafenspitzbube, Bahnhofsgigolo – oder Aids trägt. Dem Ruf eines Ausnahmeschicksals zu folgen, ist kein Zeichen von Schwäche sondern von Stärke.

L'Etoile rose (Der rosa Stern) erzählt das Auf und Nieder dieses Kampfes zwischen der Lust und der Weigerung, das Getto zu verlassen, dem Wunsch und der Abscheu, moralische Tröstung und Ruhe zu finden, die mit dem Verlust der Achtung bezahlt werden müßte, wie sie mit einem Außenseiterdasein verknüpft ist. Meine ersten Romane *L'Ecorce des pierres* (Die Rinde der Steine) (1959), *Lettre à Dora* (1969) und *Les Enfants de Gogol* (Gogols

Kinder) (1971), gehören in jene Epoche, da ich es noch nicht für möglich hielt, offen über Homosexualität zu sprechen. Das Thema taucht nur in der linkischen und feigen Form nicht endender und schließlich gelöster Verlobungen oder der Trennung zwischen hetereosexuellen Liebesabenteuern und der stillen Verehrung unerreichbarer Jungen auf. Die «Übeltäter», die in Johns nächtlichen Irrungen herumspuken, sind natürlich nur eine Form erotischer Zärtlichkeit, die ihn von seiner sexuellen Feigheit befreite.

Diese drei Romane, vernebelt und bebend geschrieben, was den mangelnden Mut ihres Autors widerspiegelt, entstammen dem, was ich den «Stil des Unbehagens» nannte. Deutlicher gesagt, sie sind Beispiele für die «Schubladenkultur», in der nicht nur ich mir gefiel. Ich hatte einen Ausweg gefunden, indem ich über Italien schrieb. «Der Charme Italiens ist dem zu lieben verwandt», sagte bereits Stendhal. Italien zu feiern, seine Küsten, seine Hügel, seine Musik, seine Opern, seine Engel- und Heiligenstatuen, hieß für mich, das Unsagbare auszusprechen vermittels gesellschaftlich zugelassener Begierdeobjekte. Ein Mittel, das ich nicht lange hätte anwenden können, ohne mich zu einem Ästheten oder Angsthasen degradiert zu fühlen.

Porporino diente mir als Übergang. Die dem Kastraten zugefügte sexuelle Verletzung, die Schändlichkeit eines solchen Stigmas, für das Ovationen im Theater bittere Entschädigung sind, symbolisiert das Geschick des Homosexuellen in feindlicher Umgebung. «Der rosa Stern» war eine Art Plädoyer und Beichte, obwohl das Buch selbst nicht autobiographischer ist als die anderen. In den folgenden Büchern ging es um «historische» Helden: Um den heute üblichen Schwulentriumphalismus zu vermeiden, mußte ich zu jenen Zeiten zurückkehren (das Deutschland von 1809, das Italien der fünfziger Jahre und mit *Signor Giovanni* sogar das XVIII. Jahrhundert), als die Gesellschaft Häretiker suchte, um sie zu ächten. Nur zwei Romane spielen nach Mai 68: *Une Fleur de jasmin à l'oreille* (eine Jasminblüte am Ohr) (1980), die Chronik einer Trennung, weil das Ende eines Paares leiser das Thema des persönlichen Unglücks jener wieder einführt, die nicht länger im gesellschaftlichen Bann leben; und *Der Ruhm des Paria*, die siegreiche, grauenhafte Feier der Rückkehr des antiken Fluches.

Mir scheint, daß sich mein romanhafter Beitrag zur homosexuellen Kultur mit diesem letzten Buch erschöpft. Geschichten glücklicher Homosexueller erzählen, die im Einklang mit ihrer Umgebung leben? Das wäre mir unmöglich. An der Homosexualität interessiert mich nicht Sex am meisten, sondern das Leben am Rande, des Ausgeschlossenen; diese Vorstellung hat meine Phantasie immer beflügelt. Deutlicher noch: Im Privatleben trieb mich vielleicht nicht der Sex zuerst zu Jungen. Wegen ihrer Schönheit betrachtete ich griechische Statuen mit Vergnügen, doch das Gefühl, etwas Verbotenes zu tun, indem ich sie bewunderte, spendete mir ungleich mehr Vergnügen als die ästhetische Erbauung. In meiner Phantasie waren die Epheben Praxiteles' und Polyclets übergangslos den Freibeutern Gustave Aimards, den Korsaren Fenimore Coopers, den Piraten Stevensons, dem Han aus Island und Victor Hugos Hernani gefolgt. In meinen Augen durfte man immer die gleiche Familie von Helden nur heimlich besuchen, selbst wenn sie, anstatt den Boden mit dem Blindenstock abzutasten, eine Augenklappe vorzuweisen oder Blut aus dem Schädel ihrer Feinde zu trinken, nun das heitere Äußere üppigen und goldenen Fleisches darboten. Diese nackten *kuroi* und Wagenlenker zu bewundern hieß, etwas Verbotenes zu tun: Darin lag für mich die Hauptquelle meiner Bewegtheit. Wenn meine Mutter ins Zimmer kam, schob ich das Bild-Bändchen von Jean Charbonneaux *Sculpture grecque* (griechische Statuen) hastig in die Schublade. Ein wirklich nicht kompromittierendes Werk, wie ich heute feststelle, da ich es wieder öffne – überrascht, daß es so viele Frauenstatuen enthält.

Vielleicht gelingt es mir eines Tages, die tiefsten Wurzeln für diese Faszination durch den Engel der Finsternis auszugraben, die in meine Kindheit zurückreicht. Mir scheint, daß sie in eine archaische Vergangenheit ohne Bezug zum Sex reichen. Homosexuell zu sein, hätte mich wahrscheinlich weniger interessiert, wenn ich nicht eine symbolische Standarte hätte schwingen müssen, als ich von der Kindheit in die Pubertät überging.

Wenn wir an einen Punkt gelangen, an dem die Gesellschaft keinen Unterschied mehr macht zwischen Homo- und Heterosexualität (unnütz es zu sagen, aber als Mensch strebe ich danach), wenn die Homosexualität als Zeichen eines Erwähltseins verschwindet, wenn sie nicht mehr Losungswort einer heimlichen Minderheit ist, dann hört sie für mich auf, ein literarisches Stimulans zu sein. Es läßt sich das Gesetz aufstellen, daß jede Entdramatisierung in einem moralischen Bereich Romanthemen zum Verschwinden bringt und einen Kulturträger einstürzen läßt. Als Bürger freue ich mich darüber, daß der Ehebruch keine Tragödien mehr nach sich zieht, doch als Leser beklage ich, daß keine *Madame Bovary* mehr möglich ist. Kein Mozart wäre in der Lage, einen neuen *Don Giovanni* zu komponieren in einer Welt, in der es als ein Zeichen geistiger Zurückgebliebenheit gilt, nicht mit der größtmöglichen Zahl von Partnern zu schlafen.

Da gegenwärtig alles erlaubt ist, ist das Repertoire von Romanhelden – wenn es stimmt, daß der Romanheld sich durch die Auseinandersetzung zwischen einem Individuum und seiner Umgebung bestimmt – sozusagen erschöpft. Man steht dumm und sprachlos da, wenn das Verfahren eingestellt wird oder das Gericht einen gar beglückwünscht, während man ein Rebell zu sein glaubte. In dieser Lage befinden sich die Homosexuellen heute.

Von Auschwitz zu Aids

Es erstaunt nicht weiter, daß die Homosexualität in der Lyrik seit langem ihren festen Platz hat, die Romanciers jedoch erst seit kürzerer Zeit mit einer gewissen Freiheit über sie zu sprechen wagen, da ihre Texte weniger persönlich sind. Aus dem Theater hingegen bleibt die Homosexualität verbannt. Der Leser ist mit seinem Buch allein: Ein heikles Thema sollte vertraulich behandelt werden. Julien Green hatte das begriffen, als er in *Süden*[1] die Gründe für die Konfrontation zwischen Ian und Erik so gut als möglich verbarg. Einem Saal zum Fressen vorgeworfen wirkte eine Liebesgeschichte zwischen zwei Männern oder zwei Frauen schnell unpassend, vielleicht sogar unerträglich. Dies Hindernis ist im Kino nicht so schwerwiegend, denn es spricht sich schnell herum, welcher Film sich an welches Publikum wendet. Homosexuellenfilme sieht sich nur ein winziger Bruchteil des Publikums an. Im Theater gibt es keine einem bestimmten Publikum vorbehaltenen Säle: Es ist immer gemischt. Daher ist es schwierig, ein delikates Thema anzugehen.

Bis heute kam die Homosexualität unverstellt nur unter zwei extremen Umständen ins Theater: Wenn sie lächerlich gemacht werden konnte und amüsante Parodien dazu dienten, das Publikum in seinen Vorurteilen zu bestärken; oder wenn sie in so schwerwiegende Ereignisse verwickelt war, daß diese die Pflicht zur Zurückhaltung hinwegfegten. Ein Beispiel für die erste Art: *Ein Käfig voller Narren*, eine gefällige Darstellung aller Klischees über die Homosexualität und deshalb ein internationaler Erfolg. So ein Stück stört nicht, es zeigt folkloristische Hampelmänner, deren Lächerlichkeit die Liebe zwischen «normalen» Leuten aufwertet.

Beispiele für die zweite Art: *Bent* des Amerikaners Martin Sherman, das im September 1981 von Bruno Cremer im Théâtre de Paris gespielt wurde, sowie neuere Stücke zum Thema Aids.

Was kann Literatur? Eine ewige Frage, die man sich jedesmal stellt, wenn eine kollektive Tragödie zeigt, wie unbedeutend Worte sind. Fand sich für die Pestepidemien im Mittelalter je ein Schriftsteller, der dem Geschehen gewachsen gewesen wäre? Wenn Hunger in Schwarzafrika wütet, welches Erzählwerk könnte wiedergeben, wie umfassend die Katastrophe ist? Zeugnisse, keine der Phantasie entsprungenen Werke, wurden geschrieben über den jüdischen Holocaust in den Nazilagern. War es falsch von Martin Sherman, über den Mord an Homosexuellen in eben diesen Todeslagern ein Theaterstück zu verfassen? Um diesen Einwand zu entkräften, braucht man nur an die nochmalige Auslöschung zu denken, der die mit dem rosa Winkel zum Opfer fielen: Das Stillschweigen hielt nämlich an, die Zensur streicht sie über den Tod hinaus aus dem Gedächtnis der Lebenden. Hunderttausende von Homosexuellen wurden auf Anordnung Himmlers umgebracht: Wer erinnert sich ihrer bei offiziellen Gedenkfeiern für die Deportierten? Sollte es zwei Arten von Deportierten geben: die ehrenwerten (deportiert wegen ihres Widerstandes oder ihrer Rasse) und die schmählichen (aus sexuellen Gründen deportiert)? Als einzige wurden sie nach dem Krieg nicht entschädigt, wenn es ihnen denn geglückt war, aus dem Lager zurückzukehren; keine Bestrafung war hart genug, ihre Schändlichkeit zu brandmarken.

Nach fünfunddreißig Jahren der Verdunkelung wurde endlich der Vorhang gehoben und enthüllte ein Bild des Schreckens. Ein erstes Mal in Form eines Zeugnisses, jenes erschütternden Berichtes des ehemaligen homosexuellen Deportierten Heinz Heger *Die Männer mit dem rosa Winkel*[2], ein Buch, das man all jenen zu lesen geben sollte, die sich über die russische Invasion in Afghanistan entrüsten oder gegen Pinochet demonstrieren, jedoch nicht gegen die diskriminierenden Gesetze Pétains protestierten, die von De Gaulle später bestätigt wurden.

Der Text zu *Bent* erschien untermauert durch wertvolle historische Dokumente in Frankreich in den Editions Persona, ein Verlag, der die Equipe der hervorragenden Zeitschrift *Masques* gestaltete, deren sechsundzwanzig Nummern sich auf die Jahre 1979 bis 1985 verteilen. Eines Tages gilt es die Geschichte dieser Zeitschrift zu schreiben, der einzigen in Frankreich, die die intelligenten und gut dokumentierten Überlegungen zur homosexuellen Kultur ohne kommerzielle Absichten förderte.

Man zögert, ein literarisches Urteil über einen Text abzugeben, der vor allem ein Akt der Wiedergutmachung gegenüber den Opfern der Nazibarbarei ist. Ohne gleich ein Meisterwerk zu sein, ähnelt *Bent* in nichts den Dutzenden von dürftigen Romanen, die alle Verleger ablehnen würden ohne die vage Hoffnung auf einen Skandalerfolg und die Unterstützung einer Presse, die immer bereit ist, eine gute Sache mit dem Mist in einen Topf zu werfen, der darüber geschrieben wird. Das Stück ist stark und schön, schon allein durch seine dokumentarische Redlichkeit. So ist der unaufhörliche Transport von Steinen von einer Ecke der Bühne in eine andere eine Grausamkeit, die Hegers Bericht belegt. Sherman wählte eine unbeteiligte, knappe, unmittelbare Sprache, die Alltagssprache, wahrscheinlich die einzige, die einer solchen Geschichte angemessen ist, wo dem Schriftsteller nichts bleibt, als vor den Tatsachen zurückzutreten.

Kein Lehrstück wie bei Brecht oder Sartre; kein Predigerton wie bei Montherlant, keine Einschübe des Autors, keine Lyrik à la Genet – an ihn denkt man am ehesten wegen der Ähnlichkeit mancher Situationen mit *Unter Aufsicht*[3] und natürlich des Themas. Und wirkte die blumige Rhetorik Genets, so erlesen sie ist, heute nicht altmodisch? Auch Sherman komponierte sein *Liebeslied*: eine kurze Szene, in der die beiden Deportierten auf einen absurden Befehl ihres Bewachers hin reglos zwei Meter von einander entfernt stehen und sich mit Worten lieben, indem sie sich gegenseitig wie eine Litanei die Teile ihres Körpers aufzählen und die Zärtlichkeiten, mit denen sie ihn bedecken möchten. Da sie nur zwei arme Kerle sind, keine Dichter, und nur über einen stark eingeschränkten Wortschatz verfügen, ist man ein wenig enttäuscht, daß sie sich mit so wenig Verve ausdrücken. Doch beim genauerer Überlegung sagt man sich, daß Sherman recht hatte. Literatur wäre hier ein Zuviel gewesen.

Auch wenn manche die Nase rümpften und sagten, es sei nicht der Mühe wert gewesen, fünfhundertausend Tote in ihrer Ruhe zu stören für ein Stück, das gemacht sei wie eine Boulevardaufführung. Gedrängter, dichter hätte es noch stärker überzeugt. So wie es ist hingegen, bewegt es, rührt an, schreckt und rüttelt auf. Ich weiß nicht, welchen Platz es in der Theatergeschichte einnehmen wird, in der Sittengeschichte jedoch, die nicht weniger bedeutsam ist, ist ihm sein Platz bereits sicher. Am Nachmittag desselben Tages, an dem die Premiere in Paris stattfand, stand in *Le Monde* zu lesen, daß die diskriminierenden homophoben Artikel des französischen Strafgesetzes gemäß der Versprechen François Mitterrands vor der Präsidentschaftswahl aufgehoben würden. Zufall natürlich. Doch befriedigt wird man sich neben dieser juristischen Errungenschaft an einen nüchternen und effizienten Text erinnern, der auf seine Art dazu beitrug, unsere Epoche von den Bannflüchen Moses und des heiligen Paulus zu befreien.

Aids, die zweite kollektive Tragödie, rechtfertigt durch das Ausmaß ihrer Verwüstungen das Interesse des breiten Publikums. Weniger aus Neugier auf bestimmte Sitten als aus Mitleid für die Opfer eines unmenschlichen Fatums geht es ins Theater. So ist der Zuschauer in seinen eigenen Augen wie in denen anderer von jeder zweifelhaften Anziehungskraft reingewaschen. Angesichts eines Dramas, das an die Verbissenheit der Götter der Antike gegen Ödipus oder die Atriden erinnert, an jene Höhen, in denen die Helden Äschylos' und Sophokles' schwebten, wie sollte man die machtlose Beute des Schicksals da noch als «schwul» abtun?

Es waren bereits mehrere Stücke über Aids zu sehen: Dokumente, Psychodramen, eher Beichten als Kunstwerke. *As is* (Wie es ist) des Amerikaners William Hoffman, hatte in den Vereinigten Staaten großen Erfolg. In Frankreich wurde es unter dem Titel *Tel quel* aufgeführt; dies Tableau einer Jungenclique, deren Lustgewohnheiten diese neu auftauchende Geißel entgegensteht, wirkte zu sehr an das New Yorker Milieu der Gays gebunden. Doch unzweifelhaft wird aus den zahlreichen Versuchen eines Tages ein Werk von universeller Geltung hervorgehen.

Die Tuberkulose führte zur *Kameliendame* und zum *Zauberberg*. Die Syphilis hingegen inspirierte niemanden. Zwischen Syphilis und Aids, beides Krankheiten, die mit sexuellen Praktiken und folglich mit ethischen Fragen in Zusammenhang stehen, stelle ich den großen Unterschied fest, daß erstere sich aus Scham über außereheliche Liebe ausbreitete, während letztere als Folge einer Befreiung der Sitten auftauchte. Man zog sich den Schanker zu, da notwendige Befriedigung nur in «Absteigen» möglich war, und man starb daran aus Angst, für so schändlich gehaltene Gewohnheiten einzugestehen. Man setzte sich Aids aus (anfangs wenigstens, vor der allgemeineren Verbreitung) weil man vom leicht gemachten Partnerwechsel profitierte, den die permissive Gesellschaft anbot. Die alten Zwänge zu Gefühl und Treue wurden abgelegt, es galt sich sofort zu lieben, jeden, mehrmals täglich, und mit wechselnden Partnern. Die Natur setzte diesem überbordenden Sex, dieser trunkenen Freiheit durch einen zerstörerischen Virus ein Ende. Überlegungen dazu könnten leicht in Moralismus und Moral umschlagen.

Der Argentinier Copi wich der Gefahr durch Spott aus. Der Held des Stückes *Une visite inopportune* (Ungelegener Besuch)[4] feiert in einem Krankenhauszimmer den zweiten Geburtstag seines Aids. Er empfängt den Besuch einer überkandidelten Opernsängerin und mehrerer anderer, fast ebenso komischer Figuren. Sein Freund und alter Kumpan bei der Anmache erzählt, was es Neues gibt. «Man kann immer noch in den Tuilerien spazieren gehen, doch ich habe Angst, daß mein Portemonnaie mir dort gestohlen wird. Zum Glück haben Sie Aids, hier passiert Ihnen wenigstens nichts.» Das Publikum biegt sich vor Lachen bei solchen Repliken, ohne zu vergessen, daß Copi an Aids starb (im Dezember 1987, zwei Monate vor der Premiere), daß er sein Stück erst kurz vor seinem Tod beendete und seine posthumen Possen einen fürchterlichen Nachklang haben.

Über Aids lachen, ja: Wahrscheinlich ist das der einzige Weg, nicht eine Schwulen-Version der *Kameliendame* zu schreiben. Soll man deshalb annehmen, daß die einzige Alternative zum weinerlichen Melodram der spöttelnde Sketch ist? Hat man nur die Wahl zwischen weinerlichem Pathos und hochnäsiger Karikatur, wenn man Homosexuelle auf die Bühne stellt? Antworten sollte uns der Film geben.

Bevor wir uns dem Film zuwenden, notieren wir die Zunahme erzählerischer Werke zu Aids in den Vereinigten Staaten. Sechs Jahre lang kümmerten sich nur Ärzte, Wissenschaftler, Journalisten und ein paar Theater- und Fernsehautoren um Aids. Dann, im Frühjahr 1988, eine Reihe von Romanen: *Second Son* (Zweiter Sohn) von Robert Ferro, *Valley of the Shadow* (Schattental) von

Christopher Davis, *Borrowed Time* (Geborgte Zeit) von Paul Monette. Außerdem Erzählungen: *Nicht anders als das Feuer*[5] von Edmund White und Adam Mars-Jones, *Men on Men* (Männer über Männer) eine von George Stambolian erstellte Anthologie. Dieser merkt an, daß die ersten Romane über den Vietnam-Krieg auch erst zehn bis fünfzehn Jahre nach Kriegsende erschienen. Bei Aids kamen die Reaktionen rascher.

Stambolian vergleicht die Epidemie mit Auschwitz. Paul Monette ist erstaunt, daß die Schwulen-Literatur sich des Themas so zögernd annimmt. Er schreibe, so sagt er, für Leser des Jahres 2040. In fünfzig Jahren werde das Publikum sich wundern, daß die schwulen Autoren, von denen die meisten Aids gar nicht kennen, so frivol gewesen seien. «Ich wollte das Äquivalent zu Anne Franks *Tagebuch* schreiben. Was da passiert, ist unser Holocaust. Ich verhehle nicht, daß mein Vorbild Primo Levi ist.» (Primo Levi, jüdisch-italienischer Schriftsteller, berichtete in zwei wundervollen Erzählungen, *Ist das ein Mensch?* und *Die Atempause*[6], von seinen Erfahrungen in Konzentrationslagern.)

Die gleiche apokalyptische Einschätzung von Aids führte Andrew Halloran, den bekanntesten schwulen amerikanischen Schriftsteller, zusammen mit Edmund White, der der Generation der Vierzig bis Fünfzigjährigen angehört, zu einem diametral entgegengesetzten Schluß. Wenn Sie nicht das Genie eines Edgar Allan Poe besitzen und *Die Maske des roten Todes* neu schreiben können, lassen Sie die Finger von Aids! Wie Copi würde er das Thema nur satirisch angehen. Er erzählt, daß die Gays in ihrem Jargon früher über einen besonders schönen Jungen sagten: «a dick of death» («ein zum Sterben schöner Schwanz»), eine heute tragisch wahr gewordenen Metapher. Ein anderes Beispiel für den in makabren Humor verdüsterten *camp*-Geist: Früher rieten Kumpel einem Freund, der einkaufen ging, lachend: «Mary, vergiß dein Make-up nicht, Du siehst schrecklich aus.» Heute ist Fond de teint quasi obligatorisch, um die vom Karposi-Sarkom verursachten Hautläsionen zu verbergen.

Edmund White publizierte 1988 gleichzeitig zwei Bände, die an den beiden entgegengesetzten Polen der amerikanischen Schwulenbewegung anzusetzen sind. Zur gleichen Zeit über die glorreichen Jahre der Befreiung und die düsteren Jahre von Aids zu schreiben, ist sicher keine zufällige Annäherung. *Und das schöne*

Zimmer ist leer erzählt die Geschichte eines jungen Mannes und seiner Anstrengungen, die repressive Gesellschaft, eine erdrükkende Mutter und seine Skrupel sich selbst gegenüber anzunehmen: eine Romanchronik des Emanzipationskreuzzugs, der Ende der 60er Jahre in die berühmte Revolte des „Stonewall" mündete, jener Szenebar in der New Yorker Christopher Street, deren Gäste sich dort verbarrikadierten, um eine Razzia zu verhindern. Es war ihr Sturm auf die Bastille, und ihr Vorbild breitete sich rasch aus. «*Gay is good!*», skandierten sie in ironischer Imitation des schwarzen Slogans «*Black is beautiful*!». Mit jener Mischung aus Stolz und Selbstironie, wie sie verfolgten Minderheiten eigen ist, nannten sie sich die «rosa Panther».

Dabei ist der Held von *Und das schöne Zimmer ist leer* kein Kämpfer, eher zufällig ist er bei der Stonewall-Affäre dabei. Edmund White zeichnet das nuancenreiche Bild eines Provinzstudenten (aus der Gegend von Chicago), der nichts gegen Mädchen hat und verwirrt seine innersten Neigungen entdeckt, die ihn zu einem halb-heimlichen Leben zwingen. Schwul zu sein heißt für ihn vor allem seine Freiheit fordern. Er muß an mehreren Fronten kämpfen: gegen den Konformismus seiner Umgebung, gegen die Schelte seines Psychoanalytikers, der ihn warnt, daß er nie aus seinem tief verwurzelten Narzißmus herauskäme, wenn er in dieser Richtung weitermache, und gegen mütterliche Beschwörungen: «Du bist blaß; Du siehst nicht gut aus; Du hast nicht mal richtig Spaß mit anständigen jungen Leuten Deines Alters ... Doch vielleicht haben wir Dich überschätzt; schließlich haben wir Dich nie richtig testen lassen, wir sind nicht einmal sicher, ob Du wirklich intelligent bist.»

Es ist zwar legitim, sich für diesen Roman nicht nur wegen seines künstlerischen Wertes zu interessieren, sondern auch wegen des soziologischen, doch wird man feststellen, daß die Homosexualität in den Vereinigten Staaten nicht aus moralischen Gründen verurteilt wird, sondern weil sie eine harmonische Eingliederung in die Gesellschaft verhindert. Für Psychoanalytiker, Mütter und Nachbarn kann ein Gay nur ein Typ im Abseits sein, ein Außenseiter. Er wird sich nie voll entfalten, wird nie ganz glücklich werden – dessen wird er für schuldig befunden. Daß es ihn gibt, ist an sich schon eine Beleidigung des optimistischen Amerikamythos. White spielt mit diesem Komödienthema mit viel Schalk und Finesse.

Und er entmystifiziert die Vorstellung, die wir uns in Europa nach Sensationsreportagen treuherzig über die Gettos von San Francisco und New York auf Treu und Glauben machen. Laut White hat der Gay keinerlei Lust, sich zwischen seinesgleichen wiederzufinden. Ihn fesselt und fasziniert eher ein Junge aus dem anderen Lager. Auch laut Marcel Proust war eine Eroberung außerhalb seines natürlichen Aktionsradius das Ideal eines Bewohners von Sodom.

Überrascht ist man auch beim zweiten Buch: *Nicht anders als das Feuer*; drei Erzählungen über das nie genannte Aids in einem in Europa unvorstellbaren Ton. Alle Personen, ehemalige Mitstreiter ums Stonewall sind nun mit einem viel schrecklicheren Feind als den policemen konfrontiert. Sie tragen den Tod in sich wie eine von einem unbekannten Terroristen versteckte Zeitbombe. Schade, daß der Band auch fünf platte und langweilige Erzählungen des Engländers Adam Mars-Jones zum gleichen Thema enthält. Die von Edmund White sind lyrisch, elegant, gleichzeitig komisch und melancholisch. Wir sind zum Sterben verurteilt? Nun, dann wollen wir mal kein Drama daraus machen. Als Marc in Wien Mozarts Wohnung besichtigt, die zeigen soll, wie arm der große Komponist war, sagt er sich, daß diese heute in Manhattan viertausend Dollar monatlich kosten würde. Es sind drei heimlich verzweifelte Liebesgeschichten, in denen man sich gegenseitig beobachtet und sich fragt: «Wer ist als nächster dran? und wann?»; das hindert nicht zu leben, zu lieben und zu hoffen. Drei Varianten zu dem durch die Explosion des Stonewall getrennten, durch Aids jedoch wieder vereinten alten Paar Eros und Thanatos.

Eine Reihe anderer Unterschiede trennen die Vereinigten Staaten von Europa und erklären, wieso man sich auf den beiden Seiten des Atlantik nicht über ein gemeinsames Thema verständigen kann. Edmund White, der seit etlichen Jahren in Paris lebt, behauptet, daß die Literatur in seinem Land in Gettos eingepfercht sei. Es gebe den jüdischen Roman, den schwarzen, den feministischen, den homosexuellen und nun den Aids-Roman. In den Buchhandlungen stehe jeder in einem anderen Regal mit dem entsprechenden Hinweis, jeder verfüge nur über die Presse, die sich auf seine Kategorie beziehe. Erst seit kurzem beachteten die großen Zeitungen Schwulen-Romane, im Unterschied zu dem, was er in Frankreich feststelle. Für Michael Dehenny hingegen, Leiter einer Reihe der St. Martin's Press, ist die Gettoisierung eine Stärke des Schwulen-Romans. Jüdische Schriftsteller wie Mailer, Miller, Malamud und Bellow hätten anfangs für die hebräische Gemeinde geschrieben und seien als jüdische Schriftsteller katalogisiert gewesen, bevor sie in den Hauptstrom der amerikanischen Literatur eingegliedert worden seien. «Heute hat ein männlicher, weißer und heterosexueller Autor wesentlich weniger Echo, er ist orientierungslos, er weiß nicht mehr, für wen er schreiben soll.»

So paradox ist die Lage in den Vereinigten Staaten. Was uns wieder einmal auf die grundlegende Frage nach der «homosexuellen Kultur» zurückwirft. Ist Kultur die kollektive Identität einer Gruppe, wie Karen Blixen es nannte («Solange Du keine Geschichte zu erzählen hast, weißt Du nicht, wer Du bist»), dann wird man den Aidsschriftstellern zugestehen müssen, daß sie nicht ins Leere schreiben, sie das Glück haben, sich an eine Gruppe zu richten, sie sie braucht. Hält man es hingegen für eine Eigenheit der Kultur, daß sie menschliche Erfahrungen Menschen vermitteln soll, die sie nicht persönlich erlebt haben, dann wünscht man Schwulen- und Aids-Romanen, daß sie in den Regalen der Buchhandlungen keine Schildchen mehr brauchen.

Von Sergej Eisenstein zu James Ivory und Pedro Almodavar

I. Filme bis zum Jahr 1968

Den ersten homosexuellen Film drehte Richard Oswald auf Initiative von Magnus Hirschfeld 1919 in Berlin: *Anders als die anderen.* Ein echter Propagandafilm. Der auf Nachtwandler, Verrückte und Perverse (Murnaus *Satanas*, Robert Wienes *Das Kabinett des Doktor Caligari*) spezialisierte große Schauspieler Conrad Veidt verkörperte den Helden: Damit erhielt die erste spektakuläre Darstellung eines Homosexuellen morbide Züge, unterstrichen durch den automatenhaften Gang, abgehackte Bewegungen und Blicke voll wirrer Besessenheit. Die Nazis verbrannten die meisten Kopien. In Wien schossen sie ins Publikum und verletzten mehrere Zuschauer. Christopher Isherwood war bei einer Vorführung des Films in Hirschfelds Institut anwesend. In *Christopher and his Kind* beschreibt er seine Erinnerungen daran. Drei Szenen fielen ihm besonders auf. Bei einem Ball mit nur männlichen Tänzern trifft Veidt als Hauptdarsteller einen Erpresser, der ihn verführt und ihn später ruiniert. Im Gefängnis hat Veidt die Vision einer langen Prozession aus Königen, Dichtern, Gelehrten und Philosophen, die wegen ihres Lebenswandels verfolgt werden: Unter einem Spruchband mit der Aufschrift «Paragraph 175» ziehen sie vorbei. In der Schlußszene erscheint neben der Leiche Veidts, der Selbstmord begangen hat, Hirschfeld selbst und hält eine kleine Ansprache zugunsten des «dritten Geschlechtes».

So sah der erste Appell an die Öffentlichkeit aus: In der Absicht der Autoren ein Plädoyer, in Wirklichkeit jedoch propagierte er ein negatives Bild des Homosexuellen. Er ist labil, verurteilt, mit dem Abschaum der Gesellschaft zu verkehren, Erpessungen ausgesetzt und so Niedergang und Tod geweiht. Seit siebzig Jahren hält sich im Film dies tragische Bild vom «Opfer». Wir werden sehen, daß noch heute die meisten Filme über Homosexuelle in Tragödien umschlagen, die mit dem Untergang des Helden enden.

In der Sowjetunion berührten die Filmemacher das Thema selbst während der liberalen Jahre des Regimes niemals. Dabei stammt das erstaunlichste Beispiel für einen künstlerischen Erfolg nicht der direkten Darstellung homosexuellen Begehrens, sondern im Gegenteil seiner Verdrängung und Leugnung aus Rußland.

Sergej Eisenstein hielt sich 1929 auf dem Weg nach Mexiko einige Wochen in Berlin auf. Er ging ins Eldorado, das berühmteste Kabarett der Stadt, wo die Darbietungen geschminkter und sich transvestierender Jungen ihn überzeugten, daß er seinen eigenen Neigungen nicht nachgeben dürfe. Aus wissenschaftlicher Sorgfalt (so rechtfertigte er sich) verbrachte er Stunden in Hirschfelds Institut. «Meine Beobachtungen führten mich zu dem Schluß», vertraute er später seiner Biographin Marie Seton an, «daß die Homosexualität in jeder Hinsicht ein Rückschritt ist – eine Rückkehr zum Zustand vor der Zellteilung und vor der Fortpflanzung. Sie ist eine Sackgasse.» Doch alles was der Filmemacher im Privatleben ablehnte, die Begeisterung für männliche Schönheit und die Qualen unbefriedigter Sexualität, bricht in den Einstellungen seiner Filme unbewußt auf. Die aufgerichteten Kanonenrohre in *Panzerkreuzer Potemkin*, der Strahl der Milchzentrifuge in *Die Generallinie*, das Martyrium der mexikanischen Landarbeiter, die wie entblößte heilige Sebastiane aussehen, der dionysische Tanz von Fjodor Basmanow, dem Günstling Iwans des Schrecklichen, der Ritualmord des Jungen in *Die Beshin-Wiese*: lauter Bilder verbotenen Begehrens. Wer noch bezweifelt, welch widerstrebende Kräfte in seinem immensen Werk wirken, braucht sich nur die Zeichnungen anzusehen, die der Regisseur für sich machte, wo er frei, seine Phantasien auszudrücken, halb Leonardo da Vinci, halb Cocteau, ambivalente Jünglinge in androgyner Anmut, Dionysos nackt inmitten von Blumen oder einen kanaillehaften Apoll mit geschminkten Augen skizzierte.

Bei Eisenstein wird offensichtlich, wie bei einem Genie Übertragung vonstatten geht, wenn das Werk genährt wird aus dem unterdrückten Trieb. Er opferte sein persönliches Glück, um es in schöpferischen Visionen zu sublimieren. Natürlich wünscht man niemandem, daß er diese Lektion befolge, doch wird gleichzeitig deutlich, daß Selbstzensur, Verkleidung und Maskierung bei Eisenstein eine Symbolsprache begünstigten – vielleicht sogar manche technischen Verfahren wie Montage, Schnitt und eine Nahaufnahme – eine Sprache, die dem Film fürchterlich fehlt, seitdem die Regisseur alles sagen dürfen und nicht mehr nach Stilmitteln suchen müssen.

In den Vereinigten Staaten, einer jungen Nation auf der Suche nach einer Legende, konnte der Film in seiner Frühzeit der Homosexualität keine Daseinsberechtigung geben: Die Eroberung des Westens, der Mythos eines herrischen und beherrschenden Amerika verlangten Männer, die über jeden Verdacht erhaben waren. Einen glücklichen Zufall bedeutete Charlie Chaplin bei der Gestaltung dieser Legende. Zierlich, anmutig, mit großen, dunklen Augen, die an Marcel Proust erinnern, verkörpert er die femininen Neigungen im amerikanischen Mann. Gleichzeitig blieb er der Einwanderer, der Vagabund, der Außenseiter an sich, der die Gesellschaft in ihrer eigenen Stärke und moralischen Gesundheit bestätigte; zudem brachten seine Grimassen und Affektiertheiten zum Lachen. So bannte er in der Komik die latente Homosexualität der Zuschauer. Drei seiner Filme zeigen ihn als Frau verkleidet, in Kleidern, die seine androgyne Schönheit verwirrend betonen. *Eine Frau* stammt von 1915. 1916, in *Hinter der Leinwand* sieht man ihn Edna Purviance umarmen, die als Junge verkleidet ist. Häufig wirbt er um die Freundschaft irgendeines dicken, kräftigen Kerls, der erschreckt zurückweist, was er für Avancen hält. In *Lichter der Großstadt*, wo Charlie Sparring-Partner in einem Boxstall spielt, versucht er seinen riesenhaften Gegner durch kesse kleine Grimassen zu besänftigen: mit dem Ergebnis, daß der sich aus verletzter Scham hinter einem Vorhang versteckt, um sich auszuziehen.

Laurel und Hardy gaben dem komischen Bild des homosexuellen Paares von 1925 an einen zuätzlichen Aspekt, indem sie es ins Burleske wendeten. In *The First Mistake* liegen sie im selben Bett neben einem adoptierten Baby. Laurel öffnet sein Nachthemd und holt eine Babyflasche heraus: eine Parodie auf die Mütterlichkeit. In *Don't shove* sind sie aus dem Gefängnis entwichen. Sie ziehen normale Kleider an, doch verwechseln sie die Hosen: Der ganze

Film zeigt ihre Bemühungen, die Hosen wieder auszutauschen und die Hindernisse, die dabei auftauchen in Form überraschter Dritter, die schockiert darüber sind, zwei halbnackte Männer zu finden, die sie mit ganz anderen Dingen beschäftigt glauben als einem einfachen Kleidertausch.

Damals wurden im Western Männerfreundschaften in freier Natur, der grenzenlosen Weite und im Kampf gegen die Indianer verherrlicht. Homosexuelle Konnotationen tauchten offensichtlich auf in Filmen wie Haward Hawks *Red River – Panik am roten Fluß* (1948) oder Nicholas Rays *Johnny Guitar* (1954), um nicht gleich von James Dean in *Denn sie wissen nicht, was sie tun* und seiner allzu engelgleichen Erscheinung in einem Geisterfilm von 1955 zu sprechen. Doch erst 1968 wagten es Andy Warhol und Paul Morrissey, den Mythos des Wilden Westens und der aggressiven Großtuerei zu entweihen, als die Reiter der Ebene in *Lonesome Cowboys* einander liebkosen und lieben. Unter diesen Helden gibt es sogar eine «sissy», ein «Muttersöhnchen», klischeehaft effeminiert und schmachtend, über das sich die Autoren hier lustig machen, doch taucht es im amerikanischen Nachkriegsfilm immer wieder auf: Nur Untermänner, psychische Kastraten, Waschlappen, irgendwie degeneriert, können in den Vereinigten Staaten als Homosexuelle leben.

Bis zum Krieg war das komische Bild des Homosexuellen ausreichend exorzisierend erschienen. Als die Sitten nach dem Krieg liberaler wurden, mußten die Amerikaner einen neuen Wall errichten: die Warnung vor dem perversen Homosexuellen mit krankhaften oder kriminellen Neigungen. Zwei große Regisseure trugen dazu bei. Zuerst Alfred Hitchcock mit zwei Filmen *Cocktail für eine Leiche* (1948) und *Der Fremde im Zug* (1951). In *Cocktail für eine Leiche* ermorden Shaw Brandon und Philip, ein Liebespaar, einen jungen Mann aus Lust an einer grundlosen Tat. Die Homosexualität erscheint hier nicht nur mit dem Verbrechen verknüpft; indem die beiden Mörder versuchen, ihre Tat als philosophische Wahl zu rechtfertigen, beweisen sie außerdem ihre angeborene Unreife an der Grenze zum Schwachsinn. Ihr Lehrer, dessen Unterricht sie pervertiert hatten und den sie durch dies Verbrechen zu gewinnen hofften, deckt die Wahrheit auf. Er kündigt ihnen an, daß er sie bei der Polizei anzeigen wird, und hält ihnen eine kleinc Moralpredigt: «Du hast einem Mitschüler das Leben genommen, einem Menschen, der fähig war zu leben und zu lieben, wie du es niemals könntest und niemals können wirst. Was die Gesellschaft tut, ich werde ihr dabei helfen. Ihr werdet beide sterben.» 1948: André Gide hatte im Vorjahr den Nobelpreis erhalten. Kann dieser Film als gesunder Protest Amerikas dagegen betrachtet werden, daß einem Verderber der Jugend eine solche Ehre erwiesen wurde? In dem Mord an Amédée Fleurissoire durch den jungen Lafcadio in den *Verliesen des Vatikan*[1] wird die grundlose Tat verherrlicht, wie die beiden Perversen aus *Cocktail für eine Leiche* sie für sich reklamiert hatten.

Der Fremde im Zug erzählt, wie Bruno, ein halb Wahnsinniger, Opfer einer besitzergreifenden Mutter (nach einem zu jener Zeit aktuellen Topos der Psychoanalyse), dem jungen Guy, den er im Zug trifft, eine Art homosexuellen Teufelspakt vorschlägt. Bruno wird Guys Frau töten, der jener sich nicht durch Scheidung zu entledigen vermag, unter der Bedingung, daß Guy Brunos Vater ermordet. Der Schauspieler Robert Walker machte ihn zu einer merkwürdigen Gestalt von herablassender Kälte und verderbter Eleganz, die zum Prototyp des Schwulen nach Freudschem Muster werden sollte: ein geistig Zurückgebliebener, eine Gefahr für die Gesellschaft. Genauso bedeutsam erscheint, daß in beiden Hitchcock-Filmen derselbe Schauspieler auftaucht, um diese ambivalente Jugendlichkeit zu verkörpern: der verführerische Farley Granger, von leicht femininer Sinnlichkeit, den Visconti, ein großer Kenner schillernder männlicher Schönheit, für die Rolle des weichlichen österreichischen Offiziers in *Senso* auswählen sollte, was bestimmt kein Zufall ist.

1959 drehte Joseph Mankiewicz nach einem Stück Tennessee Williams' ein psychoanalytisches Melodram großen Stils: *Plötzlich im letzten Sommer*. Der Held, Sohn einer mehr als verderbten Familie, bedient sich seiner Mutter und seiner Kusine, um seine Beute anzulocken: arme Jugendliche, die ihn schließlich lynchen. Um die Gestalt noch grauenerregender zu machen, läßt Mankiewicz sie nicht einmal auftauchen: nur ihren Schatten sieht man. Eine Anspielung auf Fritz Langs *M*, das Porträt eines monstruös sadistischen Mörders kleiner Mädchen. Hingegen wird die Mutter des Homosexuellen immer wieder gezeigt, die emblematische Gestalt der reichen kastrierenden Frau, deren fleischfressende Pflanzen im Garten ihre verzehrende Leidenschaft für den Sohn symbolisieren. Die amerikanische Zensurkommission verlangte

Schnitte und erlaubte die Vorführung dann mit folgender Bewertung: «Da der Film eine solche Lebensweise illustriert, darf das Thema als moralisch angesehen werden, selbst wenn es eine sexuelle Perversion behandelt.» Das Werk endet mit der Apotheose der «normalen» Liebe zwischen Montgomery Clift und Elizabeth Taylor, nachdem jene, die Sebastian zum Objekt seiner unnennbaren Begierde gemacht hatte, sich wegen dieser Beleidigung der Natur gerächt haben, indem sie ihn steinigten. Sebastian, ein wahrlich passender Vorname, um das «Opfer» erdrückender Kräfte zu benennen, ein Vorname, der den jungen Mann mit dem Segen Freuds freispricht.

Tragisch, krankhaft oder komisch: Gibt es vor 1968 kein anderes Bild des Homosexuellen? In einem berühmten Film von 1931 *Mädchen in Uniform* verknüpfte die österreichische Regisseurin Leontine Sagan die heimlichen Freundschaften kühn mit einem Aufbegehren gegen eine erstickende Gesellschaftsordnung. In einem mit militärischer Disziplin geführten Internat verliebt sich ein Mädchen in eine Lehrerin. Die Direktorin versucht der Liaison ein Ende zu setzen, indem sie die Schülerin aufs Krankenzimmer legt: Sie kann nur «krank» sein. Die ganze Schule empört sich, und die letzte Einstellung zeigt, wie die unterlegene Direktorin am Ende eines Ganges im Schatten verschwindet, während die Lehrerin in einem Lichtkreis bleibt. Die subversive Kraft der Homosexualität, imstande, sich siegreich gegen die Unterdrückung zu stellen, hätte man nicht besser darstellen können. Zwar wurden nicht Jungen sondern Mädchen gezeigt, deren Aufbegehren als weniger gefährlich für die bestehende Ordnung gelten konnte. Hatte nicht Königin Victoria erklärt, er bedürfe keiner Gesetze gegen die weibliche Homosexualität, da sie die Grundlagen der englischen Gesellschaft nicht gefährde? Zwar schwächt der Austausch des einen Geschlechtes durch das andere die politische Tragweite von Leontine Sagans Film, doch darf man annehmen, daß er genug beunruhigende Sprengkraft behielt, denn das 1958 von Geza Radvanyi gedrehte Remake ist entschäft. Die Direktorin entschuldigt sich bei den Mädchen, die sie bedrängt hatte, und die liebende und geliebte Lehrerin verläßt freiwillig die Schule: Indem die «Schuldige» die Schule verläßt, kommt alles wieder in «Ordnung». Die Leidenschaft des Mädchens wird zu einer vorübergehenden Verirrung, zu einer Phase der Jugend, nach Freudscher Vorgabe entschuldbar.

Äußerst selten sind Filme, die die revolutionäre Kraft der Homosexualität einzusetzen wagten. Bertrand Philbert, dessen *L'Homosexualité à l'écran* (Homosexualität auf der Leinwand)[2] ich mit großem Gewinn konsultierte, stellt Jean Vigos wundervollen Film *Betragen ungenügend* besonders heraus. Der Film erzählt das Aufbegehren von Jugendlichen in einer Schule. Der Film wurde 1933 fertiggestellt, die Vorführung blieb jedoch bis 1945 verboten. Eine heimliche Freundschaft, eher angedeutet als beschrieben, verbindet die beiden Anführer, Tabard und Bruel. «Tabard ist ein Mädchen», sagen seine Mitschüler. Der Direktor kanzelt ihn ab, indem er ihm erklärt, seine «Feinfühligkeit» und die seines Freundes seien «psychopathisch» und «neuropathisch». In einer in Zeitlupe gefilmten Sequenz sieht man ihre Geschlechtsteile unter den hochgeschlagenen Nachthemden hervorschauen. Eher poetischer Hinweis als offene Verherrlichung. Gleichwohl zeigte dieser Film klar, mit der Deutlichkeit, die nur Meisterwerke kennen, die Verbindung zwischen Außenseiter-Sexualität und aufrührerischem Anarchismus. Obwohl es (hier machen wir die gleiche Einschränkung wie für Leotine Sagans Film) nur um jugendlichen Anarchismus geht, der auf die Kinderwelt beschränkt bleibt, ein Aufbegehren, das die Erwachsenen beunruhigt, ohne sie ernsthaft zu bedrohen.

Nach dem Krieg beutete der Film den politischen Aspekt der Homosexualität aus, doch nicht so wie in *Mädchen in Uniform* und *Betragen ungenügend* vorgegeben: Im Gegenteil – und das bedeutete auch eine skandalöse Beleidigung der Fünfhunderttausend mit dem rosa Winkel, die in den Lagern vernichtet worden waren – Homosexualität und Faschismus wurden auf verblüffende Weise miteinander verquickt.

In Roberto Rosselinis *Rom, offene Stadt* (1945) war eine Lesbierin als Folterknecht der Polizei Mussolinis zu sehen, und der Zuschauer sollte denken, daß sie folterte, weil sie lesbisch war. Die gleiche heimtückische Verwirrung in René Cléments *Boot der Verdammten* (1947), wo Michel Auclair den Gespielen eines Nazis darstellte. Darin bestand die einzige Wiedergutmachung, die Homosexuelle erfuhren, die den Konzentrationslagern entkommen waren: Sie wurden mit ihren Verfolgern gleichgesetzt. Diese eklatante Rechtsverweigerung, diese unerhörte Verdrehung der Wahrheit läßt sich nur auf eine Art erklären: aus Angst vor sexueller Befreiung, die, wie immer in Nachkriegszeiten, die Epoche des

Kabarett Tabou, Juliette Grécos und der Frères Jacques ankündigte. Vielleicht spielte auch Sartres Einfluß eine Rolle: Luciens homosexuelle Erfahrung in *Kindheit eines Chefs*[3], treibt ihn dazu, sich mit der extremen Rechten und dem aktiven Antisemitismus einzulassen. 1951 übernahm Moravia diese reaktionäre Analyse: *Der Konformist* erzählt sie Geschichte eines Mannes, der Faschist geworden ist, um eine homosexuelle Jugenderfahrung auszulöschen, indem er in einer Partei der Ordnung aufgeht.

1906 hatte Musil *Die Verwirrung des Zöglings Törless* veröffentlicht, einen Roman, in dem die Homosexualität von Schülern als Ursache ihrer perversen Quälereien erscheint. Der Film, den Volker Schlöndoff 1966 drehte, ließ die Geschichte im schwarzen Schein des Nazismus erscheinen: Der Übergang von heimlichen Jugendfreundschaften zu Hitlers Militarismus erschien natürlich. Wer in seinen sexuellen Spielen pervers ist, wird als Erwachsener zum Schlächter: einmal mehr funktionierte das für die moralische Behaglichkeit der Öffentlichkeit so nützliche Amalgam. Was wäre beruhigender, als zwei Häresien in den gleichen Topf zu werfen?

II. Seit 1968

Um 1968 – und es ist auch kein Zufall, wenn solche Filme in der Euphorie über die Befreiung der Sitten herauskamen – wurde die beruhigende Verbindung zwischen sexueller Abweichung und politischer Reaktion kräftig hervorgehoben, sogar von jenen, von denen man mehr Kühnheit hätte erwarten können. Zur selben Zeit als Bertolucci den *Konformisten* nach Moravias Roman drehte (1969), zeigte Costa-Gavras, ein angesehener Linker, in *Z* (1968) einen faschistischen Mörder, der – reiner Zufall, nicht wahr? – auch noch homosexuell war. Und Visconti, selbst homosexuell, stellte in *Die Verdammten* (1969), die Rolle der Homosexualität beim Aufstieg des Nazismus heraus. Ursache einer so grauenvollen Diktatur konnte nur eine Verirrung der Natur sein: Diese Lehre zog der Zuschauer aus Filmen, in denen der Homosexuelle als individuelles Symbol öffentlichen Schreckens wieder einmal den Sündenbock abgab.

Trotzdem machten es sich einige Regisseure zur Aufgabe, die subversive Kraft darzustellen, die der Mut manchmal birgt, anders als die anderen zu sein.

Bereits 1963 stellte Joseph Losey in *Der Diener* die zwiespältige Faszination eines jungen Mannes dar, die sein Kammerdiener auf ihn ausübt. Der beunruhigende Dirk Bogard wird Stück für Stück zum Herrn seines Herrn. Es besteht keine Liaison zwischen ihnen, doch die Gefahr, auf die bereits Bismarck hinwies, wird brillant und verwirrend vorgeführt: Die körperliche Anziehung zwischen zwei Männern stellt die gesellschaftliche Hierarchie in Frage.

Jagdszenen in Niederbayern (1968) von Peter Fleischmann bleibt der große Film, der die Homophobie als Ausdruck konformistischster und reaktionärster Instinkte darstellt – ein giftiges Bild aus dem tiefsten Provinzdeutschland. Die friedlichen Bewohner eines Bergdorfes hetzen einen jungen Mann, dessen einziges Verbrechen darin besteht, daß er sich bei ihren Schlemmereien und Trinkgelagen abseits hält; durch das Geheimnis seines Privatlebens ist er von der Dorfgemeinschaft abgeschnitten. Die Geschichte ist umso packender, als sie durch die Beobachtung des täglichen Lebens den gewöhnlichen Faschismus der «anständigen Leute» aufs Korn nimmt.

1968 dann kam *Theorema*: eine Lehrfabel darüber, wie die Sexualität als Störenfried in eine bourgeoise Familie einbricht. Terence Stamp, ein Gast auf der Durchreise und Engel des Wunderlichen, verführt nacheinander Mutter, Tochter und Dienstmädchen, jedoch auch Vater und Sohn. Nach dieser für ihn unbekannten fleischlichen Erfahrung, schenkt Paolo, der Vater, seine Fabrik den Arbeitern und begibt sich zum Mailänder Bahnhof. Dort, inmitten der Menge zieht er Stück für Stück alle Kleider aus, bis er völlig nackt ist. Eine doppelte Entblößung, wirtschaftlich und wirklich, ein doppeltes Symbol für die Auferstehung zu einem neuen Leben, zu dem er gelangt, nachdem er sich der gesellschaftlichen und sexuellen Konventionen entledigt hat, die ihn bisher erstickten. Trotz seiner Fehler ist dies der einzige Film Pasolinis, in dem er wagte, auf die revolutionäre Kraft der Homosexualität anzuspielen. *Trilogie des Lebens*, eine Hymne auf den Sex, zeigt nur heterosexuelle Vergnügen, und in *Salò* (1975), einer Parabel auf Machtexzesse, erscheint die Homosexualität wieder als logische Folge faschistischer Perversion, ebenso wie in Viscontis *Verdammten.*

Enttäuschende Italiener! Ettore Scolas Film *Ein besonderer Tag* (1977) hebt sich von dieser Litanei schlechten Gewissens wohltuend ab. Zum ersten Mal sah man einen erwachsenen Homosexuellen (Marcello Mastroianni) in der Rolle eines politschen Außenseiters. Während die Massen Roms sich in die Straßen ergießen, um einer Mussolini-Parade beizuwohnen, verkriecht er sich zu Hause. Er findet Tröstung nur in der Gesellschaft einer Nachbarin, auch sie vom Fest ausgeschlossen, da ihr Mann sie in ihrer Hausarbeit einsperrt. Eine hervorragende Parallele zwischen der Lebensweise einer Frau und der eines Homosexuellen, selbst wenn die Idee, sie miteinander schlafen zu lassen, übrigens eher aus Müdigkeit und Tristesse als aus wirklicher Neigung, eher wie eine Konzession ans Publikum wirkt, wie eine unnötige Hommage an die Schönheit Sofia Lorens, aber auch die «Normalität» des Ausgestoßenen. Am Ende des Tages verhaftet die Polizei den Mann: wegen sexueller Abweichung oder politischen Widerstandes? Die Entscheidung liegt beim Zuschauer.

Im Film wird die politische Verlängerung der Homosexualität allzu häufig angesprochen, um darauf hinzuweisen, daß jemand, dessen Privatleben geheim bleiben soll, einen gewissen Hang zum Verrat haben könnte. Will man einen hohen Beamten erpressen, welch unverhofftes Glück, wenn man entdeckt, daß er Knaben liebt (*Ohne Datenschutz* von Michel Deville, 1977). Der Engländer, der Staatsgeheimnisse an die Sowjetunion weitergibt, ist ein ehemaliger Cambridge-Student, der wegen seines Lebenswandels ehemals erniedrigt worden war und sich deswegen an seiner Klasse und seinem Land rächt (*Another Country* von Marek Kanievska, 1983, nach den Abenteuern des Kunstkritikers und Hofberaters Anthony Blunt). Um einen politischen Gefangenen zum Geständnis zu bringen, rechnet man auf einen Homosexuellen, der mit ihm in der Promiskuität einer Zelle eingesperrt ist (*Kuß der Spinnenfrau*, von Hector Babenco, 1984). Das Kalkül erweist sich als falsch, und Molina zeichnet sich durch ein vorbildliches Verhalten aus, doch die Freunde des politischen Gefangenen bringen ihn gleich nach der Entlassung aus dem Gefängnis um, da sie überzeugt sind, daß ein Homosexueller nur Verräter sein kann.

Wer Maurice Sachs und Jean Genet kennt, weiß, daß es zum Verteidigungsarsenal mancher Homosexueller gehört, ihre eigene Schändlichkeit zu reklamieren. Babencos Film, der übrigens andere

Meriten hat, betont diese masochistische Exaltiertheit keineswegs. Mit dieser Reinigung, aus der ein weniger falsches Bild des modernen Schwulen hervorgeht, wollte er den ungerechten Verdacht anprangern, dem Homosexuelle ausgesetzt sind.

Seit etwa zwanzig Jahren beherrschen inzwischen zwei Bilder aus dem Vorkriegsfilm die Szene: das komische und das tragische.

Das komische Bild

Es kann leichte, parodierende Komik sein wie in Roman Polanskis *Tanz der Vampire* (1967), wo ein freundlich karikierter Satyr den Helden ausdauernd verfolgt, der ihm ein Buch zwischen die Zähne schiebt, um seinem Kuß-Biß zu entgehen, oder die fröhlich entspannte Komik von William Friedkins *Die Harten und die Zarten* (1969), dem ersten Film, in dem nur Homosexuelle vorkommen: Freunde schenken dem Geburtstagskind als Überraschung und Jahrmarktsclou einen tollen Cowboy. Doch meist ist die Komik schmierig und schwerfällig, Vehikel aller Gemeinplätze über Tunten, deren Leben dargestellt wird wie die groteske Nachahmung eines Ehepaares (Edouard Molinaros *Ein Käfig voller Narren*, und *Noch ein Käfig voller Narren*, von 1978 und 1981) oder das niederträchtige Wiederkäuen zweier Einsamer, die in gegenseitigem Haß aneinandergekettet sind (*Unter der Treppe* von Stanley Donen, 1969). Bertrand Taverniers *Abendanzug* (1986) wurde von der Schwulenpresse als ein Befreierwerk begrüßt, doch führte es abgedroschenste Stereotypen vor: Ein Homosexueller, selbst wenn er wie Gérard Depardieu gebaut ist, kann sich nur hingezogen fühlen zu Frauenverkleidungen und endet zwangsläufig bei Transvestitenmätzchen.

Der Fall Fellini erscheint komplexer. Seine Phantasien übersetzen die bewußten und unbewußten Neigungen, Sitten und Triebe seiner Landsleute, trotz augenscheinlicher Extravaganz, und Homosexuelle betrachtet er mit leicht erschrecktem Amüsement. Er zögert zwischen Verurteilung, Skepsis und Humor, und sein Blickwinkel, der von Film zu Film wechselt, spiegelt die Widersprüche des Durchschnittsitalieners wider, der seiner Anziehung für sein eigenes Geschlecht durch Lachen ausweicht. In *Die Müßiggänger* (1953) verkleidet sich Alberto, der kindlichste aus einer Bande junger Müßiggänger, ein dickes, weinerliches Baby, das an den

Schößen seiner Kindheit hängt, für das Schlußfest als Frau. Im Morgengrauen sieht man ihn unter seiner sich auflösenden Schminke einsam umherirren, Sinnbild des Schicksals eines «Unreifen» in einer kleinen Provinzstadt. Auch der Schatten eines alten, übermäßig geschminkten Schauspielers, eines verbrauchten Komödianten, eines verlebten Halbseidenen wandert durch den Film wie eine Warnung an die Jungen, sich vor einer so kläglichen Zukunft zu hüten. In *Das süße Leben* (1960) betont er diesen Aspekt noch. Die beiden geschminkten kleinen Halunken unter den Festgästen in der Villa des Parvenü unterstreichen den dekadenten Charakter der Orgie.

Satyricon (1969) hingegen zeigt ein sehr viel sympathischeres Bild des Schwulenpaares, vielleicht weil die Handlung in die Antike zurückverlegt ist, und was vor so langer Zeit geschah, die Zeitgenossen nicht mehr angeht. Zwar führt Giton (Max Born) mit der Rosenkrone auf den goldblonden Haaren einen zwiespältigen und fast ungesunden Aspekt vor, doch das Paar Encolpius (Martin Potter) und Ascyltos (Hiram Keller) durchquert die Nebel römischer Dekadenz mit leuchtender Unschuld. Warum setzte der Regisseur angelsächsische Schauspieler ein? Weil es in Italien keine Homosexuellen gebe, erklärte er. Ein Satz, der unter einem typisch fellinischen Scherz einen grundlegenden Charakterzug des Italieners enthüllt. Offiziell geht die Homosexualität in Italien niemanden an; sie ist unbekannt; sie landete nie an italienischem Ufer, wo Dante und Manzoni wachen, unerbittliche Hüter aufrechter Männlichkeit. Die meisten Homosexuellen, selbst jene, die regelmäßig homosexuellen Verkehr haben, betrachten sich nicht als solche. Das *Journal romain* (das römische Tagebuch)[4] von Renaud Camus liefert ein wertvolles Zeugnis dazu. Immer der gleiche Widerspruch zwischen dem, was man wirklich ist, und dem, was man sein möchte. Der Ehrenkodex zwingt dazu, das Bild eines Supermannes von sich zu geben: Wer sich nicht auf Frauen stürzt, kann nur ein verkommenes Subjekt sein. Die für Fellini einzige Möglichkeit, achtenswürdige Homosexuelle zu zeigen, war die, Ausländer zu wählen. Gegenbild ist *Roma* (1972), wo die Karikatur wieder durchbricht.

Bei seinem *Casanova* (1976) weiß man nicht mehr, was man denken soll. Im ursprünglichen Drehbuch, von Fellini und Bernardino Zapponi geschrieben, heißt es anläßlich des Festes im Schlosse Du Bois' bei Parma nur: «Auf der Bühne drängen sich sechs oder sieben Schauspieler in Kostümen aus der römischen Antike. Sie singen mit hoher Stimme zur Begleitung von Saiteninstrumenten. Zwei davon sind Kastraten, wie Frauen angezogen, doch gut zu erkennen.» Als Fellini den Film drehte, fügte er außerdem die umwerfende Raubtiermimik Du Bois' (des großen Daniel Emilfork mit dem Drakulakopf) hinzu, der versucht, den jungen, als Libelle verkleideten Androgynen zu verführen: ein verliebtes, wildes Ritual, auf halbem Weg zwischen dem Tanz der Gottesanbeterin und dem des Vampirs. Diese Episode, der Stil, in der sie gefilmt ist, hat gleichzeitig vom Horrorfilm und vom Kasperletheater an sich. Einmal mehr illustriert sie das Zögern des Regisseurs zwischen grauenerweckender und grotesker Darstellung des Homosexuellen.

Ein anderes Vorkommnis bei den Dreharbeiten erstaunt nicht weniger. Wie allgemein bekannt, schlief Casanova mit Knaben wie mit Mädchen, und Fellini hatte eine Sequenz gedreht, die ihn in den Kissen eines Diwans in enger Umschlingung mit einem prachtvollen Schwarzen zeigte[5]. Beim Schnitt fiel diese Sequenz weg. Warum? Wollte er die Person nicht überladen, indem er sie als «polymorph pervers» darstellte, zu allen Schweinereien bereit? Oder hatte er im Gegenteil Angst, ihr zusätzliche Anziehungskraft zu verleihen, indem er sie in von allen Konventionen freier Kühnheit zeigte? Liest man Casanovas *Erinnerungen*, so stellt man fest, daß sie nach wie vor eines der schönsten Beispiele für sexuelle Freiheit sind, wie sie im XVIII. Jahrhundert lebbar war, vor der kapitalistischen Konzentration und dem Lobpreis der Familie als moralischer Folge. Wegen seiner persönlichen Widersprüche zeigte der Regisseur nicht die gleiche Unabhängigkeit wie sein Vorbild, selbst wenn der Film ansonsten prächtig ist.

Das tragische Bild

Einsamkeit, Verfall, Selbstmord, Mord: Wie im Roman werden Homosexuelle im Film mit Vorliebe als Opfer gezeigt, entweder der sie zermalmenden Gesellschaft oder innerer Konflikte. Die Bilanz solcher Tragödien ist beeindruckend.

1962, *Bitterer Honig* von Tony Richardson. Das melancholische Porträt eines hilflosen Jungen im finsteren England der Industriestädte. Es stand zu hoffen, daß er in Jo eine Gefährtin fände, einem Mädchen, das von einem Seemann geschwängert und dann sitzengelassen wurde. Geoff und Jo beschließen, keusch zusammen zu leben. Doch da taucht Jos Mutter auf, jagt den allzu effeminierten Freund ihrer Tochter weg, verweist ihn zurück in seine Einsamkeit.

1974, *Faustrecht der Freiheit* von Rainer Werner Fassbinder. Ihm bereitete es keine Schwierigkeiten, über seine Homosexualität zu sprechen. Als ein Journalist ihn fragte, ob seine Beziehungen zu den Eltern (der Vater weit weg, die Mutter als Spiegel) nicht die klassische Familiensituation seien, die in die «homosexuelle Fixierung» führe, antwortete er: «Homosexualität ist sicher eine gesellschaftliche Sache und keine angeborene.»[6] Eine doppeldeutige Antwort, mit der er den Aposteln der Psychonanalyse eine gesunde Abfuhr erteilt, der Homosexualität jedoch eine Ursache zuschreibt. Der Film erzählt die Geschichte von Fox (den Fassbinder selbst darstellt), einem jungen Schausteller, der im Lotto ein Vermögen gewinnt, sich von einem mittellosen Bürger ausbeuten läßt und dann, von seinem Liebhaber sitzengelassen, einsam in einem Gang der Untergrundbahn stirbt. Ein hervorragender Film, dem das Verdienst zukommt, die rosa Legende idyllischer Freundschaften zu entmystifizieren, und endlich einmal eine Liebesbeziehung als eine Geldbeziehung darzustellen. Ein Film, stark und schwarz wie eine Novelle Maupassants.

1977, *Die Konsequenz* von Wolfgang Petersen. Aufgrund des Alters des Protagonisten, eines sechzehnjährigen Jungen, der ergreifendste der Reihe. Er ist der Sohn eines Schweizer Gefängnisdirektors und Geliebter von Martin, eines wegen Verführung Minderjähriger eingesperrten Erwachsenen. Thomas' Eltern entdecken die Liaison und schicken den Jungen in eine Besserungsanstalt, wo er die Mißhandlungen eines quälerischen Aufsehers erleidet. Mehrmals entweicht er und wird wieder gefaßt, wird dann freigelassen und, um zu überleben, prostituiert er sich mit einem dicken Abgeordneten. Aus Selbstekel, aus Verzweiflung zum Alkoholiker geworden, ist er ein Wrack, das Martin, der immer nur auf ihn gewartet hat, nach seiner Entlassung aus dem Gefängnis ein paar Jahre später wiederfindet. Sie lieben sich immer noch genauso heftig, doch durch seine Erfahrungen zerstört, lehnt er Martins Hilfe ab. Eines Tages läuft er weg, steigt in einen Kahn und wirft sich in den See. Der Film ist ein wenig melodramatisch, doch von guten Schauspielern ehrlich dargestellt, und bleibt ein bewegendes Zeugnis des gesellschaftlichen Problems der Beziehungen zwischen einem Erwachsenen und einem Minderjährigen.

1979, *Nous étions un seul homme* (wir waren wie ein Mann) von Philippe Vallois. Eine Liebesfreundschaft zwischen einem verletzten deutschen Soldaten und einem jungen Bauern, der ihn auf seinem Bauernhof im Lot-et-Garonne versteckt. Dieser ist nicht homosexuell, doch als Rolf zu gehen beschließt, schläft er mit ihm, in der Hoffnung, ihn dadurch zu halten. Bevor die Gestapo den Deserteur verhaftet, tötet sein Liebhaber ihn selbst und begräbt ihn feierlich. Eine Mischung, unbeholfen und fesselnd, aus jugendlicher Scham, ländlichem Gefühl und Begräbniszeremonial.

1980, *Asphalthaie* von Hector Babenco. Homosexualität im brasilianischen Subproletariat, verknüpft mit Elend und Verbrechen. Ein konzessionsloses Bild einer entwurzelten Kindheit im Vorstadtmilieu.

1982, *Ange* von Georges Katakusinos. Ebenfalls sehr melodramatisch, laut Regisseur jedoch, über dessen in Cannes vorgeführte Arbeit das Publikum spöttelte, eine getreue Bestandsaufnahme der Verhältnisse in Griechenland, trotz des Klischees der sokratischen Liebschaften. Ein armer Junge verliebt sich in einen Macho, der es nur dann erträgt, eine Beziehung mit einer Person seines eigenen Geschlechtes zu haben, wenn er ihn als Frau verkleidet und ihn zwingt, sich zu prostituieren, um ihn noch verachtenswerter zu machen. Ange lehnt sich schließlich auf und ermordet seinen Liebhaber.

1984, *Kuß der Spinnenfrau* von Hector Babenco. Ich komme darauf zurück, weil es der originellste Beitrag dieser Litanei des Pechs ist. Molina sitzt wegen Vergewaltigung eines Minderjährigen im Gefängnis und ist der Typ der verweiblichten Tunte, der sich mit weiblichen Filmstars identifiziert. Im Umgang mit seinem Zellengenossen, dem rauhen Valentin, einem politischen Gefangenen, reift er, wird männlicher, lehnt es ab, den Verräter zu spielen, was der Gefängnisdirektor ihm vorschlägt. Er erklärt sich vielmehr bereit, den politschen Freunden Valentins eine geheime Botschaft zu überbringen. Die jedoch glauben, daß er mit der Polizei gemeinsame Sache mache und schießen ihn auf offener Straße nieder. Eine schöne Parabel nach dem Roman des Argentiniers Manuel Puig, über die Unmöglichkeit für einen Homosexuellen, die anderen von dem Negativbild abzubringen, das sie von jedem Homosexuellen haben: zwangsläufig ein Waschlappen, ein Eidbrüchiger, ein Spitzel.

1987, *Prik up your Ears* (spitzt eure Ohren) von Stephan Frears. Eine wahre Geschichte aus dem England der sechziger Jahre zwischen dem Erfolgsschriftsteller Joe Orton und seinem Geliebten, der, eifersüchtig auf dessen Erfolg, sich selbst frustriert und erniedrigt fühlt und ihn ermordet aus verletzter Eitelkeit und aus Furcht, sitzengelassen zu werden. Eine brillante Beschreibung des Londoner Schwulenmilieus mit doppeldeutigen Dialogen als humoristischer Seite und der Anmache in Pissoirs als dreckigem Aspekt. Manche Zuschauer haben den richtigen Gedanken im Kopf behalten, daß das Paar scheiterte, weil es menschlich ist und nicht weil es homosexuell ist. Die anderen jedoch, die zahlreicheren behalten die Schlußtragödie in Erinnerung, in der wieder einmal Homosexualität und eine gewisse perverse Zerstörerkraft verknüpft sind.

In dieser Tragik der unglücklichen Homosexualität unterscheide ich vier Varianten.

Die militärische Variante. Berufssoldat zu sein, führt in jedem Augenblick zu männlicher Promiskuität und zwingt gleichzeitig eine strenge Sexualdisziplin auf. Das führt bei manchen zu einem langsam gereiften Konflikt, dessen Ausbruch dramatische Konsequenzen nach sich zieht. *Spiegelbild im goldenen Auge* von John Huston (1967) stellt in einem Militärposten im Süden der Vereinigten Staaten Hauptmann Penderton und den Soldaten Williams gegenüber. Carson McCullars hatte in seinem Roman geschrieben, daß der Hauptmann ein empfindliches Gleichgewicht zwischen dem männlichen und dem weiblichen Element in sich gefunden habe, die Sensibilität beider Geschlechter in sich vereine, der aktiven Kraft beider jedoch beraubt sei. «Er ist ein Mensch, den die Verdrängung seiner Homosexualität bitter und unproduktiv werden ließ. Als er den Soldaten Williams nackt durch den Wald galoppieren sieht, fasziniert ihn die animalisch spannungsgeladene Vitalität, die dieser ausstrahlt. Einziger Ausweg für den Hauptmann (Marlon Brando in einer seiner großen Rollen) ist, den Soldaten zu töten, indem er vorgibt, daß der seiner Frau den Hof gemacht habe. John Flynns *Der Sergeant* (1968) wählt den Selbstmord: Nachdem er einem Soldaten einen Kuß geraubt hat (dem schönen John Philip Law), sieht der Unteroffizier (Rod Steiger) keinen anderen Ausweg, als sich eine Kugel in den Kopf zu schießen. Istvan Szabos *Oberst Redl* (1985) führt uns an den Anfang dieses Jahrhundert zurück, ins kaiserliche und militaristische Österreich Franz-Josephs. Seine heimliche Homosexualität macht den Oberst zum Sündenbock, der auf dem Altar von Staat und Armee geopfert wird.

Die ästhetisierende Variante: Da fällt einem gleich ein illustrer Name ein: Luchino Visconti. Bereits 1942 führte er in *Ossessione – Von Liebe besessen* nach dem Buch James Cains – *Die Rechnung ohne den Wirt*, eine Figur ein, die im Roman nicht vorkommt: einen Vagabunden, genannt der Spanier. Dieser Umherirrende, dieser Nomade, versucht Gino mitzunehmen, ihn mit auf die Straße zu ziehen in einer offen homosexuellen Liebe, die Gino nicht nur von Giovanna befreite, sondern ihn von den Frauen löste, ihn aus dem Teufelskreis herausrisse, in dem ihn sein Schicksal einschließt. Dies ist der einzige Film Viscontis, in dem er Homosexualität mit menschlicher Freiheit verknüpfte, mit weiter Ferne, mit der Hoffnung, den Tod zu besiegen. In seinen späteren Filmen entsagte er der neorealistischen Einfachheit von *Ossessione* zugunsten einer immer betonteren Künstlichkeit. Gleichzeitig wurde seine Sicht der Homosexualität düster und dekadent. Eine Art Teufelspakt verknüpft diese bald mit der Nazi-Barbarei (*Die Verdammten*, 1969), bald mit masochistischer Selbstzerstörung (*Tod in Venedig*, 1971), bald mit körperlichem und geistigem Verfall (*Ludwig*, 1973). *Die Verdammten* und *Ludwig* gehen auf historische Fakten zurück, die Nacht der langen Messer in Deutschland, das Unglück Ludwigs II. von Bayern, *Tod in Venedig* setzt nur einen berühmten Text in Bilder um. Für seinen vorletzten Film jedoch, nach einem Originaldrehbuch, *Gruppo di famiglia in un Interno*, 1974 (*Gewalt und Leidenschaft*), wählte Visconti selbst das Thema. Die Anziehung des alten, zwischen seinen Büchern und Kunstgegenständen in seine Wohnung vergrabenen Professors (Burt Lancaster) für den strahlenden, jungen Eindringling (Helmut Berger) reduziert die Homosexualität auf eine sterile Kontemplation, die das Gefühl von Unfähigkeit und Scheitern eines ganzen Lebens noch beschleunigt.

Eine solche Analyse ist natürlich unzureichend, da sie weder die Pracht des Films berücksichtigt, die allein bereits hilfreich wirken kann, noch manche hier und da eingeschobenen Hinweise, die Visconti wie Winke zu einer parallelen Lesart einstreute. Ludwigs Homosexualität richtet vielleicht nur deshalb solche Verwüstungen in ihm an, weil sein Königsein ihn der zur Entfaltung seiner Triebe notwendigen Freiheit beraubt. Die kurzen Blicke jedenfalls auf seine Diener und besonders auf Hornig, einen gesunden und schönen Schaupieler, lassen uns eine andere Art von Homosexuellem sehen, keineswegs geprägt von der Fatalität des Todes, sondern überschäumend vor Jugend und Vitalität. Sehr bedeutsam ist auch die wichtige Änderung, die Visconti an Thomas Manns Erzählung vornahm. Bei Thomas Mann ist sich Tadzio seiner Anziehung nicht bewußt; ihm wird nicht einmal klar, welche Wirkung er auf Aschenbach ausübt. Im Film bemerkt er die Blicke des Fremden nicht nur, er antwortet und spielt damit, das Begehren des geheimnisvollen, fremden Gastes durch neckische Späße anzustacheln; er provoziert ihn mit der engelsgleichen Grausamkeit der Jugend. Eine bedauerliche Entstellung der Ursprungshandlung, die jedoch gerechtfertigt erscheint, wenn man darin übereinstimmt, daß Visconti der kaschierten, düsteren Homosexualität Aschenbachs wohl eine frische, anregende Homosexualität gegenüberstellen wollte, im Schein einer goldblonden Gloriole und voll jugendlicher Anziehungskraft. Tadzio galt es also aus dem Schlaf der Kindheit herauszuziehen und, wenn auch keinen Homosexuellen, so doch einen gewitzten Jungen aus ihm zu machen, dem das Getue des alten Beaus, wie er um seine anmutige Erscheinung herumschwänzelt, gefällt und nicht widerlich ist.

Erfuhr eine historische Gestalt geistige oder gar körperliche Folter wegen ihrer sexuellen Vorlieben, dann ist sie geradezu ausersehen für die Kinoästheten. Ken Russel widmete dem Liebesleben Tschaikowskys *Tschaikowsky – Genie und Wahnsinn* einen starken und übertriebenen Film, in dem dem breiten Publikum kühn die Wahrheit gesagt wurde über einen seiner Lieblingskomponisten. Der ehemalige Bühnenbildner Ken Russels Derek Jarman ist Autor von zwei unsäglichen pornokulturellen Machwerken, *Sebastiane*, (1976), auf Latein gedreht (!), in dem das antike Dekor und die römischen Soldaten, wie sie ihre Pfeile gegen den heiligen Sebastian abschießen, der sadomasochistischen Darstellung matter Nackheit dienen; und *Caravaggio* (1986), eine schwülstige, lächerliche Darstellung des Malers, der unter ebenso mysteriösen Umständen wie

Winckelmann in Triest oder Pasolini in Ostia an einem Strand starb, und eine andere Behandlung verdient hätte.

Die dreckige Variante: Sie beginnt mit Paul Morisseys *Flesh* (1968), der gefälligen Darstellung eines New Yorker Prostituierten (des schönen Joe Dallessandro) im Sumpf der Metropole. Es folgte William Friedkins *Cruising* (1980). Elf Jahre vorher hatte Friedkin *Die Harten und die Zarten* gedreht, einen erneuernden, unterstützenden Film. *Cruising* hingegen ist ein niedrig homophober Film. Militante amerikanische Gays demonstrierten am Drehort. Ein Polizist (Al Pacino) soll im New Yorker Ledermilieu ermitteln, um herauszufinden, wer der Mörder mehrerer in Serie umgelegter Homosexueller ist. Der Mörder erdolcht seine Opfer, nachdem er sie geliebt hat, bei einem *trick*, einer kurzen, anonymen Sexualbeziehung, wie sie die Anhänger der Pissoirs goutieren. Der dokumentarische Aspekt des Films interessiert, die Fiktion ist betrüblich. Der Polizist fühlt sich anfangs von diesen Sitten abgestoßen, erliegt jedoch Stück für Stück ihrer Anziehungskraft. Am Ende, als der Mörder festgenommen ist und die Verbrechen trotzdem weitergehen, sagt sich der Zuschauer, daß der Ermittlungsbeamte nicht nur ein Liebhaber von *tricks* geworden ist, sondern auch noch Geschmack am Morden gefunden hat. Impliziter Schluß: Die Homosexualität ist ein ansteckender, krankmachender Virus, der fatal ist für jeden, der ihn bekommt. Frank Ripplohs *Taxi zum Klo* (1981) war kaum appetitlicher: Unter dem Vorwand, die beiden Arten von Sexualbeziehungen gegenüberzustellen, Stabilität und Treue einerseits, Anmache und zügellose Befriedigung andererseits, erforscht der Film den Sumpf Berlins, wie der Titel verspricht. Hat man Lust zum Bumsen, springt man in ein Taxi und gibt als Adresse ein öffentliches Klo an.

Die hysterische Variante: Von Snobs sehr geschätzt, vom New Yorker Untergrundkino lanciert. Meistens kamen scheußliche Filme dabei heraus, in denen ausschweifende Phantasien einziges Gesetz sind. Niedriges Komödiantentum, eine Flut hemmungsloser Bilder, Gefälligkeit, Willkür, Geschwätzigkeit: Wären es heterosexuelle Filme, so würden sie als schlimmstes Erbe D'Annunzios angesehen. Bereits 1947 gab der Amerikaner Kenneth Anger den Ton an mit *Fireworks*, und wahrscheinlich ist das anonyme *Pink Narcissus* (1972), eine Variation zu den Masturbationsphantasien eines jungen Mannes, ebenfalls sein Werk. Immer wieder wird die

Antike für banale Scherze bemüht. *Race d'Ep* von Lionel Soukas und Guy Hocquenghem (1979) übertrifft diese künstlichen Delirien noch. Dann Fassbinders *Querelle* (1982) nach Jean Genet, in dem nur die geschwollene, lyrisch altmodische Seite des Werkes hervortritt. Und Patrice Chéreaus *Der verführte Mann* (1983) ist nur eine Klischeeanhäufung zum Thema Einsamkeit und Umherirren. Aus Übertreibung schlaffe Filme. Kitschiger Plunder, Harlekinsleidenschaften.

Das natürliche Bild

War zwischen den tragischen, krankhaften, hysterischen ästhetisierenden, komischen oder dreckigen Bildern des Homosexuellen niemals Platz für ein natürliches Bild, also eines, das ihn als völlig gesunde Spielart der Natur zeigt und nicht als Produkt der Unterdrückerkultur? Auch frei von Fluch und Lächerlichkeit, und wenn ihm denn Unglück widerfährt, dann nicht als Stempel eines besonderen Fatums, sondern weil er den gewöhnlichen Zufällen menschlichen Lebens unterliegt? Fassbinders leidenschaftliche Matrosen, Chéreaus gequälte Vagabunden sind ebenso neurotisch wie die verklemmten Offiziere Hustons, die paranoischen Söhne Mankiewiczs, die Perversen Hitchcocks und die blutleeren Könige Viscontis: Alle, wie sie da sind, sind Opfer der Gesellschaft, die sie hinderte, sie selbst zu sein. So zeigen sie nicht deutlicher, was echte Homosexualität ist, als eine Kellerpflanze ihre in der Dunkelheit verkümmerten Blätter entfalten oder kräftige Triebe entwickeln kann, da sie doch gezwungen ist, zum Kellerfenster zu kriechen.

Bereits 1971 wies ein prophetischer Film den Weg: *Sunday, bloody Sunday* von John Schlesinger, bereits Autor von *Asphalt-Cowboy* (1969), eine anpruchslose Sittenkomödie und ein erstes, ruhigeres, gerechteres Zeugnis dessen, was es heißt, ein Schwulenleben zu führen. *Sunday, bloody Sunday* zeigt einen homosexuellen Arzt, eine Frau und einen jungen bisexuellen Künstler, den die beiden sich streitig machen. Der Film beschreibt die Beziehungen zwischen diesen drei Menschen, ohne homosexuelles und heterosexuelles Begehren zu unterscheiden. Nicht die sexuellen Vorlieben des einzelnen werden betont, sondern wie er seine Beziehungen zu den beiden anderen empfindet und lebt. Am Schluß distanziert sich der junge Mann von den beiden, die ihn geliebt haben; der Arzt und die Frau finden sich jeder für sich allein wieder, jedoch nicht verzweifelt. Ihr Leben ist damit nicht zuende. Der Homosexuelle will sich nicht umbringen, er wendet sich den Zuschauern zu und vertraut ihnen an: «Die Leute sagen mir: Er hat Dich nie glücklich gemacht. Ich aber sage ihnen: Ich bin glücklich. Außer daß er mir fehlt. Mein Leben lang habe ich jemanden gesucht, der mutig und pfiffig ist. Dieser ist es nicht.» Eine nüchterne Feststellung, die sich jedoch auf den Charakter des jungen Mannes bezieht und nicht auf sein eigenes Geschick und auch nicht auf seine Hoffnung, eines Tages einen würdigen Partner zu finden. Der Kuß zwischen den beiden Männern, der erste homosexuelle, außerhalb des homosexuellen Gettos gefilmte Kuß, der erste natürliche Kuß zwischen zwei Männern spricht für den Wunsch, die schwarze Legende von der häretischen Liebe zu entdramatisieren, zu entmystifizieren.

Muffiger hingegen *Une Chose très naturelle* von Christopher Larkin (1974) erzählt die Anstrengungen Davids außerhalb des Schwulenmilieus, außerhalb der *tricks* in Saunen und in Parks eine konstruktive Liebesbeziehung zu leben. Ein sympathischer Film, den nur die letzte Einstellung verdirbt: David und sein neuer Freund (er liebt ihn auch mit dem Herzen) rennen in einer Zeitlupenaufnahme vor einem Reklame-Sonnenuntergang am Strand entlang. Bertrand Philbert weist auf den spanischen Film von Jaime Chavarri hin *A un dios desconocido* (1977), der in Frankreich keinen Verleiher fand. 1985, zwei Jahre vor dem ätzenden *Prik up your Ears,* drehte Stephan Frears *Mein wunderbarer Waschsalon*, einen sehr sensiblen Film, wo Johnny und sein pakistanischer Liebhaber sich mutig und humorvoll den rassistischen und sexistischen Provokationen der englischen Gesellschaft stellen. Aus England kam ebenfalls James Ivorys wundervoller *Maurice* (1987), der inzwischen als der große Klassiker natürlicher Homosexualität gilt. Überraschend ist auch der ebenso großartige spanische Film von Pedro Almodovar *La Loi du désir* (1986), wenn man bedenkt, daß der Film aus einem Land kommt, das als machohaft und konventionell gilt. Damit ist diese noch sehr kurze Liste vorläufig bereits zu Ende.

La Loi du désir ist die Geschichte einer Leidenschaft. Antonio, zwanzig Jahre alt, wird von Pablo, einem Modeschriftsteller, angemacht und entdeckt mit ihm Fieber und Extase. Um seinen Liebhaber zu halten, zögert er nicht, den Jungen zu ermorden, in den Pablo vorher verliebt war und den er immer noch liebt. Von der Polizei gehetzt liebt Antonio Pablo ein letztes Mal und tötet sich dann mit einer Revolverkugel. So zusammengefaßt wirkt der Film etwas melodramatisch (ein Mangel, dem er zum Ende hin nicht ganz entgeht). Außerdem könnte man denken, daß einmal mehr die Tragödie und das Scheitern einer unmöglichen Liebe erzählt wird. Das stimmt nicht, und zwar vor allem aus zwei Gründen. Erstens werden erstmals sexuelle Beziehungen zwischen zwei Männern ohne jeden Hinweis auf das homosexuelle Getto gefilmt als natürliches Aufeinanderzulaufen von Begehren. Weder Pablo noch Antonio gehören zu dem Volk der Pissoirs und Parks. Es ist unglaublich, daß Filme, die Homosexuelle angeblich positiv darstellen wollen, sie immer an Orten ihrer Sexualkontakte zeigen (Bahnhöfe, Parks, Saunen und Bars), als ob Erotik ihr Leben ausfüllte.

Sodann entspricht Almodovars Film der Logik der mit der Gewalt eines Sturmes zerstörerischen Liebesleidenschaft und nicht der Homosexuellenlogik, wie sie bis dahin gezeichnet wurde, zerstörerisch aus innerem Masochismus oder durch den Zusammenstoß mit der Gesellschaft. Hier wird mit dem Unglück nicht gespaßt: Antonio tötet und tötet sich selbst, nicht weil seine Lust auf Pablo von vornherein dem Untergang geweiht wäre, sondern weil übermäßige Glut ihn hindert, Kompromisse zu machen und ihn über das Ziel hinausträgt. Er scheitert aus übermäßiger Gesundheit, aus Optimismus und Vertrauen dem Leben gegenüber. Der Schauspieler, der den Antonio verkörpert, Antonio Banderas, spielt diese vitale Ungeduld wundervoll, die Hindernisse unterschätzt und aus Mangel an Selbstkontrolle die Katastrophe herbeiführt. Ein Neuererwerk, in dem erstmals in der Filmgeschichte Homosexualität und Vitalität miteinander verknüpft werden. Antonios Untergang ist schön wie eine reife Frucht, die durch ihr Gewicht vom Baum fällt.

Im Unterschied zu Chéreau oder Fassbinder treibt Almodovar keinen Kult mit seinen Phantasien: Er braucht solchen Schund nicht; seine Helden bummeln nicht durch die Straßen und suhlen sich dabei an den üblichen Orten trister Anmache und Traum-Cruising. Nein, eine offene und pralle Umklammerung mit der Wirklichkeit unterscheidet das ungestüme, strahlende spanische

Meisterwerk bei gleichem Thema von dem geschwätzigen, emphatischen und sumpfigen *verführten Mann.*

Homosexualität und Vitalität in *La Loi du désir*. Homosexualität und Freiheit in *Maurice*: Zwei zur gleichen Zeit entstandene Filme, die jedoch im Ton so unterschiedlich sind – *Maurice*, zurückhaltend und von britischem Unterstatement, *La Loi du désir*, mediterran heftig und temperamentvoll – leiten ein neues Zeitalter ein. Auf gesunde Art und Weise werden Schwule gezeigt, die ebenso wenig lächerlich wie tragisch erscheinen, ein Stil, den nicht mehr Erbarmen mit ihrem Unglück prägt, sondern Begeisterung über ihre Kühnheit.

Anmerkungen

Einführung: Natur oder Kultur?

1 Tallemant des Réaux (1619-1690) hinterließ süffisante Zeugnisse über seine Zeit. Saint-Simon (1675-1755) beschreibt in seinen Memoiren das Hofleben in allen Einzelheiten. (der Übersetzer).

2 Ffm 1984. Frz. L'Usage des plaisirs, Gallimard, Paris 1984.

3 F. v. Müller am 7.4.1830.

4 Hamburg 1983.

Erster Teil: Ein Blick in die Geschichte
Hatz auf die Eunuchen

1 Neuausgabe Ramsay, Paris 1978.

2 S. die genüßliche Studie von Jean Borie, Le Célibataire français, Le Sagittaire, Paris 1976.

3 Secker and Warburg, London 1956.

4 Plon, Paris 1986.

5 Grasset, Paris 1989.

Das wachsame Auge von Polizei und Medizin

1 Canler, vor Carlier Leiter der Sûreté und sein Vorläufer bei der Untersuchung dieses Themas, sprach von «antiphysitiques». Seine (1862 und 1968 Mercure de France neu herausgegebenen) *Mémoires* enthalten ein Kapitel über «Tunten», in dem er besonders über Erpressung spricht. François Carliers Text wurde 1981 bei Le Sycomore neu herausgegeben. Im selben Band wie *La Prostitution antiphysique*, steht *La Pédérastie*, ein Fragment der *Etude médico-légale* Ambroise Tardieus.

2 Ein Ausdruck, der 1914 von Francis Carco in seinem hervorragenden *Jésus-la-Caille* aufgenommen wird, einem der ersten homosexuellen Romane des Jahrhunderts.

3 Wer sich eine Vorstellung vom sprachlichen Reichtum im Laufe der Jahrhunderte machen möchte, sollte sich das hervorragende Vocabu-

laire de l'homosexualité masculine von Claude Courouve (1985) ansehen. Unter dem Stichwort Ganymède wird er folgende Verse des Voltaire-Schülers Friedrich II. von Preußen finden, die ich aus einer Art Respekt vor anderen diesem Buch nicht als Motto vorangestellt habe:

Ce bon Saint Jean, que pensez-vous qu'il fit,
Pour que Jésus le jetât sur son lit?
Ne pensez-vous pas qu'il fut son Ganymède?

Dt. etwa: Der gute Sankt Johann, was glaubt ihr wohl, was er so tat, daß Jesus auf das Bett ihn warf. Glaubt Ihr denn nicht, er war sein Ganymed?

4 München 1988.

5 Weimar 1860. Frz. Etude médico-légale sur les attentats aux moeurs.

6 Stuttgart 1930. Frz. Les Nourritures terrestres, Paris 1927.

Der andere Richard

1 Das geheime Tagebuch König Ludwigs II. von Bayern, 1869-1886. erl. und kommentiert v. S. Obermeier, München 1986.

2 König Ludwig II. und Richard Wagner, Briefwechsel, Bd. 1, Karlsruhe 1936-1939. .

3 Das «medizinische Gutachten» steht im Anschluß an das «Tagebuch» in dem von S. Obermeier herausgegebenen Werk.

4 Die Fabrikation des Wahnsinns, Ffm 1976. Eng. The Manufacture of Madness, 1971.

5 Louis II de Bavière, Neuausgabe Fayard, Paris 1964.

6 Henri III, Fayard, S. 432-441: Chevallier spricht von «einer ungerechtfertigten und verleumderischen Legende.».

7 König Hamlet, Ludwig II. von Bayern, Freiburg i. Br. 1929. Frz. Louis II de Bavière ou Hamlet-Roi, Gallimard, Paris 1928.

8 Ed. Janin, Paris 1947, Neuausg. Granit, 1985.

9 Louis II de Bavière, Ed. Spéciale, Paris 1972.

10 Louis II de Bavière, Perrin, Paris 1975, und Châteaux fous de Louis II de Bavière, Perrin, Paris 1986.

11 Bavarian Fantasy: the Story of Ludwig II, London, 1955. Beachten wir die Offenheit des Engländers, in der er Frankreich um zwanzig Jahre voraus war.

12 Leipzig 1898.

13 Zitiert nach Brigitte Hamann, Elisabeth, Kaiserin wider Willen. Wien, München 1982.

14 Ibid. S. 413.

15 In: *L'Espresso* vom 5. Oktober 1986. Zitiert in: L. Wittgenstein: Geheime Tagebücher. Wien 1991.

Ein paar in Vergessenheit geratene Pioniere

1 Meine wenigen und allzu dürftigen Quellen: John Lauritsen, David Thorstad, *The Early Homosexual Movement (1864-1935)*, New York 1974; Guy Hocquenghem, Artikel in der Tageszeitung *Libération* vom 8., 9. und 11. September 1978, in überarbeiteter Form (doch nicht so gut) übernommen in *Race d'Ep!*, Editions libres/Hallier 1979; sowie manche Hefte von Schwulen-Zeitschriften; *Sodoma* (Italien), *The Gay European Review* (Großbritannien), usw. Das 1836 erschienene Buch *Eros* des Schweizers Autors Hössli, das als der erste moderne Versuch gilt, an die Philosophie Platons anzuknüpfen, fand ich nur hier und da erwähnt.

2 In: Die Neue Zeit, Bd.II, Jg XIII, Nr. 34; S.229.

3 In: Marx Engels Werke, Bd.2. Berlin 1930.

4 In: Marx Engels Werke, Bd. 21, Berlin 1969, S.67.

5 Christopher an his Kind, London 1976.

6 München/Ffm/Berlin 1986. Engl. Goodbye to Berlin, London 1966. 6. Aufl.

7 Zurück aus Sowjet-Rußland, Zürich 1937. Frz. Retour de l'URSS, 1936, (Anmerkung) S. 63.

8 Stuttgart 1968. Engl. Leaves of Grass, 1855.

9 London 1883.

10 Dt. Bd. II: Die krankhaften Geschlechtsempfindungen auf dissoziativer Grundlage, Würzburg 1907, von Ellis, H. u. Symonds, J., Studien über das menschliche Geschlechtsleben, Würzburg 1903-1907.

11 München 1908.

12 Leipzig 1929/30.

Hundert Jahre Elend

I. Bis 1960

1 Wien 1886. Frz. Payot, Paris 1931.

2 Berlin 1891.

3 Paris 1896.

4 Fischer-TB, Ffm 1961. S. 13f.

5 frz. Denoel, Paris 1974.

6 Platon, Das Gastmahl oder Von der Liebe, Stuttgart 1949. S. 58.

7 Studienausgabe Bd. X, Ffm 1969, S.125.

8 S.Freud, Bd.VIII, Werke aus den Jahren 1909-1913, Ffm 1945. S.297.

9 Sandor Ferenczi, Weiteres zur Homosexualität; in: Bausteine zur Psychoanalyse, Bd. IV. 1909.

10 In: Sandor Ferenczi, Schriften zur Psychoanalyse I, Ffm 1970. S.189.

11 Aus dem Nachlaß: A Pszichoanalizis Rövid Ismertetése, Budapest 1936.
12 S. Freud – C.G. Jung, Briefwechsel, Ffm 1974.
13 A. Adler, Das Problem der Homosexualität. Erotisches Training und erotischer Rückzug, Leipzig 1930. Frz. Payot, Paris 1956.
14 Zitiert nach A. Adler, Das Problem der Homosexualität, Ffm 1977, S.33 und 88.
15 Störungen des Trieb- und Affektlebens, Band 2. Berlin, Wien 1924. Frz. Gallimard, Paris 1951.
16 Wien 1923. Frz. Gallimard, Paris 1963.
17 Neuauflage Payot, Paris 1951.
18 Grasset, Paris 1927.
19 Berlin 1982. Frz. Le Livre blanc, 1928.
20 In: La Révolution surréaliste, 15. März 1928.
21 Flammarion, Paris 1933.
22 Verlaine, Julliard, Paris 1981.
23 Verlag für Medizin Weidmann und Co., o.O. 1934.
24 In: Briefe 1873-1939, Ffm 1960.
25 Die sexuelle Revolution, Ffm 1971. S. 86f. Frz. Plon, Paris 1968.
26 Grasset, Paris 1940.
27 Hamburg, 1983. Frz. Les Amitiés particulières, Marseille 1943.
28 Fayard, Paris 1947.
29 Zürich 1954; Engl. Male and female, 1954.
30 Berlin 1955; Engl. Sexual Behaviour in the human male. Philadelphia 1945.
31 Claudel – Gide, Briefwechsel, Stuttgart 1952, S. 196 und S. 200. Frz. Correspondances 1899-1926. Gallimard, Paris 1949.
32 Übrigens zog ein Teil der Presse den Autor in den Schmutz. S. Martin du Gard, Correspondance générale, Bd. V, Gallimard, Paris S. 317-335.
33 Vrin, Paris 1951.
34 Paris 1952.
35 Hamburg 1954. Frz. Les Gommes, Paris 1953.
36 Stuttgart 1958.
37 Gallimard, Paris 1955. neue, veränderte Ausgabe Perrin, Paris 1984.
38 Ffm 1984.
39 Gallimard, Paris.
40 Gallimard, Paris 1988.
41 Florenz, 1959. Frz. Il y a quelque chose de pourri, Denoël, Paris 1960.

42 Bibliothèque scientifique Payot, Paris 1959.
43 PUF, Paris 1960.
44 Erziehung in Summerhill, München 1965.

II. Von 1960 an

1 Köln/Olten 1964. Frz. Partir avant le jour, Grasset, Paris 1963.
2 De l'Homosexualité, Sedimo, Paris 1960.
3 1966. Frz. Un sur vingt, Laffont, Paris 1967.
4 1968. Frz. L'Univers homosexuel, Laffont, Paris 1971.
5 1971. Frz. Homosexuel(le), oppression et libération, Fayard, Paris 1976.
6 Die Fabrikation des Wahnsinns, Ffm, 1976. Engl. The manufacture of madness, 1971. Frz. Fabriquer la folie, Payot, Paris 1976.
7 Eros minoritaire, Balland, Paris 1970.
8 Le Désir homosexuel, Ed. universitaires, Paris 1972; L'Après-midi des faunes, Grasset, Paris 1974; La Dérive homosexuelle, Delarge, Paris 1977.
9 Ma moitié d'orange, Julliard, Paris 1973; mit G. Hocquenghem, Comment nous appelez-vous déjà?, Calmann-Lévy, Paris 1977.
10 Le Bon Sexe illustré, Ed. de Minuit, Paris 1974.
11 Einaudi, Turin 1977.
12 Les Homosexuels, Casterman, Paris 1973.
13 Freibeuterschriften, Berlin 1978. Ital. Scritti corsari, Garzanti, Mailand 1975.
14 Rapport sur l'homosexualité de l'homme, Ed. universitaires, Paris 1974.
15 Les Homosexuels aux Dossiers de l'écran, Laffont, Paris 1975.
16 Les Homosexuels et les Autres, Athanor, Paris 1977.
17 Laffont, Paris 1968.
18 Filipacchi, Paris 1972.
19 Der Kinsey-Report über weibliche und männliche Homosexualität, München 1981. Engl. Homosexualities, 1978. Frz. Albin Michel, Paris 1980.
20 Hite- Report, München 1984. Engl. The Hite-Report on Male Sexuality, 1981. Frz. Le Rapport Hite sur les hommes, Laffont, Paris 1983.
21 Fayard, Paris 1966.
22 Ffm 1972. Frz. Le Vocabulaire de la Psychanalyse, PUF, Paris 1967.
23 Frz. Homosexualité, Dessart, Paris 1970.
24 Ed. ESF, Paris 1971.

25 Fayard, Paris 1972.

26 Laffont, Paris 1972.

27 Albin Michel, Paris 1972. Dt. etwa: Offener Brief an einen Falsch-Fikker.

28 Ed. universitaires, Paris 1973.

29 Ed. du Seuil, Paris 1975.

30 Dessart, Paris 1977.

31 Stock, Paris 1977.

32 Ed. Jacques Grancher, Paris 1977.

33 Über das Begehren, Stuttgart 1988. Frz. Au Jeu du désir, Ed. du Seuil, Paris 1981.

34 Das unbewußte Bild des Körpers, Weinheim 1987. Frz. L'Image inconscient du corps, Ed. du Seuil, Paris 1984.

35 Inconscient et destins, Paris 1988, S.110.

36 Op. cit. (33), S.269.

37 Op. cit. (34), S.171.

38 Op. cit. (35), S.24.

39 Une Génération, Julliard, Paris 1987.

40 Ibid. S.91.

41 La France de M. Fallières, Fayard, Paris 1949.

42 Reinbek 1967.

43 Triebstruktur und Gesellschaft, Ffm 1979. Engl. Eros and Civilisation, Boston 1955.

44 Triebstruktur, S.54.

45 Ibid. S.55.

46 München 1978. Frz. Barthes par Roland Barthes, Ed. du Seuil, Paris 1957.

47 Begebenheiten/Incidents, Bd.1, Mainz 1988. Frz. Incidents, Ed. du Seuil, Paris 1980.

48 Freiburg i. Br. 1983. Frz. Des Choses cachées depuis la fondation du monde, Grasset, Paris 1978.

49 Bd. 1-3, Ffm 1979-86. Frz. Histoire de la Sexualité, Gallimard, Paris 1976-1984.

Warum das Mittelalter statt Griechenland Vorbild sein sollte

1 M.H.E. Meier, Artikel unter dem Stichwort «Päderastie». In: Encyclopädie der Wissenschaft und Künste, hrsg. von J.S. Ersch und J.G. Gruber, 3. Sektion, Band IX, Leipzig, Brockhaus 1839. Frz. 1930, Neuauflage Guy Le Prat, Paris 1980.

2 1. Aufl. Jena 1901. Neue Aufl. Berlin 1987. Frz. Philosophie de l'art, Paris 1865.

3 Stendhal, Rom, Neapel, Florenz im Jahre 1817; 2. Aufl. Berlin 1980, S.372. Frz. Rome, Naples et Florence en 1817 in: Voyages en Italie, Ed. de la Pléiade. Paris 1973.

4 Armand Colin, Paris 1901.

5 La Renaissance du livre, 1923.

6 Hg. v. R.Harder, Freiburg i. Br. 1957. Neudruck München 1977. Frz. Histoire de l'éducation dans l'Antiquité, Seuil, Paris 1948.

7 Guide du livre, Lausanne 1956-59.

8 Theokrit, Gedichte gr.-dt. v. F.P. Fritz, Heimeran- Verlag, o.O. 1970.

9 München 1983. Engl. Greek Homosexuality, London 1978.

10 Les Belles Lettres, Paris 1980.

11 Payot, Paris 1984, und 1986.

12 Chicago 1980. .

13 "Seid gegrüßt, schöner Jüngling (...). Alles an ihm ist schön und reizend; Ihr habt keinen Makel, außer dem, daß ein Keuschheitsgelübde zu einem so anmutigen Körper nicht paßt."

14 M. Lever, Les Bûchers de Sodome (Die Scheiterhaufen von Sodom), Fayard, Paris 1985.

Zweiter Teil: Kunst, Musik, Literatur und Film

Von der französischen Revolution bis Nazi-Deutschland:
Der nackte Mann in der Klassizistischen Kunst

1 1855, Neuauflage: Macula, Paris 1983.

2 Détails intimes sur Géricault, 1870.

3 Géricault, 1868.

4 De David à Delacroix, Editions des Musées nationaux, Paris 1974.

5 Plutarch, Pelopidas, in: Grosse Griechen und Römer. Zürich/Stuttgart. S. 280.

6 Zitiert nach dem von Jacques Damase 1981 herausgegebenen Bildband, dem einzigen derzeit in Frankreich erhältlichen Werk über den heute verfemten Künstler.

Schubert vor seinem Bierkrug

1 Plon, Paris 1928.

2 Flammarion, Paris 1986. Dt. Gesamtausgabe der Briefe und Aufzeichnungen der Familie Mozart, hrsg. von Erich Müller von Uson, Berlin 1942. Brief an das Bäsle in Bd.3.

3 Tragödie eines Genies. Eine psychoanalytische Studie. München 1964. Frz. Beethoven et sa famille, Buchet-Castel 1955.

4 Julliard, Paris 1983.

5 Tschaikowsky, Düsseldorf 1989. Frz. Tschaikovski, 1937, Neuausgabe Actes/Sud, Arles 1987

6 L'Etrange Baronne de Mekk, Perrin 1988.

7 Music Lovers. Dt. Tschaikowsky – Genie und Wahnsinn, 1970.

8 Frz. Une vieille Maîtresse, 1845.

9 Zitiert nach Bernhard Paumgartner, Franz Schubert, Zürich 1947.

Von Mozart bis Britten oder: Über die Schwierigkeit, homosexuelle Opernhelden zu schaffen

1 Aubier, Paris 1986.

2 Voce-36.

3 DG 2707 129.

4 Ffm 1984, S. 101.

5 Ch. Palmer, Szymanowski, Actes Sud, Arles 1987.

6 Der selbst berühmt werden sollte als Autor vor allem von *Das Birkenwäldchen* und *Die Mädchen von Wilko* (Weimar 1956), Erzählungen, die später von Andrzej Wajda fürs Kino bearbeitet wurden.

7 Herman Melville, Billy Budd, Zürich 1981, S.36.

8 George Crabbe, The Borrough, 1810.

9 Ins Deutsche übertragen von Herberth E. Herlitschka. Darmstadt.

10 Ibid, S. 10.

11 Ibid, S. 13.

12 Ibid, S. 13.

13 Ibid, S. 13.

14 Ibid, S. 18.

15 Ibid, S. 19.

16 Ibid, S. 36.

17 Ibid, S. 44.

Größe und Niedergang der homosexuellen Literatur

1 Die menschliche Komödie, Zürich 1977; Bd. 10; Der letzte Chouan; Bd.11 Oberst Chabert.

2 M. Larivière, Les amours masculines, Anthologie de l'homosexualité dans la littérature, Lieu commun, Paris 1984.

3 Ibid.; Bd. 10 Vater Goriot; Bd. 18 Verlorene Illusionen; Bd. 22/23 Glanz und Elend der Kurtisanen.

4 Arthur Rimbaud, Sämtliche Werke, Franz. und deutsch, Leipzig 1976.

O Zeiten, o Paläste,
Welche Seele ist ohne Gebreste?
...
Oh, er mög leben, wenn früh und spät
Der gallische Hahn sein Liedchen kräht.

Grundlage der Übersetzung ist also die «harmloseste» Variante (der Übersetzer).

5 Dt. Parodistisches Sonett: Das Idol, in: Männer, Privatdruck Nr. 328, Zürich 1920.

6 Sonette der dunklen Liebe, in: Diwan des Tamarit, Ffm 1986..

7 Auf der Suche nach der verlorenen Zeit, 7 Bde., Ffm/Zürich 1953-1957.

8 Roger Martin du Gard, Die Thibaults, Stuttgart 1962.

9 Amado mio. Zwei Romane über die Freundschaft; darin auch: Unkeusche Handlungen; Berlin 1984.

10 Elsa Morante, Arturos Insel, Hamburg 1959; Giorgio Bassani, Die Brille mit dem Goldrand, in: Ferrareser Geschichten, München 1964; Umberto Saba, Ernesto, München, Zürich 1985.

Das Bildnis des Dorian Gray: Ein Museum der Glücksmomente

1 Das Bildnis des Dorian Gray, Ffm 1909.

2 Honoré de Balzac, ibid. Bd.35; Edgar Allan Poe, Das ovale Porträt, in: Ausgewählte Werke, Bd. 1, Ffm 1990. Stevenson, Der seltsame Fall des Doktor Jekyll und Mr. Hyde, Stuttgart 1957.

3 Zitiert nach: Dorian Gray, Ffm 1985, S.185.

4 Dt. Gérard de Nerval, Die Töchter der Flamme, Freiburg 1953; Huysmans, Gegen den Strich, Leipzig 1978; Gautier, Mademoiselle de Maupin, Dresden 1926.

5 Liebe Tod und Teufel, Die schwarze Romantik, München 1970.

6 Ibid. S.303.

7 Ibid. S.308.

8 Dorian Gray, S.29.

9 Ibid. S.30.

10 Ibid. S.57.

Maurice: Vom Roman zum Film

1 Maurice, München 1988.

2 «Symposion» oder Platons «Gastmahl».

Konstantin Kavafis

1 Im Gegensatz zu Sandro Penna (S. Una strana gioia di vivere. Dt. einzelne Gedichte veröffentlicht, jedoch nicht der Zyklus insgesamt), dem einzigen Dichter, der in seiner Kühnheit, Reinheit und Prägnanz würdig wäre, mit Kavafis verglichen zu werden.

2 Konstantin Kavafis, Das gesammelte Werk, Castrum Peregrini Presse, Amsterdam 1985.

Montherlands Don Juan

1 Querelle, Hamburg 1965; Notre-Dame-des-Fleurs, Hamburg 1962; Die Zofen, Hamburg 1980; Unter Aufsicht, Hamburg 1979.

2 Don Juan et le donjuanisme, Stock, Paris.

Wer tötet Mishima?

1 Henry Scott Stokes, Vie et Mort de Mishima, Balland, Paris 1985. Zu Mishima: Marguerite Yourcenar, Mishima oder die Vision der Leere, München 1985.

Zenon und Alexander: Zwei Helden stehen über dem Gesetz

1 Marguerite Yourcenar, Ich zähmte die Wölfin. Erinnerungen des Kaisers Hadrian, Stuttgart 1953. Frz. Mémoires d'Hadrien, Plon, Paris 1959.

2 Köln 1969. Frz. L'Oeuvre au noir, Gallimard, Paris 1968.

3 Stuttgart 1956. Frz. Alexis ou le vain combat, Sans Pareil, Paris 1929.

4 Die Schwarze Flamme, S. 186/187.

5 Ibid. S. 136.

6 Ibid. S. 201.

7 Ibid. S. 119.

8 Ibid. S. 202.

9 Ibid. S. 261.

10 Ibid. S. 148.

11 Ibid. S. 354.

12 Ibid. S. 364.

13 Ibid. S. 203.

14 Hamburg 1977. Frz. Les Météores, Gallimard, Paris 1975.

15 Ibid. S. 95.

16 Hamburg 1962. Frz. Notre-Dame-des-Fleurs, Monte Carlo 1944.

17 Hamburg 1963. Frz. Miracle de la Rose, Arbalète, Paris/Lyon 1946.

18 München 1971. Frz. Journal d'un voleur, Gallimard, Paris 1949.

19 Ibid. S. 120.

20 Hamburg 1972. Frz. Le Roi des Aulnes, Gallimard, Paris 1970.

Der Ruhm des Paria

1 Reinbek 1976. Frz. Porporino ou les Mystères de Naples, Grasset, Paris 1974.

2 Livre de poche, Paris S.30.

3 Berlin 1985. Frz. Dans la Main de l'Ange, Grasset, Paris 1982.

4 Paris 1969, S.152.

5 In der Hand des Engels, Berlin 1982, S. 353/54.

Von Auschwitz zu Aids

1 München 1953.

2 Hamburg 1972. Frz. Les Hommes au triangle rose, Ed. Persona, Paris 1981.

3 Hamburg 1957.

4 Paris 1988.

5 Reinbek 1988. Engl. The darker Proof, London 1987.

6 Ffm 1979, und München 1988.

Von Sergej Eisenstein zu James Ivory und Pedro Almodavar

I. Filme bis zum Jahr 1968

1 Berlin 1981.

2 Editions Henri Veyrier, Paris 1984.

3 Ffm 1966.

II. Seit 1968

4 P.O.L., Paris 1987.

5 S. das Photo in Bertrand Philberts Werk, S.14.

III. Das tragische Bild

6 Wolfgang Limmer, Rainer Werner Fassbinder, Filmemacher, Reinbek 1981, S.47.

Einige bibliographische Angaben konnten trotz intensiver Recherchen nicht ermittelt werden.
Entsprechende Hinweise werden wir gern in folgenden Auflagen berücksichtigen.

Personen- und Sachregister

Abbildungen